本书系2012年教育部人文社会科学重点研究基地中国人民大学欧洲问题研究中心基地重大项目成果，项目编号：2012JJD810003

欧洲研究丛书

COOPERATION AND CONFLICT:
RELATIONS BETWEEN RUSSIA AND THE EU SINCE 2000

合作与冲突
2000年以来俄罗斯与欧盟关系

陈新明◎著

中国社会科学出版社

图书在版编目（CIP）数据

合作与冲突：2000年以来俄罗斯与欧盟关系/陈新明著．—北京：中国社会科学出版社，2018.5

ISBN 978-7-5203-1195-3

Ⅰ.①合⋯ Ⅱ.①陈⋯ Ⅲ.①国际关系—研究—俄罗斯、欧洲联盟—2000 Ⅳ.①D850.2

中国版本图书馆CIP数据核字（2017）第250089号

出 版 人	赵剑英
责任编辑	赵 丽
责任校对	闫 萃
责任印制	王 超

出　　版	中国社会科学出版社
社　　址	北京鼓楼西大街甲158号
邮　　编	100720
网　　址	http://www.csspw.cn
发 行 部	010-84083685
门 市 部	010-84029450
经　　销	新华书店及其他书店
印刷装订	北京明恒达印务有限公司
版　　次	2018年5月第1版
印　　次	2018年5月第1次印刷
开　　本	710×1000　1/16
印　　张	19.5
插　　页	2
字　　数	309千字
定　　价	79.00元

凡购买中国社会科学出版社图书，如有质量问题请与本社营销中心联系调换
电话：010-84083683
版权所有　侵权必究

前　言

关于俄罗斯与欧盟关系，"合作与冲突：2000年以来俄罗斯与欧盟关系"是教育部人文社科重点基地欧洲研究中心资助的课题（项目号12JJD810003）。2012年申请这个项目时设定该题目并且得到批准，现如今看来还是极有预见性的。2014年，俄欧关系因为乌克兰问题而陷入严重对立，这是自冷战结束以来最严重的冲突，双方为了争夺地缘政治优势和捍卫自身经济集团利益而对抗。2000年以来，俄欧关系的这种合作连带冲突的特点，反映了当代世界政治经济生活和国际关系的新常态，即国家间的关系离不开合作，同时也存在争吵甚至对立，皆属于惯例或常态。俄欧关系恰恰就是这种状况。

一　对于中英俄相关研究成果的说明

（一）中文研究成果

国内对俄欧关系的研究，主要集中在以下两个方面。

第一是对俄欧关系的历史进程、发展概况进行全面研究。如罗志刚的《俄罗斯—欧盟关系研究》在简略回顾数世纪俄罗斯与西欧关系演变的基础上，全面系统地研究了新俄罗斯独立以来与欧盟各领域关系的发展变化，多角度地揭示了地缘政治影响下双边关系的合作与竞争的基本特征。[①] 罗英杰的《利益与矛盾——冷战后俄罗斯与欧盟关系研究》对冷战后俄欧关系的发展历程，俄罗斯对外战略中的欧盟，俄欧关系发展的法律基础，俄欧政治、安全、贸易、投资、能源等领域的关系进行了全面研

[①] 罗志刚：《俄罗斯—欧盟关系研究》，中国社会科学出版社2009年版。

究。① 冯绍雷的《构建中的俄美欧关系——兼及新帝国研究》着眼于俄罗斯、美国与欧盟三组变量，对三边关系进行了系统的理论总结，认为其远超过单向度的国际交往，而是包含丰富的体制抗争、文化文明的背景等内部因素和外部因素的复杂交织。同时揭示了新时期俄罗斯、美国以及欧盟三边关系对于中国的启示。② 刘军等在《北约东扩与俄罗斯的战略选择》中以俄罗斯的全面转轨和欧盟的东扩为线索，分别从俄罗斯对欧政策变迁、中东欧的"俄罗斯观"、非传统安全以及俄美欧三边关系的多元视角出发，深入探讨俄欧安全关系的调整与发展，揭示了俄欧关系存在的力量消长、权力转移和互相影响、互相依存的多维特征。③ 毕洪业的《俄罗斯与欧洲关系研究》通过分析俄罗斯文化传统中的欧洲认知和双边关系中存在的现实影响因素，对俄罗斯与欧洲关系的演变和发展进行研究，并进一步探讨未来欧洲大陆安全体系的构建问题。④

这类研究的积极贡献在于从总体上探讨俄欧关系，使我们对俄欧关系有更为全面的理解，而存在的不足之处有三个方面：一是追踪的时间大多集中在普京第二任期之前，没有对梅德韦杰夫就任总统以来俄欧关系的深刻变化进行追踪，从而未能充分展现俄欧关系的能动性和复杂性；二是对俄欧关系中存在的问题阐述的不够到位，问题多局限在政治和安全领域，而对经贸、能源领域的冲突重视不够；三是对俄欧彼此政策的深层文化考虑和心理基础缺乏足够的研究。

第二是对俄欧关系中分领域的关系进行深入研究。如杨文兰在《俄罗斯与欧盟的经贸关系：基于博弈论视角》中运用博弈论模型，分三个阶段对俄罗斯与欧盟之间的贸易和投资进行分析，探讨其经贸关系发展过程中的利益博弈，认为俄欧之间经历了制度对抗、制度对接和制度融合，俄欧经贸关系发展也从"囚徒困境"到有限发展再到全面合作。博弈贯

---

① 罗英杰：《利益与矛盾——冷战后俄罗斯与欧盟关系研究》，世界知识出版社2009年版。
② 冯绍雷等：《构建中的俄美欧关系——兼及新帝国研究》，华东师范大学出版社2010年版。
③ 刘军等：《北约东扩与俄罗斯的战略选择》，华东师范大学出版社2010年版。
④ 毕洪业：《俄罗斯与欧洲关系研究》，中央编译出版社2009年版。

穿俄欧经贸关系发展的始终，博弈渗透到了俄欧经贸关系发展的各个方面。① 陆齐华的《俄罗斯和欧洲安全》集中探讨了俄欧安全问题，从历史上俄罗斯在欧洲的安全环境及传统安全模式入手，提出冷战后引发俄欧安全冲突的主要问题及其解决的可能途径，评估了俄罗斯的安全战略及其对欧洲政策的主要发展趋势。②

分领域的研究从不同侧面探讨了俄欧之间的合作，为我们提供了分析俄欧关系时必不可少的素材，但这类研究也存在以下问题：一是囿于所研究的领域，未能充分说明安全、能源、经贸等各领域合作对俄欧关系全局的影响；二是或者是侧重于俄罗斯，或者是侧重于欧盟，未能充分考虑到俄欧作为两个独立的行为体的自主作用及其相互影响；三是较短的时间追踪难以采用历史眼光动态分析俄欧关系发展变化历程，从而使得出的结论不具有经久意义。

（二）英文研究成果

西方学者研究俄欧关系，基本也分为通论和专论两大类。

通论类的代表有戴森·格伦（Diesen Glenn）使用理论工具，分析了苏联解体之后欧盟和北约与俄罗斯的关系，认为欧盟和北约本可以通过一体化和推进民主来寻求安全，但它们却追求合作的霸权和基于意识形态的集团政治，在安全上排斥俄罗斯的行为使欧洲一体化成为一个零和的地缘政治游戏，从而使俄罗斯与西方发生冲突。③ 罗曼纽克和马林（Scott Romaniuk & Marguerite Marlin）用分裂国家的概念来描述俄欧关系，认为俄欧关系的动力机制极其复杂，相互作用的动能产生了相互排斥而非吸纳，引发了基于民族文化价值、社会身份和意识形态因素的怀疑主义。④ 斯德哥尔摩大学的尼格伦和恩格尔布雷克特（Bertil Nygren & Kjell Engelbrekt）深入剖析了俄欧在结构和理念上的不同，指出这些不同导致了双方的错误

---

① 杨文兰：《俄罗斯与欧盟的经贸关系：基于博弈论视角》，社会科学文献出版社2009年版。

② 陆齐华：《俄罗斯和欧洲安全》，中央编译出版社2001年版。

③ Diesen Glenn, *EU and NATO Relations with Russia: After the Collapse of the Soviet Union*, England: Ashgate, 2015.

④ Scott Romaniuk and Marguerite Marlin, "Divided States: Strategic Divisions in Eu-Russia Relations", Disserta Verlag, 2012.

认知、错误计算、错误解释和错误行为,作者建立了一个广泛的概念框架来分析俄欧之间的不同,并指出了在未来数十年里影响俄欧关系的关键因素。① 蒂明斯和高尔(Graham Timmins & Jackie Gower)对俄欧关系进行了综合分析,认为俄欧战略伙伴关系没有什么结果,结构障碍和价值冲突使双方关系进一步紧张,21世纪的俄欧关系是一种不稳定的伙伴关系。② 博朗(Aurel Braun)考察了北约成员国与俄罗斯的关系。他通过考察关键领域,评估了关系发展的可能性,认为双方都有强烈的建构和维护安全的兴趣,民主区域的增长为解决俄罗斯增长的安全关注创造了条件。③ 拉吕尔(Marlène Laruelle)从一个独特角度分析了俄欧关系,认为乌克兰危机使欧洲的极右翼分子和欧亚主义者和俄罗斯逐渐接近,它们对于重塑俄欧关系和形成非自由主义的泛欧意识形态具有重要影响。④ 爱斯克里宁等人(Heikki Eskelinen)从地缘政治、国际关系、政治经济学和文化人类学等多学科的角度分析了俄欧接壤地区如何应对宏观层面上俄欧关系"一体化"停滞不前的问题,从而将比较地区分析的视角引入俄欧关系之中。⑤

专论类的大量研究都是非常具体的领域,主要集中在能源领域。托尔斯特鲁普(Jakob Tolstrup)分析了俄罗斯和欧盟对后苏联国家政治转轨的实质性影响,分析了它们对白俄罗斯、摩尔多瓦和乌克兰政治发展过程的影响。⑥ 麦克勒瓦(Galina Michaleva)等回顾了过去十年俄欧能源合作的历程,认为尽管他们经济相互依存,双方都未能成功地将自己在该领域的

---

① Bertil Nygren and Kjell Engelbrekt, *Russia and Europe: Building Bridges, Digging Trenches*, London: Routledge, 2010.
② Graham Timmins and Jackie Gower, *Russia and Europe in the Twenty-first Century: An Uneasy Partnership*, London: Anthem Press, 2007.
③ Aurel Braun, *Nato-Russia Relations in the Twenty-first Century*, New York: Routledge, 2008.
④ Marlène Laruelle, *Eurasianism and the European Far Right: Reshaping the Europe-Russia Relationship*, Lanham: Lexington Books, 2015.
⑤ Heikki Eskelinen, Ilkka Liikanen, James W. Scott, *The EU-Russia Borderland: New Contexts for Regional Cooperation*, New York: Routledge, 2012.
⑥ Jakob Tolstrup, *Russia Vs. The EU: The Competition for Influence in Post-Soviet States*, Colorodo: Lynne Rienner Publishers, 2014.

战略和观点加于对方，俄欧能源关系引起了很多问题，也得到了不同的评价。① 库泽默克（Caroline Kuzemko）使用案例研究方法分析了俄欧能源关系中复杂并纠缠在一起的多主体、多层次、多领域问题，试图给出流行的地缘政治和新自由主义研究视角之外的解释。② 基思·斯密斯（Keith C. Smith）认为欧洲特别是新欧盟成员国面临的主要风险并不在于对俄罗斯进口能源的依赖，而在于这种依赖对能源治理和跨大西洋关系的腐蚀，俄罗斯"分而治之"的策略成功地阻止了欧盟内部在经济和安全事务上的联合，加剧了美欧关系的紧张，并影响到北约东扩。克里姆林宫希望重塑苏联时代对东欧的影响力，美国必须支持中东欧国家。③ 阿尔托（Pami Aalto）研究了俄欧能源对话，详尽列出了能源对话的全部特征，也以北欧区域合作的例子说明了政策实施中存在的挑战。④ 克罗楞科（Vadim Kononenko）探讨了俄罗斯与欧洲在能源效率方面的合作，认为这是双方可以扩展的合作领域，依赖俄国国内能源效率政策的实施，以及双方在立法、标准和实践上的合作。⑤ 谢瑞（James Sherr）分析了俄欧能源合作面临的挑战，认为俄欧能源关系是相互依赖的，但并不平衡，欧盟作为一个整体并不存在过度依赖的问题，但欧盟的一些成员国高度依赖俄罗斯的天然气。⑥

（三）俄文研究成果

通论类：从宏观上整体研究俄罗斯对外政策，但是其中涉及俄欧关系。

---

① Galina Michaleva, Andrey Ryabov and Fyodor Lukyanov, *Russia-EU Relations: The Impact of the Energy Boom*, Switzerland: Peter Lang, 2011.
② Caroline Kuzemko, *Dynamics of Energy Governance in Europe and Russia*, Basingstoke: Palgrave Macmillan, 2012.
③ Keith C. Smith, *Russia-Europe Energy relations: Implications for U. S. Policy*, Washington/D. C: Center for Strategic and International Studies, 2010.
④ Pami Aalto, "The EU-Russian Energy Dialogue: Europe's Future Energy Security", England: Ashgate, 2008.
⑤ Vadim Kononenko: "Russia-EU Cooperation on Energy Efficiency", *The Finnish Institute of International Affairs*, November 16, 2010.
⑥ James Sherr, *Challenges in Russia-EU Energy Cooperation*, London: Chatham House, 2009.

图尔库诺夫（А. В. Торкунова）主编的《俄罗斯外交十年》①，主要是对20世纪90年代俄外交的得失进行分析、阐述。作者认为，鉴于俄罗斯这一时期的政治、经济、社会状况，还能指望有什么独立自主的外交政策？唯一能够做到的就是如何尽可能地维护俄罗斯领土完整和大国地位不至于彻底丧失，至于外交上的完全独立自主，自然是很难做到的。当然作者也注意到这一时期俄罗斯外交政策还是大致维护了自身利益，这是一个相对比较客观的结论。莫罗佐夫（С. С. Морозов）的《普京外交》②，作者认为普京执政以来俄罗斯外交较之叶利钦时期有较大调整，俄欧关系从总体而言还是保持着一种大致以妥协求合作的路线。当然，普京的内政是要整顿秩序，追求强国地位，鉴于俄欧关系中存在不易消除的分歧，这种政策可能会使俄罗斯在处理同欧盟关系时逐渐地具有更多的独立性和自主性倾向。米特罗法诺夫（А. В. митрофанов）的《俄罗斯面临解体或者加入欧盟》③，作者认为由于缺少重大的地缘政治设计方案，这将成为俄罗斯解体的外部原因。俄罗斯同中国和印度结盟的设想难以实现，伊拉克战争后在近东地区的平衡不复存在。作者认为如果缺少巩固的中央权力，俄罗斯将在未来10—15年解体。他的基本结论是对于俄罗斯而言，唯一的选择是加入欧盟。可见作者的分析独树一帜。布鲁坚茨（К. Н. Брутенц）的《地缘政治大变革》④，作者认为占世界人口总数2/3的亚洲、非洲和拉美的发展正在改变世界地缘政治形势，美国霸权不可避免地衰落。书中专门有一部分论述俄罗斯对外政策需要优先考虑的问题，特别谈到了欧洲大陆最具潜能的国家——德国在俄欧关系中占有特别地位。博罗夫斯基（Ю. В. Боровский）《当代世界的能源问题》⑤ 中指出2008年世界金融危机爆发，导致世界经济增长速度放缓，世界能源的需求量也随之趋于稳定甚至出现下滑，能源价格高涨趋势不再。作者指出这种局面对于俄罗斯的能源出口及产业发展乃至宏观经济形势都会有影响。作者只是看到了金融

---

① Под ред. А. В. Торкунова, Десять лет внешней политики России. М., РОССПЭН, 2003 г.
② С. С. Морозов, Дипломатия В. В. Путина. СПБ., 2004 г.
③ А. В. митрофанов, Россия перед распадом или вступлением в Евросоюз. М., 2005.
④ К. Н. Брутенц, Великая геополитическая революция. М., 2014.
⑤ Ю. В. Боровский, Современные проблемы мировой энергетики. М., 2011.

危机的巨大冲击力,对于此次危机对世界经济和俄罗斯经济的长远影响估计不足。

专论类:这里只介绍相关主要著述,相关论文不再赘述。

科什金(С. Ю. Кошкина)主编的《俄罗斯与欧盟关系文件资料》①,主要收集了20世纪90年代至21世纪初俄欧关系的文件资料,通过文件集可以详细了解俄欧关系的内容,对于研究这一时期俄欧关系提供了极大的方便与帮助。博尔科(Ю. А. Борко)和丹尼洛夫(Д. А. Данилов)的《俄罗斯—欧盟:战略伙伴关系的战略》②,较为全面地论述了俄欧关系现状,分析双方经济安全领域合作,评估双方实现伙伴关系战略目标的前景——建立欧洲经济共同空间。可是,也指出俄欧伙伴关系需要在新的基础上重新谈判才能具有法律效力。鉴于这一时期俄欧合作势头较好,作者对于双方关系基本分析还是比较乐观的。劳什宁格(Д. Раушнинга)的《俄罗斯在欧洲:俄罗斯与欧洲各机构合作的法律基础》③,该论文集主要分析了俄欧关系各个不同领域的法律基础,诸如俄欧在能源领域、自由经济空间的战略伙伴关系,俄罗斯融入欧洲法律空间的问题。同时也涉及欧洲人权法院对俄罗斯的决定。什库塔(А. А. Шкута)的《俄罗斯天然气战略的欧洲方向》④,作者认为欧洲对于俄罗斯的天然气需求是一种较为稳定的消费需要,俄罗斯天然气出口的主要方向也正是欧洲。虽然俄欧关系中分歧不断,甚至在天然气合作方面亦是如此。作者认为双方天然气合作还是不会出现重大的变故,因为这个不符合双方的利益。博尔达乔夫(Т. Бордачёв)的《俄欧新战略联盟面临的新世纪挑战:"欧洲大协定"可能性》⑤,作者研究俄欧关系的历史、现状及发展走向。俄欧关系从20世纪90年代的过分乐观主义逐渐转向不信任、分歧增大,双方也都

---

① Под ред. С. Ю. Кошкина, Россия и Европейски Союз документы и материалы. Москва, 《Юридическая литература》, 2003.

② Ю. А. Борко, Д. А. Данилов, Россия—Европейский Союз: стратегия стратегического партнёрства. М., 2005.

③ Под ред. Д. Раушнинга, Российская ФедерфциявЕвропе: врaвовые аспекты сотрудничества России с европейскиими организациями. сборник статей. М., 2008.

④ А. А. Шкута, Европейский вектор газовой стратегии России. М., 2008.

⑤ Т. Бордачёв, Новый стратегический Союз—Россия и Европа перед вызовами ⅩⅩⅠ века: возможности 《большой сделки》. М., 2009.

理解面临的共同挑战和困难所在，可还是缺乏可行的步骤，现在双方之间还没有找到一种能够保障共同安全的建设性协作，作者也不大相信能够建立起这种协作。作者没有把俄欧关系中出现的困难全都归罪于欧盟方面，而且指出了俄罗斯外交界乃至整个官僚系统已经犯过和正在犯的许多错误。作者不仅指出现在俄欧关系的问题，而且提出了自己对俄欧关系的建议，即在国际舞台上，俄欧战略联盟应该形成一种在欧亚空间的结构性的稳定和安全，以此排除外部力量对于从大西洋到符拉迪沃斯托克的大欧洲事务的干涉。作者的建议无疑具有一定的价值。叶梅利亚诺娃（Н. Н. Емельянова）的《俄欧—合作与伙伴》①，作者研究了1994年俄欧伙伴合作协议存续期间对双方经济的重要影响，注意到21世纪欧盟东扩后自身活动的特点和条件的变化。指出欧盟新老成员是如何理解俄罗斯对欧洲方面的经济政策，力图回答俄欧经济合作中出现的紧迫问题。

卡拉加诺夫（С. А. Караганов）和尤尔根斯（И. Ю. Юргенс）的《俄罗斯VS欧洲：对立或者联盟》②，作者认为俄欧关系中的特点可以用以下词语来形容：不够信任、非常兴奋、失望情绪、充满兴趣、令人厌恶、满怀希望。作者分析了俄欧关系的众多问题，其中，阐述了俄欧之间不信任的根源在于1997年生效而在2007年到期的伙伴关系合作协议，需要按照新的基础协议重新谈判，由于此项议程因欧盟内部受阻而被搁置，所以俄欧之间"伙伴关系"在习惯上被理解为仅仅是一种具有声明性质而无法律效力的东西。帕什科夫斯基（И. Г. Пашковский）的《欧盟对俄罗斯和新独立国家的能源政策》③，作者认为欧盟总体上的能源主要依靠外部供应，其中俄罗斯方面是一个主要来源。欧盟能源战略主要关注来源多样化和节约能源两大问题，欧盟能源改革政策影响了外部供应者的利益，2009年通过的第三批能源文件将对俄罗斯能源出口欧洲发生重要影响，可能会影响俄罗斯天然气产业的生产和出口。库利克（С. Кулик）和

---

① Н. Н. Емельянова, Россия и Евросоюз—Соперничество и партнерство. М., 2009.
② Под ред. С. А. Караганов и И. Ю. Юргенс, Россия vs Европа. Противостояние или союз?
③ И. Г. Пашковский, Энергетическая политика Европейского Союза в отношении России и новых независимых государств. М., 2010, С., 216.

尤尔根斯（И. Юргенс）的《俄罗斯—欧盟的现代化伙伴关系：实施的问题》①，梅德韦杰夫总统提出俄罗斯现代化目标，欧盟及成员国给予积极回应，并且双方结成现代化伙伴关系，涉及的内容较为广泛和深入。作者分析了鉴于俄欧的伙伴关系与合作协议并没有在新的基础上重新谈判成功而缺乏法律效力，所以现代化伙伴关系的合作也面临困难。克柳奇尼科夫（Б. Ф. Ключников）的《普京的大欧洲》②，作者讨论了有关俄罗斯的文明选择问题。来自贫穷的南方国家的大批非法移民有可能改变欧洲大陆的面貌，大批外来移民冲击着"大西洋共同体"，欧洲忙于应付。欧洲在民族和精神方面同俄罗斯最为接近，所以建立一个从里斯本到符拉迪沃斯托克的大欧洲国家，实在是一个值得认真考虑的问题。普京的大欧洲理念，是提出全球大陆性方案的第一步骤，它不同于排他性的大西洋主义的"世界贸易体制"。作者注意到了大批移民涌入欧洲的现实，其个别结论带有白人种族倾向。可是作者认为，普京主张建立包括欧亚联盟和欧洲联盟的大欧洲的倡议是很有价值的，在欧洲的法德意国家引起积极回应。

二 对俄欧关系的一般性说明及概括

（一）对于俄欧关系复杂性的说明

冷战后以及进入 21 世纪以来，俄欧关系的力量对比变化必须从两个层面分析。如果与欧洲单个国家如德法英对阵，那么俄罗斯实力在提升；如果与欧洲国家整体对弈，那么俄罗斯较为明显处于劣势，且短时期内不可能扭转。那些对俄罗斯持悲观态度的欧洲人士也认为，除了欧安会，俄罗斯作为一个欧洲国家的地位几乎没有被承认，它的政治经济体系远没有达到欧洲标准，同时，它参与欧洲事务的能力由于长期被排斥在欧洲国际组织之外而退化。因此，我们这里所讲的俄欧力量对比严重失衡，不是指俄罗斯对单个欧洲国家，而是指它与欧洲三组力量的对弈。冷战后，欧洲地区的国际关系力量可以概括为三组：全欧洲组织（欧洲安全与合作会

---

① С. Кулик, И. Юргенс, Партнерства для модернизации. Россия-ЕС: к проблеме реализации. М., 2011.

② Б. Ф. Ключников, Большая Европа Владимира Путина. М., 2013.

议)、西欧组织(首先是欧盟,其次是欧洲委员会)和跨大西洋组织(北约)。① 虽然俄罗斯与这三组力量的关系大为改善,但它在这些组织面前常常感觉到势单力薄。2014 年,俄欧关系因争夺乌克兰而严重对抗,欧盟在 2015 年尽管经受着债务危机、难民涌入和巴黎恐怖袭击等诸多困难,可还是一再延长对俄的经济制裁。

(二) 对俄欧关系特殊性的强调

俄欧关系有别于当今世界任何其他国际政治力量之间的关系,俄欧关系不仅涉及双方如何处理彼此关系,而且同俄罗斯由来已久的"欧洲情结"有关联,即俄罗斯还为自己的对欧政策赋予了一种要主动"回归欧洲""融入欧洲"、希望建立"欧洲共同大厦"并渴望被对方认可是"欧洲人"而最终被接纳进欧洲的情感。俄罗斯人的这种神圣情感饱含希望自己国家走上欧洲的发展道路并最终成为一个欧洲国家的意义。这是俄欧关系不同于其他地区主要国家同欧洲关系的显著差别。

俄罗斯赋予对欧关系的这种情感及愿望,命中注定无法从现实的俄欧关系中得到所期待的回报。因为欧洲方面或者是不理解或者是不领情,所以俄罗斯在对外关系中一头扎向欧洲的"欧洲中心主义"的做法,自然会失望。

(三) 对 21 世纪俄欧关系的特点的总结

21 世纪以来,俄欧关系的特点有三方面:一是复杂性,即俄欧关系实质上是俄罗斯一国与欧洲国家集团的关系,是俄罗斯同欧洲三组力量在打交道,例如欧盟内部非常讲究集体游戏规则,而俄罗斯却最不擅长此道,莫斯科在处理俄欧关系中更擅长或者是更热心于同欧盟单个国家打交道,起码在经济领域是如此,这种绕过欧盟的做法,自然引起布鲁塞尔的极大反感;二是矛盾性,即俄欧关系中既有合作又有冲突,进入 21 世纪以来,俄欧合作一度达到历史上前所未有的水平,例如俄欧建立四个统一空间及其路线图,这是俄欧现有政治框架所能容纳的最大限度的合作,可是冲突依旧存在,可以说俄欧之间有多少合作就有多少冲突;三是对抗性,即俄欧关系中无法消除地缘政治的争夺,欧盟原本是一个经济一体化

---

① Артем. Мальгин, Европейская политика России∥Свободная Мысль—ⅩⅩⅠ, 2004, No. 1, C. 68.

组织,可是它的地缘政治色彩愈加浓厚,例如在第二轮东扩以后继续酝酿的第三轮东扩,这说明欧盟东扩不再坚持入盟的严格经济标准,而是转而看重入盟的政治标准,意在争夺地缘政治优势,将乌克兰拉向欧洲,致使普京的欧亚联盟严重受挫。这恰恰是莫斯科最为焦虑和不满的。

三 本书的基本内容和主要创新之处

（一）本书的基本内容

本书基本结构共有九章内容,分析了 21 世纪俄欧关系的最基本最主要的方面以及相关问题。第一章对叶利钦时期俄欧关系进行必要的交代和简要追溯;第二章集中对普京时期俄欧关系的变化以及基本特点展开分析;第三章、第四章和第五章通过深入分析俄罗斯与欧盟的政策、俄罗斯与欧盟的合作构想、俄罗斯与欧盟的经济合作,使我们对 21 世纪俄欧合作的深度和广度有清晰的了解;俄欧能源合作是俄欧关系中值得特别关注的领域,第六章最为深入地阐述俄罗斯与欧盟的能源合作中所取得的进展和存在的深刻矛盾,对俄罗斯在欧洲能源宪章、欧洲能源宪章条约和第三批能源一揽子文件上的态度与立场做了极为细致的介绍和分析;俄欧之间的不同点远远大于共同点,俄欧冲突所涉及的问题是多方面的,第七章解析俄欧间的六类主要问题,它们有的属于安全问题,有的属于价值观问题,而且都是无法进行深入合作的问题;由于欧盟第二轮东扩,乌克兰成为欧盟和俄罗斯的共同邻国,双方争夺终于在 2014 年年底引爆了乌克兰危机,这是俄欧关系中自然无法回避的问题,因此专设第八章阐述俄欧争夺中的乌克兰危机;由于欧盟东扩,随之欧洲政治重心东移,欧盟的"法德引擎"换位成"德法引擎",德国成为欧盟的领袖国家而发挥更大作用,自默克尔第二任期开始,俄德关系疏远,这自然影响了俄欧关系,第九章特别详细地介绍了俄德关系疏远以及对俄欧关系的制约。

基本结论是进入 21 世纪,俄欧合作深度和广度已经达到历史上前所未有的水平,这一点必须肯定。即便是眼下俄欧严重对立至冷战后的最低点,但不可能完全毁掉俄欧合作的全部内容。可以说,俄欧合作已经达到双方期待的顶点,进一步合作的空间不大,只是在这种背景下,双方才在乌克兰问题上严重对立。这说明俄罗斯对外关系中的"欧洲中心主义"做法已经走到尽头。鉴于亚太地区已经成为世界经济重心所在,俄罗斯已经以较之以往更加积极的态度看待同东方的合作。这无疑是几个世纪以来欧亚大陆的重要国家——俄罗斯的新机遇。

(二) 本书的主要特色及创新之处

本书的主要特色在于能够对 21 世纪俄欧关系进行宏观和微观层面的阐述及分析，宏观上从全局整体分析俄欧关系，微观上却能够对俄欧关系的开展进行极为深入细致的分析。从结构布局上看，可以更为准确地分析、说明俄欧关系的合作与冲突。

本书的主要创新之处：一是本书主要或者说更多地从俄罗斯方面的视角来看待俄欧关系，对 21 世纪以来俄欧关系基本特点的总结与概括更为准确，即合作与冲突。国家间存在矛盾乃是正常现象，可是发生冲突说明关系紧张。因为仅仅说明俄欧关系存在多重矛盾，已经不能解释俄欧关系的现状，实质上 2014 年 7 月欧盟因乌克兰危机而制裁俄罗斯，只是俄欧关系中各种矛盾持续累积的总爆发，这种冲突既有利益之争，也有价值观差异甚至是感情因素。二是本书对俄欧关系的主要方面及新的问题进行了非常深入细致的考察，而且特别关注了俄欧能源合作、俄欧争夺乌克兰、俄德关系对俄欧关系的影响三个方面，通过对这三个方面问题更为全面和详细的分析，使俄欧关系整体面貌和局部细节更加全面而又清晰地得以展现。

目　　录

第一章　叶利钦时期俄欧关系回顾 ……………………………（1）
　第一节　叶利钦对外政策主要目标 …………………………（1）
　第二节　俄欧关系确立新框架 ………………………………（10）
　第三节　俄欧关系确立新框架的三个基本文件 ……………（15）
　第四节　俄欧关系的分歧与矛盾 ……………………………（22）

第二章　普京时期俄欧关系基本特点 …………………………（28）
　第一节　普京对外政策主要目标 ……………………………（28）
　第二节　普京对外政策变化 …………………………………（31）
　第三节　普京时期俄欧关系发展历程 ………………………（33）
　第四节　普京时期俄欧关系基本特点 ………………………（38）

第三章　俄罗斯与欧盟的政策 …………………………………（49）
　第一节　俄罗斯之欧洲情结 …………………………………（49）
　第二节　普京"融入欧洲"与"发展与欧盟多层次的关系" ………（54）
　第三节　俄罗斯对欧盟的政策 ………………………………（58）
　第四节　欧盟对俄罗斯的政策 ………………………………（64）

第四章　俄罗斯与欧盟的合作构想 ……………………………（70）
　第一节　俄欧四个共同空间 …………………………………（70）
　第二节　俄欧现代化联盟 ……………………………………（78）
　第三节　俄欧合作机制建设 …………………………………（94）

第五章　俄罗斯与欧盟的经济合作 ……………………………（97）
第一节　俄欧双边贸易 ………………………………………（97）
第二节　俄欧相互投资 ………………………………………（104）
第三节　俄罗斯加入世贸组织 ………………………………（107）
第四节　俄欧贸易争端 ………………………………………（109）
第五节　欧盟经济制裁 ………………………………………（118）

第六章　俄罗斯与欧盟的能源合作 ……………………………（124）
第一节　目前俄欧能源合作状况 ……………………………（125）
第二节　俄欧能源运输的新方案 ……………………………（142）
第三节　欧盟的第三批能源文件与俄罗斯：问题与矛盾 …（168）
第四节　对21世纪俄欧能源合作的总结和对乌克兰危机以来俄欧能源合作的展望 ……………………………（180）

第七章　俄罗斯与欧盟冲突所涉及的主要问题 ………………（185）
第一节　欧盟北约双双第二轮以及酝酿中的第三轮东扩及其严重后果 ……………………………………（185）
第二节　欧盟新成员中东欧国家的反俄情绪及其影响 ……（190）
第三节　俄欧关系中的独联体问题 …………………………（199）
第四节　俄欧对冷战后世界新秩序的解读 …………………（205）
第五节　俄欧对民主与人权的理解 …………………………（211）
第六节　俄欧关于免签问题的纠纷 …………………………（218）

第八章　俄欧争夺中的乌克兰危机 ……………………………（225）
第一节　乌克兰的"亲西疏俄"路线 ………………………（225）
第二节　俄欧对"共同邻国"的争夺 ………………………（234）
第三节　俄欧"共同邻国"最终倒向欧洲及其影响 ………（249）

第九章　俄德关系疏远对俄欧关系的影响 ……………………（257）
第一节　俄德关系的疏远 ……………………………………（257）

第二节　俄德关系疏远的原因 …………………………（269）
　　第三节　乌克兰危机对俄德关系的影响 …………………（280）

主要参考资料 ………………………………………………（290）

后　记 ………………………………………………………（294）

第一章

叶利钦时期俄欧关系回顾

20世纪90年代,即在叶利钦执政时期,俄罗斯与欧盟关系逐步深化,不仅在经济贸易及能源领域发展合作关系,而且在双边政治关系方面也有新的进展。叶利钦时期确定了俄欧关系的制度性框架,并且做出了指导性的战略规划。这一章对叶利钦时期俄欧关系的回顾,主要集中于政治关系,而经济贸易关系及能源领域合作关系,在随后的相关章节里进行简单追述。如果要对叶利钦时期俄欧关系总体特点进行概括,那就是"合作加防范"。相对而言,这一时期俄罗斯方面合作意愿更积极主动,欧盟方面防范倾向更多。

第一节 叶利钦对外政策主要目标

苏联解体,俄罗斯继承苏联国际法地位,可是已经不能同苏联相提并论,成为一个"二流国家"和地区性大国。这样一种既成事实,要求新生的俄罗斯政权必须尽快解决一些最基本的问题:苏联的法律继承问题(也就是俄罗斯在世界上的法律地位问题)、俄罗斯境内外的核武器问题、与邻国建立关系的问题。俄罗斯不能延续苏联的对外政策,因为苏联在其生存末期虽然濒临解体,但仍然是一个超级大国,而且是国际秩序的两大支柱之一。莫斯科虽然想继承其大国地位,但是对于充当国际关系支柱这一职能却是有心无力。这恰恰构成叶利钦总统对外政策的主要内涵:无论是一边倒还是全方位,其主要目标只有一个,避免大国地位的彻底丧失,使俄罗斯仍然身处世界主要玩家之列。之所以这样做,完全是受国际环境变化和国内条件所限制。

一 冷战后国际环境变化与俄罗斯地缘政治环境恶化

俄罗斯作为苏联国际法继承者出现在国际舞台上，此时的国际环境已经发生很大变化。无论是国家间竞争方式，还是地缘政治环境都已经不同于过去。西方国家依靠自身政治、经济、军事、文化优势，凭借全球化趋势大举扩张势力范围，俄罗斯面对这种攻势一时难以适应，这不仅表现为竞争方式上的明显劣势，而且还表现为地缘政治环境的严重恶化。

（一）冷战后国际格局的特点

冷战格局结束，起始于1986年苏美首脑雷克雅未克会晤，中经1989年东欧剧变和柏林墙倒塌，最终落幕于1991年苏联解体。冷战后国际格局的特点一是西方大举扩张，二是扩张方式出现明显变化。西方自认为是冷战的胜利者，也绝不会满足于这一胜利，必然要把自己的优势扩张到一切所能达到的区域和领域，而且这种扩张的方式已经大为改观。国家间竞争方式从冷战时期争夺军事优势转向后冷战时代提升综合国力。这对于莫斯科而言是一个崭新的问题。

以美国为首的西方国家组成的既得利益集团，凭借其雄厚、强大的综合国力，主导并利用现行各种国际规则，保护和扩大既得利益。冷战结束的客观现实后果是世界历史第一次出现如此广阔的相对统一的市场，出现世界主要力量拥有如此广泛而又坚实的共同的既得利益集团，出现除非其内部发生分裂否则在随后一二十年内不会遇到挑战者的局面，以至于福山的历史终结论声称自由民主和市场经济已经成为唯一可行的选择，历史开始以西方价值观和制度的胜利作为终结的进程。

总体而言，冷战后全球化呈现出迅猛发展的趋势，无论是横向水平方向，还是纵向垂直方向，都表现出前所未有的新特点。其中，最主要的变化在于虽然贸易和资本扩张的动机依然如故，可是扩张的方式已经不同于往日。① 西方国家主导的全球化，其基本内容和实现方式都已经变成所谓保障"普遍人权""自由民主"价值观和政治制度取向，按照市场规则，即清晰界定和严格保护财产权、自由竞争、利润最大化等原则在世界各个角落得到实施和贯彻，在全球范围内配置资源以便于谋求利益。同时，我

---

① 张宇燕：《关于世界格局特点及其走势的若干思考》，《国际经济评论》2004年第3期。

们也注意到，随着以信息技术为主导的科技进步和技术的扩散，涉及全人类福利的跨国问题也日益紧迫，传统安全威胁与非传统安全威胁的问题交织在一起，跨国公司等非国家行为主体在组织结构、发展目标和行为方式上的变化，至少使部分发展中国家与发达国家在发展问题上实现共赢的可能性增大。有越来越多的发展中国家，包括社会主义中国积极参与到全球化进程之中。这些都在相当程度上影响着全球化的进程与性质。俄罗斯如何从过去的封闭社会走向竞争激烈的世界，如何从历史上热衷于追求军事优势转向提高国家综合实力，的确是一个前所未有的严峻挑战。

（二）俄罗斯地缘政治环境的恶化

苏联解体对俄罗斯的地缘政治环境究竟造成何种不利影响，仅在当时还不能看得非常清楚，随着时间的推移，越来越显示出苏联解体对于俄罗斯地缘政治环境造成的严重后果。

普京总统在2005年度国情咨文中谈到，"苏联解体是整个二十世纪最大的地缘政治灾难"[①]。他认为这种灾难给俄罗斯带来的直接损失表现在以下10个方面：丧失将近500多万平方公里的领土；丧失了波罗的海和黑海的大型港口；在资源方面失去黑海、里海、波罗的海的大陆架；使得俄罗斯的领土重心被推向北方和东方；失去通向中欧和西欧的陆路通道；在新边界地带出现许多经济落后的国家——苏联的加盟共和国，俄罗斯不得不在自己极端困难的情况下为这些国家提供帮助；在南部，俄罗斯实际上成为欧洲免遭伊斯兰原教旨主义攻击的缓冲地带，在东部，俄罗斯地区经济落后且人口稀少，这种情况造成大量中国和越南移民的涌入；同新的独立国家的大约11000公里的漫长边界线没有正常的边防和海关设施；俄罗斯联邦境内分离主义倾向严重，车臣、鞑靼、巴什基尔、雅库特、克拉斯诺亚尔斯克和滨海边疆区、加里宁格勒等都先后提出主权要求；苏联解体后，俄罗斯联邦内部各地区之间的经济差距高达1:14。

上述10点，直接反映目前俄罗斯的地缘政治状况。可见，冷战结束后，俄罗斯发生自莫斯科公国对外扩张以来历史上最大的反向性地缘政治变动，即在欧亚大陆的广袤地带，不是传统地缘政治意义上的核心地带向

[①] 《普京2005年度国情咨文》，2005年4月25日，俄罗斯总统网站（http://www.president.kremlin.ru/mainpage）。

边缘地区施加影响,而是相反,出现了边缘地带向核心地区的反向渗透与挤压。

且不说西方以及亲西方国家对俄罗斯战略空间的挤压,单说俄罗斯同苏联国家就存在纠缠不清的领土边界问题,这在世界历史上都是从未有过的,这种状况大大增加了发生冲突的潜在风险。① 新俄罗斯在边界地区存在如下领土纠纷:波罗的海沿岸地区,在俄罗斯、白俄罗斯、拉脱维亚、立陶宛和爱沙尼亚之间;东斯拉夫地区,在俄罗斯、乌克兰和白俄罗斯之间;高加索地区,在俄罗斯和外高加索国家之间;里海地区,在里海沿岸所有国家之间就里海区域划分问题存在纷争;中亚地区,中亚的新独立国家之间,俄罗斯和哈萨克斯坦之间;德涅斯特沿岸,在乌克兰和摩尔多瓦之间,虽然这一区域不与俄罗斯接壤,可是也使莫斯科分心劳神。

二 叶利钦对外政策的变化:从亲西方一边倒转向全方位

这一时期俄罗斯对外政策的主旋律是非对抗性,对外政策主要面向西方国家。之所以这样做,一方面是因为苏联时期同外部世界关系一度过于僵硬和喜好对抗,这种政策不符合现实需要;另一方面也是因为俄罗斯国力衰退,忙于内部事务,不得不这样做。可是,俄罗斯对外政策还是经历了从亲西方的一边倒政策转向捍卫大国地位和政策独立性的"全方位"外交。莫斯科对外政策变化轨迹如下:一边倒外交在 1992 年达到高潮,从 1993 年开始局部调整,直至 1995 年科济列夫下台表明一边倒外交最终结束,从此转向全方位外交。

(一) 亲西方的一边倒外交

叶利钦在戈尔巴乔夫政治新思维留下外交遗产的基础上做出了进一步向西方倾斜的政策选择。叶利钦实行这一政策,并非一厢情愿,而是双方自愿的事情。从一方面看,叶利钦等人认为,在国内进行西方式改革,对外政策自然应该同西方国家保持一致,全面接受西方的国际行为准则和现存国际秩序,向西方靠拢。在他们看来,俄罗斯改革成功离不开西方国家的帮助,因而只有实施亲西方政策,才能获得西方国家的帮助。从另一方面看,西方国家决意紧紧抓住苏联解体后的历史机会,推动俄罗斯走上全

---

① Ланцов С., Политическая конфликтология. Москва., 2008, С. 302—303.

面西化道路。例如，西方国家在对俄罗斯提供经济援助的问题上摆出积极姿态，一再表示要抓住机遇，将俄罗斯带入"民主国家的大家庭"。在1992年俄罗斯刚宣布独立之时，西方国家就召开3次国际援俄协调会议。再如，在俄罗斯独立之初，内部政治斗争激烈而复杂，西方国家采取各种手段公开支持叶利钦。在这种情形之下，双方"情投意合"。

所谓一边倒外交，是指俄罗斯全面加入西方国际政治经济和安全体系，争取西方国家的经济援助和政治支持以摆脱国内危机，在国际事务中追随西方，对外事务基本上全部集中在西方大国的外交政策走向。这种政策的指导思想是"欧洲—大西洋主义"。外交部部长科济列夫、代总理盖达尔、副总理布尔布利斯及其身边的智囊人物都是这一思想的信奉者，叶利钦在很大程度上也是如此。科济列夫发表文章，盖达尔撰写著作，专门阐述其对外政策思想。外交部在起草国家外交原则构想文件时，力图将亲西方外交思想上升为国家法律。

科济列夫等人的大西洋主义外交思想主要观点包括以下几点：首先，俄罗斯从来就是欧洲的一部分，俄罗斯应该回归欧洲，向欧洲文明国家靠拢。叶利钦认为，"俄罗斯自古以来就同欧洲是一体，我们应该与欧洲委员会和欧洲经济共同体等欧洲机构联成一体，应该加入政治和经济同盟"[①]。其次，在冷战后的国际关系力量对比中，西方国家已经占据优势。俄罗斯重返国际舞台的最佳途径是"加入最积极发展的民主国家行列，并在这些国家中占据由历史及地理给我们确定的地位"。再次，俄罗斯在思想体系和社会制度方面已经与西方趋同，"俄罗斯要实行民主和市场经济，就要同西方国家及其组织建立同盟关系，回归文明世界"[②]。最后，俄罗斯经济改革要获得成功，摆脱经济危机，就离不开西方的经济援助。1992年7月3日，盖达尔在议会讨论政府"深化经济改革纲领草案"时表示，"如果我们不能为商品进入世界市场创造条件，如果我们不能吸引大量资金，我们就不能克服自己面临的困难"。这些看法与主张，有的属于客观现实，有的出于实际需要，有的则天真烂漫。

---

① Ельцин ответ на вопросы журналистов，《комсомольская правда》27 мая 1992 года.

② Козырев выступить на конференции в мид в феврале 1992 года，《международной жизни》1992 года 3—4 период.

亲西方一边倒外交在1992年达到高潮。叶利钦等人在这一年上半年几乎对所有西方大国进行旋风式访问，而且所到之处全都强调俄罗斯要同西方建立伙伴关系和同盟关系。这个时期的一边倒外交涉及如下领域。

第一，在削减核武器和军事安全领域同美国进行合作。苏联解体后，美国最关心的问题之一是苏联核武器的安全。在俄罗斯积极配合之下，1992年5月23日，美国、俄罗斯、乌克兰、白俄罗斯和哈萨克斯坦共同签署《里斯本五国议定书》，规定将后三国的核导弹全部运往俄罗斯销毁。1992年6月，叶利钦访美期间，双方签署《削减战略武器框架协议》。这个领域的合作富有成效，也符合大国和本地区的利益。

第二，争取西方国家对俄罗斯的经济改革提供援助。1992年1月底2月初，叶利钦出访西方大国，呼吁西方从战略高度制订援俄计划。在此轮出访活动中，叶利钦从西方国家获得第一批援助：英国承诺向俄提供2.8亿英镑贷款；加拿大签署向俄提供250万吨粮食的协议；法国签署向俄提供40亿法郎低息贷款的协议。此后至4月26日，西方7国首脑在华盛顿宣布向俄提供240亿美元的援助。但是承诺的这笔援助实际到位的只有一半。

第三，在处理国际和地区事务中基本上是按照西方国家意愿行事。俄罗斯积极配合和支持西方国家在热点地区的政策与行动。首先是支持西方对利比亚、南斯拉夫和伊拉克的制裁，支持西方国家在波黑和伊拉克设立禁飞区等；其次是同苏联传统盟友进一步拉开距离，1992年9月，莫斯科宣布结束同古巴的军事合作关系，俄罗斯同朝鲜的关系也急剧降温；最后是莫斯科就一些西方关心的历史遗留问题重新进行检讨，1992年10月，莫斯科向美国和韩国移交有关1983年韩国民航客机在萨哈林上空被击落的黑匣子等资料，10月14日，叶利钦特使向瓦文萨递交关于"卡廷事件"的苏共中央政治局1940年3月3日决议文本，11月11日，叶利钦访问匈牙利时向主人转交苏共关于1956年事件的文件，并向纳吉等"遇难者"鞠躬致敬。

一边倒外交在实施过程中不断遭到国内的各种批评。在1992年中期，俄罗斯国内围绕对外政策问题展开激烈争论，焦点在于继续奉行一边倒向西方的政策，还是应当实行一种基于俄罗斯利益的全方位外交。后者在争论过程中逐渐占据上风，莫斯科对外政策也随之开始局部调整。

（二）全方位外交的逐渐形成

叶利钦等人亲西方的对外政策从一开始就在国内受到批评。他们的"大西洋主义""欧美中心主义"理念及其政策被批评脱离实际的幻想，损害俄罗斯国家利益。批评者的理由如下：首先，俄罗斯同西方意识形态上的一致性并不等于双方地缘政治和国际利益的一致。《红星报》评论员戈尔茨认为，俄美之间仍存在冲突，因为美国虽不愿意看到拥有核武器的俄罗斯长期处于"面包暴动"边缘，但是对于出现一个强大、独立和富足的俄罗斯毫无兴趣，美国希望使俄罗斯保持虚弱。① 其次，俄罗斯政治上倒向西方集团将损害同东方邻国及伊斯兰国家的关系。俄远东研究所冈察洛夫指出，俄罗斯不能以牺牲同邻国关系为代价发展同欧美的关系。俄罗斯加入西方政治集团后，伙同西方国家一起指责中国违反"人权"的行为，由此不可避免地将损害俄中关系。② 最后，俄罗斯加入西方阵营的设想是不切实际的幻想。著名学者米格拉尼扬指出，俄罗斯不可能以平等伙伴的身份加入西方七国会议、欧共体、北约等机构，因为莫斯科的国力不够富强，而其幅员又太大。③

这些批评并非纯粹发泄不满情绪，确实是亲西方外交遇到了挫折。这促使莫斯科开始考虑调整政策。叶利钦在1992年7月的一次讲话中实际上肯定了批评者的意见，他说东西方都应该是俄罗斯外交的重点，俄罗斯外交需要从倒向"西方"转而"坚定不移地走向东方"。同年10月，他在外交部工作会议上第一次系统总结俄罗斯独立以来外交工作的经验教训，严厉地批评外交部的工作。似乎也是在做自我批评。

叶利钦表示，对独联体国家的外交是俄罗斯对外政策的新方向，但在这方面的外交缺乏连贯性，相互矛盾，应该尽快制订对独联体国家的行动计划；在发展同西方国家的关系时，也应该不懈地在东方国家展开工作，但却没有这样做；同后共产主义国家的关系萎缩了，需要同东欧国家保持政治经济文化联系，但迄今尚未与之接触；同第三世界的联系减少了，同

---

① Герц "Мы должны отказаться от новых мифов", 《красная звезда》 28 Марта 1992 года.
② Гончаров "Особые интересы россии", газета 《известия》 25 февраля 1992 года.
③ Мигланиян "Внешней политики действительно и придумывание подход", газеты 《Россия》 4 августа 1992 года.

新兴工业国家的关系进展缓慢。他批评俄罗斯在国际舞台上的表现是缩手缩脚，经常采取守势，忍受欺辱。"对其他任何大国不敢做的事却对俄罗斯敢做，我们却对此容忍"。

总统讲话是俄罗斯对外政策进行调整的前兆和指导原则。外交部根据总统提出的原则重新审视和拟定俄罗斯对外政策的指导方针。同年12月初，科济列夫发表长篇文章反映了这次调整后的新结论。① 俄外长的长篇大论实际上反映此前由外交部起草并经过多次修订的《俄罗斯联邦对外政策的构想（草案）》的核心内容。在科济列夫发表此文之时，该草案已经提交给当时的俄罗斯苏维埃讨论。该草案经过较长时间讨论与反复修订，于1993年4月30日被总统批准实施。

《俄罗斯联邦对外政策构想》是独立以来第一部关于对外政策的系统纲领性文件。它的出台反映出俄罗斯"全方位"外交的初步形成。它详细阐述了莫斯科在世界各地区和国际事务中的外交政策的指导原则。从构想内容看，俄罗斯全方位外交具有以下特点。

第一，俄罗斯对外政策要关注世界各个地区。构想指出，俄罗斯应当坚决地采取方针，同有助于解决国家复兴这个首要任务的那些国家发展关系，首先是同邻国、同经济强大的西方国家以及各个地区新兴工业化国家发展关系。

第二，俄罗斯开始重视独联体国家。构想指出，俄罗斯同独联体国家以及其他近邻国家的关系直接关系到俄罗斯改革的命运，关系到俄罗斯的正常生活和克服国家危机的前景。

第三，俄罗斯继续寻求同西方结盟。亲西方的外交原则仍然没有改变，构想指出，俄罗斯争取稳定地发展同美国的关系，目标是建立战略伙伴关系，长远目标是建立盟友关系。虽然文件提到要反对华盛顿政策中可能重新出现的帝国表现，反对华盛顿企图把美国变成"唯一超级大国"的路线。可是，莫斯科此时仍然相信华盛顿会真诚地帮助俄罗斯复兴，对于美国试图削弱俄罗斯在国际和地区事务中的影响力，首先是在独联体地区的影响力的战略考虑完全没有戒备。文件仍然天真地认为，作为优先任务是要把美国承认俄罗斯是苏联地区市场改革的火车头和民主改革的保证

---

① Козырев "внешная политика России",《известия россии》, 3 декабря 1992 года.

人的主导作用的立场肯定下来，更积极地使美国参与调解独联体各国和波罗的海沿岸地区的冲突和保卫那里的人权。①

实际上，全方位外交在1992年年底开始显露，标志是叶利钦在年底访问韩国和中国。进入1993年，全方位外交逐渐展开，标志是逐步修复同苏联的盟友的传统关系，尤其是对独联体国家加大工作力度。虽然莫斯科仍然奉行亲西方外交，可是叶利钦迫于国内反对派压力而开始注意同美国的政策拉开距离，并且敢于表达不同的立场。例如，1993年下半年，莫斯科对西方执意将俄罗斯排挤出欧洲事务的危险企图有所觉察，9月，叶利钦致函西方大国明确表示坚决反对北约吸收东欧国家，这表明莫斯科认识到西方有意削弱俄罗斯的政策实质。1994年2月24日，叶利钦在《国情咨文》中提出"恢复强大的俄罗斯"。此后，朝野声音发生重大变化，就连一贯持亲西方立场的科济列夫外长的言论也出现180°大转弯。从强调人的普遍价值和同美国的共同利益，转变为强调恢复强大的俄罗斯。莫斯科在总结独立后最初两年对外政策得失的基础上，对俄罗斯外交重新定位，明确了以"恢复大国地位，确保势力范围"为核心内容的总体政策目标。

为什么莫斯科会进一步疏远亲西方外交？首先，西方国家难辞其咎，西方的对俄政策意在削弱俄罗斯，维持一个弱而不乱的俄罗斯符合它们的利益。例如，对俄罗斯援助雷声大雨点小，1993年承诺提供430亿美元援助，实际兑现的只有50亿美元。② 其次，北约东扩战略的启动，无疑使得俄罗斯感觉到安全空间受到挤压。最后，俄罗斯国内政治形势变化也不利于继续奉行亲西方外交。在1993年12月杜马选举和1994年1月政府重组中，使亲西方改革派遭受重大挫折，盖达尔等人退出政府。民族主义、中左派势力在杜马和政府中地位上升，继续实行亲西方外交政策的难度就自然增大。

自1994年俄对外政策的框架基本形成后，后来又进行了补充。1995年年底科济列夫外长辞去职务，1996年1月普里马科夫出任外长，全方位外交越来越明显。第一，在同西方国家的关系方面。借用科济列夫的说

---

① ［俄］《俄罗斯联邦对外政策构想》，《外交通报》1993年专刊。
② ［英］《经济学家》周刊，1994年1月15日。

法,"蜜月关系结束,婚姻关系尚存"。俄美仍然保持着"伙伴关系",可是自1994年以来摩擦增多;第二,进一步重视独联体国家。叶利钦于1995年9月批准《俄罗斯对独联体国家战略方针》,进一步强调该地区在俄罗斯外交战略中的重要地位;第三,明确表示反对北约东扩,同时表现出更为现实主义的立场;第四,将俄中关系提高到新的战略合作层面,借用中国的国际影响力抵制美国单边主义政策;第五,加强同亚太国家的关系。这样一种框架的对外政策大致持续到1999年叶利钦提前交出政权为止。

第二节　俄欧关系确立新框架

冷战结束,东欧剧变,苏联解体,新俄罗斯独立,欧洲地区的政治格局已经发生二战结束以来从未有过的巨大变化。俄欧关系必须在这种新的形势下重新进行调整,双方均表现出极大的热情,比较而言,俄罗斯的积极主动性更强烈一些。

一　苏联时期对欧洲政策的简单追述

第二次世界大战结束后,欧洲,确切地说是西欧,走上联合道路并且向着一体化方向努力。在整个20世纪七八十年代里,苏联对欧共体的态度一直是冷漠的。早在1958年欧共体成立前夕,苏联在《共产党人》杂志上发表题为"关于'共同市场'和欧洲原子能联营"的长篇文章[①],全面阐述了苏联对共同市场的看法及立场。文章认为,帝国主义利用欧洲联合的幌子把西欧国家拼凑成矛头指向苏联和欧洲人民的军事侵略集团,共同市场是"彻头彻尾反动的";在帝国主义条件下不可能建立起真正的经济体系,这种联合将"土崩瓦解"。由于苏联充满信心地认为共同市场将会土崩瓦解,所以对共同体采取了不承认、不接触、不谈判的三不主义政策。

20世纪60年代初,随着东西方关系的"解冻"和东西欧之间交流的增加,苏联对共同体的态度出现了一些松动。1962年8月26日的《真理

---

① 《西欧"共同市场"问题》论文集,世界知识出版社1962年版,第246—271页。

报》刊载题为"关于西欧帝国主义'一体化'"的文章,第一次承认"共同市场"已经成为经济和政治的现实。但是,这种极其有限的松动很快就消失了。1963年,戴高乐否决了英国加入共同体的申请,西欧一体化受阻。一心盼望共同体"土崩瓦解"的苏联,此时感到没有必要与共同体建立正式关系,所以,当1963年荷兰驻苏联大使代表共同体向苏联递交一份发展经贸关系的建议时,苏联外贸部部长以外交上没有承认共同体为由,拒绝了这份建议文件。此时,共同体立足未稳,还是有求于苏联。

进入20世纪70年代,共同体的一体化取得了明显的进展,1973年要实行第一次扩大,说明共同体已经渡过了最困难的创建时期,已经站稳脚跟。共同体要求从1973年起苏联东欧国家必须与共同体直接谈判,才能签署新的贸易协定。这使苏联的三不主义政策遇到了困难。在这种情况下,1973年8月,苏联与欧共体在哥本哈根举行会谈。从此,双方展开一些磋商。1978年5月,双方在莫斯科举行高级会谈,在此后一年半的时间里,相继举行了3轮谈判。共同体主张同苏联及东欧国家签订贸易协定。苏联坚持应该由经互会及其成员国同欧共体及其成员国签订贸易协定。苏联担心欧共体同东欧国家发展双边关系会拆散经互会组织。由于双方分歧严重,没有取得结果,苏联出兵阿富汗使共同体方面在1980年中断了双方的谈判。

苏联由于没有完全放弃"三不主义"政策,所以它对欧共体抱有一种冷漠态度。

进入20世纪80年代,苏联因出兵阿富汗而在国际社会陷入孤立境地,国内政治领导集团老化,最高领导人频繁更换。许多事情都是维持现状,它对欧共体仍然坚持以往的态度。直到戈尔巴乔夫上台执政,苏联对欧共体的态度才开始发生变化。

戈尔巴乔夫多次表示愿意加强同欧共体的经济合作。他认为,只要欧共体真正像一个政治实体那样行动,苏联就准备"在一些具体问题上寻找共同语言"。他的态度表明,苏联准备在处理同欧共体关系问题上采取一种灵活的态度。1985年5月,戈尔巴乔夫在同意大利总理的会晤中,正式提出在经互会和欧共体之间建立正式关系的问题。同年6月,经互会致函欧共体执行委员会主席,建议双方重新开始谈判。罗马尼亚、匈牙利、波兰、保加利亚、捷克斯洛伐克政府在1986年分别致函通知欧共体支委会，表示它们愿意分别同欧共体建立双边关系，苏联和东德在1988年6月做出了同样的表示，这说明在最重要的一个分歧问题上，即平行双边谈判问题上，苏联接受了欧共体的方案。苏联还同意西柏林是实行欧共体体制的一个组成部分，这就最终清除了双方建交的最后一个分歧。

1988年6月9日，在莫斯科草签了欧洲共同体和经互会建立正式关系的联合声明，并决定同年6月底在卢森堡举行正式签字仪式。这样，由于苏联方面的态度发生变化，两大经济集团30年里互不承认的局面终于结束了，双方为建立正式关系而进行了长达15年的谈判，最终取得了积极成果。

戈尔巴乔夫这一时段对欧洲的外交政策追求三个相互联系的目标。

首先，使用各种手段削弱美国在欧洲的影响力，直至把美国排挤出欧洲。1988年，戈尔巴乔夫在《改革与新思维》一书中提出了"全人类的利益高于一切"的思想，作为他推行"新思维"外交的理论依据。在《改革与新思维》一书中，戈尔巴乔夫提出了建立"全欧大厦"的思想。"'全欧大厦'这一概念首先意味着承认某种整体性，虽然这里说的是社会制度各异并分别隶属于对立的军事政治联盟的国家。这个概念中既包括必要性，也包括可能性。"[①] 戈尔巴乔夫强调全欧合作，目的是使欧洲自主化。他表示："我们不希望有谁一脚踢开全欧大厦的大门并且喧宾夺主地坐在主人的座位上。"[②]

其次，离间欧洲与美国的关系，遏制西欧一些国家尤其是联邦德国与美国关系的发展，苏联希望西德不要同美国外交政策绑在一起，能够转而实行一种对苏联缓和关系的政策。

最后，苏联竭力增强对西欧的渗透能力，同西欧大国缓和关系。

戈尔巴乔夫转变对欧洲共同体的政策就是出于上述的意图和目标。可是这种意图和目标最终都彻底落空，原因在于：一方面，戈尔巴乔夫对西方的政策整体上变成了"全面退让""乞讨外交"，自然这里包括对欧洲的外交；另一方面，戈尔巴乔夫改革导致政治失控、经济恶化、民族分离主义四处蔓延，最终苏联解体。这种局面彻底改变了欧洲的政治格局，俄

---

① 戈尔巴乔夫：《改革与新思维》，新华出版社1987年版，第252页。
② 同上书，第270页。

罗斯作为继承者，它承担了苏联的全部国际义务。俄欧关系严重失衡，俄罗斯方面混乱虚弱，欧洲共同体方面则继续发展。

二 俄欧关系确立新框架

1991年年底，俄罗斯宣布独立之后，欧洲共同体承认了俄罗斯作为一个主权国家的国际地位。俄罗斯与欧洲政治关系的发展经历了两个阶段：第一阶段，1991年年底俄罗斯宣布独立至1994年，这是俄欧外交关系建立和初步发展的时期；第二阶段，1995—1999年，这是俄欧双边关系深入发展的时期。

第一阶段，1991年年底俄罗斯宣布独立至1994年，这是俄欧外交关系建立和初步发展的时期。当俄罗斯宣布独立后，最主要的任务是实行经济转轨，过渡到市场经济，因而对欧洲经济共同体的依赖性增强了。更何况无论是苏联领导人戈尔巴乔夫，还是俄罗斯领导人叶利钦，他们都把经济改革以及由此带来的社会转型如此重大的目标寄托在西方的支持之上。叶利钦领导集团在这种指导思想的支配下同欧洲发展关系，自然对欧洲方面抱有过多过大的希望。

实际上，在俄罗斯宣布独立之后，欧洲经济共同体加以承认，并且于1991年着手实施对俄罗斯的经济转轨和社会转型进行的技术援助。这里最为及时的援助项目是"塔西斯计划"①，该计划开启了俄欧外交关系发展的序幕。说明了欧洲方面关注俄罗斯的经济改革，可是也应该注意到该计划并非专门援助俄罗斯的，而是包括了苏联12个国家。无论如何这是一个好的前兆。

1994年6月，俄罗斯和欧盟②双方签署"伙伴关系与合作协定"③，

---

① "塔西斯计划"（TACIS Programme）是欧洲经济共同体对苏联12个国家提供经济援助的项目，从1991年开始实施，主要是对这些国家的社会转型和经济转轨提供技术援助。该计划涉及的国家包括俄罗斯、白俄罗斯、乌克兰、亚美尼亚、阿塞拜疆、格鲁吉亚、摩尔多瓦、哈萨克斯坦、吉尔吉斯斯坦、塔吉克斯坦、土库曼斯坦、乌兹别克斯坦。

② 1993年11月，欧洲联盟（欧盟）正式成立。这标志着欧洲经济共同体从经济实体向经济政治实体过渡。故自此后文中改称欧盟。欧盟有三大机构：欧盟理事会（有时也称欧盟首脑会议），主管大部分决策，由成员国首脑及相关部长参与；欧盟委员会，主管执行；欧洲议会，主管一部分决策，相当于两院制的下院，由成员国直接选举产生。

③ "伙伴关系与合作协定"（the Partnership and Co-operation Agreement，PCA）。

该协定为俄欧双边外交关系发展奠定了初步的但却是立法性质的和制度性的新框架。

"伙伴关系与合作协议"明确了俄欧双方"促进国际和平与安全、支持民主原则和政治经济自由"的共同目标,其最终设想是为建立"俄欧自由贸易区"创造条件。① 该协议涉及俄欧双方的政治对话、商业贸易、法制合作、文化教育交流等政策的诸多方面,并为俄欧双方政治磋商和对话建立了一套制度性框架。这些法律的制度性框架包括每半年一次的首脑峰会,由俄罗斯总统、欧盟理事会和欧洲委员会主席参加,确定俄欧关系发展的战略大方向;由"永久伙伴关系理事会"不定期举行部长会议,就俄欧关系发展的各种具体事务进行讨论磋商;每年两次的欧盟"三驾马车"②和俄罗斯方面相关高级官员参加的会议和不定期的专家会议;在"议会合作委员会"框架内进行的欧洲议会和俄罗斯杜马的政治对话等③。

第二阶段,1995—1999 年,这是俄欧双边关系深入发展的时期。之所以说这一阶段是俄欧关系深入发展的时期,是因为有 3 个重要文件或正式生效或正式出台:一是 1997 年 12 月俄欧《伙伴关系与合作协定》正式生效;二是 1999 年 6 月欧盟出台《欧盟与俄罗斯关系共同战略》;三是 1999 年 10 月俄罗斯提出《俄罗斯与欧盟关系发展中期战略(2000—2010 年)》。这反映出俄欧双方都表现出主动性,能够回应对方的善意。

虽然 1994 年 6 月俄欧双方签署《伙伴关系与合作协定》文件,可是欧盟方面对这份文件的批准却推迟了。这一时期俄欧双方关系发展的主要特点是开展政治对话,主要涉及具体热点问题的应对和解决,双方均未形成系统的与对方发展外交关系的长远考虑和总体战略规划。但是在《伙伴关系与合作协定》提供的一系列对话机制的推动下,俄罗斯和欧盟双方就热点问题进行积极沟通。《伙伴关系与合作协定》终于获得欧盟批准,该协定于 1997 年 12 月 1 日正式生效。此后,双方建立了相应的合作机制,还通过了 1998 年履行该协议的第一个共同行动计划。

---

① EU, Agreement on Partnership and Cooperation, 1994, Article 1.
② "三驾马车",由欧盟现任主席国、欧盟下任主席国以及欧洲委员会和欧盟理事会秘书处代表组成。
③ EU, Agreement on Partnership and Cooperation, 1994, Article 7, 8, 9.

随着俄欧双方对话的增多，双方就发展未来关系做出了战略规划。

1999年6月，欧盟出台《欧盟与俄罗斯关系共同战略》，该战略有效期5年，截至2004年6月，其主要目标在于帮助促进俄罗斯的政治经济改革和社会转型，将俄罗斯整合进欧洲共同的经济和社会发展空间，使俄罗斯与欧盟一起共同促进欧洲和世界的稳定与安全。[1]

作为对欧盟方面的回应，俄罗斯于同年10月提出《俄罗斯与欧盟关系发展中期战略（2000—2010年）》，其主要目标是发展俄欧双边的中短期战略关系，在《伙伴关系与合作协定》机制框架内，推动俄欧双边经济合作和政治对话，通过建立一个"泛欧洲集体安全机制"，确保俄罗斯的利益，增强俄罗斯在欧洲和世界的作用与地位，最终建立一个"没有分界线的联合的欧洲"。[2]

这一阶段，俄欧双方提出自己的外交战略，为之后俄欧双边关系的发展确立了长远的发展方向和具体实施的系统步骤，无疑是为双方关系确立了新框架。

第三节　俄欧关系确立新框架的三个基本文件

这一时段的俄欧关系发展，双方在相互合作政策的基础上制定了一系列文件。其中，1994年6月双方签署而于1997年12月正式生效的《俄罗斯与欧盟伙伴关系与合作协定》是一份最重要的文件，它成为俄欧关系的法律基础。因为具备了这份文件所规定的法律基础，才有了后来的两份文件，即1999年6月欧盟方面出台的《欧盟对俄罗斯共同战略》和1999年10月俄罗斯方面出台的《俄罗斯与欧盟关系发展中期战略（2000—2010年）》。这3份文件规定了双方关系发展的基本方向与内容，我们有必要通过文件内容，了解双方关系发展的方向及深度。

---

[1] EU, Common Strategy of the European Union of 4 June 1999 on Russia, (1999/414/CFSP), June 1999, http://ec.europa.eu/external_relations/ceeca/com_strat/russia_99.pdf.

[2] The Russian Federation, Medium-term Strategy for Development of Relations between the Russian federation and the European Union (2000—2010), October 1999, http://ec.europa.eu/external_relations/russia/russian_medium_term_strategy/.

一 俄罗斯与欧盟《伙伴关系与合作协定》

自 1992 年起，俄欧双方积极探索合作事宜。1992 年 5 月，欧盟委员会主席德洛尔访问莫斯科，表示愿意与俄罗斯方面就达成一项基于"日益加深共同体和俄罗斯伙伴关系"思想的新协定签署协议。① 虽然有的美国人认为这是不可思议之事②，可是经过俄欧双方的努力，经过一年半谈判，双方于 1994 年 6 月 24 日在希腊科孚岛最终签署了俄罗斯与欧盟《伙伴关系与合作协定》。该协定作为俄罗斯与欧盟关系的政治法律文件，代替了 1989 年 12 月 21 日苏联与欧洲共同体签署的贸易与合作协议（1990 年 4 月 1 日生效）。《伙伴关系与合作协定》共包括 11 个部分、112 个条款、10 个附件和 2 个备忘录。

《伙伴关系与合作协定》包括相互关系中 3 个最重要的方面：政治关系、经济关系和文化交流。而其中主要的更多的内容是涉及经济贸易合作问题。值得注意的是，该协定近 80% 的内容是涉及俄欧经济贸易合作。《伙伴关系与合作协定》认为，俄罗斯是一个过渡型经济国家，规定在贸易上俄欧相互提供最优惠的制度。除经济贸易之外，该协定还规定俄欧在其他 30 多个方面进行合作，包括工业、科学技术合作。合作范围涵盖了工业、农业、交通、太空开发、环境保护、旅游、教育和人员培训等领域。还规定了俄欧关系中的许多共同目标和任务。

《伙伴关系与合作协定》规定的共同目标是为双方政治对话提供一个适当的框架，从而促进它们在这一领域中密切关系的发展；促进双方之间建立在市场经济原则基础之上的贸易、投资和和谐经济关系，从而推动双方关系的稳定发展；加强政治和经济自由；支持俄罗斯努力加强民主、发展经济和维持向市场经济的过渡；为基于互利、互惠和相互支持原则之上的经济、社会、金融和文化合作提供条件；推动开展互利活动；为俄罗斯和欧盟较广泛合作领域之间的逐步一体化提供一个适当的框架；为将来建立俄罗斯与共同体之间的基本上包括它们之间全部贸易的自由贸易区以及

---

① Bulletin of the European Communities, Luxembourg, 1992, No. 5, point 1, 2, 9.
② Brzezinski Z., "The Premature Partnership", *Foreign Affairs*, 1994, Vol. 73, No. 2, pp. 67 – 82.

实现创办公司、跨境服务贸易和资本流动自由，创造必要的条件。

《伙伴关系与合作协定》规定的任务是促进俄罗斯和欧盟较广泛合作地带及邻近地区的逐步接近，促进俄罗斯逐步融入开放的国际贸易体系。

《伙伴关系与合作协定》规定的合作范围具有较强的政治性内容，其中强调俄罗斯与欧盟具备"共同价值观"的重要性。这些价值包括信奉政治和经济自由，促进国际和平与安全，尊重赫尔辛基最终文件以及1990年35个国家签署的新欧洲巴黎宪章中所捍卫的民主原则和人权。文件特别强调的最后一点是双方内外政策之基础，这是伙伴关系和该协定的一大要素。①

该协定大量条款是关于扩大经济合作的问题，为此要实行最广泛的经济合作计划。这些计划涉及俄罗斯与欧盟在如下领域和部门之间的合作：诸如工业、鼓励与保护投资、国家采购、科技、教育和职业培训、农业和农业部门、建筑、环境、运输、区域发展等。此外，俄罗斯有义务要使本国在经济、社会活动方面的立法逐步与欧共体的立法保持一致，即是说俄罗斯的改革以及由此带来的社会转型要向欧洲共同体的标准靠近或者看齐。

《伙伴关系与合作协定》确定了定期政治对话机制，该协定为俄欧双方政治磋商和对话建立了一套制度性框架。这些法律的制度性框架包括每半年一次的首脑峰会，由俄罗斯总统、欧盟理事会和欧洲委员会主席参加，确定俄欧关系发展的战略大方向；由"永久伙伴关系理事会"不定期举行部长会议，就俄欧关系发展的各种具体事务进行讨论磋商；每年两次的欧盟"三驾马车"和俄罗斯方面相关高级官员参加的会议和不定期的专家会议；在"议会合作委员会"框架内进行的欧洲议会和俄罗斯杜马的政治对话等②。俄欧政治对话机制的确立有助于加强俄罗斯与欧盟之间的联系，有利于双方在涉及本国及本地区的国际问题上及时交换意见，促进在遵守民主原则及人权问题上的沟通与合作。

从《伙伴关系与合作协定》的整体规划来看，这主要是一个在欧洲层面上"复制"世界贸易组织规则的经济技术协定。协定的有效期为10

---

① Россия и Европейски Союз документы и материалы, под ред. С. Ю. Кошкина. Москва, 《Юридическая литература》, 2003, С. 31—34.

② EU, Agreement on Partnership and Cooperation, 1994, Article 7, 8, 9.

年,这成为双方关系合作的政治法律文件,为实现双方长期稳定合作奠定了基础。

俄欧双方签署《伙伴关系与合作协定》文件,无疑具有重要意义。它标志着俄欧关系的法律基础初步建立起来,展现出双方关系在共同利益基础上长期发展的可能性前景。叶利钦总统高度评价这一文件,认为它具有巨大的历史重要性。他说:"我相信这是一个朝着重建我们大陆联盟方向采取的决定性步骤。"

二 《欧盟对俄罗斯共同战略》

欧盟认识到,同俄罗斯保持良好关系对于欧洲稳定至关重要。基于这种认识,1999年6月3—4日,欧盟理事会在科隆通过了《欧盟对俄罗斯共同战略》。这是一个符合俄欧《伙伴关系与合作协定》基本精神而又颇具特色的文件,其主要目的是协调欧洲委员会、欧盟理事会以及各成员国的各种对外活动与对外关系,将各成员国对外关系战略置于一个"共同屋顶"之下。也就是说,要把《伙伴关系与合作协定》变成欧盟各成员国的共同行动。这说明欧盟领导机构在努力协调各成员国的对俄政策。

《欧盟对俄罗斯共同战略》文件,充分肯定了俄罗斯是一个重要伙伴,并且决定与之开展合作。该文件开始部分就充分肯定,"作为没有新分界线的、统一欧洲的不可分割的一部分,一个稳定的、民主的和繁荣的俄罗斯,是大陆持久和平的保证"。"未来的俄罗斯将成为整个欧洲大陆发展的重要因素,它对欧盟具有重要的战略意义。"[①] 基于这一认识,该文件认为,欧盟与俄罗斯的伙伴关系在维护和平与安全、发展欧洲的经济和文化合作、提高欧洲在世界政治经济中的建设性作用等方面是必要的、重要的,具有优先的意义。文件强调,俄罗斯与欧盟在维护欧洲和世界其他区域的稳定及安全方面具有战略利益,同时负有特别的责任。

《欧盟对俄罗斯共同战略》文件的基本目的是要把俄罗斯融入欧洲更广阔的合作领域之中,最好能够将俄罗斯未来的发展纳入欧盟所希望的轨道上,即俄罗斯朝着欧盟的制度法律规则靠拢。文件比过去更明确地表明

---

① Россия и Европейски Союз документы и материалы. под ред. С. Ю. Кошкина. Москва, 《Юридическая литература》, 2003, С. 496—497.

了欧盟长期合作方针，即不仅要在将来建立共同的自由贸易地带，而且还要把俄罗斯整合到统一的欧洲经济和社会空间及战略伙伴关系之中，以便于巩固欧洲及其境外安全。这突出反映了欧盟希望加强与俄罗斯的合作，以维护欧洲的稳定，促进全球安全以及对整个大陆所面临的共同挑战做出适度的回应。

《欧盟对俄罗斯共同战略》文件重新确定了俄欧进行政治对话的任务和可能性。该文件包括了在俄欧之间进行"高级别的政策对话"的内容，特别提到同俄罗斯联邦、区域性和地方性政权与管理机构之间的合作，这些都便于更积极更有针对性地利用《伙伴关系与合作协定》及其业已形成的机制，并不断发展相互作用机制。

该文件还明确提出了俄欧战略伙伴关系的条件。欧盟方面认为，俄罗斯国内政策仍然要以朝着真正保障人权的民主、法治国家、社会市场经济推进为目标。

此外，该文件明确增补了一些有关环境保护、卫生、高等教育、干部培训、发展地区合作和跨境合作、同有组织犯罪进行共同斗争等领域的相互关系原则。

《欧盟对俄罗斯共同战略》文件反映出成员国的共同利益，这也是它能够出台并为欧盟成员国所接受的关键。与此同时，该文件还要求欧盟及其成员国要集中力量加以贯彻落实，并建立相应的组织。例如，轮值主席国芬兰关于实施《欧盟对俄罗斯共同战略》"工作计划"就是这方面工作的重要一步。它的内容包括巩固民主、法治国家的原则和人权，在政治和安全领域的对话，经济问题的对话，贸易和投资领域的合作，制止有组织犯罪，留学生和青年学者交流计划，结成友好城市规划，建立健康与社会保障生存能力系统，过境合作，促进俄罗斯的环境保护。这里需要强调的是，欧洲理事会、欧洲委员会和欧盟成员国机构都关注着《欧盟对俄罗斯共同战略》。这不仅说明欧盟对实施这一共同战略有很大兴趣，而且说明欧盟对于巩固和发展同俄罗斯的伙伴合作关系有着高度的责任感。①

---

① Лихачев В., Россия и Европейский Союз в стратегической перспективе. 《Международная Жизнь》, 2000.

《欧盟对俄罗斯共同战略》文件是欧盟对俄罗斯相关政策的总框架，它包含了欧盟对俄罗斯政策的全部内容。文件制定本身反映出欧盟出于自身政治经济利益驱动，将其对俄政策和目标做了重大调整，决心同俄罗斯加快发展伙伴合作关系，而不愿仅仅局限于单纯的俄欧对话范围之内。同时需要特别关注的是，该文件也反映出欧盟极力利用自己的所有优势，促使俄罗斯朝着西方所希望的改革方向发展。

三 《俄罗斯与欧盟关系发展中期战略（2000—2010年）》

1999年10月22日，俄罗斯方面为回应欧盟的善意而出台了《俄罗斯与欧盟关系发展中期战略（2000—2010年）》，这是俄罗斯对欧盟政策的第一份综合性文件。在这么短的时间里，俄罗斯与欧盟能够相互做出回应，说明双方的确抱有发展良好关系的迫切愿望，文件内容也显示出俄罗斯方面想要在广泛领域里推进双边合作。

该文件首先赋予了俄欧伙伴合作关系新的特征及意义，认为俄欧伙伴合作关系是一种战略关系。俄欧的这种战略关系对解决全球性的世界政治、安全和经济问题会产生有效的影响。可见在俄罗斯看来，发展双边关系非常重要，不仅对双方而且对地区对世界都有重要影响。

该文件规定的基本目标是"通过建立安全可靠的集体安全体系、吸纳欧盟的经济潜力和管理经验，以此促进建立在公平竞争原则基础之上面向社会的俄罗斯市场经济的发展，并进一步建立民主法治国家，以确保国家利益和提高俄罗斯在欧洲和世界上的作用及威望"[①]。

该文件明确规定的合作领域是扩大政治对话范围，提高政治对话效果，发展相互贸易和投资，在金融、基础设施、科学技术和知识产权保护以及司法等领域开展合作。

关于扩大同欧盟政治对话范围、提高政治对话效果问题，文件表示，俄罗斯非常希望每年举行一次俄罗斯政府首脑与欧洲共同体委员会主席级别的会晤，以及俄联邦议院主席与欧洲议会主席级别的会晤。文件认为，为了使俄罗斯能够参加欧盟与其他大国和经济集团的对话，支持芬兰提出

---

① Россия и Европейски Союз документы и материалы, под ред. С. Ю. Кошкина. Москва, 《Юридическая литература》, 2003, С. 510—511.

的有关举行俄罗斯—欧盟—美国三方会谈以讨论俄罗斯的利益的建议。俄罗斯—欧盟对话的主要任务应该被确定为从情报交流政策转向共同决定、协商行动。文件认为,双方完全具备这种行动的条件。重要的是,要能够加以落实。为此,可以借用联合国、欧洲安全合作组织、欧洲委员会、八国集团和其他有重要影响力的国际机制。

关于发展同欧盟贸易与投资的问题,文件认为,俄罗斯外交任务十分明确,就是要求对方全面认可俄罗斯经济市场化地位,以便于为俄罗斯商品和服务能够进入欧盟市场创造有利条件,要消除商品和贸易中的歧视因素,使欧盟采取实质性步骤为俄罗斯加入世界贸易组织创造条件等。文件还表示,俄罗斯要实现上述任务不仅要利用国内机制,而且要利用国际机制,要在国际机制中制定长期合作的能源政策,以便建立欧洲的将来也是欧亚的统一能源区,要制订知识产权诸领域的行动计划,准备在俄欧双边伙伴关系与合作协定基础之上就建立自由贸易区问题开展谈判,等等。

关于金融领域合作的问题,文件首先表明了支持欧元的立场。文件提出金融合作的主要内容是要求欧盟在技术和其他领域能够积极协助俄罗斯的规划顺利开展,而俄罗斯的规划主要是针对"对独联体国家技术援助"方面,也包括重建俄罗斯银行体系;吸收外资进入俄罗斯,为俄罗斯企业和银行在对外经济活动中更多地使用欧元创造条件;巩固同欧洲中央银行体系及欧盟其他组织的联系,以便协调行动并着手准备改革国际货币—金融体系。

关于发展基础设施的问题,文件谈到,要通过具体的组织和财政行动来建立基础设施,其中提到促成欧盟积极参与,包括解决财政问题,实现共同欧洲性质的项目方案,特别是铺设亚马尔——西欧天然气管道以及该管道通向斯堪的纳维亚的支线管道,并建立欧洲空中走廊。

关于科学技术和知识产权保护的问题,文件表示,希望与欧盟尽快签订科学技术方面的新合作协定,共同制定并实施俄罗斯与欧盟科技力量相互接近并部分融合的规划,俄罗斯积极参与欧洲信息社会建设等。

关于司法领域合作的问题,文件提出一个十分严肃的任务,即如何在俄罗斯与欧盟合作中使俄罗斯的法律体系和欧盟立法机构相接近、相协调。文件首先提出了在一些领域里同欧盟立法机构进行业务合作的任务,这些领域包括打击国际恐怖主义,打击非法贩运毒品和跨国有组织犯罪,以及打击洗钱、逃税、贩卖人口、非法侵入他人数据库、制造假币。

有一点需要特别强调，就是文件特别主张要确保欧盟扩大时的俄罗斯国家利益。俄罗斯方面肯定，欧盟整体上扩大是一个政治经济发展的客观积极进程，可是俄罗斯又认为，鉴于欧盟扩大不可能不涉及许多国家的利益和由此带来的问题，有关方面为解决可能出现的问题而尽早做出安排是很重要的。文件特别提到要保护加里宁格勒地区作为俄罗斯联邦的一个主体的利益，同时保障俄罗斯领土的完整性。俄罗斯与欧盟《伙伴关系与合作协定》《欧盟对俄罗斯共同战略》和《俄罗斯与欧盟关系发展中期战略（2000—2010年）》3个文件在较短时间里出台的事实表明，俄罗斯和欧盟在第二次世界大战后的历史上第一次相互视为战略伙伴，并且建立了伙伴合作关系的新框架。正是在这3个文件的推动下，俄欧关系走上了伙伴合作的道路。这清楚地表明，俄欧关系已经进入了相互合作的新时代。最低限度，我们可以说这是一个很好的新开端和新起点。至于俄欧关系能够发展到什么程度，那还要看双方的努力程度和各自的条件。

第四节　俄欧关系的分歧与矛盾

虽然说俄欧关系出现了良好的开端和起点，可是不能否认，俄罗斯和欧盟双方不仅在地缘政治利益方面存在深刻分歧，而且在各自国内外政治中所遵循的基本价值和原则也存在许多分歧，这些经常引起双方之间的政治矛盾，从而影响伙伴合作关系进一步发展。这里需要注意的是，俄欧关系的复杂性还在于同欧美联盟关系纠缠在一起。

关于俄罗斯与欧美关系的争执问题。从双方动机而言，欧美国家是乘胜追击，要实现利益最大化；俄罗斯虽然降格为地区性大国，可是它要捍卫本国利益和独联体势力范围以及在世界其他地区的利益。有些是源自裁减军备，诸如削减常规武器和裁减核武器、防止大规模杀伤性武器扩散；有些是属于价值观范畴，诸如人权、民主等问题；有些牵扯经济利益，诸如欧美对俄罗斯经济改革的援助雷声大雨点小并且附加条件、俄罗斯贸易受欧美国家的歧视、俄罗斯武器出口受到限制、俄罗斯在海外的利益等问题；有些是触及俄罗斯的传统盟友，诸如欧盟制裁南斯拉夫、1999年空袭南联盟；有些是关系国家领土完整统一，诸如车臣问题；有些是涉及地缘政治安全，诸如俄罗斯视独联体为自己势力范围而不许欧美插手、坚决反对北约东扩等问题。上述问题相互纠缠在一起。

在 20 世纪 90 年代俄罗斯与欧美关系中的四个时段里，不同问题在不同时段发挥各自的作用。然而对俄罗斯而言，最重要的问题是安全问题和经济利益问题，前者涉及俄罗斯与欧洲安全问题、北约东扩，后者属于争取俄罗斯经济权益。

一 俄罗斯与欧洲安全问题

俄罗斯与西方就修改欧洲常规武装力量条约和试验反弹道导弹防御系统问题展开了激烈争执。欧洲常规武装力量条约是 1990 年 11 月北约和华约基于两大军事集团常规力量保持平衡的原则而签署的。苏联解体后，俄罗斯地缘政治状况恶化，原有的军事战略平衡被打破，尤其是外高加索冲突不断，给俄罗斯的安全造成威胁。莫斯科认为该条约已经不再适合新的地缘政治现状，所以提出要求进行修改，特别是要求增加在俄罗斯南部和西北两翼的军事装备。从 1993 年下半年开始，莫斯科多次提出修约，可是遭到西方国家的拒绝。北约提出东扩政策和车臣战争爆发，莫斯科强烈要求修改该条约。国防部部长格拉乔夫宣称，关于侧翼限制的条款对俄罗斯具有歧视性，俄需要拥有比现有条款规定更多的重型武器。莫斯科一方面扬言威胁要退出该条约，另一方面自行宣布将在北高加索地区组建第五十八集团军。美国为了不使双方关系受损而被迫做出让步，于 1995 年 10 月同意俄罗斯南高加索地区四个区的军事装备可以不受该条约的限制。这在一定程度上满足了莫斯科的要求。

另外，美国于 1995 年 1 月开始试验战区反弹道导弹防御系统，意在保持单方面的核优势。莫斯科认为华盛顿这样做有悖于苏美两国 1972 年签署的反弹道导弹条约，认为美国试验能够拦截多弹头导弹的反弹道导弹防御系统实际上是在变相地恢复"星球大战"计划，将对俄罗斯战略核力量构成威胁，因此坚决反对。莫斯科要求华盛顿在双方达成协议前不得擅自试验该系统，警告华盛顿"任何破坏反导条约的行动都可能引发新一轮军备竞赛，破坏世界战略稳定的基础"。

二　北约东扩问题

自 1993 年秋西方国家启动北约东扩计划之时，俄罗斯与西方就此问题展开了旷日持久的斗争。由于莫斯科缺少有效反制措施，北约东扩还是如期实现，于 1999 年 3 月和 2004 年分别实施两轮东扩。第一轮东扩将苏联的东欧盟国——波兰、匈牙利和捷克纳入北约，第二轮东扩将苏联加盟共和国波罗的海三国——立陶宛、爱沙尼亚和拉脱维亚纳入北约，而且北约得陇望蜀，还想将独联体国家纳入北约组织，例如乌克兰和格鲁吉亚。西方国家填补中东欧地区留出的战略真空，莫斯科极力反对，形势发展至波罗的海三国加入北约，克里姆林宫人心惶惶，北约东扩要深入独联体区域，俄罗斯决意要奋起抵抗。直至 2008 年 8 月 8 日俄罗斯和格鲁吉亚发生五日战争，北约东扩才算暂时停下脚步。至于以后如何，那要看世界局势如何变化。

就客观情形而言，北约东扩是俄罗斯与欧洲力量对比失衡的结果。北约东扩原动力源自欧洲国家，而东欧国家主动寻求北约保护是问题的起因。西方国家特别是欧洲国家认为，北约东扩是一种必然的战略选择。俄罗斯幅员辽阔，资源丰富，潜力巨大，扩张意识强烈，这些使欧洲国家不能高枕无忧，必然要趁着俄罗斯虚弱时，尽量挤压俄罗斯往东北部方向回撤，以此建构起欧洲地缘政治的安全"防疫线"。正如美国有人写道，在今后十年内，俄国熊将会变得强大而饥饿，而且必将再度发出咆哮。因此为了避免一场战争的较量，我们必须加强和扩大西方联盟。重视地缘政治的思想家诸如基辛格和布热津斯基都支持这一看法，即俄罗斯具有对外扩张的历史，依靠其文化程度较高的人民和无穷资源，俄罗斯必将重新崛起成为超级国家，并肯定会对西方和南方虎视眈眈，以期一块一块地恢复过去的地盘，所以要赶快吸收波兰、匈牙利、捷克和波罗的海国家。最后要在乌克兰开始实行私有化后再将它吸收进来。把这条保护线向东推移的时机应该是现在而不是以后，因为现在俄罗斯比较虚弱，只专注于自身的复兴。如果等到以后再做，这样的行动就会成为对一个超级大国的不能容忍的挑衅。[①] 这真实地反映了西方的集体心态。

---

① William safire, "strategic contradictions", *The New York Times*, December 1, 1994.

1994年1月，北约批准与前华沙条约国家在安全领域开展全面合作的"和平伙伴关系计划"。北约视该计划为正式实施北约东扩的过渡阶段，目的在于不要过分刺激莫斯科，为北约东扩做好准备。该计划出台后，一些中东欧国家纷纷加入。莫斯科是否加入，朝野辩论长达数月。以国防部副部长格罗莫夫、杜马独联体事务委员会主席扎图林、总统顾问米格拉尼扬等人为代表的一派坚持反对意见，认为俄罗斯加入该计划意味着莫斯科接受北约对中东欧及独联体安全事务的主导权，将会被边缘化。科济列夫等人主张加入，认为只有加入其中才能对北约内部事务施加影响，否则将被排除在欧洲安全事务之外。

克里姆林宫最终同意后者的主张，但是坚持要求与北约签署单独协议，使双方合作内容与俄罗斯在国际和欧洲事务中的角色相匹配。双方经过讨价还价后达成一致。同年6月22日，俄罗斯与北约签署《和平伙伴关系框架文件》及《俄罗斯与北约合作议定书》。同年12月1日，北约决定研究制定接纳中东欧国家加入北约的时间表，此事引起莫斯科强烈反对。莫斯科拒绝签署落实俄罗斯与北约"和平伙伴关系计划"的两份文件——《军事合作计划》和《建立定期公开磋商制度框架》，以示抗议。

1995年5月俄美首脑会晤期间，克林顿安抚叶利钦，并且宣称北约扩大是逐步的和开放的，将会顾及所有"和平伙伴"包括俄罗斯的利益。在此情况下，科济列夫在荷兰诺德韦克与北约签署早先拒绝签署的两份文件。科济列夫在签署文件时强调，虽然莫斯科同意与北约加强合作，但是反对北约东扩的立场并未改变。至此，俄罗斯正式加入"和平伙伴关系计划"。然而好景不长，同年9月20日，北约通过《北约东扩可行性研究报告》，提出北约东扩具体计划，不排除北约在新扩大国家部署军队与核武器，再次引起莫斯科的激烈反对。叶利钦向西方发出严厉警告，称北约东扩是"病态行为"。俄罗斯军方也高调宣称要制定对北约东扩的军事反制措施。

1996年2月，俄外长普里马科夫在欧洲委员会接纳俄罗斯的仪式上强调，北约仍然是全欧安全体系的一个组成部分，而不能替代这一体系，欧洲安全体系应该包括其他机构，例如欧洲安全与合作组织。他强调必须肯定俄罗斯在这一体系中的特殊作用。莫斯科多次强调必须建立一个"没有分界线的欧洲"，俄罗斯同西方的伙伴关系必须"真正平等"。尽管如此,莫斯科无法阻止北约东扩。北约秘书长索拉纳在同年9月明确表示北约东扩已经决定,北约将不顾俄罗斯反对,争取在北约50周年时即1999年4月接纳波兰、匈牙利、捷克和斯洛文尼亚等国为北约新成员国。1999年3月12日,俄外交部就波匈捷三国加入北约发表声明,俄罗斯反对北约东扩立场未变。同年3月24日,普里马科夫在访美途中得知北约空袭南联盟的消息而折返回国。叶利钦就北约空袭南联盟发表谴责声明,并宣布中止与北约的合作关系。

莫斯科视北约东扩是对俄罗斯战略安全空间的挤压,无论如何不能接受,可是又缺少反制手段。关于北约东扩问题,俄罗斯与西方关系的斗争持续到21世纪。

三 俄罗斯经济利益问题

20世纪90年代,经济转型是俄罗斯面临的头等重要问题,经济持续大幅度衰退造成严重困难。这直接影响对外政策的自主性、独立性。

20世纪90年代,俄罗斯国内生产总值下降55%,经济投资缩减73%,军工开支缩减84%。1990年,俄罗斯国内生产总值占世界总产值的5%(苏联时期),1999年只占1%多一点。苏联的优势产业石油生产因油价走低也不景气,在1990—1998年,独联体国家石油生产几乎下降到苏联时期的一半,即由原来每年5.9亿吨缩减为不到3亿吨。俄罗斯石油生产降到1990年水平的40%。经济下降,资金短缺,货币不稳,通胀压力增大。为解决眼前的问题,政府开始借外债,1992年外债数额为1080亿美元,1998年为1232亿美元。国债数额大幅增加,1995年国债为10000亿卢布,1998年为103000亿卢布。[①]

克里姆林宫为尽快实现经济转型并走出危机,主动寻求西方国家的经济援助。西方出于自身利益考虑也提供支持,目的在于让莫斯科朝着西方期望的方向发展。西方援助俄罗斯的特点,一是雷声大雨点小,二是带有附加条件。1992年西方制订了240亿美元的援俄计划,实际只兑现了150亿美元。1993年提出430亿美元的援俄计划,扣除150亿美元的债务,

---

① [俄]亚·维·菲利波夫:《俄罗斯现代史(1945—2006)》,中国社会科学出版社2009年版,第340页。

实际到位的只有 50 亿美元。1996 年国际货币基金向俄罗斯贷款 102 亿美元，1997 年执行完毕。1998 年国际货币基金、世界银行和日本联合提供 226 亿美元的联合贷款，因北约打击南斯拉夫行动而导致俄罗斯与西方关系恶化，这一援俄计划停止。据法国媒体估计，1992－1998 年年底俄罗斯得到外国贷款合计 376 亿美元。估计到 1999 年年底俄罗斯借款应为 400 亿—500 亿美元，不足西方承诺的一半。[1]

除积极争取西方的经济援助外，莫斯科更加强调西方应该取消对俄的歧视性政策，使俄享有平等参与国际经济活动的权利。1994 年 1 月 15 日，叶利钦在俄美首脑莫斯科会晤后对记者讲道，俄罗斯将不再谋求得到人道主义援助，而是要求美国取消对俄罗斯出口的贸易限额，开放技术市场。切尔诺梅尔金总理谈到俄罗斯对外经济政策时也指出，俄罗斯不需要恩赐，只要求在贸易中得到平等机会。由于莫斯科的坚持，西方做出了一些让步。1994 年一年里，美国陆续取消了对俄罗斯 315 种进口商品的限制和 4400 多种关税。同年 9 月，俄美首脑华盛顿会晤，美国表示原则上同意废除《杰克逊—瓦尼克修正案》，使俄罗斯享有同美国贸易的最惠国待遇。这年 6 月，俄罗斯同欧盟在经过 18 个月的谈判后而最终签署《伙伴关系与合作协定》。规定俄罗斯对欧盟进口的商品平均征收 15% 的关税，可实行暂时配额；欧盟对俄罗斯进口的商品平均征收 1.1% 的关税，取消所有配额。欧盟先后取消针对俄罗斯的 600 多项歧视性贸易条款。1995 年 6 月，西方部分满足莫斯科的要求，即同意俄罗斯延期 20－25 年偿还外债，考虑让莫斯科在国际货币基金享有更多特别提款权。莫斯科努力争取平等参与国际经济活动还表现在反对美国垄断国际武器市场，反对华盛顿以防止武器扩散为由阻挠俄罗斯销售武器。

---

[1] 潘德礼、许志新：《俄罗斯十年——政治·经济·外交》（下册），世界知识出版社 2003 年版，第 703—704 页。

第二章

普京时期俄欧关系基本特点

如果说叶利钦时期俄欧关系合作顺利，那么普京时期俄欧关系合作在继续，但是矛盾也在增多，以至于发生冲突及严重对抗。自2000年以来，普京一直执掌俄罗斯政权，俄欧关系大致经历三个时段：2000—2004年合作居多，2004—2014年矛盾增多，2014—2015年公开对抗。普京时期俄欧关系出现这种变化，显然同双方主客观条件的变化有关系：普京对外政策的主要目标是恢复大国地位，随着俄罗斯政治秩序的恢复和经济状况的明显改善，国内团结爱国情绪高涨，朝野上下就对外政策达成前所未有的高度一致。这给莫斯科恢复大国地位的对外政策以极大支持；普京对外政策的手段也从以妥协求合作转向以斗争求合作，对外政策的自主性和独立性日益明显，以至于俄欧双方为争夺乌克兰而发生直接对抗。如果要概括这一时期的俄欧关系，就会发现如下基本特点：俄欧关系是一国与国家集团的关系，俄欧关系中合作与冲突并存，俄欧关系中地缘政治因素难以消除。

第一节 普京对外政策主要目标

不同于叶利钦时期对外政策发生从亲西方一边倒转向全方位外交的急剧变化，因为那时莫斯科既无意也无力抵制西方的遏制政策，普京时期的对外政策致力于恢复大国地位的目标非常明确，而且方向感也更加稳定，没有出现急剧大幅摆动。普京时期之所以如此，一方面是国家状况发生明显好转；另一方面是西方国家遏制紧逼政策。

一 俄罗斯内部变化

大致以 2003 年为界，在对外政策领域，此前俄罗斯从未出现过举国一致的局面，此后却前所未有的一致。2003 年年底，俄罗斯同美国、欧洲的关系因为在后苏联地区的利益存在严重分歧而冷却下来，同时俄罗斯因为国家预算收入大幅增加而感觉到对外政策资源基础在增强。俄罗斯在对外政策领域达成了举国上下的一致，就是俄罗斯社会朝野上下、左中右各派势力，新党老党、新派旧派、改革派保守派、自由派传统派、西方派本土派，都达成一致性共识支持目前外交政策。① 我们应该注意到，这是自第二次世界大战以后从未出现过的现象，即便是苏联国际权势最为鼎盛的勃列日涅夫时代，对外政策还是受到了那些持不同政见者的激烈批评或者抗议。

客观地讲，俄罗斯出现举国一致的局面，石油收入滚滚而来是一个重要因素。同时我们应该关注另外一个潜藏在俄罗斯人内心深处的情结，即俄罗斯社会对于西方的集体失望情绪。这种情绪在俄罗斯人心底翻滚激荡已久，石油收入大幅增加，就像开启了蓄水池闸门一样，使情绪喷涌而出。

俄罗斯社会对于 1991 年以来俄与西方发展伙伴关系问题经历过两次"失望冲击波"：第一次是在 20 世纪 90 年代。这时俄罗斯渴望得到西方的支持，可是结果令他们很失望；第二次是进入 21 世纪。"9·11"事件发生后俄罗斯主动表示善意，可是没有得到相应回报。俄罗斯的集体失望情绪反映在对外政策方面，就是转向不信任，甚至是疏远乃至敌意。

随着油价持续走高，俄领导人确信"廉价石油不会再有了"②。莫斯科不仅对世界及俄罗斯在其中地位的基本认识发生重大变化，而且开始把举国一致性与"能源超级大国"立场结合起来。莫斯科开始不满足于仅仅把石油、天然气变成现钞，而且要把它变成影响国际事务的手段。同

---

① 俄罗斯自由派代表人物丘拜斯在 2003 年提出"自由帝国"思想，声称："俄罗斯在所有可预见未来的前景都是自由帝国主义，而俄罗斯的使命也是建立自由帝国。"См. Чубайс А. "Мисия Россия в 21веке"，《Независимая газета》，1 октября 2003 г.

② Нефть А. Л. Гяготение к верхней границе ценового коридора. 《Международная жизнъ》，2005，No. 11，C. 106—113.

时,政治精英们开始更多地关注国家主权问题,并对西方有意识贬低俄罗斯主权的做法进行针锋相对的斗争。对于西方支持独联体国家的颜色革命保持警惕性,并防止向俄罗斯蔓延。而且,莫斯科对国家主权问题的思考也在不断深化,不仅担心国家安全受到威胁,而且关心本国在世界经济中的竞争力问题。

可见,俄罗斯国家的一致性有力地支持了当局的外交政策,国内高涨的团结爱国情绪在2008年杜马选举和总统选举中集中体现出来,西方对于俄罗斯精心准备的总统大选结果,表现出既不满又无奈的态度。这种国家一致性使莫斯科的对外政策更加自信、更加独立,甚至具有一定程度的攻击性。

二 俄罗斯外部环境

自2003年开始,西方强化对俄罗斯的遏制紧逼政策:2003年10月,霍多尔科夫斯基事件遭到西方的指责;2003年10-12月,格鲁吉亚"玫瑰革命";2004年9月,别斯兰事件和同年年底乌克兰"橙色革命"。这些事件给俄罗斯带来了极大的焦虑,促使莫斯科不得不重新思考现行对外政策的可行性及其成效。

2004年9月1日,别斯兰人质事件发生,华盛顿在象征性地谴责恐怖分子的同时,却表示不排除与车臣持不同政见者继续接触的可能,建议俄罗斯与车臣分裂主义分子谈判和妥协,这引起莫斯科的愤怒。同年9月6日,普京在接见西方记者时讽刺说:"你们怎么不和拉登谈判?为什么不把他请到布鲁塞尔或者白宫去谈判,问问他想要什么,然后给他想要的,让他安静地离开?"[①] 2005年2月24日,俄美首脑峰会在布拉迪斯拉发举行,布什要求普京在治理国家活动中要遵循民主原则。普京回答说,俄罗斯要让民主适应本国的特定条件,而且不能容忍它国利用民主问题谋求利益。[②] 普京在2006年《国情咨文》中不点名地进一步揭露了美国以

---

① Путин не видит связи между Чечней и Бесланом. http://www.ng.ru/politics/2004-09-08/1_putin/html.

② Самарина А, Григорьев Е. Участники встречи в Братиславе сосредоточились на стратегическом партнерстве. 《Независимая газета》, 25 Февраля. 2005 г.

推进民主实现一己私利的政策本质,"狼同志知道要吃谁,他不分青红皂白地吃,很明显他不会听任何人的话"。"当他们觉得有必要寻求自己的利益时,那些对于人权和民主的伤感跑到哪里去了呢?到那时候,看起来什么都可以干,百无禁忌。"① 普京在2007年2月的德国慕尼黑国际安全会议上措辞激烈地批评美国奉行单边主义政策,滥用武力,通过在全球范围内部署反导系统破坏地区稳定。② 借此表达莫斯科对西方的愤怒情绪。西方媒体批评普京的慕尼黑讲话是冷战言论。

第二节 普京对外政策变化

不同于叶利钦时期的对外政策一味对西方的妥协退让,普京对外政策的手段有变化,大致可以概括为从以妥协求合作转向以斗争求合作。自进入2004年以来的10年间,在事关俄罗斯国家重大利益的问题上,普京敢于采取针锋相对的立场,甚至进行反击,例如,俄罗斯与格鲁吉亚之间在2008年8月爆发"七日战争",双方关系仍然为乌克兰东两省的军事冲突而僵持着。

一 普京执政初期外交处境

20世纪90年代末期,俄罗斯外交遭受一连串挫折,致使国家遭受损失,莫斯科的外交处境变得更加复杂。对此,半官方的俄罗斯外交与国防政策委员会有过极其深刻的分析,通过以下事例就可以清楚地看出。

北约东扩,而且北约东扩的进程还没有停止。为反对北约东扩,莫斯科付出了许多努力,两年来东扩和反东扩成为欧洲政治、俄罗斯政治的主要课题。莫斯科遭受的损失更大,因为它根本没有精力去顾及对外政策的其他问题;北约根据自己的"人道主义干涉"学说,超出北约职责权限范围侵略南斯拉夫。这种学说将成为破坏国际关系稳定的因素;美国不顾

---

① Обращение президента РФ Владимира Путина к Федеральному Собранию, Опубликовано 10.05.2006. http://www.regnum.ru/news/819231/html.

② Putin W. W., Speech at the 43rd Munich Conference on Security policy, 02/10/2007http://www.securityconference.de/konferenzen/rede.php?sprache = en&id = 179.

俄罗斯反对而单方面采取行动对伊拉克实行攻击;国际机构如联合国和欧安组织的作用被大大削弱,莫斯科在这些机构里本来拥有很有分量的一票;对俄罗斯施加的经济压力比以往更大。国际货币基金组织的几批贷款被拖延,多次实行歧视性的"反倾销"制裁;俄罗斯的国际威信大为降低,特别是在1999年,它的形象遭到破坏。因为金融危机和国家权力混乱,西方国家政府和媒体竭力批评指责莫斯科政权;由于车臣的反恐怖战争,一些外部势力从舆论上和政治上对俄罗斯施加近15年来从未有过的巨大压力;国际上有舆论说有可能因车臣战争对俄罗斯实施经济制裁,因所谓向伊朗出口"核技术和导弹技术"而实行禁运和制裁。[1]

二 从以妥协求合作转向以斗争求合作

普京执政初期俄罗斯与西方的关系处于衰退状态,由于国际力量对比明显不利于俄罗斯,唯一可行的办法是以妥协求合作。普京实行这种政策是基于如下认识:确定恢复大国地位的目标;承认没有国家经济实力就没有国际地位;承认俄罗斯的落后和外交能力的有限性,为此必须建立务实的政策目标;承认俄罗斯只有通过与西方和其他有关国家建立伙伴关系,才能获取自身的国际影响力和国家利益。

根据普京执政初期的言论和有关部门的报告文件,诸如普京的《千年之交的俄罗斯》,普京于2000年1月批准的《俄罗斯联邦国家安全构想》,4月,半官方机构"俄罗斯外交与国防政策学会"发表题为《俄罗斯战略:总统的议事日程》长篇政策研究报告,普京于6月批准新版的《俄罗斯联邦对外政策构想》,它们正确地反映了俄罗斯对目前世界力量对比形势的清醒认识和莫斯科对外政策的基本考虑。

很明显,普京在很大程度上接受了身边外交顾问的观点。例如,半官方机构的这份研究报告提出了具体的政策建议:首先,"重整国家政权,实现经济稳定和高速增长,以及奉行使俄罗斯顺理成章地与世界经济接轨的方针,这无疑是重中之重";其次,"有意识地放弃追求'超级大国'的幻影";再次,"奉行最大限度地避免冲突的方针,特别是不能同那些

---

[1] 俄罗斯外交与国防政策委员会:《俄罗斯战略:总统的议事日程》,新华出版社2003年版,第38—39页。

俄罗斯经济发展所依赖的国家和地区发生冲突";最后,"应该放弃强硬的措辞。最近几年来莫斯科在发表强硬的措辞后必然做出让步,已不再有人相信我们的威胁,可是威胁会激怒并妨碍那些想同俄罗斯保持伙伴关系的人"①。普京赞同上述看法并且认为,"今后要根据我们的能力和国家利益——军事战略、经济和政治利益,绝对务实地制定俄罗斯对外政策"②。毫无疑问,截至 2004 年,普京的对外政策还是尽力保持着妥协及克制。

2004 年以来,俄罗斯对外政策发生重要变化,即从以妥协求合作转向以斗争求合作。这种转向主要由外部和内部因素促成,当然它们是相互影响的。外部因素主要是西方强化遏制紧逼政策,内部因素主要是俄罗斯在对外政策上形成国家一致性。

虽然俄罗斯对欧盟和美国的政策历来是有区分的,可是俄罗斯对外政策的这一变化,自然也影响到俄欧关系。例如,2005 年 11 月俄罗斯与波兰之间的"牛肉风波",2006 年俄罗斯和乌克兰及白俄罗斯之间的"断气风波",2007 年俄罗斯反对科索沃独立。③

第三节　普京时期俄欧关系发展历程

自 2000 年以来,普京一直执掌俄罗斯政权,俄欧关系大致经历 3 个时段:2000—2004 年合作居多,2004—2014 年矛盾增多,2014—2015 年发生公开直接对抗。

一　2000—2004 年合作居多

在这一时段的俄欧关系还是合作居多,这主要得益于叶利钦时期俄欧

---

① 俄罗斯外交与国防政策委员会:《俄罗斯战略:总统的议事日程》,新华出版社 2003 年版,第 62—64 页。

② Обращение президента РФ Владимира Путина к Федеральному Собранию, Опубликовано 18.04.2002, http://www.regnum.ru/news/819231/html.

③ 俄罗斯不接受欧盟调解,以波兰肉类出口检疫管理混乱和出口证造假为由,停止从波兰进口肉类。波兰认为此举是出于政治动机,并以此为由一票否决了欧盟启动与俄罗斯谈判签署新的《伙伴关系与合作协定》的动议。"断气风波"引起欧盟方面怀疑,担心俄罗斯能否稳定向欧盟供应能源。俄罗斯扬言要在安理会否决美国和欧盟提交的有关科索沃最终独立地位的解决方案。

关系三个基本文件的铺垫和推动力量。集中表现在如下这样一些重要事项方面开展合作：俄欧双方在能源领域展开对话、俄罗斯"理解和尊重"欧盟东扩、俄德法三国反对美国单方面发动伊拉克战争、俄欧决定建立共同经济空间等。在这些合作中，随着时间的推移，有的消失了（如反战轴心），有的在弱化（如建立共同经济空间），有的出现了敌意（如"理解和尊重"欧盟东扩），有的时至今日还在继续（如能源合作）。毫无疑问，在这个时间段里，双方合作是真诚的，也是满意的。

关于能源合作问题。能源合作既是俄欧政治对话的核心议题，也是推动双方政治关系发展的最主要经济因素。2000年10月，俄欧第六次峰会在巴黎举行，正式启动了俄欧双方在能源领域的对话。会议期间，普京与欧盟主席普罗迪签署《俄欧战略性能源伙伴关系协议》，决定在能源领域建立起稳定的伙伴关系，以提高俄罗斯与欧盟在能源供应方面的信赖度。会后，双方发表共同声明指出："为了推动俄欧能源伙伴关系的深入发展，俄罗斯和欧盟决定定期开展能源对话。"① 为此，双方成立能源合作机构——俄欧联合能源工作组，俄罗斯政府副总理和欧盟委员会负责运输与能源的总干事代表双方主持日常工作。此次峰会的意义在于为双方能源合作顺利进行建立了对话机制。此后这一机制在继续运转。

关于欧盟东扩问题。2002—2003年，欧盟提出"睦邻政策"，欧盟东扩进程加速。2004年5月，欧盟实现第五次扩大，吸收10个国家入盟：波兰、匈牙利、捷克、斯洛伐克、爱沙尼亚、拉脱维亚、立陶宛、斯洛文尼亚、塞浦路斯、马耳他。欧盟东扩使得俄罗斯所处的地缘政治环境复杂化。俄罗斯对于欧盟东扩的态度，基本上采取了认可与合作的立场。普京表示："我们赞同与欧盟发展友好关系，……我们也欢迎欧盟东扩行为，因为从整体上说，欧盟是我们最重要的经贸伙伴。我们也是欧洲的一部分，我们也很期望欧盟的东扩能够使我国和整个欧洲，包括西欧、东欧和中欧的关系得到进一步加深。"② 在欧盟东扩中，俄欧双方就加里宁格勒"飞地"、新入盟国家加入《申根协定》等相关问题开展了政治对话和外

---

① http：//europa.eu.int/comm/external_ relaitions/russia/symmit_30_10_00/sttement_en.htm.

② 《普京文集》，中国社会科学出版社2002年版，第652页。

交协商。2002年11月，俄欧第十次峰会在布鲁塞尔举行并达成协议，为俄罗斯公民在加里宁格勒与本土之间的往来建立特别通行证制度，使加里宁格勒"飞地"问题顺利得到解决。这个问题能够在欧盟东扩前夕得到解决，反映了双方建立的政治对话机制是有成效的。

关于反对伊拉克战争问题。美国单方面发动伊拉克战争，俄德法三国表示反对。2003年2月，在普京访问德法两国期间，三方发表了一份关于伊拉克危机的联合声明，要求通过政治途径解决伊拉克危机。这一声明被国际媒体称为是俄德法三国结成了"反战轴心"，是对美国单边主义行为的挑战。这种联合行动在冷战结束后是前所未有的，说明伊拉克战争为俄德法三国深化政治关系提供了良好契机。

关于建立共同经济空间问题。2001年5月，俄欧第七次峰会在莫斯科举行，提出要在10年内建成"欧洲共同经济空间"的目标。2003年5月，俄欧第十一次峰会在圣彼得堡举行，双方决定将"共同经济空间"的范围予以拓展，建立俄欧"四个共同空间"，即共同经济空间，共同自由、安全和司法空间（内部安全空间），共同外部空间，共同科教文化空间（人文空间）。[①] 这四个共同空间的具体内容是共同经济空间意在通过经济整合、市场开放、基础设施建设等促进双方贸易、创造新的投资机会；共同自由、安全和司法空间是致力于加强双方在司法和内务方面的合作，解决双方共同面临的有组织犯罪、恐怖主义以及其他跨国犯罪活动；共同外部安全空间的目标是深化双方在安全事务和危机管理领域的合作，以共同应对恐怖主义、地区冲突、大规模杀伤性武器扩散、自然灾害和紧急突发事件等外部安全问题；共同科教文化空间是希望加强双方的人员文化交流，以充分利用双方的智力和知识资源，增强双方的经济竞争力。这个计划是非常宏伟的，涉及面很广。2005年5月，俄欧第十五次峰会在莫斯科举行，提出了实现这一共同空间的路线图。

二 2004—2014年矛盾增多

在这一时段的俄欧关系合作还是在继续，但是矛盾也在增加，主要是双方合作的心态与气氛发生了变化，不友好的举动层出不穷，也可以说这

---

① EU, EU/Russia: The Four "Common Spaces", MEMO/05/103, March 18, 2005.

是俄欧关系的新常态：双方既离不开，又合不拢。合作中有争吵，争吵中有合作。双方的争吵矛盾不胜枚举，主要涉及经济利益、安全利益和价值观利益。由于俄罗斯方面的内部经济政治状况好转以及坚持本国发展道路，所以在莫斯科看来，自己的安全利益不能得到尊重与保障，这是最不能容忍的事情。俄欧双方争吵矛盾增多，主要表现在以下三个方面：欧盟东扩，北约东扩，俄罗斯对欧盟的失望甚至敌意在增加。

欧盟东扩对俄罗斯形成的压力。在俄罗斯看来，欧盟原本是一个经济政治组织，实现东扩不会对俄罗斯及其势力范围造成实质性损害，所以对2004年5月欧盟第五次东扩吸纳10国入盟表示"尊重与理解"。可是实际上，问题并没有那么简单，一旦欧盟东扩成为现实，它的复杂影响就显露出来。首先，欧盟东扩极大改变了欧洲地区地缘政治格局，欧盟有些成员国的边界线同俄罗斯接壤，俄罗斯和它们成为邻国关系。而且欧盟成员国一般都是北约准成员国，这些国家同俄罗斯毗邻，使俄罗斯如芒在背，感觉极不安全。2007年1月，保加利亚和罗马尼亚加入欧盟。2009年，欧盟出台"东部伙伴计划"，目的在于扩大同乌克兰、摩尔多瓦、南高加索三国的合作关系。俄罗斯则认为，该计划是插手独联体事务，所以加以抵制。其次，欧盟东扩使其内部关系也复杂化，有所谓老欧洲和新欧洲之分，如果说前者对俄罗斯还比较温和，那么后者对俄罗斯抱有更多敌意，例如它们深度介入2003年的格鲁吉亚"玫瑰革命"和2004年的乌克兰"橙色革命"，以及2013年年底乌克兰发生的反政府抗议活动。最后，这些欧盟新成员国，在国内实施清理俄罗斯历史文化影响的活动，例如2007年2月爱沙尼亚政府拆除首都的第二次世界大战苏联军人纪念碑引发流血冲突，导致俄欧关系紧张升级。

北约第二轮东扩对俄罗斯安全利益的损害。如果说1999年北约第一轮东扩吸纳的波、捷、匈3国，毕竟还不是同俄罗斯接壤，可是2004年3月北约第二轮东扩吸纳7个国家加入，它们有的是俄罗斯的邻国。2007年1月北约吸收保加利亚和罗马尼亚加入，同月，美国与捷克和波兰就组建东欧导弹防御系统开始谈判。按计划，美国将于2011—2013年在波兰部署10个导弹拦截装置，在捷克部署1个雷达预警基地。北约东扩的步伐不会在此停止，而且有计划要把乌克兰也要纳入北约组织。2007年2月在慕尼黑第四十三届国际安全政策会议上，普京对美国和北约东扩进行了前所未有的激烈批评，他说："美国在各个方面都逾越了它的国界，……北约东扩具有挑衅意义，会减少俄罗斯和北约的政治互信，不符合欧洲的利益。"① 2008年8月，俄格两国爆发"七日战争"，意在打击"反俄西靠"急于加入北约的格鲁吉亚萨卡什维利政府。

俄罗斯对欧盟的失望甚至敌意在增加。进入2006年，德法英三国进入政权交替时期，普京的老朋友施罗德、希拉克离开政权，默克尔、萨科奇、布朗相继就职。他们对俄罗斯的态度远不如普京的老朋友那样温和、友善。对于俄罗斯而言，俄欧关系具有非常特殊和重要的意义，俄欧关系既是俄罗斯外交活动的重要方向，也是理解俄罗斯对外政策变化的一个风向标。1987年11月，苏联领导人戈尔巴乔夫在《改革与新思维》一书中提出建立"欧洲共同大厦"的思想，1997年10月，俄罗斯总统叶利钦出席欧洲委员会首脑会议期间提出建立"大欧洲"的思想，2000年春季，俄罗斯新领导人普京强调要"融入欧洲"，意在建立"共同的欧洲安全体系"和加入欧盟，2007年3月，普京总统在一篇纪念欧盟成立50周年的文章中，公开表示俄罗斯"没有打算加入欧盟或者与欧盟建立任何形式的联盟"。如果以戈尔巴乔夫提出建立"欧洲共同大厦"的思想算起，至此已有20年。普京针对欧盟的这番言论是即兴发挥，还是心理态度起了变化？他是为了明年总统大选说给俄罗斯人听的，还是说给欧洲人听的，抑或两者兼而有之？如果我们分析了1987年以来俄欧关系的特点，就会理解普京这番言论事出有因，同时对俄欧关系的未来走向会有大致的指向。这意味着俄欧关系合作中将会有更多的竞争。

三 2014—2015年公开对抗

进入2014年，俄欧关系发生公开对抗，主要根源是双方争夺乌克兰。2013年11月，在立陶宛首都维尔纽斯举行东部伙伴峰会，乌克兰总统亚努科维奇在最后时刻放弃签署同欧盟的联系协议，引发国内示威抗议。在随后几个月里，局势逐渐失控，亲西方势力发动国家违宪政变，总统出走俄罗斯。2014年3月，克里米亚看到首都局势激变，于是举行全民公决

---

① 罗英杰：《利益与矛盾——冷战后俄罗斯与欧盟关系》，世界知识出版社2009年版，第90页。

宣布独立，并且加入俄罗斯联邦。原本是一场乌克兰国内危机，却导致了俄欧关系紧张。6月27日，现任总统波罗申科签署同欧盟的联系协议，俄欧争夺继续进行。

于是，欧盟与美国联手在7月29日最终宣布对俄罗斯做出最严厉制裁，以惩罚莫斯科对乌克兰东部反对派的支持。① 欧盟领袖德国领导人默克尔指出，"鉴于俄罗斯在乌克兰的行动，欧盟对俄罗斯的新制裁在所难免。至于是否取消制裁，全看俄罗斯的态度"②。可见，默克尔把责任完全推给了普京。俄罗斯对欧盟国家追随美国而纷纷出台新制裁措施表示愤怒，俄外交部发表声明称"欧盟国家已经走上了全面中断与俄罗斯在国际和地区安全问题上合作的道路"③，并同时指责美国对乌克兰政府军的支持加剧了乌克兰危机。

这样，冷战结束以来，俄欧关系出现了公开对抗。

第四节　普京时期俄欧关系基本特点

如果要概括2000年以来的俄欧关系，就会发现如下基本特点：一是复杂性，即俄欧关系实质上是俄罗斯一国与欧洲国家集团的关系，是俄罗斯同欧洲三组力量在打交道，例如欧盟内部非常讲究集体游戏规则，而俄罗斯却最不擅长此道，莫斯科在处理俄欧关系中更擅长或者是更热衷于同欧盟单个国家打交道，起码在经济领域是如此，这种绕过欧盟的做法，自然引起布鲁塞尔的极大反感；二是矛盾性，即俄欧关系中既有合作又有冲突，可以说这是所有国家间关系的普遍现象，进入21世纪以来，俄欧合作已经一度达到历史上前所未有的水平，例如俄欧建立四个统一空间及其

---

① Justyna Pawlak and Eric Beech, "EU and U. S. Announce New Sanctions on Russia over Ukraine", *Reuters*, July 30, 2014, http://www.reuters.com/article/2014/07/30/us-ukraine-crisis-east-idUSKBN0FY0OX20140730. (上网时间：2014年7月31日)。

② "Angela Merkel Says New European Union Sanctions Against Russia were Unavoidable", *The Economic Times*, July 29, 2014, http://articles.economictimes.indiatimes.com/2014-07-29/news/52186797_1_eu-sanctions-east-ukraine-eu-leaders. (上网时间：2014年7月31日)。

③ Vladimir Soldatkin, "Russia Criticizes EU Sanctions, raps U. S. Over Ukraine Role", *Reuters*, July 26, 2014, http://www.reuters.com/article/2014/07/26/us-ukraine-crisis-russia-sanctions-idUSKBN0FV0CC20140726. (上网时间：2014年7月31日)。

路线图，这是俄欧现有政治框架所能容纳的最大限度的合作，可是冲突依旧存在，可以说俄欧之间有多少合作就有多少冲突；三是对抗性，即俄欧关系中无法消除地缘政治的争夺，欧盟原本是一个经济一体化组织，可是它的地缘政治色彩愈加浓厚，例如在第二轮东扩以后继续酝酿的第三轮东扩，这说明欧盟东扩不再坚持入盟的严格经济标准，而是转而看重入盟的政治标准，意在争夺地缘政治优势，将乌克兰拉向欧洲，致使普京的欧亚联盟严重受挫。这恰恰是俄罗斯方面最为焦虑和不满的地方。这些特点是俄欧关系中固有的、先天的、客观存在的，并且是不以双方主观意志为转移的，它们的表现形式也只是随着主客观条件变化而有所不同。实际上，这些特点在戈尔巴乔夫和叶利钦时期就已经存在，只是在 2000 年以来更加突出和明显，也更加能够反映俄欧关系的实质及复杂性。

一 俄欧关系是一国与国家集团的关系

20 世纪之前的欧洲地区，国际政治在很大程度上局限于欧洲的地缘范围，那时的国际政治实际上归结为五六个主要国家的相互关系。对外政策的制定与实施，主要局限于少数人，而且通常是在对社会保密的情况下进行的。在一国领导人的视野中，通常看到的只是一些相对不多的国际问题。俄罗斯同欧洲打交道的经验与技巧主要养成于这个时期。

20 世纪的一个典型现象，就是国际关系前所未有的复杂化。当代国际社会包括将近 200 个独立的国家和数十个国际组织，这些国际组织就最为广泛的全球性和地区性的国际合作问题开展行动。对国际事务影响越来越大的不仅有金融家、企业家以及新闻媒体，而且还有无数个新的国际交往的参与者——被称为公民社会的人。[①] 苏联和俄罗斯同第二次世界大战后欧洲出现的国际组织打交道的经验并不多。

戈尔巴乔夫曾经提出建立"欧洲大厦"的设想，意在促进更大范围内的欧洲经济合作和力图达成将美国排挤出欧洲事务的目标。可是随着柏林墙倒塌和德国实现统一，这个设想成为泡影。直至苏联解体，欧洲政治变得更加复杂，这极大地改变了俄罗斯在欧洲的地缘状况。莫斯科不得不重新确定自己在欧洲政治中的位置与角色，不得不重新适应苏联解体后的

---

① ［俄］伊·伊万诺夫：《俄罗斯新外交》，当代世界出版社 2002 年版，第 145—146 页。

复杂形势。在1993年之前，俄罗斯对外政策一直倾向西方，不论是戈尔巴乔夫还是叶利钦，都把自己改革事业的成功建立在西方的积极支持之上。虽然俄罗斯的改革事业得到了西方的鼓励与支持，可是希望得到一个类似于马歇尔计划的大规模经济财政援助的呼声，最终还是没有得到真正的回应。在1993年下半年，人们意识到"东西方蜜月"将要结束，俄罗斯与西方的关系将不得不各自回归至国家利益的基础上。在短短几年时间里，莫斯科的对外政策就从建立共同的"欧洲大厦"这种令人向往但却模棱两可的设想，回归到恢复大国地位以确保势力范围的政策目标之上。这种转变明确反映在俄罗斯与欧洲的关系互动之中。

莫斯科处理欧洲事务，必须同最主要的三组力量打交道。冷战后欧洲地区的国际关系力量可以概括为全欧洲组织（欧洲安全与合作会议）、西欧组织（首先是欧盟，其次是欧洲委员会）和跨大西洋组织（北约）。①在这三组力量当中，莫斯科只是欧洲安全与合作组织的正式成员，虽然俄罗斯与这三组力量的关系大为改善，或者是时好时坏，但是在这些组织面前常常感到势单力薄。

（一）同欧洲安全与合作组织的关系

俄罗斯对全欧洲组织（欧洲安全与合作会议，1995年1月1日该组织改称为欧洲安全与合作组织）的认可度高于欧盟，作为其正式成员，俄罗斯与以英法德几个西欧主要大国为代表的欧洲，具有丰富的历史交往经验。因此，俄罗斯人理解的欧洲是历史上打过交道的那个欧洲。鉴于欧安组织涵盖所有欧洲国家，反映了欧洲国家普遍联合的愿望，因此俄罗斯主张以它为泛欧洲体系的核心。俄罗斯的意图在于它可以凭借正式成员的身份，无须重新申请等待西方"批准"便可以自动参与未来新欧洲的进程。但是西欧国家（包括中东欧国家）认为，欧安组织只是一个论坛性质的组织，在维护和塑造统一欧洲方面不能发挥有效作用，无法适应形势变化。前南地区出现的动荡，既证明欧安组织缺少能力，又强化了欧洲国家对这个组织的原有看法。因此它们坚持主张未来新欧洲联合的核心应该是欧盟—北约这种现有的"成熟"结构，并希望通过这种多边体系

---

① Мальгин А. В., Европейская политика России, 《Свободная мысль—ⅩⅩⅠ》, 2004, No. 4, C. 68.

"规范"俄罗斯。结果，俄罗斯想借助自己是正式成员身份来影响或主导未来欧洲进程的要求未能得到该组织多数成员的支持。冷战后，欧洲联合进程完全由西欧国家主导，欧安会被边缘化，俄罗斯成为旁观者和局外人。

当然，莫斯科陷入这种尴尬境地，既有该组织成员的阻挠，也有自身的原因。因为莫斯科对该组织的立场与态度很矛盾，一方面想提升该组织在欧洲未来政治进程中的作用；另一方面又不想让该组织介入苏联地区的事务。

早在1993年夏，莫斯科就提交许多建议，意在提高该组织在欧洲政治中的功能与作用。在1993年11—12月召开的该组织在罗马的会议上，莫斯科积极参与讨论，力图提高该组织制止危机发生和维护和平的能力，还想得到该组织的认可与委托以便使自己有权在苏联地区独自应对可能发生的冲突与危机。1994年，在该组织布达佩斯峰会的准备阶段，莫斯科提交一份旨在扩大该组织影响力的草案。这些举动说明莫斯科有意支持该组织的活动。

可是，莫斯科又反对把该组织发展成为一个集体安全组织实体，不愿意看到该组织介入苏联地区的事务。例如，曾于1992年成立的明斯克集团，在内部达成一致的条件下，1994年10月，布达佩斯峰会决定筹划在纳卡尔诺—卡拉巴赫地区展开维和行动。莫斯科对此不满。克里姆林宫认为该组织介入纳卡地区会使局势复杂化，坚持要求独自处理苏联地区事务。结果，俄罗斯陷入孤立。1995年，车臣局势恶化，俄罗斯与欧安组织经过一番讨价还价，同意该组织特使团进入车臣。可是莫斯科还是担心该组织会借此机会削弱俄罗斯在苏联地区的影响力，进而干涉独立国家的内政。1999年，车臣问题白热化，莫斯科对于西方国家干涉车臣问题越来越不满。在1999年11月该组织的伊斯坦布尔峰会上，俄罗斯明确表示该组织无权干涉车臣问题。俄外交部部长伊万诺夫指出，莫斯科比任何人更关心车臣问题的解决，用不着别人对其施加压力。这充分表明莫斯科不允许欧安组织介入自己的势力范围。20世纪90年代，俄罗斯自身状况不佳，国力虚弱，尚且抱有这种态度，进入2000年以来，俄罗斯更是坚持这种态度及立场。

(二) 同欧盟的关系

欧盟是第二次世界大战后出现的政治经济组织，戈尔巴乔夫执政前，苏联并不承认它能代表欧洲。20世纪90年代，俄罗斯逐渐明确"融入欧洲"的发展方向之后，开始重视与欧盟的发展合作。

在莫斯科看来，欧盟是一个经济政治组织，而不是军事政治组织，它不会在安全上对俄罗斯构成威胁。而且，欧盟的"欧洲本土性"和欧洲统一与合作的主张符合俄罗斯关于"欧洲人的欧洲"以排挤美国主导欧洲事务的设想。实际上，1987年戈尔巴乔夫提出建设"欧洲大厦"的思想，1997年叶利钦提出建立"大欧洲"思想，甚至普京执政以来重视与欧洲的发展关系，全都包含这层含义。所以，俄罗斯对于欧盟东扩没有明确反对。

尽管莫斯科重视与欧盟的发展关系，并且双方在许多方面立场接近，但俄罗斯与欧盟之间存在重大分歧。欧洲国家普遍认为，未来统一欧洲不仅仅是一个地理概念，更重要的是成员国在社会形态上的"同质"和"一致性"，即以法治国家、市场经济和多样性为核心价值。欧盟委员会主席普罗迪说，双方合作目标和具体步骤是"要将俄罗斯完全融入与欧洲价值观相一致的社会"。因此欧盟主张俄罗斯应该以普通一员而不是特殊身份加入欧洲。虽然俄罗斯官员不时表示莫斯科要寻求会员国地位，可是莫斯科还是更倾向于同欧盟发展特殊关系，并不谋求正式加入欧盟或者成为欧盟的准成员国。

苏联与欧盟曾于1989年12月达成贸易合作协定。苏联解体后，俄罗斯继承苏联国际法地位，得到欧盟认可。1994年6月，俄罗斯与欧盟达成合作伙伴关系协定，1995年1月，因莫斯科在车臣采取军事行动，欧盟决定延长该协议生效期限。欧盟要求俄罗斯和车臣反叛当局必须开展谈判以和平方式解决冲突。同年7月，莫斯科同欧盟签署过渡协定，规定俄罗斯和欧盟将于未来几年内逐步取消影响双方贸易的各种限制和壁垒，并从1998年起讨论建立俄罗斯与欧盟的自由贸易区问题。1996年2月，俄外交部部长普里马科夫在欧洲委员会明确表示，俄希望能够成为欧盟的成员。4月，俄总理切尔诺梅尔金在会见欧洲委员会主席时表示，俄希望尽快批准同欧盟的合作伙伴关系协定。直到1997年12月这个协定才正式生效。这个过程说明欧盟方面对于同俄罗斯的合作是有条件的、有规范的。

值得注意的是，俄欧签署《伙伴关系与合作协定》，只是欧盟对所有独联体国家和中东欧国家政策的一部分。欧盟与独联体国家（塔吉克斯坦除外）都签署了类似的合作伙伴协定。在与中东欧国家签署的《欧洲协定》中，欧盟保证将来要使它们成为正式成员。从这一点看出，俄欧《伙伴关系与合作协定》和欧盟与中东欧国家签署的《欧洲协定》有着本质上的区别。虽然《欧洲协定》也是一个涉及双边的综合性文件，但它是一种特殊形式的联系国协定，其中欧盟允许联系国参与欧洲一体化进程，并最终加入欧盟。可是在俄欧《伙伴关系与合作协定》中，虽然俄罗斯被视为欧洲的重要部分，但是欧盟并没有给予俄罗斯类似中东欧国家那样的承诺。

2007年，普京明确表明了不想成为欧盟成员的态度，而且对欧盟于2009年出台的"东部伙伴计划"进行抵制。同时也应该看到，欧盟东扩的政治色彩日益明显，其东扩并不是像它所宣倡的那样看重经济指标门槛，实际是坚持政治挂帅——亲西方，抱着先吃下去再慢慢消化的宗旨。这从欧盟公开卷入争夺乌克兰的坚定态度中就可以看出来。

（三）同北约的关系

俄罗斯与欧洲关系之间横亘着一个无法绕过去的组织，即跨大西洋组织——北约。对莫斯科而言，北约继续存在以及东扩，直接涉及俄罗斯的安全和地缘利益。俄罗斯与北约关系的关键问题是北约东扩。北约将其政治军事责任区域扩大到中东欧及独联体国家，基本动机是巩固冷战成果，坚持利益最大化，加强欧美联盟以遏制俄罗斯。

俄罗斯与北约的关系，早在北约第一轮东扩时就发生争执和矛盾，大致经过如下几个阶段：1993年年初至1994年年底是北约启动东扩计划，为了安抚和不至于过分刺激俄罗斯，先行实施和平伙伴关系计划，吸收俄罗斯参加该计划；1994年年底至1996年年初是北约制订东扩时间表，俄罗斯表示坚决反对，北约不予理睬并按计划行动；1996年年初至1999年3月是北约成功实现第一轮东扩，俄罗斯反对无效而被迫妥协，北约亦对俄罗斯的要求做出某些让步，诸如1997年5月双方签署基础文件——《俄罗斯与北约关于相互关系、合作与安全的基本文件》，其中北约表示"不打算、没理由，也无计划"在新成员领土上部署核武器和向新成员派驻作战部队。

可见，自1993年北约提出东扩计划后，虽然俄罗斯坚决反对，但是面对以美国为首的北约和申请国的双重压力，俄罗斯无力阻止，1999年3月波捷匈三国成为新成员。由于对第一轮东扩和同年3月开始的科索沃战争的强烈不满，俄罗斯一度冻结同北约的关系，暂停参与北约在1994年1月开始实施的"和平伙伴关系"计划。

2004年3月，北约完成第二轮东扩，虽然普京的反应没有叶利钦那样激烈，可是他的内心还是相当不满的，尤其是波罗的海三国加入北约。北约为了安抚俄罗斯，在2002年5月使得双方合作体系由"19＋1"转变为20国机制。

在完成了第二轮东扩之后，北约第三轮东扩继续向独联体地区扩张的势头已经十分明显。俄罗斯的不满与愤怒也在增长，于是就有了2008年8月的俄格战争，以及对乌克兰的坚决争夺。

二　俄欧关系中合作与冲突同时并存

俄罗斯和欧盟不仅是欧洲地区的而且是世界上的两支主要力量，它们各自的地位及其影响力以及相互间的关系是国际关系体系中的重要组成部分。俄欧关系中的合作与冲突是客观的、固有的、无法避免的，无论历史还是现实都验证了这一点。俄欧关系的合作是真诚的，这是由双方经济生活的客观需要决定的。俄罗斯想从欧盟得到自己需要的技术、资金及经验，当然也有市场，欧盟想从俄罗斯得到自己需要的能源、原材料、市场。可是俄欧关系中的竞争乃至冲突也是真实的，这是由于双方都极力捍卫各自秉持的价值观、精神、观念、制度、发展道路，当然也有它们各自的经济利益。这种冲突的实质就是由谁来主导欧洲地区的事务，即谁当主角谁做配角。20世纪90年代，俄罗斯自顾不暇，没有时间精力，最重要的是没有实力来考虑主导权问题，进入21世纪，俄罗斯由于国力增强而开始抵制欧盟的这种做法。

关于俄欧关系中的合作。之所以说双方的合作是真诚的，实事求是的讲，冷战后俄欧关系取得了重要进展与成果。尤其在普京时期，双方合作的水平与程度已经基本上接近峰值顶点，如果双方不再努力拓展合作空间的话，进一步合作的空间不会太大。

20世纪90年代，俄欧关系建立新框架的三个基本文件，为双方关系发展奠定了良好基础。特别是1997年最终正式生效的《伙伴关系与合作协定》具有重要意义。该协定确立了定期政治对话机制，其中包括俄罗斯总统与欧盟理事会和欧洲委员会代表每年两次高峰会议，在合作委员会框架内的部长级会谈及其他政府高级官员的会晤，俄罗斯与欧盟的议会议员还可以通过议会合作委员会进行交流。

这一对话机制确实发挥了积极的促进作用，例如2001年俄欧双方提出建设统一经济空间，2003年又将统一经济空间拓展为四个统一空间，2005年俄罗斯方面还提出了实施四个统一空间的"路线图"。2008年，梅德韦杰夫总统提出俄罗斯现代化纲领，欧盟方面积极响应而纷纷同俄罗斯结成现代化伙伴关系。

我们通过一些数据就可以看出俄欧关系中的这些积极互动，确实反映出双方都有真诚的愿望和积极的态度。甚至可以说，在近些年，俄罗斯对外经济联系中的"欧洲中心主义"做法不断膨胀，截至2011年，同欧盟的贸易几乎占到俄对外贸易的85%和信贷借款的主要部分。比较而言，目前亚洲已经成为世界经济发展的火车头，但是俄罗斯面向东方的贸易还不到俄对外贸易1/5。[①]

俄欧经贸关系非常密切。根据欧盟《欧俄货物贸易统计》数据，2013年俄欧贸易额为3262.53亿欧元。欧盟是俄罗斯第一大贸易伙伴，2013年欧盟从俄罗斯的进口额为2064.78亿欧元，占欧盟进口额的12.3%；俄罗斯是欧盟第三大贸易伙伴，2013年欧盟向俄罗斯的出口额为1197.75亿欧元，排在美国与中国之后，占欧盟出口额的6.9%。

这里需要强调的是，我们可以通过能源合作来考察俄欧关系的紧密程度。1997年正式生效的《伙伴关系与合作协定》有效期是10年，即是说2007年到期，如果继续有效，必须展开谈判。虽然就这一协定的谈判没有明显进展，可是双方在能源合作领域还是在继续进行着。截至2013年，欧盟从俄罗斯进口油气矿物燃料及相关材料达1605.89亿欧元，占欧盟从俄罗斯进口总额的77.8%。俄罗斯通过出口能源获得财政收入的2/3，而

---

① Б. Смитинко, В. Титов, Особенности взаимодействия объединенной Европы и России в условиях формирования полиценричной системы мироустройства. См: Аналические Записки (Октябрь-Январь 2011), Приложение К журналу 《Международрая Жизнь》, С. 23.

欧洲经济体的运行也离不开占进口量约 1/3 的俄罗斯天然气。

一个非常有趣的现象是自 2014 年 7 月 29 日欧美联合制裁俄罗斯至今，双方相互制裁都没有涉及能源供应与需求，俄罗斯并没有中断对欧盟的石油天然气供应，欧盟也没有表示说不要俄罗斯的能源供应。这说明欧盟以往担心的并且经常批评俄罗斯试图利用手中的"能源武器"向欧盟施压的说法是没有根据的。或许是俄欧双方的能源合作关系已经紧密到无法拿能源作赌注的程度，也或许是俄欧双方相互制裁的强度还不够严重，但是可以看出，俄欧合作确实是已经形成了一种相互依存的局面。

关于俄欧关系中的冲突表现形式是形形色色的，引起这种冲突的因素也是多种多样的。其他的先不论，且说 1994 年俄欧签署《伙伴关系与合作协定》，可是一直等到 1997 年才正式生效，双方在这期间就发生冲突，原因是欧盟反对俄罗斯在车臣采取军事行动，理由是俄罗斯这一行动在车臣当地造成了严重的人道主义危机，违反了人权，背离了《伙伴关系与合作协定》的基本精神。欧盟坚持要求，如果俄罗斯方面希望协定最后能够被批准并实施，必须同车臣反叛分子开始谈判并且和平解决冲突。

普京时期，双方关系中的冲突更是频繁发生：2004 年，欧盟东扩；欧盟国家参与北约东扩；欧盟新成员国变本加厉地进行反俄言论与行动，以及介入格鲁吉亚和乌克兰的颜色革命；欧盟时常批评俄罗斯的内政是违反民主侵犯人权；2009 年，欧盟出台"东部伙伴计划"；2013 年，欧盟深度介入乌克兰危机事件；2014 年，欧盟国家抵制索契冬季奥运会；同年 7 月 29 日，欧美联合制裁俄罗斯，俄罗斯也发起反制裁。

此次相互制裁的后果是严重的，是近 20 年来俄欧关系最严重的倒退。2014 年，因乌克兰危机事件，俄欧相互制裁给对方带来损失。2014 年和 2015 年的两年制裁与反制裁给欧盟带来损失为 400 亿—500 亿欧元，占其 GDP 的 0.3%—0.4%。2014 年，欧盟制裁给俄罗斯带来损失约 230 亿欧元，占俄 GDP 的 1.5%；2015 年，损失增加到 750 亿欧元，预计占俄 GDP 的 4.8%。2015 年 12 月 21 日，布鲁塞尔正式批准延长对俄罗斯的经济制裁至 2016 年 7 月 31 日。对此，普京总统给予了强硬回击。

看来，俄欧双方都做好了一定程度的心理准备，以便忍受或者牺牲眼前的暂时局部经济损失，为的是以此换取未来长远的全局性的地缘政治战略利益。那么这种地缘政治战略利益究竟是什么？俄欧双方到底在追求什么呢？

三 俄欧关系中地缘政治因素难以消除

俄欧关系中矛盾与冲突产生的原因复杂多样，有价值观的、精神的、制度的、发展道路的、经济的，当然还有地缘政治的因素，而且这个领域的争夺绝对是难以消除的，可以说这是俄欧关系中过去、现在乃至将来一直存在的矛盾，只不过在不同时期表现的强度不同而已。

2003年12月，欧洲理事会通过的欧洲安全战略，把同俄罗斯建立更紧密关系的前景与"尊重共同价值观密切联系起来"[①]。2008年，高加索危机期间，西方反对俄罗斯的主要攻击手段之一是抨击俄罗斯不尊重民主、人权和法治的价值观。因此，西方对俄罗斯爆发出强烈不满具有深刻根源，它们源自从18世纪起就出现的地缘政治争夺。

毫无疑问，俄罗斯主要还是一个欧洲国家，很早就与欧洲保持历史、文化和政治经济的联系。作为欧洲的一部分，虽然有全球化强大的影响，俄罗斯的社会生活还是受基督教价值的深刻影响。在300多年里，俄罗斯优秀人士一直认为，没有欧洲就无法想象有俄罗斯，他们羡慕大陆主要国家所具有的民主标准，期望俄罗斯赶上欧洲生活的水平。但是，西欧从未真正将俄罗斯当作志同道合者，不允许俄罗斯靠近。现如今，当共产主义消失之后，俄罗斯建立起资本主义秩序，欧盟并不急于在同俄罗斯关系上"卸载重负"，反而在继续设置障碍。[②] 为什么会是这样？关键就在于俄欧双方在捍卫或者进而争夺地缘政治优势，说白了就是争夺势力范围。冷战结束以来，俄欧双方在争夺地缘政治优势方面，欧盟处于攻势一方，占据上风位置；俄罗斯则居于守势，处于下风位置。

冷战结束，苏联东欧集团解散，苏联解体，这使得欧洲地区的地缘政治环境发生重大变化。苏联的东欧盟国和苏联地区出现了地缘政治权力真空，它应该由谁来填补？这里分为两个方面：一方面是这些地区的国家未

---

① "A Secure Europe in Better World", *European Security Strategy*, 12 December 2003.
② Михаил Майоров, Неустроенная Европа. 《Международная жизнь》Апрель 2011, C. 83.

来经济政治发展同谁结成更紧密关系,是加入由欧盟主导的经济政治一体化进程,还是加入由俄罗斯主导的共同经济空间和关税联盟及欧亚联盟的进程?另一方面是这些地区的国家安全问题应该受到谁的保护,是受美国主导的北约—欧盟安全框架的保护,还是受俄罗斯主导的独联体集体安全条约的保护?这既是俄欧双方无论如何都想争夺优势的问题,也是中东欧国家和苏联地区国家不得不做出选择的问题。

由于欧盟北约的积极东进政策,加上该地区国家的主动申请,欧盟表现得很强势。反观俄罗斯一方,与欧美联盟进行争夺感到很吃力,因为在主权意识形成过程中的苏联地区国家出现了政治分化,这首先使它们同俄罗斯结成的结构出现分化,而且使这种分化不断加剧①。但是,俄罗斯又绝对不甘心让这种事态发展下去。欧盟北约联合对后苏联地区实施有针对性的政策,这引起俄罗斯的强烈反应,特别是在2004年之后。② 因为俄罗斯想要在该地区保持影响力,认为后苏联地区是自己享有特殊利益的地区,该地区对于俄罗斯在世界上赢得地位具有关键作用,要求划定活动范围以便约束那些试图在该地区积极活动的其他大玩家。所以俄欧争夺地缘政治优势是不可避免的。

冷战结束20余年,欧盟已经将中东欧国家顺利纳入自己主导的经济政治一体化轨道,2004年,欧盟扩大至中欧国家就使它作为国际关系主体直接同苏联地区国家接壤。③ 2009年,又出台"东部伙伴计划",加紧对乌克兰、格鲁吉亚的争夺。于是在这种背景之下,2014年爆发乌克兰危机。

---

① Вардомский Л. Б. Проблемы и перспективы регионального сотрудничества на постсоветском пространстве//Грабовски В., Наринский М. М., Мальгин А. В. Европейский Союз и европейские страны СНГ. М.: МГИМО (У) МИД РФ, 2002, С. 92.

② 欧盟东扩新增3个成员国:波捷匈,波罗的海三国,斯洛伐克,斯洛文尼亚,塞浦路斯,马耳他。

③ Цибулина А. Н., Мальгин А. В. Центральная и Восточная Европы: внутренняя трансформация, адаптация к интеграционной практике и опыт научного анализа//Восточная Европа. Перспективы., 2011, No. 2, С. 123—128.

第 三 章

俄罗斯与欧盟的政策

俄欧关系是俄罗斯对外政策的优先方向之一，甚至可以说是最重要的方向。在俄罗斯对外关系历史上，同欧洲打交道一直占据最重要的位置，至于同美国的关系只是进入20世纪后的事情，所以俄罗斯对欧盟和美国的政策是有区分的。俄罗斯内心对欧洲的向往由来已久，无论在物质文明上还是精神文明上都有浓厚的欧洲情结，虽然称不上是魂牵梦绕，但也可以说是挥之不去。在将近30年里，戈尔巴乔夫的"欧洲共同大厦"、叶利钦的"大欧洲"、普京的"融入欧洲"都不同程度地反映出了俄罗斯人的"欧洲情结"。在俄罗斯民族的这样一种文化心理条件下，俄罗斯对欧盟会实施什么样的政策？欧盟对俄罗斯又是什么样的对策？总体而言，冷战结束以来的俄欧关系，就双方从各方面的需要程度比较来看，俄罗斯发展同欧盟关系的积极性、主动性更多一些，欧盟方面是要差一些的。如果从双方的心理期待来看，俄欧关系的实际状况及成果都远离自己对对方的期待，以至于双方因乌克兰问题而最终在2014年发生严重对抗。

第一节 俄罗斯之欧洲情结

对于俄罗斯而言，如何处理同欧洲的关系，不仅是一个对外政策的重大问题，而且还是一个关系俄罗斯国家社会发展道路及模式的问题，即俄欧关系是一个对外政策与内部发展紧密联系的问题。这是俄欧关系最为特殊与复杂以及微妙之处。

一　俄罗斯文明的两重性

一般而言，一个国家的对外政策一定根植于自身的文明形态。可是也不能忽视在特殊时期与环境以及条件之下，因为生存压力和情势所迫而采取的一些救急措施，它们逐渐地渗透和影响自身文明形态。论及俄罗斯的文明形态，不能不考虑这种文明的两重性特质与性格：一方面是西方的、欧洲的、资本主义的、金融经济的要素；另一方面是东方的、亚洲的、封建主义的、自然经济的要素，这两组要素奇妙地结合在一起，或共同发挥作用，或交替发挥优势。

早在9—12世纪的基辅罗斯时期（古罗斯），即俄罗斯民族国家成型之初，就接受了东正教洗礼而使俄罗斯先民接触到当时欧洲文明（基督教文明）的最发达部分，并与欧洲文明建立起直接联系，也就是说，俄罗斯文明的源头是同属于欧洲文明。可是在13—15世纪的240年里，此时尚且稚嫩的俄罗斯文明，因为被蒙古鞑靼人征服并遭受高压统治，又被注入了东方的亚洲血液，俄罗斯人不得不接受并最终习惯东方式行为及思维方式。普列汉诺夫论及俄罗斯摆脱蒙古鞑靼人统治时说，"欧洲人所以战胜了'亚洲人'，只是因为它本身也变成了亚洲"[①]。这一时期以及随后的16—17世纪，俄罗斯越过乌拉尔山深入亚洲腹地，其亚洲化色彩愈加浓厚。实际上从俄罗斯的国家形态构成上看，它的脑袋在欧洲，身躯在亚洲，有时候是脑袋指挥身躯，而有时候却是身躯决定脑袋，所以它的行为方式更多地具有亚洲式特点。这样，西方的、欧洲的和东方的、亚洲的两种文明兼而有之就成为俄罗斯文化最显著的特点，也是俄罗斯社会发展最基本的条件。"俄罗斯是个巨大而复杂的国家，它既位于亚洲，又位于欧洲。"[②] 它的全部历史活动就是在这样一个舞台上演绎变化的。

俄罗斯的欧洲化必然会引发两个深刻的矛盾，一是俄罗斯文明与欧洲文明之间的外部冲突，二是俄罗斯文明内部的亚洲式要素和欧洲式要素的紧张关系，以及其在不同时期的此消彼长。这两个矛盾始终存在于俄罗斯

---

① ［俄］普列汉诺夫：《俄罗斯社会思想史》，商务印书馆1988年版，第1卷，第101页。
② 《对中国〈人民日报〉、新华通讯社和中央电视台记者的谈话》，《普京文集》，中国社会科学出版社2002年版，第116—117页。

近几百年的变革与发展历史中，既相互排斥又相互纠缠，难以厘清。俄罗斯的欧洲化变革与运动给国家社会带来了发展与进步，俄罗斯的工具、器物、外观、形式，全都开始变得越来越像是欧洲生产的或者是类似于欧洲生产的，可是俄罗斯的精神气质和行为方式还是亚洲式风格。也就是说，俄罗斯的欧洲化只是学习和借鉴了欧洲的物质文明成果，从而把自己武装得更像是俄罗斯，使俄罗斯变得强大起来，并不能彻底改变俄罗斯精神文明的两重性。别尔嘉耶夫非常深刻地指出了俄罗斯精神文明的这种两重性："俄罗斯精神所具有的矛盾性和复杂性可能与下列情况有关，即东方与西方这两股世界历史之流在俄罗斯发生碰撞，而俄罗斯处在这两者的相互作用之中。俄罗斯民族不是纯粹的欧洲民族，也不是纯粹的亚洲民族。俄罗斯是世界的完整的一部分，巨大的东方—西方结合体，它将两个世界结合在一起。在俄罗斯的精神中，东方与西方两种因素永远在相互角力。"① 俄罗斯文明的这一特性反映在社会精神文化层面，就是19世纪30年代出现了两种影响深远的社会思潮，即"西方派"和"斯拉夫派"，到20世纪20年代又产生了"欧亚派"。

二 西方派言论及主张

俄罗斯之欧洲情结，从不同时期的西方派言论及主张可以看得清清楚楚。西方派作为一种社会思潮及政治主张出现于1836年，其代表人物恰达耶夫在俄国杂志上发表《哲学书简》，就文中所表达的观点，如果从积极方面看，具有严厉的深刻的自我批判主义精神；如果从消极方面看，却是彻底否定了俄罗斯文化，宣扬民族虚无主义。作者语言犀利刻薄，笔调悲凉，他指出农奴制的存在是俄国生活中的可耻污点，是国家进步道路上的主要障碍。认为俄国不属于人类任何一个伟大家族，是一朵不结果实的花，只有皈依天主教，放弃原有的东正教信仰，俄国才能加入整个欧洲的发展进程，实现社会进步。《哲学书简》的发表，犹如一石激起千层浪，使俄国的思想界活跃起来。由此，凡与恰达耶夫观点接近的人，因为特别崇拜西欧文明，被称为西方派；反之，因为高度评价斯拉夫文化，反对步

---

① ［俄］尼·别尔嘉耶夫：《俄罗斯思想》，生活·读书·新知三联书店1995年版，第2页。

西欧之后尘,被称为斯拉夫派。

这一时期的西方派认为,西欧文明是世界文明的真正代表,如果俄国不以西欧为榜样,不掌握西方文化的成果,不实行资本主义的生活方式,不加入西方的发展潮流,俄国就不能前进,就不可能进步和发展。既然如此,结论就是必须奋起直追,加速自己的资本主义化。就当时的具体情况而言,俄国不仅要消灭农奴制,实行雇佣劳动制,而且要建立君主立宪制,就像英国和法国那样,以资产阶级议会民主制取代封建专制统治;在经济生活中不要政府干预,加速以资本主义方式发展工业商业。由于一切向西欧看齐,西方派高度评价彼得一世的欧化改革。[①] 早年的别林斯基、赫尔岑等也都正是据此才对西方表现出无比的向往。他们都认为,对于俄罗斯而言,欧洲如同俄罗斯一样的珍贵。如同俄罗斯一样,欧洲也是俄罗斯的祖国。[②] 自此以后,西方派的言论及声音随着俄罗斯社会变革的需要而周期性地潮起潮落。

进入20世纪80年代中期直至21世纪头10年的中期,戈尔巴乔夫的"欧洲共同大厦"、叶利钦的"大欧洲"、普京的"融入欧洲"都不同程度地反映出了俄罗斯人的"欧洲情结",尽管表述有所不同。尤其是20世纪90年代初期以外长科济列夫、代总理盖达尔、副总理布尔布利斯为代表的观点最能反映西方派的主张,俄罗斯之欧洲情结达到登峰造极的地步,可以概括为一句话:一头扎进西方怀抱。

科济列夫等人言论及主张的主要观点如下:第一,从历史传统、文化背景和价值取向看,俄罗斯从来都是欧洲的一部分,只是蒙古鞑靼人入侵和布尔什维克革命割裂了它,俄罗斯应该回归欧洲,向欧洲文明国家靠拢。第二,从冷战后国际格局的力量对比看,西方已经占据优势,是决定国际局势发展的主导力量。第三,从价值观看,过去美苏对抗和东西方对抗的根源在于社会制度的不同和意识形态的差异,随着俄罗斯在社会制度与意识形态方面同西方的趋同,俄罗斯与西方已经没有任何要克服的分歧

[①] 安启念:《东方国家的社会跳跃与文化滞后——俄罗斯文化与列宁主义问题》,中国人民大学出版社1994年版,第108—110页。

[②] [俄]尼·别尔嘉耶夫:《俄罗斯思想》,生活·读书·新知三联书店1995年版,第68页。

和利益冲突，西方国家已经成为俄罗斯的天然伙伴和最终盟友。俄罗斯要实现民主和市场经济，就要同西方各国及组织机构建立同盟关系，回归文明世界。第四，俄罗斯激进经济改革要获得成功，摆脱经济危机，离不开西方的经济援助。结论就是俄罗斯要奉行亲西方政策。[①]

三 俄罗斯"欧洲情结"的影响

俄罗斯怀有浓厚的欧洲情结，这给它的内政和外交带来巨大影响。

一方面是俄罗斯为了弥补自己同欧洲在物质文明和精神文明方面的差距，曾经几番发起追赶西方的努力，给俄罗斯的发展道路及模式带来深刻影响。

俄罗斯曾三次采取果断措施，尝试克服与欧洲国家在经济文化方面的差距。第一次是彼得一世时期，第二次是在废除农奴制和第一次世界大战之间的时期，第三次是在1917年革命以后的努力。前两次尝试取得暂时成功，致使俄罗斯同欧洲的差距有所缩小，但是最终目标没有实现。第三次尝试是苏维埃政权采取赶超西方发达国家的战略，最终也没有成功，以国家解体而告终。进入21世纪，俄罗斯领导集团积极努力，以克服20世纪90年代因激进式改革而加剧的这种落后状况，21世纪以来俄罗斯发生积极变化，但是2008年世界金融经济危机延缓了俄罗斯经济的发展。目前因乌克兰危机遭到欧盟制裁和石油价格走低，俄罗斯经济遇到暂时却严峻的困难。

另一方面是由于俄罗斯介入欧洲事务太深太多，以至于在俄罗斯看来，它的历史同欧洲历史紧密联系，没有俄罗斯的欧洲联合理想是不能想象的。俄罗斯人认为，俄罗斯对于欧洲的意义早有定论，俄欧关系的整个历史已经证明了这一点。

俄罗斯第一个国家（基辅罗斯）出现在"从瓦良格人到希腊人之路"的商道上。鞑靼蒙古人统治时期，正是俄罗斯使得西欧和中欧免遭蹂躏而自己却被鞑靼蒙古压迫长达近3个世纪的时期。在摆脱鞑靼蒙古压迫后，俄罗斯在15世纪末重新同欧洲恢复政治经济联系。俄罗斯同土耳其帝国的顽强斗争最终阻止奥斯曼向欧洲的扩张，也正是俄罗斯打破了拿破仑和

[①] 海运、李静杰：《叶利钦时代的俄罗斯》（外交卷），人民出版社2001年版，第7页。

希特勒的帝国梦想。因此就历史而言,现代欧洲及其文明能够存在,很大程度上得益于俄罗斯的牺牲。可以说,如果没有俄罗斯在文化、科学、教育、医学、文学、音乐和绘画方面的贡献,欧洲文明不会达到自己目前的水准。德国的莱布尼茨在致彼得一世的信中确认这一事实,他指出,俄罗斯能够成为基督教的桥梁,以此连接欧洲和中国而实现文明的高级综合。①

由此可见,俄罗斯人对俄欧关系的定位以及评价是很高的,也是很执着的,可是在欧洲人那里并没有得到相应对等的认可。实事求是的讲,在最近30年里,欧盟一度抱有宽容态度接纳俄罗斯。例如,2003年6月开始实施的《欧盟对俄罗斯共同战略》规定"高层政治对话",要建立"基于法治国家原则和维持繁荣市场经济的俄罗斯稳定和公开及多元化民主"。俄罗斯成为新欧洲秩序形成与稳定的因素,为了保障欧洲稳定和促进世界安全,必须同俄罗斯积极展开合作。②

可是欧盟的这种态度在发生变化。正如俄罗斯专家卡拉加诺夫所做的分析一样,俄欧之间不信任的根源在于1997年生效而在2007年到期的《伙伴关系合作协定》,需要按照新的基础协议重新谈判,由于此项议程因欧盟内部受阻而被搁置,所以俄欧之间的"伙伴关系"在习惯上被理解为仅仅是一种具有声明性质而无法律效力的东西。③

第二节　普京"融入欧洲"与"发展与欧盟多层次的关系"

普京1999年被任命为政府总理和2000年当选为俄罗斯总统之时,鉴于发自内心已久的向往和严酷现实的需要,他一再表达了要融入欧洲的愿望。大致在第二任总统任职期间,由于内心向往的预期和现实情况的巨大

---

① Сборник писем и материалов Лейбница относящихся к России и Петру Великому. СПБ., 1873.

② Пиндер Дж. И., Шишков Ю. Евросоюз и Россия: перспективы партнерства. М., 2003, С. 155.

③ Под ред. С. А. Караганов и И. Ю. Юргенс, РОССИЯ VS ЕВРОПА ПРОТИВОСТОЯНИЕ ИЛИ СОЮЗ?

落差，普京"融入欧洲""大欧洲"的思想出现变化，不再刻意强调融入欧洲，而表示只是愿意发展与欧盟多层次的关系。虽然这只是具体表述上的变化，但实际上反映出普京的内心已经发生了变化。很显然，融入欧洲和发展与欧盟多层次的关系，它们绝不是同一个水平的关系，这表明俄欧关系的裂痕已经出现了。

一　"融入欧洲"

普京也是深受俄罗斯之欧洲情结熏陶的领导人。他在答中国媒体记者的谈话中说："今天在我的办公室没有挂任何人像，但是在彼得堡工作时在我的办公室里确实挂过一幅彼得大帝的像。从原则上说，我是从公认的公式和公认的俗语出发：'不给自己树立一个偶像！'所以我认为，我们的依恋和我们的好感应该首先放在我们内心，而不要暴露出来。不过要像尊敬革新者那样十分尊敬彼得大帝，因为他对现代俄罗斯的形成做了许多工作。我觉得，他的时代和我们今天经历的时代非常一致。"① 由此可见，普京内心的依恋和好感是显而易见的。

普京担任政府总理和当选总统一职时，他虽然没有再次重复戈尔巴乔夫的"欧洲共同大厦"和叶利钦的"大欧洲"，可是在谈到俄罗斯与世界经济一体化问题时，首先是指同欧洲或欧盟的一体化，即融入欧洲。在他看来，这是俄罗斯经济发展的外部先决条件。通过普京总统第一任期的《国情咨文》，可以看出，他对融入欧洲是特别期待的，或者可以说，他是持积极态度的。

普京在2001年的《国情咨文》中明确指出："我们应当赋予我们同欧洲以及其他国际机构的关系以新的活力，而且要保留并发扬过去年代里积累下来的所有积极的东西。欧洲目前正处在剧烈变化中，大型欧洲机构、地区论坛的作用正在变化。从这个角度看，进一步协调同欧盟的伙伴关系的重要性无疑在增大。同欧洲实行一体化的方针成为我们对外政策关

---

① 《对中国〈人民日报〉、新华通讯社和中央电视台记者的谈话》，《普京文集》，中国社会科学出版社2002年版，第113—114页。

键方向之一。"①

在 2002 年的《国情咨文》中，普京再次强调："我认为今天有必要再次坚定地表示我们在欧洲的优先方面。在欧洲，无论我国的一贯立场，还是与欧洲众多具体的一体化步骤都显而易见。我们将继续积极地做欧盟的工作，以便形成统一的经济空间。"②

在 2003 年的《国情咨文》中，普京主张要将与欧洲的一体化扩大到经济以外的领域："我国外交的重要方面是与欧洲广泛接近和切实融入欧洲。当然，这是一个复杂和长期的过程。但这是我们的历史性选择。我们已经做出了选择。这种选择正在逐步变成现实。在现阶段，要活跃双边关系，发展与欧盟的战略伙伴关系，积极参与欧洲委员会的工作。……显而易见的还有，我们的利益，'大欧洲'的利益都需要采取全新的步骤相互接近。无论欧洲国家，还是俄罗斯联邦的公民、实业界、文化界和科技界都希望这样做。我们关于发展全欧进程前景的建议大家都知道。这就是让公民能自由来往，建立统一经济区。"③

在 2004 年的《国情咨文》中论及欧盟东扩问题时，普京本人给予了积极评价，他认为欧盟东扩已经与俄罗斯直接接壤而成为邻国，这给俄罗斯与欧盟一体化提供了更多的便利条件："欧盟东扩，我们需要的不仅是地理意义上的相互接近，而且是经济和精神层面的接近。我认为，这不仅是俄罗斯经济，也是整个欧洲经济取得成功的前提。这意味着新市场和新投资的出现。总之，未来的大欧洲将会面临新的机遇。"④

普京不仅在《国情咨文》中表达了融入欧洲的期待，而且在其他场合也是如此。2005 年 5 月，普京为法国《费加罗报》撰写题为"战胜纳粹主义的教训：思考过去，共同建设安全和人道的未来"一文，"俄罗斯人民一直感到自己是欧洲大家庭的一员，是由统一的文化、道德、精神价

---

① 《向俄罗斯联邦议会提交的 2001 年国情咨文》，《普京文集》，中国社会科学出版社 2002 年版，第 291 页。

② 《向俄罗斯联邦议会提交的 2002 年国情咨文》，《普京文集》，中国社会科学出版社 2002 年版，第 623 页。

③ 《2003 年致联邦会议的国情咨文》，《普京文集》（2002—2008），中国社会科学出版社 2008 年版，第 32—33 页。

④ 《2004 年致联邦会议的国情咨文》，《普京文集》（2002—2008），中国社会科学出版社 2008 年版，第 124—125 页。

值观和它联系在一起的。我们在自己的历史道路上——有时落后，有时超过我们的伙伴——同样经历了建立民主、法制和公民机制的各个阶段。因此，俄罗斯人民选择民主，选择欧洲，这是完全合乎规律的"①。

二 "发展与欧盟多层次的关系"

大致是在普京总统的第二任期内，他此前一再强调的融入欧洲的思想开始发生变化。当然促使这种变化出现的原因是复杂而多方面的。这里不准备展开阐述。

普京对欧盟的态度从"融入欧洲"转向了"发展与欧盟多层次的关系"，最直接最明显地反映在他于2007年3月撰写的题为"欧洲一体化的50年及俄罗斯"一文②中，文中确实表达出了不同于过去以往的真实感情。

文章再次确认了俄罗斯的欧洲属性。普京依然肯定了20世纪90年代俄罗斯人民的选择，说这种选择在很大程度上是俄罗斯的国家历史做出的。普京认为："就本性、文化来讲，我们国家是欧洲文明不可分割的部分。我国人民为欧洲文明的发展和保存作出了不可估量的贡献。欧洲文化没有柴可夫斯基和肖斯塔科维奇的音乐、列·尼·托尔斯泰和弗·弗·纳科博夫的文学、瓦·瓦·康定斯基和卡·谢·马列维奇的绘画是无法想象的。俄罗斯与欧洲的关系本身就是相互影响和相互丰富的关系。"可以说，普京这里所表达的情感是真实的，对俄欧关系的评价也是客观的。

文章表达了俄罗斯重视欧洲一体化的理由。普京表示，他坚信，在俄罗斯——这个最大的欧洲国家没有成为欧洲进程固有的一部分之前，欧洲大陆的完全统一是不可能的。他认为，稳定、繁荣和统一的欧洲符合俄罗斯的利益。他承认，欧洲一体化是一种客观进程，这一进程是正在出现的多极世界秩序的组成部分。俄罗斯非常看重欧洲一体化，认为欧洲联盟正

---

① 《战胜纳粹主义的教训：思考过去，共同建设安全和人道的未来》，《普京文集》（2002—2008），中国社会科学出版社2008年版，第202页。

② 《欧洲一体化的50年及俄罗斯》，《普京文集》（2002—2008），中国社会科学出版社2008年版，第422—426页。

在逐渐成为一个越来越有威望、越来越有影响力的世界政治中心,为解决地区及全球安全问题作出了重要贡献。

可是,普京在高度的夸赞及评价了欧盟的重要性之后,他表达了自己的真实想法:"我要强调的是:发展与欧盟多层次的关系,这是俄罗斯的根本选择。是的,在不久将来,由于十分明显的原因,我们既不打算加入欧盟,也不打算同它一起加入某种联合形式。出于对事态的符合实际的考虑,俄罗斯打算在条约基础上和战略伙伴原则上建立同欧盟的关系。因此,罗马诺·普罗迪有一次提出的'除了不加入欧盟各个机构什么都行'的公式比较合我的心意。我想强调的是,我们准备最大限度地按这种伙伴关系走下去。当然了,意思是指伙伴也将要走自己的一部分路。"可见,"融入欧洲"和"发展与欧盟多层次的关系"两者之间是存在很大不同的,既然不加入欧盟各个机构,当然也就说不上是一种融入的关系了,只是发展伙伴关系而已。

在这篇纪念文章中,普京既谈到俄欧关系的合作,也谈到了分歧。他在谈到分歧时,情绪低落,含有批评和抱怨及失望的情绪。他指出,俄罗斯和欧盟的利益不可能始终在各个方面都一致,竞争在俄欧关系中是确实存在的。但是,比如在"纯"经济的背后探寻某种政治意图,对捍卫民族利益的合法的和完全能够令人理解的行动贴上来自"冷战"武库的意识形态的"标签"。普京表示,我们准备通过公开的对话和妥协,在共同协商的规则的基础上消除各种可能的分歧。

鉴于波兰公开阻挠,此时欧盟内部无法就俄欧新条约达成一致的立场。虽然说普京对此表示了理解,可是失望情绪也很明显。他略带警示地指出:"我们现在是有应当共同考虑的事情的。我们要做出的选择将决定大陆未来的几十年。不能允许集团的诡计在欧洲政策中占优势,不能允许在我们的大陆出现新的分界线,不能允许推行有损邻国利益和安全的单方面方案。"普京的三个不允许,就是在批评欧盟内部存在的对俄罗斯不友善的言行。

第三节 俄罗斯对欧盟的政策

俄罗斯自独立以来,一是出于由来已久的欧洲情结,二是出于当时形势的实际需要，总体而言，俄罗斯对欧盟的政策，其基本态度与立场是积极的、主动的，但俄欧关系基本格局却是不对等的、不平等的。说到变化，在叶利钦时期，有时甚至是低眉顺眼的；可是在普京时期，即2000年以来，世界形势和俄欧双方各自的条件都在发生变化，大致开始于2004年，普京的整个对外政策包括对欧盟的政策表现出日益明显的自主性和独立性，自然，俄欧关系最终都要回归应该有的位置与常态，既有合作也有斗争。就像2014年乌克兰危机爆发后，俄罗斯对欧盟的政策也更为强硬，例如2015年12月21日欧盟宣布延长对俄罗斯制裁至2016年7月31日，普京总统强硬回击，表示制裁不会迫使俄放弃原则。

一 普京对欧盟政策的基本考虑

普京被任命为政府总理和当选总统之时，俄罗斯政治混乱、经济衰退、国力虚弱。在这个时候，普京对欧盟政策还是大体上继承了叶利钦的政策，但是也有一些变化。普京调整了叶利钦时期过于亲美的政策，更加重视发展同欧盟的关系，将欧盟提升到俄罗斯对外政策的重要地位，全方位参与欧洲一体化进程，争取能够融入大欧洲家庭。因此，欧盟在俄罗斯对外政策的议事日程中，获得比美国更优先的地位。

普京之所以更加重视欧盟，大致出于两方面的考虑。

一是出于俄罗斯振兴国家经济的考虑，需要欧盟方面的资金、技术、管理经验以及市场。这是经济生活所迫，容易理解。从普京发表"千年之交的俄罗斯"一文所描述的情况看，形势是非常严峻的："20世纪90年代俄罗斯国内生产总值几乎下降了50%，按国内生产总值计算，我们的国内生产总值仅相当于美国的1/10，相当于中国的1/5。在1998年危机之后，我国的人均国内生产总值降至3500美元，这还不到'七大国'的平均水平的1/5。""俄罗斯正处于其数百年来最困难的一个历史时期。大概是俄罗斯近200—300年来首次真正面临沦为世界第二流国家，甚至第三流国家的危险。"[①]

二是出于俄罗斯反对美国霸权的考虑，希望借助同欧盟合作反对美国建立单极世界的战略图谋。之所以要借助欧盟的力量，这是因为在俄罗斯

---

① 《千年之交的俄罗斯》，《普京文集》，中国社会科学出版社2002年版，第2—16页。

的社会意识中,欧洲形象已经发生了很大变化。

冷战结束后,世界格局力量对比发生根本变化,美国和西欧居于世界主导地位,整个欧洲一体化步伐加快,尤其是政治一体化发展更加明显。欧盟为扩大自己的政治经济影响,通过1992年的《马斯特里赫特条约》确立了经济与货币联盟、共同外交与安全政策、司法与内务合作三大支柱,提出了一体化"深化"和"扩大"的双重目标和任务。在《马斯特里赫特条约》以及后来的《阿姆斯特丹条约》(1997年)和《尼斯条约》(2000年)等条约决议所奠定的基础上,欧盟实施了扩大和深化的新战略,一举成为世界上最发达的一体化组织和独一无二的特殊"多边国际组织角色"。欧盟在欧洲政治中发挥着日益重要的作用,即便是在国际舞台上,也显示出巨大的活力。

在俄罗斯看来,20世纪90年代,欧盟进入了一体化发展的全新阶段,同时也是俄罗斯可以利用的一支重要力量。虽然俄罗斯不再是世界性大国,可是冷战时期赋予俄罗斯的光荣不会立即消失。现如今,虽然俄罗斯只是一个地区大国,可是非常关注美国在世界上的动向及图谋,希望借助自己地缘优势便利,发展同欧盟的合作,以此抵制美国建立单极世界的霸权图谋,因为仅仅依靠俄罗斯一己之力是根本做不到的。有西方观察家分析,俄罗斯与欧盟合作的愿望事实上受到了俄罗斯反对美国霸权政策的影响。[①] 此时,俄罗斯领导人普京清醒地认识到,它如今在世界舞台上的地位及作用在很大程度上是由过去决定的和所遗留的,要保持并强化这一地位及作用,就必须务实地利用与欧洲的合作。冷战时代的意识形态对抗渐渐远去,后冷战时代的地缘政治争夺正在步步逼近。出于上述考虑,在俄罗斯的对外政策中,欧盟重新具有了优先性。因此,普京在总统第一任期的《国情咨文》里多次表达了融入欧洲的观点。

二 普京对欧盟政策所取得的进展

普京执政后,借助叶利钦时期俄欧之间奠定的政治对话机制与法律基础,双边关系获得了极大的发展。如果要对普京时期俄欧关系做一个综合

---

① Alexander J. Motyl, Blair A. Ruble and Lilia Shevtsova (ed.): *Russia's Engagement with the Wesa: Transformation and Intergration in the Twenty-Fitst Century*, New York: M. E. Sharpe, p. 162.

性评价，甚至可以这样说，在这一时期俄欧关系发展的合作深度与广度已经达到了历史最高水平，或者说是峰值。如果换一种说法，就是双边关系的合作水平进一步发展与深化的空间已经不多了。所以，大致从普京总统的第二任期开始，俄欧关系分歧增多，双方逐渐回归到清醒的现实的务实主义轨道上来。

这一时期俄欧关系合作的进展主要体现在三个领域：经济贸易、能源合作、政治关系。

在经济贸易领域。俄欧贸易与投资发展迅速，双方经济联系进一步加深。通过双边经贸往来，俄罗斯获得了振兴经济所需要的资金和技术，而欧盟则得到了俄罗斯的能源和市场。自2001年起，双方决定建立欧洲统一经济空间，这更加有利于俄欧关系的经贸合作。

自1999年年末2000年年初普京执政以来，俄欧双边贸易总体呈现出快速增长的态势，从1999年的527亿欧元增加到2006年的2133亿欧元，贸易增加了3倍，年增长速度23.4%。[①] 直至2008年俄罗斯经济危机和欧盟主权债务危机的爆发，双边贸易增速才开始下降。

在能源合作领域。能源合作是俄欧关系取得进展的最重要领域，这也是双方建立共同经济空间的重要内容。俄欧能源合作具有坚实基础，双方在能源资源方面存在天然的相互依存关系：从资源禀赋看，俄罗斯能源丰富且有待出口，而欧盟国家大部分能源资源匮乏且需要进口；从地缘位置看，俄欧交通联系条件更为便利，俄罗斯同欧盟部分国家地理相连，能源运输成本相对低廉；从经济发展需要看，俄罗斯需要从欧盟获得能源外汇收入和先进节能技术、环保技术，而欧盟则需要从俄罗斯获得稳定的能源供应以保障经济生活正常运转。甚至可以说，在能源合作领域，俄欧双方是相互依赖、各有所需，形成了能源共同体。

2000年10月，在巴黎举行的第六次俄欧峰会上，双方同意建立一个常规的能源对话机制，普京与欧盟主席普罗迪签署了"俄欧战略性能源伙伴关系协议"，以推动俄欧能源伙伴关系的建立。稍后，欧盟于2000年11月制定《2020年前欧盟能源战略》（绿皮书），此后，俄罗斯政府于

[①] 郑羽，柳丰华：《普京八年：俄罗斯复兴之路》（外交卷），经济管理出版社2008年版，第210页。

2003年5月通过《2020年前俄罗斯能源战略》，无论是欧盟方面的能源战略，还是俄罗斯方面的能源战略，都对双方建立能源合作伙伴关系给予高度重视。

可以说在普京时期，能源合作取得了很大进展。俄欧之间不仅确立了面向21世纪的"能源伙伴关系"，建立了稳定的能源对话机制，而且在实际运作中，俄欧能源合作从早期勘探、研究开发、管道铺设等全面展开。截至2008年，石油天然气贸易已经超过双方贸易总额的60%。[①]

当然，俄欧能源合作既是经济问题，却又不是纯经济问题，它也包含着复杂而深刻的政治意志。俄欧能源合作，一方面深化与丰富了双方政治对话的内容；另一方面也增强了政治合作的复杂性。

在政治领域。俄欧在这一领域的合作关系进一步拓宽，表现在一系列事件上：俄欧结成能源合作伙伴关系、欧盟简化加里宁格勒居民出入境手续、俄罗斯理解并支持欧盟东扩、俄德法三国反对美国发动伊拉克战争、俄欧将建立共同经济空间扩展为建立四个共同空间、欧盟承认俄罗斯是市场经济国家、欧盟支持俄罗斯加入世界贸易组织、欧盟支持俄罗斯现代化计划并结成现代化伙伴关系；等等。

当然这些问题有的较为持久，有的更为短暂；有的较为实在，有的更为虚幻；有的较为明确，有的更为模糊。无论如何，俄欧在这些问题上的对话与合作，反映了双方的善意与妥协。例如，在欧洲的政治与安全问题上开展对话与合作，2000年10月在巴黎举行的第六次俄欧峰会决定加强该领域的合作，这被认为是双方在该领域合作的起点。2001年10月在布鲁塞尔举行的第八次俄欧峰会决定建立欧盟政治安全委员会与俄罗斯驻欧盟大使每月会晤机制、建立欧盟外交与安全事务代表与俄罗斯外长定期会晤机制。此后，俄欧安全领域对话逐步扩展到欧洲独立防务、反恐、朝鲜半岛局势、印巴冲突、巴尔干地区维和与中东局势等近乎所有国际热点问题。

[①] 罗英杰：《利益与矛盾——冷战后俄罗斯与欧盟关系研究》，世界知识出版社2009年版，第195页。

三 普京对欧盟政策所遇到的困难及障碍

俄欧关系,无论是从双方的主观意志来看,还是从双方的客观条件来看,都不可能是一帆风顺的,因为双边关系存在许多分歧与矛盾,所以普京对欧盟的政策必然遇到许多困难及障碍。

俄欧关系的分歧与矛盾反映在如下一系列事件上:2002年10月,欧盟轮值主席国丹麦允许车臣恐怖分子在首都哥本哈根举行"世界车臣大会";2003年10月,霍多尔科夫斯基事件及其欧盟的反应,2003年10月,格鲁吉亚"玫瑰革命",2003年11月,英国为车臣非法武装头目扎卡耶夫提供"政治避难";2004年3月,北约东扩,2004年4月,欧盟东扩,2004年9月,别斯兰恐怖袭击事件,2004年11月,乌克兰"橙色革命";2005年11月,俄罗斯与波兰"牛肉风波";2006年1月,俄罗斯与乌克兰"断气风波";2007年1月,俄罗斯与白俄罗斯"能源争端",2007年1月,欧盟出台新能源战略,2007年4月,爱沙尼亚撤除首都的"第二次世界大战"苏军纪念碑,2007年6月,俄罗斯表示反对在联合国安理会通过允许科索沃独立的议案,2007年11月,普京批准暂停执行《欧洲常规武装力量条约》,2007年12月,欧盟批评俄罗斯杜马选举不符合欧洲标准;2008年8月,俄罗斯与格鲁吉亚"七日战争";2009年,欧盟出台"东部伙伴计划";等等。

这些涉及俄欧关系的事件,有的是旧的,有的是新的;有的是表面形式上的,有的是深层结构性的;有的是临时性的,有的是持久性的;有的涉及经济利益,有的关乎价值观;有的可以化解,有的不可能化解。所以可以说,大致从普京总统第二任期开始,他对欧盟的政策所遇到的种种困难及障碍,是难以继续扩大和深化双方的合作空间的。

鉴于俄罗斯国内政治秩序稳定,经济快速增长,国力明显提升,普京对欧盟的政策也不再像叶利钦时期那样低眉顺眼,亦步亦趋,而是表现出更多的自主性和独立性。普京不仅要借助欧盟的力量抑制美国的单边主义做法,而且还要同欧盟争夺在大欧洲事务中的影响力,维护俄罗斯对独联体地区的影响力,特别是不能接受欧盟对这一地区的渗透。所以,在俄欧关系中,欧洲地缘政治和地缘经济现实的影响是不能忽视的。有欧洲学者指出:"从地缘经济学和促进俄罗斯发展的目标着眼,俄罗斯的欧洲政策是再好理解不过了。"①

可是,普京对欧盟的政策所遇到的困难是多种多样的,障碍也是巨大的。多种多样的困难在于双方战略定位不同、双方发展道路及模式差异、双方能源合作中的冲突、双方各自的外部与内部的变化;巨大的障碍却表现在这是俄罗斯一国对决欧盟国家集团,或者说,是以俄罗斯为主导的欧亚联盟对决欧盟美国跨大西洋联盟。

第四节 欧盟对俄罗斯的政策

如果说 20 世纪 90 年代欧洲共同体领袖国家的政治家们对于俄罗斯还抱有一种宽容性接纳的态度,例如密特朗、科尔,包括施罗德,他们或者是出于答谢戈尔巴乔夫和叶利钦撤出东欧的"贡献",或者是出于谋求欧洲自主性的考虑。那么进入 21 世纪,欧盟内部的政治生态已经发生很大改变,此时欧盟领袖国家的政治家们对于俄罗斯的态度越来越带有排斥性,例如默克尔、萨科奇,他们更多地在乎价值观,有意与俄罗斯拉开距离、保持疏远,特别是欧盟新成员带有强烈的反俄倾向。所以,俄欧关系分歧凸显,争夺乃至对抗在所难免。

一 欧洲联合的思想

当论及"欧洲联合"现象之时,我们应该指出一个重要事实,即欧洲联合思想并非只是 20 世纪后半期欧洲开始经济一体化时的产物。这一思想出现得很早,早在 16 世纪初,埃尔兹姆·鲁热蒙就阐述过这一思想。② 此后这一思想在其他著名思想家、学者、哲学家、政治家和作家的各种计划与方案里得到发挥。例如,"欧洲联合"思想在埃梅里克·克留斯的著述和休利公爵(17 世纪)的"伟大计划"里,在乌利亚姆·比恩和沙尔·圣皮埃尔(18 世纪)的欧洲方案之中都是重要依据。19 世纪的欧洲主义思想与普遍主义和世界主义思想同时发展。在这一时期,"欧洲

---

① Debra Johnson and Paul Robinson (ed.): *Pespecitives on EU-Rossia Relations*, London and New York: Routledge, 2005, p.42.

② Denis de Rougemont, *The idea of Europe*, New York: Macmillan, 1966, p.86.

联邦"口号获得一定的传播和流行。例如,法国伟大作家维克多·雨果在 1849 年巴黎和平会议上所做的演讲中就发挥了这一思想。很显然,他认为俄罗斯是欧洲和平繁荣不可或缺的参与者。在 20 世纪初,建立"欧洲联邦"思想重新开始流行,比如列宁在自己著述中赞同这一思想。

很明显,对于欧洲共同体而言,确实在客观上是存在着自然与历史的前提条件的。这是由于欧洲领土相对紧凑而形成的地缘因素,特别是西欧部分,例如与亚洲和其他大陆相比较而言,欧洲地区平原居多,没有高山阻隔,还有河流易于通航。可是这些原本是优势的条件却给欧洲国家带来负面后果,即容易受到外部敌人的入侵。由此历史上部落之间的封闭性很早就削弱并消失了,出现了部落之间的联系,联合了不同部落民族的国家共同体经历了产生、消失和再产生的命运,与此同时,国家边界也发生了相应变动。所以欧洲人形成典型的特征:"高度的灵活性,相对的开放性,热衷于民族之间的接触,喜好接受他人的经验。"①

这样,欧洲事实上从未成为一个民族的和政治的统一体,只是在其历史发展早期周期性地出现过"并非货真价实的国家实体",只是由于人为地联合了局部地区,诸如南欧、西欧和中欧地区的国家:古罗马帝国(公元前 1—4 世纪),卡洛林王朝的法兰克帝国(9 世纪)和德意志或神圣罗马帝国。可是很明显,欧洲主义的精神源泉具有重要而伟大的意义,它把欧洲视为一个独特的地区,并以此用自己的欧洲方式或文明方式来影响世界。

但是,欧洲联合的这些美好思想实际上长期以来遭遇到欧洲严酷现实的嘲讽,在这里,王朝的纷争,宗教与民族的敌意、仇视、冲突与战争,永不消停。丘吉尔非常深刻地阐述了这一点,他说欧洲是"世界上纷争最多的地区",也是"基督教信仰和基督教伦理道德的发源地",同时又是"大多数文化、艺术、哲学和科学的故乡"。丘吉尔在列举了一系列可怕的民族纷争是欧洲悲剧的原因之后,他警告说欧洲的覆灭与被奴役将会使它退回到"野蛮与贫穷的中世纪"②。当然,也不能认为今日的欧洲就

---

① Ю. А. Борко, От европейской идеи—к единой Европе. М., 2003, C. 45.

② Churchill W, A Speech at Zurich University, 19 September 1946//Brugmans H. L'idee europeenne, 1920—1970, Bruges, 1970. p. 373.

是民族间关系和谐的理想样板，在这里依然存在自己的问题和矛盾，但是它们的尖锐程度与过去相比在整体上缓和了许多。

实际上，欧洲联合思想的实现只是在20世纪50年代后半期，这时它走上了国际经济一体化道路。可以认为，正是从此时开始，欧洲从民族对抗转向了"欧洲团结"。

二 欧盟对俄罗斯政策的战略考虑

对于欧洲共同体及后来的欧盟而言，冷战结束是一个历史机遇——通过推进经济政治一体化进程，增强欧洲的自主性和独立性，既要维护欧洲与美国的大西洋联盟，也不愿意过分依赖美国。这是欧盟的基本战略考虑。出于这种考虑，欧盟是愿意同俄罗斯开展合作及联合的，建立欧洲共同经济空间，甚至扩大至建立欧洲四个共同空间，这里当然包括俄罗斯。

欧盟与俄罗斯的合作、接近的思想反映在许多文件的术语里，诸如"全欧洲大厦"（戈尔巴乔夫），"西欧和东欧邦联"（密特朗），"同心圆的欧洲"（德洛尔），这都是些区域性术语。正如"基督教文明""欧洲福利"等的概念。在21世纪已经出现了"大欧洲""和睦的欧洲"等术语。所有这些术语和概念都是基于欧洲社会生活各个领域一体化的客观进程。虽然欧盟的东方战略继承了20世纪末战略方式的主要原则，但是其中还是表现出了新的因素——政治的、经济的和地缘战略的特点。正如宾德尔所指出的那样，2003年欧盟对俄罗斯共同战略规定了"高层政治对话"，要建立"基于法治国家原则和维持繁荣市场经济的俄罗斯稳定和公开及多元化民主"。他同时强调，俄罗斯成为新欧洲秩序形成与稳定的因素，据此他呼吁为了保障欧洲稳定和促进世界安全以及回应整个大陆的共同呼声，必须同俄罗斯积极展开合作。[①]

建立欧洲共同经济空间的思想形成于2001年5月，在圣彼得堡的俄欧峰会上，欧洲委员会主席普罗迪提出建立共同欧洲经济空间思想，并得到俄罗斯领导人的支持。这一思想是欧盟分析与预测中心事先做过详细论证的，是响应了时代的呼声：因为出现了重大的地缘政治与地缘经济变

---

① Дж. И. Пиндер., Ю. Шишков. Евросоюз и Россия: Перспективы партнерства. М., 2003, С. 155.

化、美国"新的霸权主义"、全球化条件下的科学技术革命的现实要求、欧洲出现的社会变化。可以说,普罗迪提出的思想是欧盟传统东方战略的结果,只是考虑到 21 世纪初的特点而已。在这种情形之下,正如过去那样,这一思想的深刻含义在于想要克服欧洲西部和东部的分隔,同时在基于欧洲价值观(西欧的)之上"开发"欧洲东部的经济与文明空间。尽管存在上述情况,可是普罗迪提出的欧洲共同经济空间思想还具有基础性的深刻内容,因为它反映了两个巨大地缘空间接近的历史、现实和未来前景。重要的是,这个理念赋予了俄欧战略伙伴新的推动力,提升这两个区域发展的竞争力和地缘政治意义,以及无论是欧盟还是俄罗斯在"大欧洲"或者联合的欧洲之中的作用。

在 2003 年 9 月的圣彼得堡峰会上,共同欧洲经济空间的构想具体化为"空间体系"思想,而共同欧洲经济空间概念得到扩展性解释。开始讨论四个空间——共同经济空间;共同自由、法律和内部安全空间;外部安全空间;共同科学与教育及文化空间。正如戈卢哈廖夫指出的那样,"空间体系——这不是静止的结构,而是一种具有自身经济基础和政治逻辑的进程,它是多维度的进程:经济、政治、地缘政治和文明"。建立四个共同空间将是一种长期而复杂、矛盾而妥协的进程。的确,欧盟基于西欧文明而发展,而俄罗斯则基于欧亚文明而发展,在这里,穆斯林因素具有非同一般的意义。由于这个缘故,"四个空间"体系不可避免地包括多种文明。它的变化将取决于精神道德因素,因为宽容和共同的世界观将是合作和解决冲突的最重要因素。①

三 欧盟对俄罗斯政策的变化

如果说 20 世纪 90 年代欧盟对俄罗斯的政策还有较多的包容性,那么进入 21 世纪,欧盟对俄罗斯的政策具有更多的排斥性。欧盟方面排斥俄罗斯的行为,不能简单地看作一系列事件的偶然巧合,甚至不能看作欧盟成员国分头行动和同时发起的战役,而应该看作一种统一的战略,即要谋求势力范围的最大化。

---

① Под ред. Л. И. Глухарева. Европа перемен: концепции и стратегии интеграционных процессов. М., 2006, С. 144—149.

欧盟方面对于普京总统的言行越来越不认可，或者是持批评态度，或者是完全否定，例如对于"苏联的崩溃是20世纪最大的地缘政治灾难"的评价①、对于普京的强国战略、对于普京的"欧亚联盟"主张等等。欧盟方面认为，俄罗斯正在努力以一个对抗性角色回到国际舞台，仍然是一个颇具"帝国野心"的国家。在欧盟的心目中，普京和他复兴的俄罗斯与叶卡捷琳娜二世的俄罗斯帝国并无二致，民主对于俄罗斯来说只是一件"薄薄的外衣"②。

欧盟主张同俄罗斯合作及联合，这是没有疑问的。但是，对于欧盟而言，有一点是不容置疑和讨论的，即欧盟与俄罗斯的这种合作关系乃至联合在四个共同空间里，必须要由欧盟主导，必须要按照欧盟的标准进行。欧盟决不允许俄罗斯谋求平起平坐的地位，更不能凌驾于欧盟之上。如果表述得更具体一些，就是在未来大欧洲事务中，由欧盟主导经济政治一体化进程，由欧盟北约主导安全事务，在这里，在未来，没有俄罗斯主导的欧亚联盟的位置，也没有俄罗斯主导的独联体集体安全条约组织的位置。

在欧盟看来，如果俄罗斯再度成为世界大国，西方赢得冷战胜利的成果会大打折扣。所以，为了遏制俄罗斯重新崛起，欧盟借助冷战时期的大西洋联盟稳步地向东推进，不断加强地缘政治扩张。欧盟北约实际上达到了史无前例的程度，不仅已经把苏联的东欧盟国吸纳进来，而且正在准备要把苏联的加盟共和国——俄罗斯的邻国乌克兰、摩尔多瓦、白俄罗斯、格鲁吉亚、阿塞拜疆、亚美尼亚六国也吸纳进来，还要把势力伸向遥远的中亚地区。欧盟的这种无节制的向东政策与俄罗斯的政治经济安全利益发生了尖锐对立。所以说，欧盟与俄罗斯分歧及冲突无法避免。2014年爆发乌克兰危机就是在这种背景之下发生的，欧盟借此在7月底发起了对俄罗斯的经济制裁，而且制裁一再延长，在2015年7月宣布延长制裁至2016年1月，在12月再次宣布将制裁延长至2016年7月31日。

可见，国家间要保持一种较为合理而又有节制的关系是极其困难的。普京的"融入欧洲""大欧洲"思想，决不意味着要使俄罗斯融化在欧盟

---

① 《2005年致联邦会议的国情咨文》，《普京文集》（2002—2008），中国社会科学出版社2008年版，第180页。

② Jay Winik, "Vladimir the Great?", *The Washington Post*, Sep. 2, 2007.

当中失去自我而完全听命于布鲁塞尔，而是主张这个从里斯本到符拉迪沃斯托克之间的"大欧洲"由两个相互支撑的"立柱"组成：西部的欧洲联盟和东部的欧亚联盟。从俄罗斯方面来看，这个设想并不过分，而且非常有价值①，可是欧盟方面却不能接受。

当然，我们也看到，欧盟要实施一种共同的对俄政策，内部协调实属不易。例如，在经济制裁俄罗斯问题上，欧盟内部就制裁强度与范围存在分歧。2015年12月，欧盟本年度最后一次峰会，意大利总理伦齐严厉批评德国为确保本国能源安全而修建与俄罗斯之间的"北溪—2"管道项目，却同时向别国施压支持因乌克兰问题对俄制裁。更何况2015年，欧盟因遭受债务危机、难民拥入和巴黎恐怖袭击的多重困难而导致了内部分歧的增多。

---

① Б. Ф. Ключников, Большая Европа Владимира Путина. М., 2013, С. 30.

第四章

俄罗斯与欧盟的合作构想

俄欧关系得益于叶利钦时期奠定的法律基础与合作机制，在普京时期继续得以发展与深化。普京时期俄欧关系发展的主要标志就是双方之间达成了新的合作构想：2001年，俄欧宣布建立共同经济空间，并于2004年拓展为建立四个共同空间，最终在2005年通过建立四个共同空间的"路线图"；2009年，梅德韦杰夫总统提出俄罗斯现代化计划，欧盟给予积极回应，双方结成现代化伙伴关系。它们为双边关系提出和设定了新的议程，促使双边关系朝着这类构想设定的议程及方向去发展。俄欧之间的合作机制建设，无疑是有助于推动双方关系的合作与发展的。我们可以通过俄欧合作构想及其相关机制的建立，更多地了解双方合作领域的广度与深度以及相关方式。

第一节 俄欧四个共同空间

普京执政以来，俄罗斯积极发展与欧盟以及欧盟主要成员国法国、德国、意大利的合作关系，俄欧经济合作日益增多，势头看好。在这种背景之下，俄欧提出建立四个共同空间的目标及其行动路线图。这为双边关系的发展规划了一个中期的行动议程。至于四个共同空间能否实现或实现到何种程度，这将受制于诸多因素。但是至少可以透过俄欧提出建立四个共同空间这一目标，发现双方合作的愿景是什么。

一 四个共同空间的提出

普京执政后，俄欧在寻求合作新途径方面取得了很大进展。在俄欧双方提出的一系列促进合作的重大建议中，将建立俄欧共同经济空间拓展为建立四个共同空间的计划占有显著的位置。该计划反映出双方的合作在进一步深化。

根据俄罗斯学者的分析，欧盟委员会时任主席普罗迪于2001年5月在莫斯科举行的俄欧第七届峰会上首先提出在未来10年内建设"欧洲共同经济空间"的目标。俄罗斯总统积极回应这一建议，并且强调俄罗斯愿意同欧盟进行更紧密的经济合作。普京于2001年7月2日在欢迎希拉克及夫人的午宴上的讲话中指出："我们应该永远摒弃'冷战'偏见，在欧洲历史和文化一致性的牢固基础上构建统一的经济和法律空间，为欧洲文明的和谐发展创造条件的空间，就共同的政治、社会和国防利益达成共识的空间。"① 普京在2002年《国情咨文》中再次强调："我认为今天有必要再次坚定地表示我们在欧洲的优先方面。在欧洲，无论我国的一贯立场，还是与欧洲众多具体的一体化步骤都显而易见。我们将继续积极地做欧盟的工作，以便形成统一的经济空间。"②

2001年10月，在布鲁塞尔举行的俄欧第八届峰会上，双方都同意建立共同高层小组来制定共同经济空间概念。其中，俄欧共同经济空间概念的出发点是俄罗斯与欧盟在地理上相邻，具有互补的经济结构和资源，以及都会对今后的经济一体化抱有浓厚的兴趣。现有形式的"概念"使得俄罗斯与欧盟经济一体化在模式上有可能采取灵活的立场。

2003年5月，在圣彼得堡举行的俄欧第十一届峰会上，双方决定将"共同经济空间"的范围予以拓展，提出建立俄欧"四个共同空间"，即共同经济空间，共同自由、安全和司法空间（内部安全空间），共同外部安全空间，共同科教文化空间（人文空间）。③ 此后，双方为此展开谈判。

2004年，欧盟委员会向俄罗斯提出了"行动计划"建议。该文件完全建立在共同空间概念的基础上，确定了共同空间的目标及其相应的实施

---

① 《摒弃"冷战"偏见，构建欧洲统一的经济、法律空间》，《普京文集》，中国社会科学出版社2002年版，第368页。

② 《向俄罗斯联邦会议提交的2002年国情咨文》，《普京文集》，中国社会科学出版社2002年版，第622页。

③ EU, EU/Russia: The Rour "Common Spaces", MEMO/05/103, March 18, 2005.

措施。① 更为重要的是该文件综合地包含了所有四个共同空间的内容。

在双方经过多轮谈判后，原拟定于2004年11月在海牙举行的俄欧第十四届峰会上签署正式文件，但是由于存在诸如俄罗斯公民前往欧盟签证、非法移民遣返和欧盟航空公司飞机飞越西伯利亚领空等问题，谈判难以取得进展，正式文件的签署被迫推迟。

后经过继续谈判，2005年5月，在莫斯科举行的俄欧第十五届峰会上，双方最终签署了有关建立俄欧四个共同空间的"路线图"一揽子文件。它要为俄欧经济一体化逐步奠定基础。在四个共同空间中，双方应实现货物、劳务、资本和人员流动"自由"。这个计划的覆盖面极其广泛，涵盖了经济、安全、司法、文教等领域，可以说是一个非常宏伟而庞大的合作框架。

二 四个共同空间的主要内容

2005年5月10日，在莫斯科举行的俄欧第十五届峰会上，正式通过了四个共同空间"路线图"一揽子文件。俄罗斯总统普京、欧盟轮值主席国卢森堡首相容克、欧盟委员会主席巴罗佐、欧盟外交与安全事务最高代表索拉纳共同出席签字仪式，见证了这一历史时刻。我们可以通过对文件文本的分析，了解四个共同空间的主要内容。②

（一）关于四个共同空间"路线图"文件内容的设计与安排

1. 关于共同经济空间"路线图"

为稳定的经济增长而创造条件。

（1）经济贸易合作的共同问题

1.1 关于工业产品领域调整问题（标准化，技术调整和相关评估程序）的对话

1.2 国家采购

1.3 知识所有权的法律

---

① Винокуров Е., Проблемы создания общего экономического пространства ЕС—России, 《Мировая Экономика и Международные Отношения》, 2006, No. 3, C. 30—31.

② Под ред. С. А. Караганова и И. Ю. Юргенса, РОССИЯ VS ЕВРОПА ПРОТИВОСТОЯНИЕ ИЛИ СОЮЗ. М., 2009, C. 315—383.

第四章 俄罗斯与欧盟的合作构想

1.4 竞争

1.5 投资

1.6 企业经营领域的政策与经济对话

1.7 区域之间和邻近区域的合作

1.8 金融服务（银行业，保险业和评估业）

1.9 会计报表/审计与统计

1.10 农业，林业，渔业，防疫及植物防疫措施

（2）贸易和海关协助

（3）网络：电信网络和交通网络

3.1 电信网，信息网，电力贸易

3.2 交通网络

（4）能源

（5）宇航

（6）环境

2. 关于共同自由、安全和司法空间"路线图"

（1）自由

（2）安全

（3）司法

（4）协调机制

3. 关于共同外部安全空间"路线图"

（1）加强在国际舞台上的对话与合作

（2）反对恐怖主义

（3）不扩散大规模杀伤性武器，不提供为获取它的任何手段，加强武器出口监管

（4）危机调解领域的合作

（5）公民保护领域的合作

4. 关于共同科学与教育及文化空间

（1）研究，科学和技术工艺

（2）教育

（3）文化

(二) 共同经济空间

从"路线图"文件所涉及与安排的内容来看,共同经济空间,这是四个共同空间的核心,安排的内容共有6大类,其中第1大类包含10个小项,第3大类包含2个小项。①

文件开宗明义,是为稳定的经济增长而创造条件。文件表示,2003年5月在圣彼得堡峰会上双方联合声明中所达成的协议,并在2003年11月罗马峰会上得到进一步确认,要基于共同欧洲经济空间概念加强合作以便建立共同经济空间。在这份文件中,双方确认,共同经济空间将涉及广泛领域,包括电信、交通、能源、宇航、环境保护。

共同经济空间的总目标,是在俄罗斯和欧盟之间建立开放的和一体化的市场。任务包括创造各种条件以便于促进经济活动广泛展开,促进贸易和投资的发展,基于互利原则而相互保护公司的创建及经营活动,加强能源、交通、农业、环保领域的合作,加强经济合作和改革进程,在基于合法、透明及有效管理并遵循俄罗斯和欧盟的工业界圆桌会议框架内对话原则以提高欧盟和俄罗斯经济体的竞争力,在共同经济空间框架内可以在区域组织和区域倡议的基础上开展和尝试一些试点工作,诸如波罗的海国家委员会②、"北方领域"③。

(三) 共同自由、安全及司法空间

从"路线图"文件所涉及与安排的内容看,共同自由、安全和司法空间包括4大类,这里所讲的安全是指共同空间的内部安全。可以看出,这里安排的内容较少,可是在实施过程中一定存在较多的困难。文件序言以较大的篇幅阐述建立这一共同空间的来龙去脉,而且设置了诸多条件及标准。

文件认为,在2003年5月的圣彼得堡峰会上达成了有关加强合作以

---

① Под ред С. А. Караганова и И. Ю. Юргенса, РОССИЯ VS ЕВРОПА. ПРОТИВОСТОЯНИЕ ИЛИ СОЮЗ? М., 2009, С. 317—318.

② 1992年3月,在德国和丹麦的倡议下,波罗的海沿岸10国在哥本哈根举行会议,成立波罗的海国家委员会,意在加强该区域国家的合作。它们是丹麦、德国、瑞典、芬兰、挪威、爱沙尼亚、拉脱维亚、立陶宛、俄罗斯、波兰。

③ 这是欧盟提出并实施的一项包括欧盟以北国家、俄罗斯和北欧的候选国在内的地区合作计划。

便在未来建立自由、安全及司法共同空间的协议。这个共同空间大致包括三方面的内容。

第一,在联合声明中指出,要在司法和内务领域开展更紧密的合作,这包括边界和移民管理问题,将致力于建立没有分割线的新欧洲以及促进在所有欧洲国家之间的旅行。

在这里,同时还通过决议,要研究在未来的免签旅行的条件,按时解决有关启动行政手段协议的谈判,并有助于在申根协议框架内更好地利用现有的灵活性可能性。

在圣彼得堡峰会声明中再次确认,双方致力于进一步巩固基于共同价值观的战略伙伴关系。双方加强合作要通过履行国际义务、遵守法律原则,包括抵制任何形式的偏执和种族主义,在俄罗斯和欧盟国家里要尊重人权,包括移民和少数民族,要尊重协定及国际公约有关保护人权和基本自由以及消除各种形式种族歧视而确定的基本权利与自由,俄欧要完全利用双方合作的潜力。

第二,俄欧双方表现出极大兴趣以加强自由、安全及司法领域的合作,目的在于应对来自有组织犯罪、恐怖主义及其他形式的跨境非法活动的共同威胁。

文件认为,俄欧在自由、安全及司法领域的合作已经取得足够进展,并且开始有重要因素来发展双方战略伙伴关系。例如,由于建立人权问题包括少数人士权利与基本自由的定期咨询会议而取得了进步。俄欧关系建立在共同价值观之上,双方的这一合作应该在安全和司法及自由之间表现出必要的平衡。俄欧要研究多种可能性以便发展在相关国际方式框架内反对非法活动的合作。反对有组织犯罪问题的共同行动计划,仍然是双方在反对有组织犯罪方面进行合作的基础。

第三,该"路线图"确定一系列经双方协商的任务和短中期合作的领域。俄欧建立共同自由、安全及司法空间的一般原则在于伙伴之间平等和相互尊重利益;尊崇共同价值观,特别是民主与法治,公开有效地实行独立司法体制;尊重人权,包括少数民族,特别是要切实履行联合国和欧洲委员会以及欧洲安全与合作组织所确认的相关义务;尊重和履行公认的原则与国际法准则；尊重基本自由，包括保障新闻媒体独立及自由。①

（四）共同外部安全空间

关于共同外部安全空间"路线图"，文件所涉及的内容包括了 5 大类。文件的宗旨部分篇幅较长，详细阐述了俄欧对于国际形势与地区形势的立场，其中这样讲到，俄欧认为有责任争取基于有成效的多极化的国际秩序。为此双方将开展合作以便加强联合国的核心作用，支持联合国有成效地履行自己的职能和开展活动，同时保障相关国际组织和地区组织的作用与活动，特别是欧洲安全组织和欧洲委员会，保障那些给建立更公正更安全世界做出重要贡献的体制与条约发挥作用。

俄欧将在安全和危机调解问题上加强合作，以便应对当前全球性和区域性挑战及主要威胁，特别是恐怖主义、大规模杀伤性武器扩散、现有的与潜在的地区和局部冲突。俄欧特别关注要保障国际稳定，包括邻近俄罗斯和欧盟边境的地区。

俄欧承认，双方参与其中并基于主权国家决定的地区合作和一体化进程在巩固安全和稳定中发挥着重要作用。双方同意，要采取互利方式并借助朝着俄欧紧密合作与对话的途径而积极推动这些进程，并借此有效地推动形成"一个没有分界线和建立在共同价值观之上的大欧洲"②。

俄欧赞同在赫尔辛基最终文件中，同时在《伙伴关系与合作协定》以及其他相关国际文件中所确认的这些共同价值观。特别是要遵守国际法，这里包括民主原则和少数民族在内的人权，同时还有平等与互利原则。俄欧致力于防止那些容易激起种族主义、种族歧视、排外行为以及与此相关联的偏执行为到处扩散。俄欧合作将致力于巩固符合联合国宪章的国际和平与稳定，建立有利的外部条件以便保障俄罗斯和欧盟的稳定与繁荣。

（五）共同科学与教育及文化空间

关于共同科学与教育及文化空间"路线图"，文件中涉及的内容有 3

---

① Под ред. С. А. Караганова и И. Ю. Юргенса, РОССИЯ VS ЕВРОПА. ПРОТИВОСТОЯНИЕ ИЛИ СОЮЗ？ М.，2009，С. 343.

② Под ред. С. А. Караганова и И. Ю. Юргенса, РОССИЯ VS ЕВРОПА. ПРОТИВОСТОЯНИЕ ИЛИ СОЮЗ？ М.，2009，С. 361.

大类。文件讲到，在 2003 年 5 月的圣彼得堡峰会上达成有关为建立科学和教育及文化空间而加强合作的协议。这应该有助于促进开展人员之间的联系，推动共同价值观，提升俄欧双方经济体的竞争力。

该"路线图"的宗旨在于利用俄欧丰富的智力资源和现有知识以促进经济增长，提升俄欧经济体的竞争力。为此，要积极开展教育和文化领域的交流，促进青年人之间的交流，同时要在该领域促进出台和开展最好的实践项目。

俄欧促进发展在科学研究领域里富有成果的合作：早在 2002 年就通过了促进俄罗斯和欧洲委员会在科学与技术领域合作的行动计划，2003 年恢复了有关科学与技术领域的合作协议。通过利用研究及技术发展的第 6 环线天线纲要，为俄罗斯学者和研究者提供更多机会参与欧盟资助项目。

在教育领域，俄罗斯已经开始参与欧洲的高等教育空间，不久前参与欧盟有关的实施纲要，欧盟的促进纲要也为扩大合作开辟了道路。俄罗斯参与者同样在欧盟的《青年》纲要规划中发挥作用，这一纲要旨在促进在青年人之间、青年领袖之间和青年组织之间开展交流和跨文化对话。

在文化领域，采取具有建设性的方式促进俄罗斯和扩大后欧盟之间的文化合作，开展有创造性的文化活动，提高居民的文化修养，展开文化艺术普及和跨文化对话，深入了解欧洲各民族居民的文化与历史。在基于共同价值观，包括自由表达、媒体民主职能，遵守人权，推动文化及语言多样性的条件下促进欧洲的一致性，以此为建立无分界线的欧洲公民社会生命力的基础。[①]

三 关于四个共同空间"路线图"的积极意义与实施困难

从四个共同空间的内容看，俄欧合作的广度与深度大为扩展和加深。双方签署"路线图"一揽子文件说明开始进入实施阶段。

首先我们要对"路线图"的积极意义给予足够的评价，它表现在以下方面：该计划有助于建设统一大欧洲，这说明无论从实际需要还是从感

---

① Под ред. С. А. Караганова и И. Ю. Юргенса, РОССИЯ VS ЕВРОПА. ПРОТИВОСТОЯНИЕ ИЛИ СОЮЗ? М., 2009, С. 382.

情意愿出发，俄欧双方确实都想加深合作，并且为世人展示未来统一欧洲的前景。以四个共同空间为核心的"路线图"，要比戈尔巴乔夫的"欧洲共同大厦"和叶利钦的"大欧洲"更加细化、更加明晰。"路线图"文件的出台，这既是近些年来双方合作深化的结果，也为今后双方合作确定了方向和领域。

可是与此同时，我们也要看到"路线图"计划的实施存在着诸多真实的有些甚至是无法克服和逾越的障碍，它们主要表现在以下方面："路线图"计划只是一个表达俄欧双方政治意愿的双边文件，也就是说它只是一个远景式展望性的计划或规划，本身不具有法律强制效力。因为"路线图"文件本身不需要双方立法机构——议会的批准，能否落实和得到执行也不受相关机构的监督，这一点就决定了它在实际操作过程中会面临许多困难，而且还无法克服这些困难。此为其一；其二，"路线图"文件的出台并不能掩盖俄欧之间长期存在的深刻矛盾，即在建设统一欧洲或大欧洲的过程中，要使用谁的标准和规则，以及在未来建成后的统一欧洲或大欧洲里，谁是主角谁是配角？这是无论如何也绕不过去的根本性问题。建设统一欧洲或大欧洲，当然是好事情，是一项欧洲人梦寐以求的伟大事业，可是由谁主导并从中获得更大利益？一触及这个问题，困难就多了。在这里答案是非常明确的，俄欧都想掌握主导权，所以双方争夺是不可避免的。俄欧在战略利益、现实利益和价值观方面都存在严重分歧。

第二节 俄欧现代化联盟

2008年3月，俄罗斯总统换届选举，梅德韦杰夫当选总统，普京被任命为政府总理。2009年5月，新总统提出使国家实现"经济和社会全面现代化"的思想与任务，并随后在11月的《国情咨文》中就此做出全面部署。欧盟方面积极回应梅德韦杰夫提出的这一计划。双方于2010年6月在第二十五届俄欧峰会上正式结成"现代化伙伴关系"。虽然由于多种原因，俄罗斯现代化计划正如普京在2012年1月所承认的"迄今没有实现突破"，可是，我们能够发现俄欧双方开展合作的意愿及其所做的努力。

一　俄罗斯"全面现代化"战略的提出

2009年5月，梅德韦杰夫提出俄罗斯现代化计划，这既是作为应对2008年爆发经济危机而采取的反危机举措之一，也是一项旨在克服俄罗斯落后面貌的宏伟的改革计划。

2008年在世界经济和俄罗斯经济史上具有特殊地位，上半年俄罗斯和其他主要新兴市场国家对于经济高涨还是充满信心的，下半年就开始出现经济萎缩。2008年年初几个月，当"金砖四国"保持经济高速增长而危机却在欧洲国家蔓延时，出现一种流行观点，认为新兴市场国家可以充当遏制危机并能将发达国家从衰退中解救出来的"引擎"；到八九月，人们开始看到金融危机蔓延到实体经济和全世界主要经济体中，许多国家不久前还为自己的成就自豪，此时开始变得不稳定，经济前景暗淡下来。

俄罗斯2008年冰火两重天的戏剧性变化表现得尤为突出，上半年出口产品价格持续走高，世界金融市场仍有大量廉价资金，下半年出口产品价格下跌，国际市场上廉价金融资源消失。实际上，俄罗斯高层对于2008年经济危机的最初反应是估计严重不足。年初几个月，精英人士喜欢的话题之一是讨论"普京计划"（即2020年国家发展前景问题）到2020年俄GDP在世界排位是第五还是第六。即使到了9月中旬，普京在接受法国《费加罗报》采访时还说："美欧受累于次贷危机和流动性不足，俄罗斯既没有次贷危机，也没有流动性紧缺，而且今后也不会有，因为俄经济增长率一直维持在高水平，而且我们在经济领域认识清醒。"

这场来势凶猛的世界经济危机对俄罗斯经济造成严重影响。首先，经济危机带来的直接冲击。从时间上看，2008年是俄经济形势最复杂的一年，上半年还是经济形势表现良好，下半年形势急转而下；2009年是俄经济最困难的一年。从范围上看，经济危机的影响是多方面的，不仅直接冲击到虚拟经济，而且还冲击到实体经济，甚至影响到社会领域。其次，经济危机带来的间接影响，即俄2020年发展战略难以实现。这次经济危机彻底打乱了俄罗斯的战略部署，它的经济发展的基本条件有了很大变化。从时间上看，俄领导人预测俄经济危机将持续3年，2009年是俄经济最困难的一年，2010年和2011年将是萧条年。这样一来，俄2020年发展战略所规划的目标难以实现,俄罗斯重新崛起的势头必将受挫,致力于以创新经济为主要目标的经济结构调整步伐也将放慢。

同时,这场经济危机彻底暴露了俄罗斯现有发展模式的缺陷及弊病,以及俄罗斯经济体的深层次结构性问题,即俄罗斯经济体的结构性缺陷,即宏观经济形势,预算盈余,消费与就业全都过度依赖出口产品在世界市场的价格走势。据2008年上半年统计,能源原料产品出口份额达到70.5%。[1] 当世界经济高速增长时,带动出口产品数量大幅增加,价格持续走高,俄经济跟着高涨。"石油诅咒"的直接后果就是投资活动从生产领域转向流通领域,高附加值工业制造品在萎缩,低附加值能源原材料出口行业则欣欣向荣,并成为经济体的基础。俄国内商界对经济发展前景看好,出口收入很大部分返回国内。由于出口品国际价格大幅上涨,出口企业开始大量投资相关行业,首先是那些用于开采和加工碳氢化合物相关的机械设备、交通运输设备、轧材、大口径管材的生产部门。与此同时,与出口行业相关的服务业也跟着繁荣起来,最近几年已经有超过2/3的国内生产总值来自这类服务业。

于是就有了"全面现代化"战略的提出。[2] 如果以梅德韦杰夫于2009年9月在个人网站上撰写的题为"前进,俄罗斯!"一文为起点,此后有密集的一系列活动,为实施这一战略而进行部署。在梅德韦杰夫看来,要使现代化伙伴关系成为俄欧关系的核心,而欧盟及其成员也给予积极回应。

2009年11月,在斯德哥尔摩举行的俄欧第二十四届峰会上,梅德韦杰夫首次提出俄欧建立现代化伙伴关系的倡议,得到了欧盟方面的积极响应,于是梅德韦杰夫和欧盟委员会主席巴罗佐双方宣布建立俄欧现代化伙伴关系的设想。此次峰会后,欧盟很快向俄方提出了10点行动计划。俄经济发展部针对欧盟的现代计划提出联合计划文件。2009年11月,在《国情咨文》中明确要求外交部制定外交为现代化服务的具体方案。2010年6月,在罗斯托夫举行的俄欧第二十五届峰会上双方宣布启动现代化伙

---

[1] Платежный баланс Российской федерации за январь—июнь 2008 г . Основные агрегаты. Детализированные компоненты //Вестник Банка России, 2008, No. 64—65.

[2] Медведев Д. А., "Послание президента РФ", 24 ноября 2009 года, http://www.kremlin.ru/news/5613.

伴关系的倡议。2010年7月，在俄驻外使节会议上郑重提出了外交要为经济现代化服务的任务。他明确指出，俄罗斯要同德国、法国、意大利、欧盟和美国结成特殊的现代化联盟。

二　俄欧现代化伙伴关系的主要内容

关于俄欧现代化伙伴关系的主要内容，可以透过双方在罗斯托夫峰会后发布的联合声明看出大致轮廓及合作深度。

在联合声明中双方表示，俄欧宣布致力于"增加双方贸易和投资、促进世界经济自由化和增强竞争力"。联合声明指出，双方启动现代化伙伴关系符合双方公民的共同利益。在当今世界上，人与人以及经济体之间的相互联系和相互依存越来越密切，这种现实需要使我们的经济和生活实现现代化越来越重要，而且在增加双边贸易和投资机会、实现全球贸易便利化和自由化以及加强和发展合作等方面，俄欧双方具有共同利益。

俄欧联合声明规定了现代化伙伴关系的基本性质及努力方向是推动改革、促进增长以及提升竞争力，并将以俄欧四个共同空间框架内已经取得的成果为基础，作为双方伙伴关系的补充。

俄欧联合声明列举了现代化伙伴关系合作的"优先事项"，它们包括以下内容：第一，扩大在创新的关键领域的投资机会，加强双边贸易与经济关系，促进中小企业的发展；第二，促进技术规定和标准的统一，高水平地执行知识产权保护工作；第三，改善交通设施；第四，推动可持续的低碳经济，促进节约能源，推动有关应对气候变化的国际谈判；第五，加强在创新、研发和空间领域的合作；第六，应对经济重组对地区和社会造成的影响，确保均衡发展；第七，保证司法体系有效运转，打击腐败；第八，促进人与人之间的联系；第九，加强与公民社会的对话，以促进个人与商界的参与。[①] 此外，联合声明还表示，以上列举出的优先事项并不是全部，在适当时候，还可以增加其他合作领域。

俄欧在联合声明中还表示，双方将在各个层次对话的基础上对该倡议

---

① 徐龙第：《欧俄现代化伙伴关系析论》，《国际问题研究》2011年第1期。

的实施进行定期监督并交流经验。双方约定在会后起草相关合作的"路线图",确定具体的合作领域、项目和方式。同时,双方也鼓励在现代化伙伴关系的框架内实施其他具体计划及项目。

可以看出,上述内容与俄欧合作的已有内容具有一定的一致性,在许多方面是四个共同空间内容的继续深化。可以这样说,俄欧 2010 年结成的现代化伙伴关系,既是双方现有合作内容的延续,也是双边关系发展的新动向。

三 俄欧签署的现代化伙伴关系文件

梅德韦杰夫提出的全面现代化战略是其任期内俄罗斯内政最具争议的问题之一。关于现代化问题,为何没有实现突破及其原因,这里不展开讨论。

毋庸置疑,俄罗斯在现代化进程中能够获得外部支持,这具有重要作用。欧盟主要国家是在现代化领域取得了积极成果的国家,所以来自欧盟的外部支持对俄罗斯无疑具有重要作用。欧盟被邀请并且能够参与俄罗斯的全面现代化,这一方面是对俄罗斯内政方针的正确性的认可,可是另一方面也说明了从外部给予支持只是具有有限范围和辅助补充的可能性。但是在这种情况下,俄欧现代化伙伴关系的看法并不总是合拍和一致的。无论如何,俄罗斯和欧盟国家制定各种文件只是一种补充说明现代化内容和实施外部支持合作的平台。[①]

表4—1 俄罗斯与欧盟成员国之间签署的现代化双边伙伴关系协议

签字日期	文件名称
2008.10.02	俄罗斯和德国双方就发展现代化领域伙伴关系"彼得堡对话"协调委员会的联合声明
2010.04.27	关于丹麦和俄罗斯两国为结成现代化伙伴关系的声明
2010.10.07	关于俄罗斯和塞浦路斯为经济现代化展开合作的声明
2010.11.17	关于俄罗斯和斯洛文尼亚为结成现代化伙伴关系的声明

---

① Т. Романова, Е. Павлова. "Россия и страны Евросоюза: Партнерство для модернизации",《Мировая экономика и международные отношения》, 2013, NO.8, С.54.

续表

签字日期	文件名称
2010.11.26	俄罗斯经济发展部和德国联邦经济技术部关于为现代化经济伙伴关系关键领域的声明
2010.12.01	关于俄罗斯和西班牙为结成现代化伙伴关系的声明
2010.12.03	俄罗斯副总理和意大利外长就结成现代化双边伙伴关系的联合声明
2010.12.06	俄罗斯经济发展部和波兰经济部关于就经济现代化展开合作的声明
2010.12.08	关于俄罗斯和比利时就结成现代化伙伴关系的声明
2010.12.09	俄罗斯和法国双边经济金融工业贸易问题委员会两主席俄副总理茹科夫和法经济、金融、工业部长拉加尔德关于为结成现代化伙伴关系的联合声明
2011.03.14	关于俄罗斯和芬兰为结成现代化伙伴关系的声明
2011.03.18	关于俄罗斯和匈牙利为结成现代化伙伴关系的声明
2011.03.18	俄罗斯和斯洛伐克两国政府间经济与科学技术合作委员会两主席俄能源部部长施马特科和经济部部长米施科夫关于为结成现代化伙伴关系的联合声明
2011.04.06	俄罗斯和保加利亚两国政府间经济与科学技术合作委员会两主席俄能源部部长施马特科和保经济、农业和旅游部长特拉依科夫关于为结成现代化伙伴关系的联合声明
2011.04.27	俄罗斯和瑞典关于为结成现代化伙伴关系的声明
2011.05.03	俄罗斯和荷兰两国政府间经济合作共同委员会两主席俄第一副总理祖布科夫和荷副首相,经济部部长,农业和创新部长费尔哈根关于为结成现代化伙伴关系的联合声明
2011.05.19	俄罗斯和奥地利关于为结成现代化伙伴关系的声明
2011.06.10	俄罗斯和拉脱维亚关于为结成现代化伙伴关系的声明
2011.08.12	俄罗斯和捷克关于为结成现代化伙伴关系的联合声明
2011.09.12	俄罗斯和英国关于为基于知识而结成现代化伙伴关系的声明
2011.10.11	俄罗斯和罗马尼亚两国政府间经济与科学技术合作委员会两主席俄教育与科学部部长富尔先科和经济贸易和企业界部长阿利托纳关于为结成现代化伙伴关系的联合声明
2011.10.04	俄罗斯和立陶宛关于为结成现代化伙伴关系的声明
2011.11.07	俄罗斯和爱尔兰关于为经济现代化展开合作的声明
2011.11.18	俄罗斯和卢森堡两国贸易经济合作委员会分会两主席关于为结成现代化伙伴关系的联合声明

2010年，俄罗斯和欧盟达成有关"现代化伙伴关系"的联合声明，这种良性互动具有特殊意义。与此同时，俄罗斯和欧盟双方开始制定相关文件并与许多单个国家签署这些文件。截至2012年年底，俄罗斯与欧盟27国成员中的24个国家签署了相关的声明和备忘录（见表4—1）。在这些签署的文件当中反映出欧盟国家对待这种伙伴关系的态度与立场存在分歧和差异。① 这些分歧与这些国家分属于哪个派别和阵营并不存在关联性，即它们是属于欧盟的老成员还是新成员，是中立派还是加入了北约组织派。这是一个非常有趣的现象。

同时，值得我们注意的是，在欧盟内部，对于现代化的解释存在着重大的分歧。

四 俄欧对于现代化的理解存在明显分歧

在俄罗斯看来，现代化首先与解决两大任务密切相关。在经济领域，这就是要弱化经济体的原材料的趋势、倾向及特点，发展新的技术工艺和生产竞争力；在政治领域，这就是完善民主制度并以此促进提高经济体的竞争力。② 就本质而言，优先权是在经济领域，并要求尽快行动起来，而解决与完善民主的政治问题被当作第二位的目标。

与此相反，欧盟则是从能够体现它的标准化力量的政治成就出发来考虑问题的（在实践中实现民主，法治，人权）。③ 布鲁塞尔同俄罗斯的对话当中特别强调这一方面，欧盟条约第21条规定如此④，其他一系列文

---

① Leonad M. and Popescu N., "A Power Audit of EU-Russia Relations", *Policy Paper. L.*, 2007（http：//www.ecfr.eu от 20.03.2012）; Braghiroli S. and Carta C. "An Index of Friendliness toward Russia: Analysis of the Member States and Member of the European Parliament's Positions", *Turku*, 2009, No.15.

② Медведев Д. Россия вперед! （http：//news/kremlin/ru/news/5413 от 08.08.12）.

③ Mannr I, "The Concept of Normative Power in World Politics", *Copenhagen*, May 2009（http：//www.dils.dk/graphics/publications/Briefs2009/B09_maj__Concept_Normative_Power_World_Politics.pdf от 14.06.2010）; "The Normative Ethics of the European Union", *International Affairs*, 2008, V.84, No.1, pp.45–60.

④ Consolidated Version of the Treaty on European Union（http：//www.eur-lex.europa.eu/LexUriServ.do? uri=OJ：C：2010：083：0013：en：pdf от 20.03.2012）.

在俄罗斯的现代化方案中，努力向着欧洲人对于这种进程的理解的靠拢是足够"谦虚的"。特别是讲到有关必须"利用后工业社会的精神智力资源""建立与西方民主的和谐关系"，说实在的，表白并强调这一点是与俄罗斯需要资金和技术有关系的。②

在俄罗斯看来，民主发展的思想与经济增长之间确实存在联系，但是这种情况下得出的结论却是"谁也不能越俎代庖，代替我们成为自由的，成功的，有责任心的人。只有我们自己的民主建设的经验才会使我们有权利确信：我们是自由的，我们是有责任心的，我们是成功的"③。

在有关现代化进程的本质、合作优先次序和合作范畴问题经过了一段时间讨论之后④，在 2010 年 6 月 1 日，俄罗斯和欧盟之间签署了有关"现代化伙伴关系"的联合声明⑤。在议会的辩论和讨论当中，欧盟坚持法制改革的重要性，而俄罗斯则强调在生物技术、电子、微电子和航空领域的合作。最后结果是双方达成了妥协。莫斯科提高了现代化声明的音调，根据它的坚持加进了有关加强人民和经济体的相互交流与联系的议题。同时，在协议文件中伙伴关系的目标也考虑到欧盟的解释，因为强调以相互的合作、配合作为应对"基于民主和法制途径方面的共同挑战"⑥。

在合作的优先领域的清单本身同时既包括经济方面也包括政治方面，而且在经济领域要依靠伙伴的完全权利平等，在该领域双方都表现得既是器官移植的供体也是器官移植的受体。而在政治领域里却是另外一种力量配置：在各方面都要与法律、政治建设、司法制度等联系起来，都要从文

---

① http：//www.eeas.europa.eu/delegations/russia/press_corner/all_news/news/2012/20120625_2ru.htm от 21.10.2012.

② Медведев Д. Цит. соч.

③ Медведев Д. Цит. соч.

④ Кулик С., Юргенс И. Партнерства для модернизации. Росся—ЕС: к проблеме реализации. М., 2011; Энтин М. Партнерство для модернизации—путь к сближению России и Европеяского Союза//Всю Европа. 2010. No.9 (47).

⑤ Совместное заявление Саммита России—ЕС по "Партнерству для модернизации" (http：//news.kremlin.ru/ref_notes/572print от 08.08.12).

⑥ Совместное заявление Саммита России—ЕС по "Партнерству для модернизации" (http：//news.kremlin.ru/ref_notes/572print от 08.08.12).

件的精神出发，而不是从文件的条文出发，俄罗斯简直就是一个"接收器官移植的受体"。换句话说，欧盟被看成一个使用规范的源泉、值得模仿学习的样板和潜在的标准。①

"现代化伙伴关系"的工作方案成为协商的复杂问题。② 在这里，胜利属于俄罗斯：因为经济多样化成为优先考虑的问题，而加强法律环境只是排在了第四的位置。说实在的，当认真研读时会发现欧盟的优先权影响已经离开了第一款，在这里非常关注"绿色"经济。与此同时，俄罗斯方面成功地使有关放弃签证的条款合并到了发展人员之间交流和加强与公民团体对话的规定当中，因为首先将它解释为商务团体之间的交流。

这样，无论在声明里还是在工作方案里，俄罗斯对现代化的看法都占据上风。难怪在这些声明及工作方案里设定的主要目标实际上大多与优先领域的第五点相吻合，因为梅德韦杰夫在"前进！俄罗斯"一文中加以说明。在这里政治问题只是充当辅助角色，它们并没有被当作现代化的单列目标。

但是有关现代化本质问题的争论并没有结束。在俄罗斯和欧盟成员之间协商双边文件时仍在继续讨论。突出表现在俄罗斯和瑞典代表团在2011年签署现代化的双边文件时各方所坚持的立场，瑞典总理莱茵菲尔德首先关注的是伙伴关系基于民主原则、法治国家和人权③，而俄罗斯总理普京不失时机地声称俄罗斯最感兴趣的是"我们瑞典朋友把科学和生产，技术园区活动，能工巧匠的培养结合起来的经验"④。

从整体上看，协议文件证明莫斯科是准备迎合欧洲伙伴们，因为在确保现代化经济日程的条件下把伙伴们提出的许多表达方式加进了协议。至

---

① Энтин М. Цит. соч.

② Робачий план мероприятий по реализации инициативы России—ЕС "Партнерство для модернизации"（http：//www.formodernization.com/info/workplan.pdf от 08.08.12）.

③ Совместная пресс—конференция председателя правительства РФ В Путина и премьер—министра Швеции Ф. Рейнфельдта（http：//www.premier.gov.ru/events/pressconferences/15024 от 18.08.12）.

④ Совместная пресс—конференция председателя правительства РФ В Путина и премьер—министра Швеции Ф. Рейнфельдта（http：//www.premier.gov.ru/events/pressconferences/15024 от 18.08.12）.

于现代化的政治方面,那么莫斯科和布鲁塞尔的不同立场就因欧盟内部缺乏统一而进一步加深。其结果是,诸如遵循民主原则、人权和法治的问题,在一些文件里实际上完全被忽视了,而在另一些文件里被赋予了极其重要的地位。

五 现代化问题被政治化的倾向

俄欧双方在现代化的争论中存在两组问题,有一组问题莫斯科愿意也准备讨论,另一组问题常常以相互指责而结束,并因为这些问题同布鲁塞尔的合作进行得非常吃力。在很多时候,这种状况是由于所讨论的问题被不同程度地政治化而引起的。

我们试图建立一个现代化进程不同方面都被政治化的刻度表。在一端位置是展开对外合作最尖锐最具争议的问题,而在另一端位置是不太具有争议性的问题,据此已经在技术协议细节水平上达成富有成果的对话。讨论分析政治家的讲话可以作为建立这样一个刻度表的基础,同时俄罗斯方面准备的内政外交文件也可以用于这一做法。

关于尊重人权问题,仍然是最大的最被政治化的问题。梅德韦杰夫总统和普京总统的正式讲话已经讲得非常清楚:莫斯科虽然承认有必要展开建设性对话,但是没有必要在这个话题上进行紧密合作。

在刻度表的下一个点上,是在俄罗斯发展民主的问题。关于这个问题,我们认为不是那么太过于被政治化。毫无疑问,政治制度的民主化基于人权思想。但是如果西方对于政治和个人自由的批评主要是以具体事件为依据的话,因为俄罗斯坚持奉行主权民主和不干涉内政的思想,那么民主就成为更加抽象的议题。另外,俄罗斯对于民主的理解完全地遵循了西方的标准,而俄罗斯的概念(主权民主①,民族模式②)也属于西方思想的范畴。俄罗斯的态度与立场的标准就在于在俄罗斯国内的民主进程与经济增长密切相关,在这种情况下俄罗斯民主本身是"有收益

---

① Сурков В. Национализация будущего (http://www.expert.ru/expert/2006/43/nacional-izaciya_buduschego/от 08.08.12).

② Путин В. Национальная модель демократии родится в открытой дискуссии (http://www.vz.ru/news/2012/6/21/584849.html то 08.08.12).

有收获的"①。但是，这一点总是不被西方邻居所理解，并经常招致批评、指责②。

对于莫斯科而言，建设法治国家和改革司法制度同样不属于"适宜的"话题范围。欧盟对于霍多尔科夫斯基事件和马格尼茨基事件以及对于暴动猫咪成员遭到司法处罚的反应，明显地证明了俄欧在该领域关系的复杂性。然而在俄罗斯有关国家建设的文件当中，司法制度改革被赋予重要地位，在这种情况下通常引证西方的经验。特别是承认有必要克服"在我们司法制度中明显表现出来并且受人批评的惩罚倾向"，司法制度改革要朝着捍卫公民权利的方向前进。③

俄欧政治冲突还有一个节点是发展公民社会。在不久以前，特别关注这一任务的解决，那时候承认有必要与其他国家展开交流。今天形势已经发生变化。如果在21世纪的2000年年初还是在谈论有关促成有利条件以发展俄罗斯的公民社会，那么在2010年年初的正式文件里谈论这一问题时就认为已经形成了公民社会，并且与它展开了合作。④ 从整体上看，在同欧洲伙伴签署联合声明的那一刻，所有国家公民社会之间展开合作的话题看起来已不像早先那样是个被政治化的大问题。

现代化政治日程上的下一个节点，在我们的刻度表上，是加强国家制度。就其本身复杂性而言，这个话题在俄罗斯的政治争论中没有被看成一个迫切需要解决的以及被极端政治化的问题。在加强政治或者法律制度方面，借鉴西方经验的思想并不具有这样的消极味道，就像在人权和公民自由方面，因为它首先要同本国议会讨论中对于"制度"的理解联系起来。

在日程上的这一点，诸如同营私舞弊做斗争，俄罗斯任何一个公民都可以理解。但是在这个领域目前取得的成绩还不大，正因为如此，有关在

---

① Путин В. Национальная модель демократии родится в открытой дискуссии（http：//www.vz.ru/news/2012/6/21/584849.html то 08.08.12）.

② Резолюция Европарламента от 17.02.2011 "О верховенстве закона в РФ"（http://democrat-spb.ru/2011/03/03/rezolyuciya-evroparlamenta-ot-170211-o-verxovenstve-zakona-v-rf от 08.08.12）.

③ Путин В. Демократия и качество государства（http：//www.kommersant.ru/doc/1866753 от 08.08.12）.

④ http：//www.news.kremlin.ru/transcripts/9637/work от 08.08.12.

这个领域同其他国家展开合作的想法，无论是对于国家政权还是对于普通俄罗斯人来说都是完全可以接受的。在俄罗斯的条件下，与营私舞弊做斗争尤其要借鉴在西方民主讨论中的社会公正思想。这样，在俄罗斯，这个话题被政治化是适度的：因为克里姆林宫准备承认这个话题带有紧迫性，但是在经济领域里而不是在政治领域[①]。而在西方，这种营私舞弊现象更多地被认为是政治上的缺陷。这种立场上的差别就决定了这一节点对莫斯科是适用的。

在一系列有关现代化的文件中谈到法律接近的任务，在俄罗斯的讨论中并没有感觉到过分地被政治化，因为这一任务的解决需要考虑俄罗斯的立法和俄罗斯正在参与国际规则制定的需要。

具有争议的最后一个节点（就是在现代化进程被政治化的最左边的节点）就是平等和互利。这是国际关系现代体系的逻辑需要，特别是要考虑莫斯科倡导的多极世界。发展关系要基于平等的必要性，这是在俄欧双方大多数外交文件里被确认的。然而，考虑到不久以前，在发展同我们以往社会主义阵营的伙伴的对话当中，这一点具有特殊含义，而现在同中东欧国家即同欧盟成员是完全平等的。

六　俄罗斯与欧盟不同成员结成现代化伙伴关系的特点

欧盟不同国家之间对待现代化立场的差别，首先表现在它们签署的文件中对这一概念的解释和理解上，而同时也表现在这些文件里现代化进程的政治方面处于何种地位以及被揭示得多么周详。

2010年，在欧盟国家中，丹麦第一个同俄罗斯签署了有关现代化伙伴关系的联合声明。在哥本哈根和莫斯科的表达方式及措辞被14个其他的双边协议所借用。在文件中双方认为现代化首先是"在创新发展领域的合作，建立现代的生态技术以促进经济的可持续性和人们生活得更高质量，实现人的创造性潜能"。与此同时，双方同样承认"现代化要

[①] http：//www.ria.ru/economy/20120621/678499850.html#ixzz23oRP4jBL от 08.08.12.

求加强政治制度和法律制度,消除营私舞弊和发展公民社会"①。对现代化进程的这样一种理解,实质上与俄罗斯的概念是吻合的,即先经济后政治。

同爱尔兰和波兰签署的协议是最没有被政治化的。在这里现代化的经济优先权反映在协议文件的标题之上,而缺少有关民主或人权的提法。现代化主要与以下方面相联系,诸如"那些能够促进竞争力和技术发展领域的投资活动,保障在基于利用新技术和双方经济联系多样化的经济增长,同时要提高能源效率"②。

同爱尔兰和波兰签署的协议文本的一致性不能不引起人们的惊讶。如果说同爱尔兰因为双边关系从未出现政治紧张形势,那么同波兰就是另一回事儿,有时候双边关系的局面非常对立。能够解释的原因就是在2010年的斯摩棱斯克悲剧发生之后(波兰总统飞机失事),双边关系缓和下来,而同时俄罗斯方面承认对卡廷森林悲剧负有责任。③ 由于这个原因,波兰总统科莫罗夫斯基此前在接受记者采访时说,俄罗斯的现代化将越过卡廷森林悲剧。④ 确实,一些作者解释说华沙的立场变得更加理智:陷入失败的东部伙伴关系迫使波兰做出妥协,以便于确保自己对欧盟与俄罗斯关系的影响力。⑤

同法国、西班牙及意大利签署的协议带有自己的特点。与波兰和爱尔兰签署的协议文件大为不同,在这里联合声明的标题省去了经济方面的内容,可是在协议条款里却没有任何将现代化进程政治化的痕迹。在同法国和西班牙的伙伴关系协议里,实质上是确认了与丹麦早期协议中载明的概

---

① Декларация о партнерстве во имя модернизации между Королевством Дания и Российской Федерацией (http: //www. formodernization. com/partners/dec – Denmark. pdf от 08. 08. 12) .

② Деклараця о сотрудничестве в целях модернизации экономики между Российской Федерацией и Республикой Ирландия (http: //www. formodernization. com/partners/dec – Ireland. pdf от 08. 08. 12) .

③ Катынская трагедия и ее жертвы (http: //www. duma. gov. ru/news/273/60481/? sphrase_ id = 518718 от 08. 08. 12) .

④ Модернизация России проходит через Катынь (http: //www. inosmi. ru/poland/20110421/168634359. html от 08. 08. 12) .

⑤ http: //www. mercurius. myspolska. pl/2010/06/partnerstwo – wschodnie – czy – partnerstwo – dla – modernizacji от 08. 08. 12.

念立场。同样的，意大利文件完全是一个有关经济领域打算的联合声明。这里给人造成一种感觉和印象，欧洲大国要同俄罗斯保持一种理性关系，并且准备将那些坚持要求遵守人权、民主和法治的困难及棘手的事情委托给欧盟机构去处理。

同卢森堡的现代化伙伴关系不能说已经是一种完全的非政治化。卢森堡摒弃了俄罗斯—丹麦联合声明中赞同的立场，建议莫斯科在确定现代化发展的概念中能够借鉴自己的法律经验，实质上就是同欧盟保持一种政治和法律上的和声唱。

2010年，俄罗斯与德国的联合声明是一个将经济与政治原则紧密结合在现代化伙伴关系的有趣样板，在这里，发展经济合作的任务与必须同营私舞弊做斗争，加强"民主、国家、法治社会建设"结合起来[①]。但是从整体上看，柏林并不愿意过分地将现代化伙伴关系政治化。这使德国领导集团一方面给自己的选民留下好印象，另一方面不想使莫斯科难堪，并继续保持在彼得堡对话以及由此奠定了整个现代化进程基础的框架内展开的合作关系。

俄罗斯同比利时、拉脱维亚、匈牙利、罗马尼亚、保加利亚、塞浦路斯签署的现代化联合声明，同样包含了有关反对营私舞弊和加强俄罗斯政治制度和国家体制的内容。有趣的是，罗马尼亚和保加利亚认为，在紧接着现代化的经济理由中必须反映出这些问题，强调同时解决经济和政治任务的重要性。至于塞浦路斯，根据通过的联合声明标题可以看出，它主要关注现代化进程的经济方面，但是在文件条款里加进了更加广泛的问题，包括发展公民社会。

在同英国和荷兰的伙伴关系中，遵循了俄罗斯和丹麦声明中所确认的现代化优先经济进程的概念。捷克（类似于爱尔兰和波兰）倾向于确定合作的具体领域，而且在它所签署的声明中要包括最具体、详尽的清单。同时还有伦敦、海牙和布拉格都强调了有效的司法制度的意义。正如在后来所期待的那样，英国签署的文件也最为强调这一点。原因在于利特维年科案件引起了两国纠纷，同时伦敦隐隐约约表达出对一些不受欢迎的人的负面看法。

---

① http://www.formodernization.com/partners/dec–Germany.pdf от 08.08.12.

同奥地利和斯洛文尼亚的伙伴关系背离了现代化的经济组成部分，但是包括了广泛的政治要求。在这两国签署的声明中特别强调，"现代化进程必须要求加强民主政治制度及其体制，确保法治，包括反对营私舞弊、发展公民社会"①。在这里，关键点就是民主思想，它给现代化的政治组成部分带来了全新的意义。

关于将发展民主作为现代化条件的论题，同样存在于俄罗斯和芬兰的声明中。在这种情况下，赫尔辛基认为现代化本身就是"加强和深化经济交流，扩大投资可能性，同时还要为商业活动创造良好条件"②。很明显，芬兰不愿意把同俄罗斯的现代化伙伴关系过分政治化，这是因为它不愿意同这个邻居的关系复杂化，莫斯科在很大程度上有利于其促进国内经济增长。

只有三个国家（瑞典、立陶宛和斯洛伐克）坚持最为复杂的政治议题——人权和发展法治国家。在所有情况下，即便是在联合声明的序言中也要提出这个议题。在这种情况下，斯德哥尔摩和维尔纽斯主张以赫尔辛基签署的文件中所确认的现代化经济定义作为基础。至于同布拉迪斯拉发签署的现代化伙伴关系的文件，它被认为是最为政治化的。其中强调了"无条件遵守人权，基本自由，民主原则，人道主义和法治国家"③，而同时还必须遵守国际义务。在同瑞典和立陶宛的声明中所做出的这些政治承诺并不令人特别惊讶。这三个国家总是在指责俄罗斯法律领域的状况，而布拉迪斯拉把对政治问题的关注度提高到一定意义上是意料之中的事情。对此可以做出的解释——就是为了报复俄罗斯专家在斯洛伐克与梅恰尔总理会面时激烈批评所谓的遵守民主原则一事。

欧盟国家分化成不同意见派别，这取决于它们对待同俄罗斯的现代化伙伴关系的立场的政治化程度（见图4—1）。

---

① Декларация о партнерстве для модернизации между Российской Федерацией и Австрийской Республикой（http：//www.kremlin.ru/ref_notes/927 от 08.08.12）.

② Декларация о партнерстве для модернизации между Российской Федерацией и Финляндской Республикой（http：//www.formodernization.com/partners/dec - Finland.pdf от 08.08.12）.

③ Http：//www.formodernization.com/partners/z - Slovakia.pdf от 08.08.12.

```
爱尔兰         德国(2008)
波兰           丹麦
               比利时
     西班牙    匈牙利            瑞典
     意大利    拉脱维亚          立陶宛
     法国      保加利亚
                罗马尼亚         斯洛文尼亚
                塞浦路斯         奥地利    斯洛伐克
                                芬兰
           卢森堡    捷克
  M                 荷兰
           德国(2010) 英国
```

←――――――――――――――――――→
强调现代化的技术内容　　　　　强调现代化的政治内容

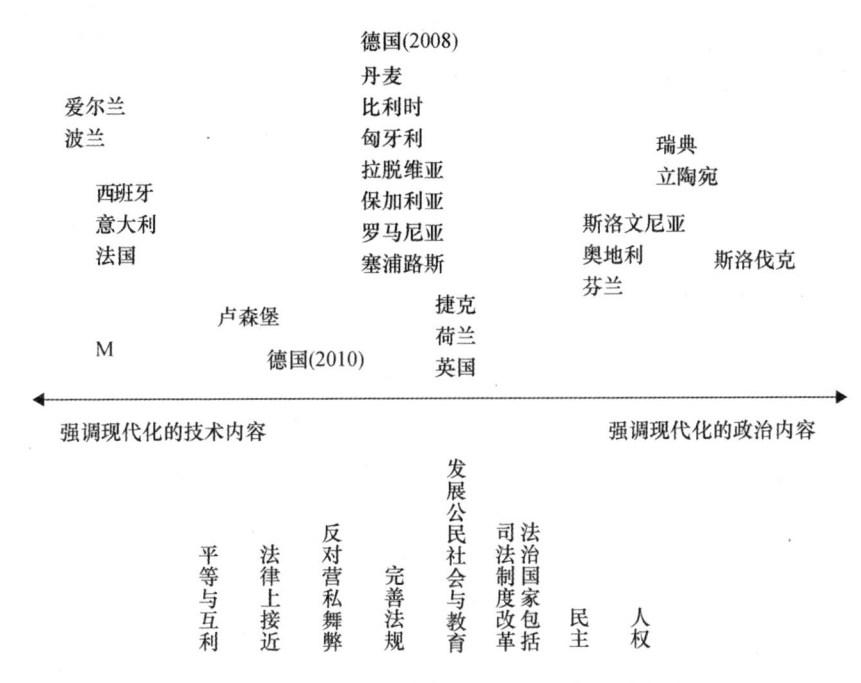

平等与互利　法律上接近　反对营私舞弊　完善法规　发展公民社会与教育　司法制度改革　法治国家包括　民主　人权

图 4—1　欧盟成员国对待现代化伙伴关系不同立场

以上分析表明，欧盟成员内部对待现代化的立场存在分歧，欧盟国家同俄罗斯在这些问题上展开对话的准备程度也不尽相同，诸如民主、人权或者法治。所签署文件的文本也证实，欧洲国家目前还无法形成统一协调的立场，无法符合欧盟机构文件所规定的共同原则。

欧盟国家在对待现代化伙伴关系上出现了不同程度的政治要求，这与它在经济上的同质均匀特点形成鲜明的反差①，当然俄罗斯也积极促使出现这种状况。这可以得出结论，为了形成统一立场，欧盟需要有一个可依靠的外交支柱。很明显，欧盟自身目前还不能保证这种统一。这样，现代欧盟作为国际玩家的软弱性就暴露了。可是我们也要分析这种统一立场存在的具体条件。比如后来 2014 年的乌克兰危机，欧盟内部是一致同意制裁俄罗斯的，而且这种制裁一再延长，2015 年 12 月 21 日欧盟宣布将制

---

① Романова Т., Павлова Е. Российская модернизация и Евросоюз//Современная Европа, 2013, No. 1.

裁延长至2016年7月31日。

第三节 俄欧合作机制建设

自普京执政以来，有关俄欧合作机制的建设主要还是基于1997年正式生效的《伙伴关系与合作协定》所确立的经常性、定期性及制度化的机制。总体趋势是直至目前，这些机制还是继续在发挥作用，双方沟通和交流看法的渠道与途径是畅通的、有效的，这突出地表现在高层领导人的定期会晤上。鉴于俄欧双方不能相互包容以及由此带来的竞争关系、深层次的结构性的相互排斥关系，即使是现有的合作机制也无法解决双方之间的诸多争端。甚至我们可以得出这样的结论，即俄欧的合作广度与深度已经达到现有合作机制所能容纳的极限。也可以说，在现有合作机制框架内并不能解决双方之间的所有问题。

一 20世纪90年代俄欧合作机制的建设

20世纪90年代俄欧合作机制的建设，最重要的要数《伙伴关系与合作协定》所确定的合作机制。此外，双方合作机制还有其他方式的补充与深化。

俄欧双方于1993年12月在布鲁塞尔签署了《俄欧建立伙伴与合作关系的联合政治声明》，宣布建立半年一次的首脑定期会晤机制，1994年签署并且拖延至1997年正式生效的《伙伴关系与合作协定》确定了双方开展合作的经常性、制度化机制。直至今日，这个机制在俄欧合作中还发挥着基础性的作用。

在《伙伴关系与合作协定》的前言部分讲到，为确保协定得以落实，成立三个委员会：合作理事会，每年举行一次部长级会议；合作委员会，由俄欧双方高级别官员组成，并为合作理事会的工作提供支持；议会合作委员会，由欧洲议会和俄罗斯议会成员组成，负责向合作理事会提供建议。

在《伙伴关系与合作协定》的文件里，内容有11个部分共计112条款，其中第 2 部分专门就有关政治对话机制做出如下安排。①

每年两次首脑会晤的政治对话，它由俄罗斯总统和欧盟理事会、欧洲委员会主席出席，负责确定双方关系发展的战略方向及大原则。

每年一次部长级别的政治对话，它在合作理事会框架内举行，负责商讨和落实该协定所涉及的所有事务，包括商讨其他涉及双边的或国际的问题。

每年两次高级别官员的政治对话，它由俄罗斯高级别官员和欧盟"三驾马车"（欧盟现任主席国、欧洲委员会和欧盟理事会的代表组成）出席。

议会级别的政治对话，在议会合作委员会框架内由欧洲议会和俄罗斯议会的代表组成。

文件还规定要完全利用现有外交渠道所提供的机会。同时还规定利用其他手段，包括利用专家会晤以促进对话的开展。

除了上述最重要的合作机制之外，还有新的合作机制补充进来。例如，俄罗斯政府总理和欧洲委员会及欧盟轮值国首脑的会晤机制；1996年 2 月，俄罗斯正式成为欧洲委员会的成员；1996 年 5 月，欧盟出台《欧俄行动计划》；1999 年 6 月，欧盟出台《欧盟与俄罗斯关系共同战略》；1999 年 10 月，俄罗斯出台《俄欧关系发展中期战略（2000—2010年）》，作为对欧盟通过共同战略的积极回应。

二 2000 年以来俄欧合作机制的建设

在 20 世纪 90 年代俄欧之间建立的合作机制一直在发挥作用，自2000 年以来，俄欧合作机制的建设最重要的是双方在能源领域合作机制的建设。此外，值得关注的还有俄欧就建立共同经济空间即后来扩展为建立四个共同空间的合作机制，以及俄欧结成现代化伙伴关系所形成的合作机制。

俄欧能源合作及其机制。能源合作是俄欧双方合作关系中最主要的也是最重要的内容，是俄欧建立共同经济空间的关键领域。

---

① Под ред. С. А. Караганова и И. Ю. Юргенса, РОССИЯ vs ЕВРОПА: ПРОТИВОСТОЯНИЕ ИЛИ СОЮЗ? М., 2009, С. 225, 233—234.

俄欧能源合作始于2000年10月在巴黎举行的第六次峰会，在此次峰会上，双方同意建立一个常设的对话机制，俄罗斯总统普京和欧盟主席普罗迪签署了"俄欧战略性能源伙伴关系协议"。为了落实该协议，普京和普罗迪分别任命俄政府副总理赫里斯坚科和欧盟能源交通总司司长拉莫赫共同负责能源对话工作及事务。2000年11月欧盟出台《2020年能源战略》和2003年5月俄罗斯出台《2020年能源战略》，分别表示要同对方积极开展能源领域的合作。

2003年，俄欧决定建立共同经济空间，随后于2005年又扩展成为建立四个共同空间。为此，有一些新合作方式作为对现有合作机制的补充。另外，2009年起俄欧就结成现代化伙伴关系建立了一些新的合作方式，可以说这是对建立四个共同空间的新补充和继续深化。

第五章

俄罗斯与欧盟的经济合作

俄罗斯对外经济活动的最主要方向是欧盟，俄罗斯最主要最大的经济合作伙伴也是欧盟。自1999年年末2000年年初普京执政以来的15年，一方面，俄欧经济合作的广度及深度出现前所未有的发展。无论是双边贸易的规模，还是相互投资的数量，都有极大的发展，甚至可以说是达到历史上前所未有的最好水平。俄罗斯加入世贸组织的谈判，虽然欧盟是最难缠的谈判对手，但是双方最终顺利结束谈判；另一方面，俄欧经济合作也存在诸多争端，也经历过或者正在经历困难及曲折——因2008年俄罗斯遭遇经济危机和欧盟发生主权债务危机，以及2014年8月因乌克兰问题欧盟发起对俄罗斯的经济制裁。这种制裁致使俄欧关系倒退至冷战后最低点，双方经济合作的基调发生了变化：从制裁前的"合作为主，冲突为辅"变成了制裁后的"冲突为主，合作为辅"。毫无疑问，这种制裁肯定会影响到俄欧经济合作关系的局部和部分联系，但是断不会完全彻底地毁掉冷战后形成的俄欧经济合作关系的全部内容及联系。

第一节 俄欧双边贸易

自2000年以来至2015年年初的15年里，俄欧双边贸易总体呈现出不断增长的态势，其中，在个别年份与时段里因受特殊事件的影响，双边贸易会出现起伏波动，诸如2008年俄罗斯经济危机和欧盟主权债务危机，以及2014年8月欧盟对俄罗斯发起经济制裁。以下从俄欧双边贸易的规模、主要贸易伙伴、贸易结构和相互投资等方面加以分析。

一 双边贸易规模

自 2000 年以来,俄欧双边贸易呈现出不断增长的趋势。从时间上看,进入 21 世纪的第一个 10 年里,双边贸易有很大幅度的增长。根据 2014 年俄罗斯统计年鉴,从 2000 年的 480.37 亿美元增加到 2005 年的 1769.89 亿美元,再到 2010 年的 3069.87 亿美元,特别是 2011 年出现了大幅度增长,达到 3943.32 亿美元,2012 年达到 4096.00 亿美元,2013 年达到 4176.60 亿美元。

从 2014 年 8 月起,俄罗斯遭到欧盟的经济制裁。这一年双边贸易自然受到影响,根据俄罗斯联邦海关总署的数据,欧盟依然是俄罗斯最大的贸易伙伴。2014 年俄欧贸易总额为 3773.6 亿美元,欧盟在 2014 年俄罗斯对外贸易总额中所占份额为 48.2%(欧盟统计局数据:2014 年俄罗斯与欧盟贸易额为 2851 亿欧元)。①

在双边贸易规模快速增长的情况下,俄罗斯方面贸易顺差也呈现出了增长的趋势。根据俄罗斯统计年鉴,2000 年为 257.49 亿美元(占双边贸易的 33%),2005 年为 896.81 亿美元(占 50%),2010 年为 1159.51 亿美元(占 37%),2011 年为 1392.60 亿美元(占 35%),2012 年为 1445.72 亿美元(占 35%),2013 年为 1491.78 亿美元(占 36%)。

二 主要贸易伙伴

欧盟是俄罗斯最重要的贸易伙伴。在俄罗斯与欧盟国家的贸易中,根据俄罗斯统计年鉴,2000 年按照贸易数额排名前 5 位的国家是德国(131.3 亿美元)、意大利(84.66 亿美元)、英国(55.31 亿美元)、荷兰(50.89 亿美元)、芬兰(40.62 亿美元);2013 年按照贸易数额排名前 5 位的国家是荷兰(759.63 亿美元)、德国(749.44 亿美元)、意大利(538.68 亿美元)、英国(410.04 亿美元)、波兰(279.08 亿美元)。在俄罗斯进出口贸易中,2000 年俄欧贸易额为 480.37 亿美元,以上前 5 位国家合计 362.78 亿美元,占俄欧贸易额的 75%。2013 年俄欧贸易额为 4176.60 亿美元,上述前 5 位国家合计 2716.55 亿美元,占俄欧贸易额

---

① http://news.xinhuanet.com/world/2015-02/10/c_127476647.htm.

的65%。

在俄罗斯的对外全部进出口贸易中,欧盟所占的比重,按照俄罗斯海关统计数据是2008年占52%(3824亿美元),2009年占50.4%(2363亿美元),2010年占49.1%(3070亿美元),2011年占47.9%(3940亿美元),2012年占48.4%(4103亿美元),2013年占49%(4177亿美元)。

在俄罗斯的出口贸易中,欧盟所占的比重,根据俄罗斯海关统计数据是2008年占56.9%(2659亿美元),2009年占53.3%(1609亿美元),2010年占53.3%(2114亿美元),2011年占51.6%(2665亿美元),2012年占52.7%(2779亿美元),2013年占53.5%(2834亿美元)。

在俄罗斯的进口贸易中,欧盟所占的比重,根据俄罗斯海关统计数据是2008年占43.6%(1165亿美元),2009年占45.1%(754亿美元),2010年占41.7%(955亿美元),2011年占41.7%(1275亿美元),2012年占41.4%(1323亿美元),2013年占41.7%(1342亿美元)。

根据俄罗斯海关统计数据显示,截至2014年1—2月,欧盟仍然是俄罗斯最主要的贸易伙伴。在俄罗斯全部对外贸易中,欧盟所占的比重为50.2%,其中欧盟占俄罗斯出口的71.7%,占俄罗斯进口的28.3%。俄罗斯是欧盟第三大主要贸易伙伴(位居美国和中国之后)。

在2014年1—2月,同比2013年1—2月,俄罗斯与欧盟贸易总量减少了7.1%,贸易额为583亿美元。俄罗斯出口总量减少了7.4%,出口额为418亿美元,俄罗斯进口额减少了6.4%,进口额为165亿美元。在2014年1—2月,俄罗斯同欧盟的贸易顺差为253亿美元。

表5—1 俄罗斯对外贸易(按当时美元计价) (单位:百万美元)

	出口						进口					
	2000年	2005年	2010年	2011年	2012年	2013年	2000年	2005年	2010年	2011年	2012年	2013年
全部贸易	89269	208846	337467	437283	445478	453344	22276	79712	197184	260920	272323	276380
包括:												
与欧盟贸易	36893	133335	211469	266796	277086	283419	11144	43654	95518	127536	132514	134241
包括:												
奥地利	758	2353	1022	1758	1500	1280	419	1210	2463	3119	3393	3846

续表

	出口						进口					
	2000年	2005年	2010年	2011年	2012年	2013年	2000年	2005年	2010年	2011年	2012年	2013年
比利时	757	2464	4927	7480	6803	7726	481	1476	3265	4122	4490	4034
保加利亚	585	1900	3416	3493	4262	2217	116	241	540	689	694	702
匈牙利	2406	5004	5355	7775	6733	6352	404	1100	3141	3333	3103	3007
德国	9232	19736	25662	34158	34995	37027	3898	13272	26699	37683	38305	37917
希腊	1273	1930	2852	4684	5948	6245	125	188	423	586	634	611
丹麦	424	725	1564	1896	1842	1480	346	921	1703	2053	2043	2178
爱尔兰	288	771	160	154	283	329	106	290	998	1237	1366	1372
西班牙	1068	2823	4048	6165	5721	6027	313	1227	3042	4306	4913	4915
意大利	7254	19053	27476	32658	32301	39314	1212	4416	10043	13402	13432	14554
塞浦路斯	1722	5095	1641	1424	2067	1923	35.5	47.5	27.0	37.9	32.7	42.7
卢森堡	41.3	65.0	3.3	5.4	4.4	13.7	14.0	58.3	120	173	178	204
荷兰	4349	24614	53974	62695	76886	70126	740	1941	4442	5925	5977	5837
波兰	4452	8623	14936	21367	19891	19582	716	2747	5826	6651	7474	8326
葡萄牙	37.5	1138	198	196	500	650	18.3	89.3	348	492	578	691
罗马尼亚	921	3043	2025	1828	1877	1616	79.4	255	1345	1725	1736	2047
斯洛伐克	2122	3190	4576	7065	6153	5860	105	502	2492	2958	3715	3534
英国	4670	8280	11309	14003	15028	16449	861	2776	4576	7180	8192	8106
芬兰	3104	7651	12170	13197	12009	13308	958	3100	4584	5672	5004	5396
法国	1903	6111	12420	14859	10535	9203	1187	3673	10043	13276	13804	13012
捷克	1745	3817	5500	5449	4925	5983	367	989	2918	4504	5354	5318
瑞典	1733	2320	3589	5127	6187	4476	465	1861	2854	4037	3940	3917
与其他部分国家和地区（贸易在4位数国家和地区）												
阿尔及利亚	120	206	1310	2484	2782	1585	7.0	2.8	27.4	2.6	3.7	4.8
巴西	259	606	1798	2125	2304	1985	388	2346	4067	4389	3359	3493
越南	168	739	1334	1339	1389	1373	36.8	174	1111	1722	2272	2597
中国香港	136	350	831	976	1411	3026	3.3	18.6	61.8	82.6	88.8	172
埃及	449	1048	1920	2337	3212	2503	4.9	77.4	271	483	343	442
阿根廷	36.5	71.7	210	806	307	400	86.1	621	914	1067	1264	1100
以色列	1045	1538	1763	1757	1631	2085	109	332	825	1093	1286	1493

续表

	出口						进口					
	2000	2005	2010	2011	2012	2013	2000	2005	2010	2011	2012	2013
伊朗	633	1922	3380	3406	1900	1169	53.6	125	272	351	428	433
加拿大	88.9	200	1081	602	345	471	193	516	1485	1829	2465	1796
中国	5248	13048	20326	35030	35766	35625	949	7265	38964	48202	51628	53173
摩洛哥	61.1	396	558	1302	1307	860	59.2	144	374	508	541	566
墨西哥	114	208	289	577	492	855	42.2	86.8	480	838	1094	1048
蒙古国	182	443	937	1499	1851	1572	40.4	22.4	79.1	89.1	64.3	40.9
挪威	127	683	755	1072	910	808	154	750	1416	1904	1791	1754
阿联酋	178	687	983	1375	1225	2093	23.0	90.1	35.9	114	262	423
韩国	972	2359	10439	13360	13854	14867	359	4005	7287	11582	10955	10305
新加坡	477	309	2008	2250	1589	1886	43.5	317	332	386	414	553
美国	4644	6324	12320	16425	12867	11135	2694	4563	11097	14584	15366	16502
泰国	80.2	547	1536	2126	1411	1273	89.8	452	1370	1981	1971	2084
中国台湾	404	1438	1797	2104	3322	4443	88.8	492	1532	2038	2004	1915
土耳其	3098	10841	20317	25350	27419	25476	349	1732	4867	6360	6860	7273
瑞士	3857	10774	8716	11448	10523	8792	271	875	2415	2968	2997	2983
日本	2764	3740	12829	14643	15509	19668	572	5834	10260	15017	15649	13561

资料来源：俄罗斯统计年鉴 2014 年（Российский статистический ежегодник 2014, C.606.）。

表5—2　　　　　俄罗斯进出口贸易中各国所占的比重　　　　（单位:%）

	占俄罗斯出口的比重						占俄罗斯进口的比重					
	2000年	2005年	2010年	2011年	2012年	2013年	2000年	2005年	2010年	2011年	2012年	2013年
全部	100	100	100	100	100	100	100	100	100	100	100	100
包括:												
远邻国家	86.6	86.5	85.0	84.6	84.9	86.0	65.7	80.8	86.1	85.3	85.8	87.7
包括:												
欧盟国家	35.8	55.2	53.3	51.6	52.8	53.8	32.9	44.2	41.7	41.7	41.8	42.6
包括:												
德国	9.0	8.2	6.3	6.6	6.7	7.0	11.5	13.4	11.7	12.3	12.1	12.0
意大利	7.0	7.9	6.9	6.3	6.2	7.5	3.6	4.5	4.4	4.4	4.2	4.6
荷兰	4.2	10.2	13.6	12.1	14.7	13.3	2.2	2.0	1.9	1.9	1.9	1.9
波兰	4.3	3.6	3.8	4.1	3.8	3.7	2.1	2.8	2.5	2.2	2.4	2.6
英国	4.5	3.4	2.9	2.7	2.9	3.1	2.5	2.8	2.0	2.3	2.6	2.6

续表

	占俄罗斯出口的比重						占俄罗斯进口的比重					
	2000年	2005年	2010年	2011年	2012年	2013年	2000年	2005年	2010年	2011年	2012年	2013年
芬兰	3.0	3.2	3.1	2.6	2.3	2.5	2.8	3.1	2.0	1.9	1.6	1.7
法国	1.8	2.5	3.1	2.9	2.0	1.7	3.5	3.7	4.4	4.3	4.4	4.1
亚太经合组织国家	15.1	12.4	16.9	17.9	17.4	18.8	16.1	25.6	34.1	33.8	34.4	34.7
包括：												
中国	5.1	5.4	5.1	6.8	6.8	6.8	2.8	7.4	17.0	15.8	16.3	16.9
美国	4.5	2.6	3.1	3.2	2.5	2.1	7.9	4.6	4.9	4.8	4.8	5.2
日本	2.7	1.5	3.2	2.8	3.0	3.7	1.7	5.9	4.5	4.9	4.9	4.3
土耳其	3.0	4.5	5.1	4.9	5.2	4.8	1.0	1.8	2.1	2.1	2.2	2.3
瑞士	3.2	4.5	2.2	2.2	2.0	1.7	0.8	1.1	1.0	1.1	0.9	0.9
独联体成员国	13.4	13.5	15.0	15.4	15.1	14.0	34.3	19.2	13.9	14.7	14.2	12.3
欧亚经济共同体国家	7.7	7.5	7.7	7.9	8.2	7.7	18.4	9.3	6.6	7.0	7.6	6.3
包括：												
关税同盟成员国	—	—	—	7.6	7.8	7.2	—	—	—	6.9	7.5	6.3
包括：												
白俄罗斯	5.4	4.2	4.6	4.8	4.8	3.8	11.0	5.8	4.3	4.7	4.3	4.4
哈萨克斯坦	2.2	2.7	2.7	2.7	3.0	3.3	6.5	3.3	1.9	2.3	3.2	1.9
吉尔吉斯	0.1	0.2	0.2	0.2	0.3	0.4	0.3	0.2	0.2	0.1	0.1	0.0
塔吉克斯坦	0.0	0.1	0.2	0.1	0.1	0.1	0.7	0.1	0.1	0.0	0.0	0.0
乌兹别克斯坦	0.3	0.4	0.5	0.4	0.4	0.5	2.0	0.9	0.7	0.6	0.4	0.4
乌克兰	4.9	5.1	5.8	5.9	5.2	4.5	10.8	7.9	6.1	6.6	5.7	5.0

资料来源：俄罗斯统计年鉴2014年（Российский статистический ежегодник 2014, С.605）。

三 双边贸易结构

随着俄欧双边贸易规模快速扩大，俄罗斯方面顺差也逐渐增加。为什么会这样？这就是因为双边贸易的结构存在巨大差异。根据 2014 年俄罗斯海关统计数据显示[①]，在 2013 年俄罗斯对欧盟国家的出口中，大宗商品是矿产品（主要是能源类产品），占出口总量的 85%。金属及其制品类的比重占 6.4%，化学工业制品类占 3.6%，设备和运输设备类占 1.6%，宝石和贵金属制品类占 1.4%。

俄罗斯方面，出口的大宗商品（超过 86%）是原油、石油制品（柴油、汽油）、天然气、煤炭、金属镍矿石、金刚石。

俄罗斯方面，进口的商品结构是机器、设备和运输设备类合计比重占全部进口的 50.6%，化学工业制品类占 22.6%，食品和农业原料类合计比重占 11.2%。金属及其制品类比重占 5.6%，其他商品类（主要是家具类）占 3.5%，木浆和纸浆制品类占 2.9%，纺织品和鞋类占 2.2%。

在俄罗斯方面进口的商品中，成交量最大的产品类是电气和电气设备、日用电器技术、电话设备、轻型和重型汽车及其零配件、制药设备、食品。

在欧盟国家全部的出口中，工业制成品占 79.1%，矿产品占 9.9%，食品和农产品占 7.5%。在欧盟全部的出口中，有 17.3% 出口到美国，8.5% 出口到中国，8.0% 出口到瑞士，7.3% 出口到俄罗斯（与 2011 年相比增加了 1.1%），4.5% 出口到土耳其。其余 54.4% 出口到世界其他国家。2012 年欧盟出口合计 21668 亿美元（这里没有统计欧盟国家相互贸易）。

在欧盟国家全部的进口中，主要是工业制成品，占 53.7%，矿产品和能源燃料合计占 34.6%，食品和农产品合计占 7.5%。在欧盟全部的进口中，来自中国的份额占 16.2%，俄罗斯占 11.9%，美国占 11.5%，瑞士占 5.9%，挪威占 5.6%。来自其他国家的合计占 48.9%。2012 年欧盟进口合计 23011 亿美元（不含欧盟国家相互贸易）。

---

① 资料来源：俄罗斯海关统计 2014 年俄欧经贸与投资合作（Федеральная таможенная служба 2014. Торгово—Экономическое и инвестиционное струдничество Россия—ЕС）。

表5—3　2013年俄罗斯与欧盟贸易商品结构（根据俄罗斯海关统计）

商品编号	商品名称	出口 单位10亿美元	出口 比重（%）	出口 指数 2013/2012	进口 单位10亿美元	进口 比重（%）	进口 指数 2013/2012
01—24	食品和农产品	2.3	0.8	100.1	15.2	11.3	105.8
25—27	矿产品（包括）：	240.6	85.0	104.3	1.3	0.9	89.7
27	矿物燃料，石油及其制品	239.5	84.6	104.3	0.9	0.7	87.3
28—40	化工产品，橡胶	10.3	3.6	98.6	30.3	22.6	107.1
41—43	皮革原料，皮毛及其制品	0.4	0.1	104.3	0.4	0.3	95.9
44—49	木浆和纸浆制品	2.4	0.9	110.2	3.8	2.9	100.9
50—67	纺织品，鞋类	0.2	0.1	116.1	2.9	2.2	105.6
68—70,91—97	其他	0.4	0.1	103.3	4.7	3.5	101.3
71	珍珠，宝石，贵金属品	3.8	1.4	58.0	0.2	0.2	105.2
72—83	金属及其制品	18.2	6.4	88.7	7.5	5.6	103.0
84—90	机械，设备，运输设备	4.6	1.6	122.5	67.9	50.6	97.4
	全部	283.2	100.0	102.1	134.2	100.0	101.0

资料来源：俄罗斯海关统计2014年俄欧经贸与投资合作。

第二节　俄欧相互投资

俄罗斯积极发展同欧盟的经济合作，其中一项重要内容是想要从欧盟那里获得资金与技术。进入21世纪以来，俄欧相互投资在日益增多，就总体情况而言，俄罗斯从欧盟获得的资金要远大于对欧盟的投资。

一 俄罗斯从国外获得的投资状况

在这里有必要先知道俄罗斯从国外获得的投资的总体状况[1],这样才能够认识到俄欧相互投资在俄罗斯经济活动中的重要性和意义。

表 5—4　　　　　　　　外国主要投资国对俄罗斯的投资

	2000 年		2005 年		2010 年		2011 年		2012 年		2013 年	
	单位百万美元	比重(%)	单位百万美元	比重(%)	单位百万美元	比重(%)	单位百万美元	比重(%)	单位百万美元	比重(%)	单位百万美元	比重(%)
全部投资	10958	100	53651	100	114746	100	190643	100	154570	100	170180	100
其中:												
瑞士	784	7.2	2014	3.7	4679	4.1	91827	48.2	46790	30.3	24602	14.5
塞浦路斯	1448	13.2	5115	9.5	9003	7.8	20268	10.6	16455	10.6	22683	13.3
英国	599	5.5	8588	16.0	40770	35.5	13104	6.9	13490	8.7	18862	11.1
卢森堡	203	1.9	13841	25.8	5374	4.7	4682	2.5	11523	7.5	16996	10.0
荷兰	1231	11.2	8898	16.6	10696	9.3	16817	8.8	21126	13.7	14779	8.7
法国	743	6.8	1428	2.7	3702	3.2	4353	2.3	4193	2.7	10309	6.1
德国	1468	13.4	3010	5.6	10435	9.1	10264	5.4	7202	4.7	9157	5.4
美国	1594	14.5	1554	2.9	1298	1.1	1730	0.9	3384	2.2	8656	5.1
爱尔兰	34	0.3	595	1.1	2556	2.2	2033	1.1	4671	3.0	6757	4.0
中国	16	0.1	127	0.2	7631	6.7	1887	1.0	740	0.5	5027	2.9

资料来源:俄罗斯统计年鉴2014年—投资。

二 俄罗斯从欧盟获得的投资

俄罗斯经济体从国外获得的投资,最大的国外投资国是欧盟国家,根据俄罗斯海关统计2013年数据,居于前5位的最大投资国(累计直接投资数额)是[2]塞浦路斯(投资为448亿美元),荷兰(投资为237亿美元),德国(投资为127亿美元),奥地利(投资为30亿美元),法国

---

[1] Российский статистический ежегодник 2014г. Москва, 2014, С. 569.
[2] Федеральная таможенная служба 2014, Торгово—Экономическое и инвестиционное струдничество Россия—ЕС.

(投资为 27 亿美元)。

以下表格是俄罗斯从欧盟获得的投资情况。

表 5—5　　　　　　　　俄罗斯从欧盟获得的投资　　　　　（单位：10 亿美元）

投资和重新折算的投资来款						
	2008 年	2009 年	2010 年	2011 年	2012 年	2013 年
投资（全部）	83.6	54.6	87.5	78.8	86.2	112.7
直接投资（全部）	21.8	11.5	10.8	13.8	14.4	20.9
有价证券投资（全部）	1.1	0.6	0.4	0.6	0.7	0.8
其他投资（全部）	60.7	42.4	76.2	64.4	71.1	91.0
统计期间重新折算的机构投资累计						
投资（全部）	221.4	221.4	225.0	261.8	276.8	293.8
直接投资（全部）	101.9	101.9	93.8	110.2	105.1	99.9
有价证券投资（全部）	4.5	4.5	6.8	7.0	5.5	3.4
其他投资（全部）	115.0	115.0	124.4	144.5	166.2	—

资料来源：俄罗斯海关统计 2014 年—俄欧经贸与投资合作。

三　俄罗斯对欧盟的投资

俄罗斯对欧盟的投资，根据俄罗斯海关统计 2013 年数据，俄罗斯的直接投资（累计数额）主要流向以下国家[①]：塞浦路斯（接受 197 亿美元），荷兰（接受 191 亿美元），奥地利（接受 46 亿美元），卢森堡（接受 41 亿美元），英国（接受 24 亿美元）。

表 5—6 是俄罗斯对欧盟的投资情况。

表 5—6　　　　　　　　俄罗斯对欧盟的投资　　　　　　（单位：10 亿美元）

投资和重新折算的投资						
	2008 年	2009 年	2010 年	2011 年	2012 年	2013 年
投资（全部）	47.8	32.4	41.5	71.9	69.3	69.6

---

① Федеральная таможенная служба 2014, Торгово—Экономическое и инвестиционное струдничество Россия—ЕС.

续表

投资和重新折算的投资						
	2008 年	2009 年	2010 年	2011 年	2012 年	2013 年
直接投资（全部）	15.8	14.2	8.3	14.3	12.5	18.6
有价证券投资（全部）	0.4	1.8	0.7	10.5	5.7	3.0
其他投资（全部）	31.7	16.4	32.4	47.1	51.1	48.0
统计期间重新折算的机构投资累计						
投资（全部）	33.3	37.7	49.2	64.7	77.4	83.5
直接投资（全部）	21.8	29.6	38.9	47.6	52.0	52.0
有价证券投资（全部）	0.6	0.6	1.2	2.4	11.0	11.0
其他投资（全部）	10.8	7.5	9.0	14.6	14.4	20.5

资料来源：俄罗斯海关统计 2014 年—俄欧经贸与投资合作。

第三节　俄罗斯加入世贸组织

俄罗斯经济体比较封闭，早在 20 世纪 40 年代世贸组织创立之时，苏联曾经拒绝参加。直至 1979 年，苏联决定接近该组织并要求获得其观察员身份，可是因西方国家抵制，直到 1990 年才获得这一身份。苏联解体后，俄罗斯于 1993 年提交加入世贸组织的申请。1995 年，俄罗斯开始"入世"谈判，从 2000 年起，俄罗斯"入世"谈判全面展开。2011 年 12 月，世贸组织部长级会议通过俄罗斯"入世"议定书，交由俄罗斯国家杜马批准，2012 年 6 月，俄罗斯杜马批准议定书。议定书正式生效。

俄罗斯入世谈判从 1995－2011 年耗时 16 年，相比中国入世 15 年还要曲折而漫长。在入世谈判过程中，俄罗斯与世贸组织成员的谈判，涉及经济制度和外贸活动的方方面面。俄罗斯入世谈判过程中，最难缠的对手依次排列分别是欧盟、美国和格鲁吉亚。这里我们只分析俄罗斯与欧盟在入世谈判过程中的问题。

俄罗斯的最大贸易伙伴是欧盟，后者成员众多、制度规定严密。欧盟虽然在《伙伴关系与合作协定》中表示将支持俄罗斯加入世贸组织，可是俄罗斯与欧盟的谈判也最费周折。欧盟方面对俄入世提出的要求，主要包括以下三个方面的内容。

一 减免航空税问题

减免航空税问题①，这是俄罗斯入世谈判过程中欧盟方面提出的要求。欧洲航空公司经过西伯利亚上空飞往东南亚地区，每年要向俄罗斯支付不着陆飞行的补偿性税款，金额达到数亿美元。俄罗斯民航公司负责征收这笔税款。在入世谈判中，欧盟提出要求减免这笔航空税。2004年，双方签署协议就该问题达成原则上的解决办法：首先，这笔税收还应该以某种形式保留，但是应该去除其中没有正当理由的和明显具有歧视性的款项；其次，上述做法应该推迟至2013年以后实行。

2006年，欧盟就航空税提出新要求，认为除了领航税，其他所有收费都应该在2013年前无条件取消。另外，还要求尽快取消俄罗斯"民航"公司强加给欧洲航空公司的不必要的各种服务。

二 能源动力问题

能源动力问题②，这是俄罗斯入世谈判过程中欧盟方面提出的又一个问题，欧盟的具体要求如下：第一，必须提高俄罗斯国内市场上天然气及电力的价格，促进俄国内价格与出口价格接近并最终一致；第二，取消俄罗斯天然气工业公司对天然气出口的垄断地位；第三，取消俄天然气出口关税；第四，俄罗斯管道系统对于过境运输油气实行开放；第五，允许建设私营管道；第六，要使天然气的市场价格与其生产费用相符。

三 减免木材出口关税问题

关于木材出口关税问题③，在俄罗斯入世谈判过程中就已经涉及。在2004年时，俄罗斯承诺不提高此类关税，可是入世谈判旷日持久，俄罗斯此时采取了发展本国木材加工业的方针，确定了将未加工木材出口关税逐步提高到禁止水平的计划。计划从2007年7月1日起，将未加工木材

---

① Аронов А. Путь к ВТО перекрыли в воздухе//Известия. 30 июля 2007 года.
② Идеалы не предлагать? //Российская газета, No. 3318, 10 октября 2003 года.
③ Россия договорилась с ЕС о снижении пошлин на экспорт древесины//РИА Новости, 7 декабря 2010 года.

出口关税从海关课税价值的6.5%提高至20%，但每立方米不少于10欧元，从2009年1月1日起，提高至海关课税价值的25%，但每立方米不少于15欧元，2010年计划提高至海关课税价值的80%，但每立方米不少于50欧元。

从2007年7月1日起，俄罗斯将未加工木材的出口税率从6.5%提高至20%，但由于俄罗斯工业并未准备好快速增加此类产品的数量，2007年年末俄罗斯宣布推迟对出口关税的提高，并将其固定在25%的水平上，此后一直延续这一做法。俄罗斯的这一做法，引起芬兰和瑞典的强烈不满，尤其是芬兰对俄罗斯未加工木材有更强的依赖性。于是芬兰寻求欧盟支持，布鲁塞尔再次与莫斯科就减低木材出口关税开展谈判。

除此之外，在俄罗斯入世谈判中，欧盟方面还提出了其他问题，诸如拉平铁路运输服务的国内价格与出口价格；打破电信服务市场的垄断；在那些正在签署和准备签署的汽车生产领域的投资协议中，将要取消在汽车装配时必须使用俄罗斯零部件的条款。

俄罗斯加入世贸组织，利弊共存，其利在于可以拓展同欧盟贸易的空间，俄罗斯产品出口欧盟时可以较多地更容易地克服以关税、配额和限制形式出现的贸易壁垒。从长远看会有利于俄罗斯经济的发展。其弊在于在最近较短的时间内，俄罗斯一些产业诸如农业、轻工业、机器制造业、保险业、银行业等会遇到外部冲击。

第四节 俄欧贸易争端

在俄欧经济合作的过程中，亦如所有国家的对外经济活动一样，同样存在着分歧及争端。俄欧贸易争端，有些在俄罗斯入世谈判中得以解决，有些是新出现的争端。有关俄欧能源领域合作存在的分歧及争端，需要单独讨论。俄欧贸易争端主要存在以下问题。

一 俄罗斯限制进口波兰肉制品的问题

2005年11月，俄罗斯联邦兽医及植物卫生监督局做出决定，限制进口波兰的肉制品。此次限制涉及的产品包括牛肉、猪肉及其副产品等。俄罗斯认为，从波兰进口的部分肉类并非来自原产地，并宣称波兰肉产品的运输违反俄方兽医法规。俄方认为，波兰肉类出口商持有的兽医证书大都是伪造的。俄方提出只有波兰加强对兽医及卫生的监控，才能取消限制。俄波之间的"牛肉风波"由此引发。

波兰起初希望在技术层面解决该问题，但由于俄波谈判毫无结果，华沙转而寻求欧盟支持，同时要求启动《俄欧伙伴关系与合作协定》框架之下的争端解决机制。这样，俄波之间的双边争端，就被华沙方面扩大到欧盟和俄罗斯之间。当时，由于欧盟正在商议新的欧盟—俄罗斯协定，便把这一争议搁置下来。华沙因布鲁塞尔缺乏解决问题的承诺而感到不满，便公开声称将阻止欧盟与俄罗斯就新的伙伴合作协定问题展开谈判。

实际上，欧盟早在2003年就警告过波兰，由于其未能符合欧盟的卫生标准，可能会导致对其肉类产品的限制。但是，在俄波牛肉风波发生后，布鲁塞尔却支持波兰的立场。2006年5月，欧盟健康和消费者保护委员会表示"波兰已经采取必要的措施满足了俄方的技术要求"，并与欧盟贸易委员彼得·曼德尔森保持密切联系，以解决"明显的贸易问题"[1]。尽管得到了欧盟的支持，可是华沙仍拒绝所有的建议，坚持阻挠新的俄欧伙伴协定的谈判活动。

在2006年11月的俄欧赫尔辛基峰会上，波兰否决了新的俄欧伙伴协定的谈判。此后，俄波牛肉争端开始变得更加政治化。2007年9月，波兰进一步施加压力，对莫斯科加入经合组织的谈判设置障碍，还威胁阻止俄罗斯加入世贸组织，宣称将抵制俄罗斯建立经波罗的海通向德国的石油管道计划。

俄罗斯也是针锋相对，莫斯科宣布要考虑在2006年11月初对所有来自欧盟的肉制品施加限制，欧盟指责"克里姆林宫为达到政治目的而发出虚假的信号"[2]。2007年3月，俄罗斯宣布欧盟国家必须提供文件以证明肉制品出口的安全性，否则就对所有来自欧盟的肉类施加限制。欧盟则极力避免在2007年4月俄欧谈判期间对肉类的限制殃及全体欧盟国家。

---

[1] Council of the European Union, 2730th Council Meeting-Agriculture and Fisheries, Council Document9170/06, Press release 132, Brussels, 22 May 2006.

[2] Andrew Beatty, "Russia threatens to extend import ban to all EU meat", (http://www.europeanvoice.com).

俄波牛肉风波的最终解决是在 2007 年 11 月波兰大选之后由图斯克领导的政府实现的。波兰表现出了灵活的立场，邀请俄罗斯专家视察其肉类加工厂。俄罗斯做出积极回应，普京总统称这是"向正确方向迈进了一步"[①]。波兰表示，如果俄方取消限制，就愿意放弃反对新的俄欧伙伴关系协定谈判的立场，并放弃针对俄罗斯加入经合组织谈判的否决权。2007年 11 月，俄方决定取消对波兰的肉类进口限制。[②]

分析俄波牛肉风波会发现，由于俄波双方在技术层面上的谈判未取得效果，波兰便将争端提交欧盟层面以期获得支持。而欧盟为了确保新一轮的俄欧伙伴关系协定谈判而对波兰的要求予以搁置的行为，波兰非常不满，认为欧盟缺乏承诺、支持不力，并抱怨其在欧盟被当作二流成员对待，不惜在俄罗斯加入世贸组织和经合组织的谈判中使用否决权，波兰的行为招致诸多成员国的不满，从而使自己陷入被动。

俄罗斯深知，欧盟过多地纠缠于俄波牛肉争端将致使双方在政治上疏远，而且在能源问题上欧盟对俄罗斯有很深的依赖性。更为重要的是，在欧盟东扩过程中，诸多方面还是需要得到俄罗斯的默许。因此，俄波牛肉风波在双边层面得以解决也就理所当然。

二 俄罗斯征收西伯利亚过境航空税的问题

俄罗斯是目前世界上征收航空过境费的唯一国家。欧盟认为，这些费用违反了国际民航协议。据欧盟委员会数据显示，欧洲航空公司每年为此付出的费用达 3 亿美元之多。特别是在竞争日益激烈的国际民航市场上，欧盟航空公司还面临着与美国诸多大型航空公司竞争的巨大压力，迫切需要开拓远东与中国的市场。因此，俄罗斯征收西伯利亚过境税严重影响了欧洲大型航空公司，诸如汉莎航空、法国航空以及英国航空等，从而使得俄罗斯航空公司在与其他对手的竞争中享有优势，而且它还可以垄断途经俄罗斯空域从欧洲至亚洲航线上的货物运输。

---

① "Einigung im Fleischstreit zwischen Polen und Russland in Sicht", Agrarheute, 3 November 2007, (http://www.agrarheute.com).

② Adam Easton, "Russia to lift ban on Polish meat", (http://news.bbc.co.uk/2/hi/europe/7141051.stm), Dec. 12, 2007.

欧盟极力坚持将取消过境费与俄罗斯入世相联系的要求，得到了欧盟及其成员国的支持。欧洲议会认为，取消过境费应该被视为战略伙伴关系协定谈判的先决条件和俄罗斯入世谈判的重要议题。但是，俄罗斯反对取消航空过境费。因为俄罗斯航空公司的未来发展特别需要从这些费用中得到补偿，毕竟运输问题事关国家安全，这些费用还可用于跨西伯利亚航线的维护、建设新铁路以及航空交通管制。①

2006 年，俄欧就过境费问题进行了数次会谈，但都没取得进展。欧盟委员会一度考虑建议欧洲航空公司停止付费，却遭到成员国的反对，他们声称这会迫使他们改变航线。在 2006 年 11 月的俄欧赫尔辛基峰会上，俄方承诺取消与欧盟成员国签署的双边协定。本来协定预期在 2007 年 5 月的俄欧萨马拉峰会上签署，但是俄罗斯驻欧盟大使齐佐夫在峰会的前夕表示，还未得到俄政府同意，俄方还要求澄清协定的技术和经济条款。

在萨马拉峰会失败后，欧盟又认为可以在 2007 年 11 月的航空峰会上签署协定，俄总统普京也表示俄准备批准该协定。可是事情一波三折，在航空峰会准备召开前，俄国航空当局与德国汉莎货运公司出现争端，从而使得航空峰会被迫推迟。② 欧盟外交与防务政策理事会主席索科洛夫指出，这 "会使欧盟失去与俄政府高层官员和航空工业领导讨论重要问题的唯一机会"③。2011 年又经过多次协商，欧盟与俄罗斯就取消航空过境费问题达成协议。④ 该协议表明，纠缠多年的航空税问题最终达成了妥协。

分析俄罗斯征收航空税的问题，就会发现该问题有别于德国汉莎货运公司，而是涉及欧盟绝大多数国家的利益，所以在双方谈判过程中，欧盟

---

① Karaganov, S., Bordachev, T., Guseinov, V., Lukyanov, F. & Suslov, D., "Russia-EU Relations The Present Situation and Prospects", *CEPS Working Document No. 225*, July 2005.

② 争端主要是关于德国汉莎航空公司途经俄罗斯空域至东亚的权利以及对航空路线上交通枢纽的使用问题。由于该争端只限于俄德，未波及其他成员国，欧盟并没有过多干涉。德国也认为欧盟的介入只会让问题更趋政治化。2008 年 3 月在慕尼黑俄德两国政府协商后，俄方扩大汉莎货运公司飞越领空的权限，并同意可以通过俄领空飞至韩国。

③ Sergei Sokolov, "Russia, EU still divided on trans-Siberian overflight charges", (http://en.rian.ru/analysis/20071114/88000768.html), Nov. 17, 2007.

④ "EU and Russia reach agreement on Siberian over-flight payments", (http://www.neurope.eu/article/eu – and – russia – reach – agreement – siberian – overflight – payments), Dec. 2, 2011.

要求俄罗斯废除与各成员国签订的双边航空协定，以达成一个俄欧之间的协议。但是在谈判过程中，欧盟也发现试图将俄罗斯入世作为政治武器来使用是无法产生预期效果的。与此同时，俄罗斯也认识到征收航空税涉及欧盟众多国家的利益，毕竟入世是俄罗斯深度参与全球化的过程之一，做出妥协也实属必要。

三　俄罗斯征收未加工木材出口关税的问题

2007年，俄罗斯宣布要逐步提高木材的出口关税，并计划到2009年将关税从每立方米10欧元提高到50欧元。欧盟认为，俄方这一措施的目的在于强化在全球市场上的竞争力，并较少地依赖原材料的出口。通过提高出口关税，既可以减少对原材料的出口，又可以使西欧国家出于对原料的需求从而在俄罗斯本土建立造纸企业。当然，俄罗斯提高出口关税似乎不仅仅意味着增加关税收入这么简单。俄总理弗拉德科夫就认为，提高关税之目的就在于"从原料出口者转变为拥有附加值产品的出口者"①。

然而，俄罗斯提高关税的行为与俄欧之间的自由贸易规定发生了冲突。在与欧盟就俄"入世"的谈判中，俄罗斯承诺会取消包括木材关税在内的贸易壁垒。可是，此次俄方提高出口关税，还将给芬兰的森林产业造成严重影响。因为芬兰造纸产业所需木材的20%都是从俄罗斯进口的。②因此，芬兰总理范哈宁表示"对俄罗斯的关税政策难以接受，并指出这会影响芬兰与俄罗斯的总体关系"③。此外，俄罗斯提高关税还对瑞典造成了影响，因为瑞典所需桦木就是从俄罗斯进口的。所以瑞典贸易大臣托尔弗斯对俄方持有严厉的态度，其继任者比约林则认为俄罗斯还未能"加入到市场经济的大家庭中来"④。在俄芬双边会谈还未取得成果时，芬兰决定将问题提交至欧盟层面。

这一问题毕竟牵涉成员国利益，欧盟必须对此表态。欧盟委员会主席巴罗佐表示，出口关税仍然是俄罗斯加入世贸组织的障碍之一。普京则对

---

① "Russia-Finland Timber Talks Fall Through"，（http：//www.kommersant.com/p769761/r_500/Finland_ Timber_ Processing_ Talks），May 30，2007.

② " Bank of Finland Bulletin 3/2007"，（http：//www.suomenpankki.fi/en），2007.

③ Pohjonen，" Puutullit sulkisivat tehtaita ja veisivät työn tuhansilta"，*Aamulehti*，14 June.

④ Ibison，" Russian Wood Tariffs Anger Sweden"，http：//www.ft.com，May 5，2008.

欧盟将俄入世与木材关税挂钩的立场表示不满。很显然，欧盟的这种挂钩策略并不会产生积极结果。芬兰总理范哈宁认为，将解决木材关税问题与俄入世相联系只会适得其反，对芬兰无益。

2007年11月，俄芬政府进行多次协商，但收效甚微。2008年11月，在与芬兰总理范哈宁会晤时，普京宣布对木材关税的征收将推迟9个月。① 此时恰逢金融危机，双方都需要解决各自的就业困境。尽管芬兰、瑞典在政治方面的反应非常积极，但欧盟官员对于这个暂时性的结果仍持怀疑态度。2010年10月，又经过多次协商与谈判，俄欧之间最终就木材关税问题达成协议，从而也解决了俄入世的障碍。

在俄芬木材关税争端中，欧盟的策略未能发挥有效作用。即使俄方决定推迟关税的提高，芬兰也是选择在双边层面而非在俄欧层面的会谈中做出决定。但有一点需要提及，尽管芬兰将问题提交到欧盟层面，但芬兰国内木材产业却期望在双边层面上解决问题。欧盟的所谓"世贸组织联系策略"也没有产生预期效果。普京公开表示不能接受欧盟的"胡萝卜"策略。这也是为什么芬兰木材产业界坚持认为欧盟介入及其争端政治化时只会带来消极后果。在俄罗斯看来，将贸易与政治相混淆，并以入世相威胁的做法只会对俄欧关系产生消极影响，这只会导致相应的报复。而且客观而言，应该理解俄罗斯提高关税的做法，其目的在于提高原材料附加值从而减少原料出口。

四　从贸易争端分析俄罗斯对欧盟的政策

在上述俄欧贸易争端中，从欧盟的表现来看，在理论上，欧盟在地缘政治上和经济贸易上享有巨大优势，但是在实际上欧盟成员国利益不同，很难团结一致应对俄罗斯。俄罗斯也深知，欧盟在单个国家利益与联盟整体利益上必然存在分歧，这是可以加以利用的工具。在贸易争端中，俄罗斯对欧盟的政策可以归纳出以下几点。

第一，俄罗斯在同欧盟及成员国的协商过程中，更愿意发展同各成员国的双边关系，意在分化利用对方的分歧及矛盾。尽管欧盟内部要求团结

---

① "Putin Postpones Prohibitive Lumber Export Tax Regime"，（http：//www.ocraworldwidenewsletter.com/OCRA_ story_ chkbn.asp？storyname=33584），December 23，2012.

的呼声不绝于耳，欧盟也逐渐在共同安全与外交政策方面有所进展，但欧盟毕竟由众多成员国组成。而且在欧盟内部不同国家对俄的态度也不一样，特别是"传统上对俄罗斯保持亲密关系的欧洲国家，比如说德国及其传统的东方政策，让新欧洲国家如波兰觉得很不舒服，这些新欧洲国家常常不惜以破坏团结为代价"①，希望欧盟能够站在与俄罗斯对抗的立场上。波兰甚至在与俄罗斯谈判未果的情形下，公然否决新的俄欧协定的谈判。② 即使包括汉莎货运航空在内的俄德摩擦，德国也仅仅是在双边层面解决问题。

在这样的情势下，发展同各成员国的双边关系就显得非常重要，而且在俄入世的谈判中，除了需要同欧盟进行磋商外，更需要同握有否决权的成员国进行谈判，因为欧盟的决定需要成员国做出一致表决，所以获得掌握否决权的成员国的支持是必不可少的。

因此，尽管在官方公开场合会经常看到俄罗斯发表支持欧洲团结的言论，但俄罗斯的实际利益决定了它更倾向于优先同成员国（特别是对欧盟有着重要影响的西欧大国）发展双边关系，而不是优先与作为整体的欧盟发展关系。

第二，与上述相联系的是，也要真正看到，俄罗斯更愿意发展同成员国的双边关系，还有一部分因素是莫斯科"缺乏对欧盟内部机制的理解"③。从历史上积累的经验看，从情感及操作层面上看，俄罗斯更愿意同单个国家打交道，对于同欧盟如此复杂的联盟机构打交道，莫斯科既不擅长更缺乏耐心。俄罗斯体制权力集中，决策程序简单，欧盟则是分权制衡，决策需要辩论。

虽然欧盟在国际舞台上发挥着重要作用，但是其内部不同的机构在共同外交与安全政策上却发挥着不同的功能，其中欧洲理事会和欧盟理事会

---

① ［美］杰弗里·曼科夫：《大国政治的回归——俄罗斯的外交政策》，新华出版社2011年版，第120页。

② 波兰相继否决俄罗斯与欧盟的谈判和俄加入经合组织的谈判，这些都与欧盟体制内的一国一票否决制有关。这种一票否决制在很多情况下并不能很好地解决争端，反而起到适得其反的效果。此外，在俄罗斯加入WTO的进程中，必须得到欧盟全体成员的一致同意，所以这种一国一票制的作用对俄方来说至关重要。

③ Jakub Kulhanek, "The Fundamentals of Russia's EU Policy", *Problems of Post-Communism*, Vol. 57, No 5, September/October 2010.

"支配了共同外交与安全政策的决策过程,而欧盟委员会、欧洲议会这两个超国家机构仅发挥着次要的作用"①。这对于习惯和一个统一行为体打交道的俄罗斯而言,难以处理与欧盟各个机构的关系,其对于欧洲议会、欧洲理事会、欧盟贸易委员会等机构所代表的利益团体,以及在欧盟对外政策中发挥的作用还缺乏深层次的了解。

此外,在俄罗斯眼中,欧盟难以做出统一连续的政治决策,欧盟还缺乏政治上的分量,依旧只是俄罗斯对外关系中的重要经贸伙伴。可以说,从深层次来看,驱动俄罗斯对欧政策的重要因素乃是"独立与大国地位的理念"②。

第三,由于在能源供给上占据主导地位,这使得俄罗斯在同欧盟及成员国的贸易争端中不会轻易地屈服。俄罗斯坚持强硬立场是因为它明白,世贸组织成员的身份对欧盟远比对俄罗斯更重要,而且布鲁塞尔也懂得,如若过多地以入世要挟反而会降低俄罗斯对欧盟的信任度。

同时,欧盟的石油天然气大量从俄罗斯进口。欧盟无法保证贸易争端仅仅局限于某个问题领域而不会"溢出"到包括能源在内的其他领域。因而,欧盟在能源领域的"脆弱性"要远远高于俄罗斯。即使是在格鲁吉亚战争中,俄罗斯的行为饱受欧盟及成员国的批评,大多数成员国领导人依旧强调包括能源在内的经贸关系的重要性。

此外,俄罗斯在能源供给的垄断地位,也使得成员国担心俄罗斯会使用"能源武器",例如"断气",从而导致包括德国等西欧大国绕过欧盟与俄罗斯进行谈判,这反过来又强化了俄罗斯与成员国发展双边关系的政策。

第四,无论是牛肉风波还是过境航空税问题,俄罗斯都坚决反对欧盟及成员国以入世为条件相威胁,即便是确实需要并愿意妥协,也坚决抵制这种威胁。更何况俄罗斯的立场有其合理性,例如,在提高出口到芬兰的未加工木材关税问题上,俄罗斯的理由是,要改变出口贸易结构单一性,

---

① 陈志敏、古斯塔夫·盖拉茨:《欧洲联盟对外政策一体化——不可能的使命?》,时事出版社2003年版,第191—192页。

② Jakub Kulhanek, " The Fundamentals of Russia's EU Policy", *Problems of Post-Communism*, Vol. 57, No 5, September/October 2010.

以提高产品附加值为中心，调整产业结构，从原料输出者变为高附加值产品的输出者，以求更好地参与全球化的市场竞争。

这种理由是合理的，一方面反映了俄罗斯经济体的正当需要，它确实需要改变经济发展过多地依赖出口能源原材料的不合理结构，增加出口产品附加值；另一方面也清晰地表达了俄罗斯对外政策的目标是发展国家经济，恢复俄罗斯的大国地位，坚决维护本国利益。自进入 21 世纪，从贸易争端中可以看出，随着俄罗斯经济政治实力的逐步复苏及增强，俄欧在具体利益方面的冲突愈加明显。

第五，欧盟的优势在于"人多势众"，而劣势在于"人多嘴杂"，这在客观上为俄罗斯提供了可以利用的条件。欧盟东扩将新老成员大小国家的分歧与冲突带进了内部，使得欧盟无法作为一个独立统一行为体发挥作用；同时，新老成员在对待俄罗斯立场上的不同也为俄罗斯开展对欧政策找到了可以利用的"缝隙"，从而使得布鲁塞尔很难做到用"一个声音"说话。

每当涉及同俄罗斯的贸易纠纷之时，基于不同的利益考虑，当事成员国多倾向于在双边层次上进行合作，这使俄罗斯可以避免与欧盟的直接接触，并增加俄与欧盟谈判的筹码。俄罗斯能够轻易地游走于成员国与欧盟之间，并通过欧盟内部的分歧来实现自身的政策目标。

作为在多极化的国际舞台上的合作伙伴与竞争对手，俄罗斯既需要在同欧盟合作的过程中增强自身实力，从而加强其在国际政治中的地位和影响；同时又要设法"削弱"欧盟的能力，"稀释"欧盟执行力的效用，保持欧盟"不合不裂"，维护与其成员国的关系，从而最终有利于俄罗斯。

总之，俄罗斯对欧盟的政策在某种程度上表达着一种对欧盟"团结统一"能力的"怀疑"，同时也暗含着对欧盟能力的轻视。从双方贸易争端中也可以看出，欧盟的整体力量表现在规范与制度层面上，对此俄罗斯还缺乏有效应对的策略。俄罗斯的劣势在于缺乏能够应对欧盟的整体战略。如果欧盟在某日为某事而果真团结一致，俄罗斯该如何应对？这是需要关注的事情。

第五节　欧盟经济制裁

欧盟执意东扩，俄罗斯拼命抵制。进入 2014 年，俄欧争夺终于引爆乌克兰危机，双方因乌克兰危机而出现对抗，欧盟紧随美国于 2014 年 7 月 29 日宣布对俄罗斯实施经济制裁。由此，俄欧关系倒退到了冷战后的最低点。种种迹象表明，欧盟的经济制裁将会延续到 2015 年年底，例如，2015 年 6 月在德国举行的七国峰会和 6 月下旬举行的欧盟峰会，而且 2015 年 12 月 21 日欧盟宣布制裁延长至 2016 年 7 月 31 日。此次欧盟发起经济制裁，表面原因是乌克兰危机，实际上隐藏在背后的原因是复杂多样的，这可以说是自冷战结束以来特别是进入 21 世纪以来俄欧全部关系当中所有分歧及矛盾的一次总爆发，诸如政治信任、经济联系、地缘安全、价值理念等方面。

一　欧盟发起经济制裁

2013 年 11 月 28 日，欧盟"东部伙伴峰会"在立陶宛维尔纽斯举行。乌克兰总统在最后时刻放弃同欧盟签署联系国协议，引发国内示威抗议。随后几个月，乌克兰局势逐渐失控。在欧美的支持下，乌克兰反对派在首都基辅发动政变，迫使亚努科维奇逃亡俄罗斯。在此情形下，克里米亚举行全民公决并宣布加入俄罗斯联邦。乌克兰危机随之升级。

可以看出，在几个关键节点上，诸如关于乌克兰政局，关于克里米亚独立并加入俄罗斯联邦，欧盟与乌克兰签署联系国协议，关于马航坠机事件问题，欧盟都是支持乌克兰对抗俄罗斯的。从乌克兰危机爆发起，欧盟就警告说要对俄罗斯实行制裁，而且声调不断提高，措施力度逐渐强化，直至 2014 年 7 月 29 日宣布对俄罗斯实施经济制裁。欧盟制裁俄罗斯大致分为三个阶段。

第一阶段，欧盟对俄以警告为主，以制裁为辅。3 月 17 日，欧盟同意冻结 12 名俄罗斯和乌克兰官员的个人资产，并禁止向其发放旅游签证。同时欧盟决定取消当年的俄欧峰会，并声称成员国也将暂时不会同俄举行双边会谈。此外，欧盟还会同美国一道将俄罗斯排除在八国集团之外，将原定于在俄罗斯索契召开的八国集团峰会挪至布鲁塞尔举行，暂停同俄罗斯在经合组织与国际原子能机构中的磋商。①

第二阶段，欧盟制裁升级，力度强化，但仍留有余地。4月29日，欧盟将15名俄罗斯官员列入制裁名单，制裁人数扩大至48人。5月13日，欧盟高调宣布进一步制裁，扩大对俄公民入境限制以及冻结账户的名单。可是就在制裁过程中，欧盟层面还是恩威并用，也没有放弃合作。6月2日，欧俄乌三方就天然气价格问题举行第四轮磋商。7月2日，俄德法乌四方在柏林举行会谈，承诺尽快采取措施实现乌东部停火。

第三阶段，欧盟宣布对俄实行最严厉制裁，但是仍旧保持继续对话。7月17日，马航客机坠落之后，欧美指责俄罗斯对此负有责任，并于7月29日宣布对俄进行最严厉的经济制裁。除了7月30日针对涉及克里米亚的制裁，7月31日的《欧盟公报》规定延迟欧洲投资银行和欧洲复兴开发银行向俄提供金融资助，禁止俄罗斯联邦储蓄银行等5家银行进入欧盟金融市场；禁止向俄出口军事终端用户使用的军民两用商品；限制俄罗斯获取可能用于石油勘探开发的敏感技术，禁止向俄罗斯出口高级油气管材、深水钻机、移动塔、油泵及海上钻井平台等可用于北极石油与页岩油勘探开发的设备等。8月17日，德法俄乌四国外长聚会柏林，商讨旨在实现乌克兰东部停火的路线图。迟至9月8日，欧洲理事会主席范龙佩表示，欧洲理事会通过进一步制裁俄罗斯的方案，其内容可能涉及资本市场、防务以及相关敏感技术，还可能包括对俄部分企业的制裁。② 这些新的制裁将于9月12日生效，主要包括强化对俄罗斯进入欧盟资本市场的限制，并且在涉及石油等能源开发项目上不再提供相关技术支持。③

此后，欧盟一再延长经济制裁。2015年，欧盟因遭受债务危机、难民涌入和巴黎恐怖袭击的多重困难而导致内部分歧增多，即便是在这种情

---

① Janis A. Emmanouilidis, "Historic turning point or just another chapter? The results of a foreign-policy summit, in the Ukrainian crisis so far", *European policy centre*, 24.03.2014, pp.2, 3.

② 《欧洲理事会通过欧盟对俄新制裁方案》，2014年9月9日，人民网（http://world.people.com.cn/n2014/0909/c1002-25623286.html）。

③ 《欧盟宣布对俄新制裁12日生效 加强金融领域限制》，2014年9月12日，人民网（http://world.people.com.cn/n2014/0912/c1002-25646857.html）。

况下,欧盟仍坚持对俄进行制裁。2015年7月,欧盟决定将制裁延长至2016年1月,可是在2015年12月,欧盟又在本年度最后一次峰会上宣布将制裁延长至2016年7月31日,延长制裁的措施主要影响俄罗斯的金融和能源及武器出口。①

二 俄罗斯的反制裁措施

欧盟曾警告俄罗斯勿轻举妄动,否则将招致更严厉的制裁。然而,逐渐升级的制裁似乎并没有换来俄罗斯的退让。相反,俄罗斯开始进行反击。

从2014年8月1日开始,俄罗斯停止进口波兰蔬果、罗马尼亚活牛及其相关制品;8月7日,俄罗斯食品进口禁令清单扩大到美国、欧盟、加拿大、澳大利亚、挪威……这意味着俄罗斯开始使用"食品大棒"回击西方制裁。俄欧陷入相互制裁的恶性循环。

除了上述对波兰、罗马尼亚、美国、欧盟、澳大利亚、加拿大和挪威的农产品进口限制外,俄罗斯拟禁止采购制裁国所有品牌汽车,禁止乌克兰航班飞经俄领空,考虑禁止欧美航班飞经俄领空。俄罗斯的反制裁比较重视策略,在制裁对象、行业等选择上避免打击面过宽,注重分化瓦解、各个击破,留有余地。

俄罗斯的反制裁也包括调整对外政策。普京的"立足欧亚、转向亚太、团结拉美、联欧制美"战略逐步调整为以"欧亚经济联盟"为地缘战略依托,进一步转向亚太,联合金砖国家、上合成员等发展中国家阵营以自强,反抗欧美阵营的强权政治。

为此,俄罗斯更注重利用"欧亚经济联盟"、金砖国家、上合组织、亚太经合组织等平台资源抵御制裁。8月7日,普京与哈白等"欧亚经济联盟"成员领导人讨论了如何采取协调行动应对西方对俄的制裁。8月14日,普京在雅尔塔会见国家杜马代表时宣称,反制裁措施不仅是回应西方的制裁,同时也是支持国内生产商、开拓新市场、寻找新合作伙伴的方式。例如,在农业方面,俄罗斯着眼于稳定价格,以国产与进口相结合的方式填补缺口。普京责成政府采取措施防止农产品、食品价格大幅上

---

① http://www.consilium.europa.eu/en/eu/press-releasea/2015/12/21-russia-sanctions/,2016年1月2日访问。

涨。除了鼓励国内替代产品外，俄罗斯拟扩大从巴西、智利、阿根廷、厄瓜多尔、土耳其、白俄罗斯、乌兹别克斯坦、土库曼斯坦、吉尔吉斯斯坦、塔吉克斯坦、中国等国进口相关农产品。在能源方面，俄罗斯继续推进"西稳东进"的能源战略，加强与中国、日本、韩国、印度等国的能源合作。

俄罗斯还积极利用西方之外的金融资源。俄罗斯的富人正开始放弃维萨卡和万事达卡，转而使用中国的银联卡；2014年年底，俄罗斯的毕恩银行与天然气工业银行将开始使用银联卡和日本国际信用卡支付公司的信用卡业务。一些俄罗斯油气公司、金融机构开始转向中国香港避险与融资。俄罗斯联邦储蓄银行等5大银行已在中国香港发行债券。

鉴于2015年12月21日欧盟宣布将经济制裁延长至2016年7月31日，当天俄罗斯总统普京强硬回击欧盟延长制裁，表示制裁不会迫使俄放弃原则。俄总理梅德韦杰夫的新闻秘书季马科娃表示，俄罗斯对欧盟制裁的反制裁措施将执行到2016年8月。

三 制裁与反制裁的影响及后果

俄欧经贸关系非常密切。根据欧盟《欧俄货物贸易统计》数据，2013年俄欧贸易额为3262.53亿欧元。欧盟是俄罗斯第一大贸易伙伴，2013年欧盟从俄罗斯进口额为2064.78亿欧元，占欧盟进口额的12.3%；俄罗斯是欧盟第三大贸易伙伴，2013年欧盟向俄罗斯出口额为1197.75亿欧元，排在美国与中国之后，占欧盟出口额的6.9%。

欧盟是俄罗斯第一大农产品进口来源地，占俄罗斯农产品进口额的42%，远大于位于第二位巴西的7.8%。欧盟也是俄罗斯农产品出口的主要目的地，对欧盟的出口占俄罗斯农产品出口比重的19%。

能源贸易是俄欧经济联系的支柱。2013年欧盟从俄罗斯进口油气矿物燃料及相关材料达1605.89亿欧元，占来自俄罗斯进口总额的77.8%。俄罗斯通过出口能源换得财政收入的2/3，而欧洲经济体的运行也离不开占进口额约1/3的俄罗斯天然气。

俄罗斯严重依赖西方的资金、高科技及其装备。2013年，俄罗斯国有金融机构的债券融资有47%通过欧盟金融市场进行。根据俄罗斯能源部的数据，目前俄罗斯石油工业25%的设备从国外（主要是西方）

采购，在高技术钻井领域（如水平井）对西方技术的依赖度更高达80％—90％。

可以看出，俄欧经贸关系非常密切，双方在农业、能源、金融、高科技、工业设备等领域存在互补性，制裁与反制裁难免使双方受伤。双方也都准备好了要为自身长远的更大利益而牺牲眼前的局部利益。布鲁塞尔牺牲眼前的经济利益以换取长远政治利益，欧盟发起经济制裁还包含要顾及北大西洋联盟，维护欧美地缘政治战略利益，这在政治上也是极大的长远利益和投资。莫斯科牺牲眼前局部经济利益是为了换取长远的整体战略及安全利益。

欧盟面临的困难在于2014年的制裁与反制裁造成的损失可能达到400亿—500亿欧元，占生产总值的0.3％—0.4％。英国一家研究机构指出，因对俄制裁，整个欧盟在2014年生产总值损失在0.5％左右[1]，在今后一个时期内，乌克兰危机都将成为影响欧盟经济增长的重要因素。欧盟的机遇可能在于欧盟有可能通过调整经济结构，摆脱对俄罗斯能源的过多依赖，降低对俄罗斯贸易逆差增加的势头，有利于俄欧贸易结构再平衡。

俄罗斯的经济损失及困难极其明显。2014年，俄罗斯损失约230亿欧元，约占生产总值的1.5％；2015年，损失将增加至750亿欧元，预计约占生产总值的4.8％。[2] 一年来，欧盟的制裁加剧俄罗斯国内资本外逃，卢布贬值，俄企业因难以获得国外贷款与技术而受挫。梅德韦杰夫表示，因西方制裁，俄罗斯在2015年将损失750亿欧元。有经济学家认为，俄罗斯经济在2015年预计将缩水3％。[3] 俄罗斯的机遇可能在于利用被制裁遇到的困难，调整经济发展过分依赖出口能源及原材料的不合理结构，促进产业结构合理健康地发展。

俄欧之间的制裁与反制裁，使双方经济合作关系从"合作为主、冲突为辅"转向了"冲突为主、合作为辅"。各自也都承受着损失和困难。可是不要忘了俄欧之间还是存在着共同利益的，双方对话妥协的时刻会到来的。例如，双方能源贸易依旧进行，俄欧都没有涉及能源问题，俄罗斯

---

[1] 李雪：《俄罗斯与欧盟酝酿新一轮较量》，《人民日报》2015年6月5日。
[2] 程春华：《俄欧陷入"四难"的制裁恶性循环》，《世界知识》2014年9月第17期。
[3] 李雪：《俄罗斯与欧盟酝酿新一轮较量》，《人民日报》2015年6月5日。

在继续供应能源，并没有出现人们过去担心的莫斯科会使用"能源武器"，欧盟继续使用俄罗斯的能源，即便是乌克兰也没有切断过境的能源管道。可是，俄欧之间皆因相互制裁而蒙受损失。以意大利为首的多个国家曾对此提出质疑或批评。

第六章

俄罗斯与欧盟的能源合作

俄欧之间的不同点要远远多于其相同点，而能源合作则是双边关系中仅有的一个相同点更多的领域，它远比双方在政治、安全及价值观方面的对话及合作取得的进展要大得多。因而是一个值得特别讨论的话题，在这里所占篇幅自然要更多一些。通过能源合作可以更深入地认识俄欧关系的进展以及存在的矛盾。

当今世界，能源保障、能源贸易及其运输问题牢固地占据了国际议事日程的关键位置。进入21世纪，这三大问题在很大程度上决定着世界经济发展的主要趋势。在俄欧复杂多样的关系中，能源议题是最重要的被优先考虑的问题。在现阶段的俄欧能源合作问题上，既取得了无可争辩的成就，又存在尖锐的似乎又无法解决的矛盾。俄欧能源合作在双方关系中的重要地位是显而易见的，之所以如此，是因为俄欧在能源领域的相互依赖和合作形成了史无前例的局面。目前欧盟全部能源消费中有超过50%来自进口。虽然欧盟在推行节约能源和发展替代能源的政策，它所依赖的进口能源在预期内仍将继续增加。根据欧洲委员会预测，在2030年前欧盟的能源消费中约有68%来自进口。在目前欧盟国家进口天然气中，有45%来自俄罗斯，在进口石油中，有30%多来自俄罗斯。[①] 换句话说，俄罗斯是欧盟最大的天然气石油供应国。

与此同时，对俄罗斯而言，能够同欧盟在能源领域开展稳定合作是同样重要的，有可能比起欧盟是更加重要。根据2009年11月通过的俄罗斯能源战略，在2030年之前出口能源仍将是发展本国经济的最重要因素，

---

① Европейская интеграция :учебник /Под ред. О. В. Буториной. М., 2011, С. 591.

欧盟仍将是俄罗斯碳氢能源的主要消费者，欧盟的此类消费中超过70%是来自俄罗斯出口的天然气石油。①

在这里要分析俄欧能源领域相互关系的总体状况，包括全面透视俄罗斯碳氢能源供应欧盟空间的问题，发展俄欧能源对话的问题，重新审视合作的标准基础及实施新的大规模运输方案——建设"北溪"和"南溪"运输管道，以及俄欧能源合作的问题及矛盾。通过以下问题开展论述。

第一节　目前俄欧能源合作状况

冷战结束以来特别是进入21世纪以来，俄欧合作主要体现在经济领域，其中能源领域（天然气石油）是最主要最关键的，俄欧能源合作形成了前所未有的局面。

一　俄罗斯保障欧盟国家能源的地位与角色

目前欧盟有27个国家，可是它拥有的能源储量在世界总量中微不足道，石油不足1%、天然气不足2%、煤炭不足4%。这种状况决定了欧盟的碳氢能源要依赖进口。

目前欧盟国家中只有英国开采大量石油：2010年开采6800万吨，占欧盟此类产量的69%（2010年总产量是9870万吨）。其他欧盟国家石油产量微不足道。

欧盟国家天然气年产量是1710亿立方米。主要有两个国家：荷兰（2009年627亿立方米）和英国（2009年596亿立方米），它们合计生产欧盟天然气的71%。②

在欧盟国家中，只有丹麦开采石油超过了自己的消费量。其他国家都需要进口石油。欧盟国家依靠自己生产只能保障自身石油消费的15%。

荷兰、丹麦开采天然气超过自己消费。几年前，英国是值得称道的国家，可是在2004年英国的天然气开采量下降，进入了欧盟国家进口天然

---

①　Энергетическая стратегия России на период до 2020 г. // Российское газовое общество. http://www.gazo.ru/files/upload/1462/ru/i.doc.

②　BP Statistical Review, 2010.

气的名单。整个欧盟自产天然气能够满足约34%的消费（2010年自产1541亿立方米，消费4599亿立方米）。

欧盟国家煤炭年开采量约为1.58亿吨石油当量。德波捷英四国提供了此类开采量的84%。

在欧盟，集中了约世界1/3的核能。欧盟15个国家利用核能，其中有些国家遥遥领先。首先要数法德两国，分别占欧盟核能生产的46%和15%。但是在2011年日本福岛核电站一号机组发生事故后，欧盟核能生产经历严重危机——欧洲人开始更担心核电站辐射（例如德国决定要关闭所有核电站）。同时，欧盟几乎全部依赖进口铀原料。

根据欧洲委员会预测，2030年前欧盟27国对于进口能源的依存度超过目前的50%多而上升至65%，前提是欧盟国家维持目前的消费量。在这种条件下，2030年前进口天然气份额从目前的66%上升至84%，进口石油份额从目前的85%上升至93%，进口煤炭份额从目前的40%上升至59%。[1] 这些预测是基于两个主要原因：一是碳氢能源储量趋于枯竭，二是传统的能源利用方式不可持续。欧盟努力增加内部能源生产，无论是依靠开拓能源来源还是关注蕴藏量极大的页岩气。新一代节能技术也可以帮助欧盟国家在保持能耗更低水平的条件下，保持和提高它们的经济潜力。但是，实现这些目标规划需要欧盟国家付出巨大努力和财力支持。因而可以预测，欧盟依赖进口能源的长期前景将是不可避免地增加。

在欧盟极不寻常的能源形势下，俄罗斯扮演了保障其能源安全的关键角色。在最近几年里，欧盟国家石油消费的26%来自俄罗斯（依次是13%来自挪威，8%来自沙特，8%来自利比亚，5%来自伊朗，3%来自阿尔及利亚、尼日利亚、哈萨克斯坦，15%来自其他国家）。[2]

俄罗斯在保障欧盟天然气用量方面同样扮演着最重要的角色，欧盟进口天然气总量中24%来自俄罗斯（13%来自挪威，10%来自阿尔及利亚，4%来自卡塔尔），在2010年俄罗斯向欧盟出口了1103亿立方米天然气。[3]

---

[1] Боровский Ю. В. Современные проблемы мировой энергетики. М, 2011, C. 182.
[2] BP Statistical Review, 2010.
[3] Ibid.

另外，俄罗斯在向欧盟提供其他能源载体方面也发挥着重要作用。欧盟进口的煤炭中约40%来自俄罗斯，欧盟还从南非和澳大利亚进口煤炭。俄罗斯向欧盟提供17%的铀原料（加拿大提供23%，澳大利亚提供16%）。这三国合计提供56%的铀原料。①

很明显，俄罗斯是向欧盟国家提供主要能源载体的最重要的供应国。俄罗斯出口的碳氢能源超过60%是面向欧盟的。② 所有这一切都说明，俄欧能源相互依存度很高。鉴于俄欧的地缘位置、贸易数量及现存各种联系，双方在能源领域的合作就具有了综合特点和战略性质。

二　能源合作的政治法律基础，俄欧建立能源对话

（一）俄欧能源合作的政治法律基础

20世纪90年代，俄欧关系（包括能源领域）获得了必需的且是以往没有的政治法律基础。③ 1994年6月，在希腊科孚岛，俄欧签署为期10年的伙伴关系与合作协议，这为双方长期合作奠定了法律基础。该协议的批准拖延了3年多，在1997年12月1日才正式生效。协议涵盖3个最重要的相互关系领域：政治、经贸（包括能源）和文化。俄罗斯无论同美国还是同日本都没有这样高水平的协议。

该协议在俄罗斯和欧盟及其成员国之间建立起伙伴关系。"伙伴"概念本身并没有特殊含义，可是在第1条款和第2条款里解释了伙伴关系的范畴。

为实施该协议建立起专门合作机制，包括俄罗斯总统、欧盟理事会主席、欧洲委员会主席三驾马车每年的两次会晤；包括能源部部长在内的部长会晤，在合作委员会框架内（2003年建立伙伴常设委员会）；高级官员会晤。

该协议宣布广泛的经济合作规划，涉及超过30个领域，其中能源是

---

① www.atominfo.ru.

② Энергетики //Представительство Европейского союза. http://delrus.ec.europa.eu/ru/p_306.htm.

③ 苏联与欧洲经济共同体国家建立关系是限于双边基础，苏联与欧共体官方关系是建立于1988年6月，在1989年12月苏联与欧共体签署关于贸易、商业与经济合作协议，但是由于苏联1991年12月解体，该协议还未开始实施。

最优先的。

在贸易领域里是建立最优惠税率。应该指出,尽管俄罗斯直到2012年8月才加入世贸组织,可是俄欧贸易关系应该受到世贸组织个别条款的调解。

由于2000年普京当选总统,开始克服俄罗斯20世纪90年代的危机,俄欧关系获得新的动力。

在2003年5月的圣彼得堡峰会上,提出要建立俄欧四个共同空间——经济、自由安全法制、外部安全、科学教育文化。在2005年5月的莫斯科峰会上,通过了建立四个共同空间"路线图"(共同行动计划)。为此,俄欧肩负起新的经济、政治、人文方面的责任。无论在莫斯科还是在布鲁塞尔,建立四个共同空间都被看作一项致力于长期(20-25年)的伙伴关系与实际合作的规划。"路线图"涉及俄欧发展双边关系的所有领域。"路线图"基于《伙伴关系与合作协定》原则和早先建立的合作机制,就构成了俄欧战略伙伴关系的基础。实施"路线图"需要借助俄罗斯专业部门和欧洲委员会相关负责人之间的对话。它们的主要任务就是逐渐地使相关法律对接。双方要研究企业界的标准、程序使之和法律活动能够接近。

能源是在所有合作领域中最优先考虑的方面,可是由于上述文件都没有预见到直接调整能源问题,该问题只是泛泛而谈,缺少具体的规定。

当时欧盟制定2050年前欧盟能源发展路线图。在该文件里根据欧洲人预测,应该考虑制定俄欧在经济领域合作的共同路线图,同时有必要成立欧盟天然气咨询委员会。

2007年12月,这时1994年签署的《伙伴关系与合作协定》有效期满,但是这并没有导致俄欧关系中的法律真空的出现。该协定将每年自动延期,直至双方签署新的协定。可是必须指出,有关新的《伙伴关系与合作协定》的谈判遇到严重阻碍,特别是2004年入盟的许多东欧新成员因怀有强烈的反俄情绪而阻挠这一谈判。[①] 可是,现行的《伙伴关系与合作协定》明显过时,不能反映俄罗斯、欧盟以及世界所发生的变化,同

---

① 例如,波兰因为与俄罗斯发生贸易纠纷而在欧盟内部阻挠就新的伙伴关系与合作协议展开谈判。

时也没有反映建立四个共同空间的理念。

俄罗斯同欧盟进行有关新的政治法律关系的对话,必须根据 2005 年前的法律资源,此时俄欧力量并不完全对等。根据俄方专家意见,在签订新《伙伴关系与合作协定》时,俄罗斯有必要指望签署短期的法律文件,将由专门协议加以充实。这个方案符合俄罗斯的利益,因为这可以防止在批准时遇到麻烦,并且可以在包括能源在内的合作中采取更灵活的方式。此外,这种方法可以指望国际法,而不是欧盟的内部立法。

由于存在双边协议,俄欧各自单方面通过的并且是触及能源问题的某些政治法律决议,就对双方能源合作产生极大影响。它们包括欧盟通过的欧洲能源宪章(1991 年),欧洲能源宪章条约和运输备忘录(1994 年),欧盟 2000 年和 2006 年的"绿皮书",同时还有俄罗斯通过的 2020 年前能源战略。

因此,上述基础性文件不能预先制定出可行和详细的办法从而调整双方能源合作。这种状况的很多原因在于直到不久前(通过第三批能源文件)布鲁塞尔在能源领域的职权范围非常有限。在实施统一能源政策问题上,欧盟长期不能超出成员国协调行动的框架,这种状况很难同外部玩家发展关系并且常常陷于内部争论。① 可是,能源合作作为相互关系的重要方面及优先考虑领域,对它进行调整是实际需要,这符合无论是莫斯科还是欧盟全部当事国的利益。

(二) 俄欧能源对话与成效及其困难

为新的谈判方式寻找到的办法就是能源对话,这是加强俄欧关系的重要步骤。欧洲委员会提出建立能源领域经常联系专门机制的想法得到了莫斯科的支持。(在《伙伴关系与合作协定》框架内的合作委员会年度会议上和该协议下属委员会会议专家级会议上,提前讨论涉及能源最重要问题。)

在 2000 年 10 月巴黎举行的俄欧峰会上开始了这一对话。类似的会晤每年两次:上半年在俄罗斯,下半年在欧盟。峰会赞同欧洲委员会主席普

---

① Кавешников Н. Ю. Значение проекта СЕГ в контексте энергодиолога между Россией ЕС // Перспективы развития отношений между Россей и ЕС: право, политика, энергетика. СПБ., 2008, C. 31.

罗迪提出的倡议，即"建议同俄罗斯就大量增加对欧盟供应载能体以换取投资和技术而开展对话"。作为俄欧合作的单独领域，能源对话的主要目的是宣布建立稳定伙伴关系和保障稳定供应石油天然气。① 新的谈判文件应该成为扩大俄欧贸易和能源领域相互投资的基础。在欧盟看来，在能源领域的战略伙伴关系被看作减少从欧佩克国家进口石油的依存度和对政治上不稳定波斯湾的依赖性的手段。在峰会共同声明中指出，"能源对话将涉及该领域所有问题，即包括发展能源利用和生产与转运基础设施合理化方面，对欧洲投资的机会，同时在生产国和消费国之间的关系"②。

基于专家提交的报告，2001年的布鲁塞尔峰会上通过专门的能源对话共同声明。其中提到，对话进入正式阶段并认为这是讨论能源领域问题的平台。在声明中同时确定了能源领域议事日程的主要内容，包括俄欧电力系统的对接，签订欧洲消费者同"俄气"新的长期合同，建设能源运输基础设施项目以及其他。从2002年起，在俄欧每年两次峰会前夕，都会按时准备好关于对话进程的总结报告。

为进行能源对话而建立高级别机构。俄罗斯是副总理兼能源部部长赫里斯坚科，欧盟是负责能源问题的专员拉莫尔。2004年11月，在海牙在他们代表处下属建立项目工作组咨询机制。他们专门研究分析涉及俄欧能源部门相互利益的问题。

项目组在2005年开始工作，欧盟参加会议的有欧盟委员会代表，欧盟成员国的机构，欧洲复兴开发银行，欧洲投资银行，欧洲其他大型能源公司。俄罗斯有外交部、能源工业部、财政部、经济发展部的官员。能源公司有"俄气""石油运输""俄油"，还有俄企业家联盟。

在2007年4月能源对话工作组被改组。目前在高级别机构框架内有俄欧三个专家项目组工作，专门讨论涉及相互利益的关键方面：一是能源战略及预测；二是发展俄欧能源市场；三是能源利用效益。每年高级别机构提交关于能源对话进程和前景的总结报告，并提请俄欧峰会高层领导关注。

---

① Саммит Россия—ЕС: Совместное заявление. Париж, 30 октября 2000, http://www.ieras.ru/journal/Journal13.2001.14htm.

② Под ред. О. В. Буториной. Европейская интеграция :учебник. М., 2011, С. 593.

2000—2012年，俄欧能源对话受到极大影响是由于出现了如下进程：建立欧盟统一自由的天然气和电力市场，这直接涉及俄罗斯输往欧盟的天然气供应体制；大多数中东欧国家加入欧盟；俄罗斯实施电力改革；改革俄罗斯在能源企业界的立法，特别是关于租赁和分割产品协议；加强国家对俄罗斯能源公司的监督。

在2004年开始的载能体国际价格走高，使欧盟开始关注俄罗斯能否保障稳定和增加供应的问题。此外，俄罗斯有可能使部分出口供应输往亚太地区，并借此减少俄罗斯对欧盟这个载能体最大消费国的依赖性。所有这些因素促使俄罗斯谈判立场的强化。

应该指出，能源对话早期阶段取得了一系列的积极进展和成果：一是俄罗斯对欧盟出口燃料能源总量在稳定增加；二是提高了能源供应的安全性和可靠性；三是完善了旧的并建立了新的能源合作机制（建立多种形式圆桌会议，诸如工业及企业家、能源技术联合中心、商界和国家机构代表组成联合项目组）；四是能源对话对于解决2004年欧盟扩大后能源自由转运至加里宁格勒问题的积极影响；五是筹划新的基础设施规划。早在2001—2002年，双方同意"反映相互利益的项目方案"，其中就包括建设北欧天然气管道，整合"友谊"和"阿德利亚"石油管道，研究施托克曼天然气产地，开发利用亚马尔的综合方案等。

在2007年5月举行的俄欧峰会上通过了关于建立早期预警机制，它规定双方通报关于载能体供应和消费的短期与长期风险的程序。双方任命了早期预警机制的负责人。由于该机制很快表明了自己的工作效率（例如，2008—2009年之交俄乌天然气冲突期间），所以在2009年11月俄欧能源对话协调人会晤时就签署了关于早期预警机制的备忘录，在该框架内最终同意了该机制的所有法律和技术细节。

能源对话最明显的方面是核燃料贸易和核能领域合作的问题。欧盟坚持天然铀和加工铀供应来源多样化的政策。这表现在要限制从俄罗斯进口核燃料数量，规定来自俄罗斯的份额不能超过欧盟此项进口总量的25%。俄罗斯认为这种数量限制带有歧视性。早在1994年俄欧签署合作协定时，双方商定要缔结核材料贸易的专门协议，可是这个问题的谈判此后一直没有开始。

大致从2005年起，俄罗斯向欧盟提出有关改变能源对话个别基础原则的问题。正如在 2006 年 7 月圣彼得堡举行的"八国集团"峰会上普京提出了全球能源安全的问题,俄罗斯成功说服欧洲伙伴确信能源安全本身"包括开采、运输和销售……在这个链条上的所有环节都要承担共同责任"。此外,莫斯科建议基于资产互换原则实施大型投资方案,例如,欧洲公司可以进入俄罗斯产地,而俄罗斯公司可以进入欧洲运输和销售网。但是,后一项建议在布鲁塞尔遭到冷遇。

在更广泛的意义上,目前能源对话是寄希望于长期前景的多层次机制。

最高层次的机制是俄欧之间的定期对话。在这里确定能源合作的一般原则,探讨反映相互利益的方案,建立在具体方向的共同行动机制,形成对商业公司合作的有利政治氛围。

中间层次的机制是俄罗斯与欧盟单个成员之间的双边对话。这种对话之所以有必要是因为欧盟远不能制定统一的能源政策。特别是成员国在自己能源储备问题上拥有完全自主权,独立地决定燃料能源平衡和能源进口来源的问题。双边层次的决定通常兼顾了政治与大型商业方案的利益。

基层层面的机制是俄欧双方商业公司的相互协作。在做出决定的所有环节里,当局和商界紧密协作有利于在商业方案中体现出政治意图。

能源对话启动后的最初 8 年(2008 年爆发世界金融危机前),毫无疑问是获得了积极正面的评价。事实可以证明它是有成效的,它的结构可以作为俄欧在其他领域开展对话的样板。除了上述之外,双方成功地商定必须保持向欧洲供应天然气的长期合同,同时在俄罗斯加入世贸框架内调整能源贸易领域的分歧问题。

因此应该指出,在金融危机发生后,由于危机尚未完全克服,同时欧盟一些国家债务危机加重,俄欧能源对话正经历着不寻常的阶段。虽然俄欧关系是互惠的,可是在能源领域双方的立场存在着重大的主观上和客观上的分歧。

俄欧在能源领域的战略目标存在着分歧。俄罗斯试图进一步发展石油天然气贸易并希望扩大自己在欧洲的存在;而欧盟希望限制进口载能体,降低在能源领域对东欧邻居的依存度,发展获取能源的替代方式。必须指出,阻碍能源对话和实际合作的主要问题,就是 2005 年后在欧盟和俄罗斯的能源市场出现了不同的发展方向:这时在欧盟还是能源市场自由化,在俄罗斯则是按照国家能源战略采取一系列完全相反性质的措施。另外，俄欧能源合作由于本身过度政治化而愈加复杂了，导致在很多方面阻碍了一系列关键问题的解决（例如，在俄欧公司之间置换资产方面）。

世界能源价格走高，2005年前俄罗斯偿还了外债，建立起庞大的黄金储备，宏观经济指标看好，所有这些因素都大大加强了俄罗斯的谈判立场。这种状况引起了欧洲伙伴的愤恨。

与此同时，俄罗斯在同欧盟发展能源合作的过程中，更愿意同欧盟成员国发展双边合作。这种做法是完全有理由的，特别是在制定新的《伙伴关系与合作协定》的过程中遇到极其复杂的难题。可是欧盟则相反，它试图要按照自己的规则来规范同俄罗斯的关系，以便争取使欧洲公司进入俄罗斯能源的所有环节。

此外，直至今日俄欧在能源对话框架内未能形成共同"能源安全"概念。这个范畴具有复杂的综合性质并且本身包含许多变量。对于进口国（欧盟国家当事方），这主要是获得充足能源，防止因经济和地缘政治原因而中断供应，最后才是经济效益和环境保护。对于出口国，还需要具体的和基础性的机制以便供应能源并且吸引外资来发展能源产业。俄罗斯坚持这种做法，它认为把能源安全仅仅等同于"供应安全"是适得其反，并且将所有潜在风险集中在供应方最终也不会促进供应安全。在能源对话过程中，俄罗斯坚持自己对能源安全的看法，即在于保障可靠和持续供应，首先要求"外部风险"最小化并减低过境运输国的作用。根据俄罗斯的看法，能源安全不是借助虚幻的"能源独立"来实现的（布鲁塞尔力争实现这一点），这种做法在当今全球化条件下无法做到，而是在利益相关方通过更合理的分担风险来实现的。

根据研究者的看法，对比俄欧能源战略可以表明，双方利益重合度更广泛。在更狭义的理解中，能源对话是基于双方相互依存的：欧盟需要稳定供应能源，俄罗斯需要引进投资进入能源产业并且能够获准进入整个能源链条，包括向欧盟国家终端消费者出售载能体。[1]

正如自2000年起参与能源对话的能源专家日兹宁评价说，整体而言，

---

[1] Энтин М. Л. В поисках партнерских отношений：Россия и Европейский союз в 2006—2008 годах. М.，2009，С. 497.

在最近4年能源对话进程形式化并且在某些方面变成走形式。实际上，对话没有发展，一系列现实方案倒是在基于俄欧领导人之间的商谈中实现了，而同时也是在俄罗斯和单个欧洲国家绕过对话框架中实现了。① 但是也不能错误地认为，这种协商形式已经过时了。相反，虽然存在复杂化和"空转"，能源对话继续发挥着无可争辩的协调作用：它仍旧保障协调俄欧能源合作，并促进寻求以社会国家为一方与私人商界为另一方的利益平衡。

三　欧盟能源宪章条约与俄罗斯利益

（一）欧盟能源宪章条约

从能源对话的观点看，最关键同时也是最具问题意识而值得单独考察的问题是俄罗斯对待欧盟能源宪章条约的态度，该条约是反映了欧盟在能源领域的利益与原则的基础性文件。可以认为，欧盟试图把这些原则与利益变成通用的国际规则，使之成为世界其他一系列国家的义务，包括俄罗斯，虽然这些规则并不完全符合其他国家的利益，而且常常直接有悖于这些国家的利益。

能源宪章根据荷兰首相吕贝斯的倡议制定，并于1992年12月在海牙由大多数西方国家签署，同时还有澳大利亚、加拿大、美国和日本。这个政治声明包含一系列原则：发展有效市场，促进私人投资，减少限制，尊重国家主权对于自然资源的掌控，有效利用能源和保护环境。

为了把宪章的意图和声明变成法律义务，有必要制定能源宪章条约。这样就在能源宪章表述中特意删除了"欧洲"字眼，以便使尚未入盟的欧洲国家成为宪章成员。条约于1994年12月在里斯本公开签署，并在首批的30个国家批准后于1998年正式生效。

在53方签署能源宪章条约之前（51方是主权国家，欧盟共同体和欧洲海关算单独两方），所有欧洲和独联体国家实际签署了条约，同时还有澳大利亚、日本和土耳其。美国和加拿大签署了能源宪章，但没有签署能源宪章条约。俄罗斯、白俄罗斯、挪威和澳大利亚签署了能源宪章条约，

---

① Жизнин С. З. Десять лет спустя. Перспективы энергетического сотрудничества Россия—ЕС // Независимая газета. 2010. 12 декабря.

可是没有批准。俄罗斯在 2009 年 3 月前接受了该条约,白俄罗斯直到现在临时接受该条约直至批准它。

1994 年成立的政府间组织——能源宪章代表大会以实施能源宪章条约的规定。所有签署条约或接受条约的国家都是代表大会成员。该大会给予原则定期举行大会以便评估履行能源宪章条约规定和讨论涉及成员国能源合作问题。大会工作机构是秘书处,同时还有若干工作组。北非和波斯湾的国家(20 个国家)作为观察员参与大会和秘书处的工作,同时还有 10 个国际组织。

该条约宣称的主要目标是促进外国投资进入成员国能源企业,促进能源市场的效益和透明度,规避非商业性风险,建立能源自由贸易机制。该条约的规定调节如下问题:保护外资进入能源领域,能源资源贸易与转运的机制,同时解决生产国和外国投资者之间纠纷的程序。条约的主要目标是解决成员国之间的纠纷,促进成员国经济的能源效益,以及将能源生产国和消费国对环境的影响最小化。

在条约中指出,只有成员国政府决定本国能源部门的组织及结构。文件没有硬性规定国有能源公司的私有化或者分解已经整合的能源公司。

能源宪章不要求成员国必须允许外国投资者获准进入本国能源领域。虽然宪章主张在能源领域国际投资与技术的互利性,国家对能源资源的主权仍然是能源宪章的基本原则(条约第 18 款)。每个成员国自由决定自己是否开发本国资源,同时它自由决定本国能源领域对外国投资者的开放程度。

能源宪章条约某些规定可以在国际能源合作中减少风险。它们赋予投资者保护自己权益的可能性,例如,可以向国际仲裁法院提出诉讼。自 1998 年能源宪章条约生效起,有一些"投资者—国家"纠纷已经在条约框架内得到顺利解决——或是通过和解协议,或是通过仲裁法院解决。同时该条约要求成员国"过境运输能源要按照非歧视原则"并按照世贸组织确认的运输自由原则来保障能源材料及产品经过本国领土。这些规则超过世贸组织规定,因为它们在过境运输载能体方面规定了明确的义务,包括要有常设基础设施,例如,有管道和电力网。这样在条约中包括解释性概念，条约规定"不要求任何协议方必须要对第三方给予开放"①。

该条约的鲜明特点是综合性。它包括一系列涵盖整个能源链条的规则。它们不仅包括能源生产和加工的投资，而且包括能源贸易以及为面向国际市场需通过不同国家法律领土的过境运输的诸多条件。

在该条约生效后，能源大会通过决定要在单个过境运输议定书框架内进一步协调能源运输的具体规则。有关这一问题的协商从2000年开始，在2002年年底前该问题的大多数规定已协调完毕。特别是它们预先规定一整套具体规则，公开运输能力，要求运输价格"合乎情理及透明"，有关一旦因事故及其他原因发生运输中断时的应对措施。但是在2003年，关于议定书的协商工作停顿下来，因为俄罗斯和欧盟国家之间在三个问题上存在尖锐矛盾：运输能力的长期储备，表明根据拍卖招标确定的价格费用，同时按照欧盟倡议该议定书不适用于欧盟框架内的能源运输。关于运输议定书咨询会议在2004—2008年定期举行，可是没有取得具体成果。源自议定书方案的尖锐问题一直没有解决，并且成为俄欧领导人协商的问题。

（二）俄罗斯的立场

现在我们需要考察俄罗斯在签署能源宪章条约和协商运输议定书问题时的立场及利益。俄罗斯早在1994年签署能源宪章条约，而在经过一段拖延后于1996年8月，国家杜马批准了该条约。在此期间，许多大型俄罗斯能源公司的领导层，同时还有一些政党组织，都反对批准该条约。在1997年6月，一些杜马议员还建议延迟批准。关于该条约新的议会听证会在2001年1月举行，俄能源部、俄石油运输公司、俄统一电力公司主张批准该条约，"俄气"依旧强烈反对。结果立法者们宣布只有在有关涉及过境运输的议定书通过了有利于俄罗斯的重新协商后，才能考虑重新审议批准问题。鉴于延迟批准，俄罗斯宣布将基于临时原则接受该条约。实际上这意味着，按照能源宪章条约第45条款，俄罗斯将"暂时接受该条约直至它生效……这种暂时接受并不违背俄罗斯的宪法、法律和法令"②。

---

① Договор к Энергетической хартии от 17 декабря 1994 г. [Электронный ресурс]. http://www.businesspravo.ru/Docum/Documshow_ Docum_ 44586html.

② Договор к Энергетической хартии от 17 декабря 1994 г. [Электронный ресурс]. http://www.businesspravo.ru/Docum/Documshow_ Docum_ 44588html.

在 21 世纪，俄罗斯官方人士多次申明说，只有在运输议定书起草时考虑到俄罗斯的利益，才能批准能源宪章条约。普京也多次讲到能源宪章条约不利于俄罗斯的利益。那么在能源宪章条约规定、运输议定书方案、俄罗斯利益及立场三者之间的具体分歧何在呢？

首先，主要障碍是俄罗斯方面有充足的理由担心能源宪章条约关于能源过境运输自由的规定，可以使欧洲利用俄罗斯运输基础设施从其他国家首先是从中亚国家获得更廉价的天然气。这无疑造成对俄罗斯天然气在欧洲的竞争，俄罗斯没有机会依靠非歧视原则提高运输费用以补偿自己。在这种情况下，俄罗斯只能获得中亚天然气的过境运输费收入，而不能掌控天然气流量本身。现在俄罗斯开始从哈萨克斯坦、乌兹别克斯坦和土库曼那里购买天然气，而后就可以把它销往欧洲——像自产的天然气那样。

其次，根据许多专家的看法，能源宪章条约的规定是希望获得极不合理的很大权力，直到确定过境运输费用、某种国际调解及其决定不能够进行申诉，即便是这些决定不客观也可能会造成争执方极大的经济损失。能源宪章条约设置的解决争执的机制，完全明显地倾向于保护投资者的利益，而且是外国投资者的利益。根据能源宪章条约的规定，外国投资者常常可以使自己的经营活动摆脱东道国法律制度的制约。外国投资者常常有机会很快绕过东道国司法机构，直接求助于各种调解纠纷的国际性、超国家性的机制，或是进行协商性质的，或是法律性质的解决。同样表明，能源宪章条约规定必须执行仲裁法院的决议，可是既没有规定上诉的机会，也没有规定相关国家执行国内法律保护机制。[①]

最后，还有一个重要问题涉及欧盟在过境运输议定书条文中所谓的"整合修正案"。正如布鲁塞尔要求的那样，欧盟应该被视为一个统一运输空间，能源宪章条约及其过境运输议定书的规定不适用这个区域。换句话说，能源宪章条约的过境运输调整应该是最终裁决，例如，在波兰和斯洛伐克境内。接受这个修正案就意味着在供应自产天然气时，"俄气"如果要在消费国境内出售天然气，应该由购买天然气的国家本国天然气公司从事下一步销售活动。这一规定对于俄罗斯天然气的巨大规模而言是极其

[①] Под Ред. А. Конопляника. Договор к Энергетической хартии: Путь к инвестициям и торговле для Востока и Запада. М., 2002, C. 35.

不利的，要知道俄罗斯自己试图去接近终端消费者，即获准进入消费国的内部市场。

欧盟游说过境运输议定书，实际上是试图把欧盟空间从议定书效力范畴中排除而置于另一个规则之内，即欧盟统一内部市场不认为存在过境运输和过境运输的支出费用。① 实际上这里表明，试图使欧盟内部立法超越欧盟而成为国际性的能源宪章条约。根据欧盟官员的意图，来自第三国的能源产品和商品如果要经过俄罗斯境内运往欧洲必须遵守过境运输议定书，但俄罗斯自产天然气经过欧盟境内运输则要遵守欧盟的内部立法。结果很明显，欧洲人极力在国际层面以立法形式巩固自己的某些特权。很显然，俄罗斯不能接受这样的条件。

该条约同时要求赋予第三方可以使用俄罗斯天然气运输的能力。一旦杜马批准该条约，来自中亚的廉价天然气可以通过"俄气"管道运输，而且是低于俄国内价格的，正如能源宪章条约所要求的那样。最终，还是存在重大担忧，一旦能源宪章条约被批准，长期的天然气和石油合同有可能在一系列情况下不会再被需要，要知道正是这些合同才是现在俄罗斯和欧洲消费国能源合作的基础。

除了能源宪章条约条款中上述这些分歧之外，根据莫斯科的看法，还有一些其他严重缺陷。特别是其中没有预先规定专门解决冲突局势的机制，包括天然气过境运输时会发生的不测。其中实际上缺少有关保障全球能源安全的规定，也没有制定出应对气候变暖的应有措施。

此外，俄罗斯继续受到核燃料商品的限制。正如普京指出的一样，"1994年签署能源宪章条约时，我们在许多观点上所表达的担忧，也被能源宪章大会主席声明中注意到了。特别是，讲到有关俄欧间核材料贸易问题，欧盟却不受能源宪章条约的制约"。根据普京的说法，"当时设想，这个问题将会在俄欧《伙伴关系与合作协定》框架内得到解决……甚至都确定了签署关于核材料自由贸易协议的具体日期——1997 年 12 月 1

---

① Конопляника. А. А. Обойти пункты преткновения. Соглашение о партнерстве Россия—ЕС и Энергетическая хартия [Электронный ресурс]// Политический журнал. 2008. 21 апреля. No. 6—7, http：//www. politjournal. ru/index. php? action = Articles & dirid = 367tek = 81287issue = 218.

日。但是有关这个问题的谈判直至今日仍未有结果。俄罗斯方面继续受到核燃料商品的数量限制"①。

这样,能源宪章条约规定了各方权利和义务的明显不平衡,并且依据各方分属于哪个集团——能源的出口一方或进口一方,主要看是能源开采一方还是能源消费一方,这不能使俄罗斯满意。签署能源宪章条约不能给俄罗斯带来好处,既没有西方答应的大量投资,也不能缓解西方银行贷款给俄罗斯能源公司的歧视性条件,更不能改善同过境运输国的关系。能源宪章条约的实质,就是在捍卫消费者的利益,与此同时,那些供应者和过境运输者,正如梅德韦杰夫有一次指出的那样,"只是让自己承担了许多义务而勤勉地供应自己有用的矿藏品"②。正因为如此,无独有偶,能源宪章条约不仅仅是俄罗斯没有批准,而且其他能源出口大国也没有批准,就像挪威。但是布鲁塞尔不准备做出妥协,也不改变条约许多条款。

在21世纪第一个10年,关于能源宪章条约问题就被列入了俄欧峰会议程。例如特别是在2006年布鲁塞尔峰会上,普京表示,俄罗斯"准备实施能源宪章确定的内容,但是我们应该明白,我们要得到交换"③。俄罗斯总统非常明白地告知对方,莫斯科非常希望"俄气"进入欧洲市场。但是,俄罗斯试图在欧盟境内分销公司获得一杯羹,以便控制从供应到消费的整个链条,这不可避免地遭到欧盟委员会的坚决抵制。

莫斯科在能源宪章条约问题上的坚定立场迫使欧盟寻找迂回途径,从而在文件上巩固该条约的主要规定。在2007年10月,欧盟委员会高层提议将能源宪章条约和过境运输议定书的规定变成世贸组织的通用规则,对所有成员都有约束力。此外,布鲁塞尔寻找办法把能源宪章原则纳入新的《伙伴关系与合作协定》。根据欧洲委员会能源专员的说法,欧盟"希望巩固新的《伙伴关系与合作协定》规定,它规定在俄罗斯境内自由运输能源"④。其他欧洲机制也对莫斯科施压。例如,在2007年1月欧洲理事会议会通过关于能源安全问题的决议,其中对于2006年1月发生的俄罗

---

① http://www.gazeta.ru/business/2009/08/06/3233761.shtml.
② Боровский Ю. В. Современные проблемы мировой энергетики. М., 2011, С. 114.
③ Шкута А. А. Европейский вектор газовой стратегии России. М., 2008, С. 5.
④ Транзитный протокол к ДЭХ: Учет интересов России. Обзор. //Gas Forum. http://gas-forem.ru/obzory – i – issledovaniya/576/.

斯天然气供应乌克兰的临时减少"事故"表示了"遗憾"。决议强烈呼吁俄罗斯"遵守能源宪章条约批准的国际能源义务",而同时"赋予第三国使用自己的管道运输网"①。

俄罗斯方面以"俄气"副总裁 A. 梅德韦杰夫为代表在 2007 年 1 月首次建议欧盟签署新框架条约以取代批准能源宪章条约。这位副总裁强调,过境运输议定书方案的目的在于迫使俄罗斯对外国人开放从而使用自己的天然气运输系统,可是不能给俄罗斯能源公司带来任何回报。议定书第 10 款规定甚至就使用天然气管道进行拍卖。梅德韦杰夫总结说:"就目前样子看来,这是一份反俄罗斯的文件,应该签署新的条约,以此确定俄欧能源安全领域的关系制度。"②

布鲁塞尔很快试图利用俄罗斯的倡议以捍卫自己的利益。在回应俄方倡议时,布鲁塞尔建议莫斯科在新条约中预先做出规定,除了确认能源宪章的基础性原则之外,建立一个超国家组织。根据布鲁塞尔的意思,它应该能够监督俄罗斯履行自己的能源义务。拉夫罗夫在回应这一建议时指出,"我们没有看出有必要建立超国家组织"③。

在 21 世纪,俄罗斯对待能源宪章条约和过境运输议定书的立场逐渐地严格起来。在签署能源宪章以来的 15 年里,俄罗斯逐年地把批准一事留给主要的院外活动集团——欧洲人,批准它的机会愈加渺茫。在 2008—2009 年之交同乌克兰发生天然气危机之后,俄罗斯政府表示,能源宪章条约证明了自己的无能为力(其中所确认机制不能防止或缓解这种危机),"俄气"建议自己的欧洲伙伴们,要制定和签署新的条约,它不同于能源宪章条约,而是充分考虑能源消费者的利益和能源生产者和过境运输者的利益。在 2009 年 4 月莫斯科向欧盟提出自己有关新文件的建议。在芬兰担任欧盟轮值国主席的会晤时,梅德韦杰夫总统提交给芬兰一份可以取代能源宪章的方案,文件名称是"对于能源领域国际合作新的法律基础的基本态度",由三部分组成:第一部分包括国际能源合作的原

---

① Шкута А. А. Европейский вектор газовой стратегии России. М., 2008, С. 32.
② 俄罗斯媒体报道:在俄欧索契峰会后将准备新的战略协议(NEWSru:26 мая 2006г. http://www.newsru.com/russia/26may2006/itogi_print.html)。
③ 拉夫罗夫表示:俄罗斯不认为需要这个国际能源合作机构(http://www.gazeta.ru/business/2007/02/05/n_1032191.shtml)。

则,第二部分是关于过境运输协议的因素,包括关于解决冲突的条约,第三部分是能源产品的清单。该方案的新颖之处是关于在第三国境内监督过境运输问题上消费者和供应者合作的建议。这样,俄罗斯决定为自己保留进入欧洲分销网的可能性,以此制衡准备要签署的第三批能源文件。

目前,欧盟不准备有内容的讨论俄罗斯的倡议。很快,在公布这些倡议后,欧洲议会在二读和三读中通过了第三批能源文件。在2009年5月的哈巴罗夫斯克举行的俄欧峰会上,巴罗佐表示,欧盟准备考虑俄罗斯的建议,但是目前还谈不上有关取消能源宪章条约的问题。布鲁塞尔官方直至目前一直坚持这一立场。

在2009年7月30日,即欧盟通过第三批能源文件后,很快,普京签署了关于俄罗斯停止临时采用能源宪章条约的政府令(No.1055—p)。同年8月24日,按照能源宪章条约第45条(3—a),俄罗斯致函宪章交存国(葡萄牙政府)表示自己打算不再成为能源宪章条约的成员。过了60天,俄罗斯不再是基于临时原则采用能源宪章条约的一方。自2009年10月20日起,俄罗斯成为(同澳大利亚、冰岛和挪威一样)签字的国家,可是并没有批准条约,也不再是基于临时原则采用条约的国家,即倒退至以往的状态。①

在有关能源宪章条约和过境运输议定书命运问题上,俄罗斯始终捍卫自己利益的做法在随后愈加造成欧盟立场出现积极正面的变动。在2011年10月,欧盟被迫承认,"鉴于在过境运输议定书的谈判与协商缺少进展……继续进行该项谈判在目前显得不太适宜"②。欧盟表示准备讨论有关基于新文件重新着手谈判的问题。这项决定在莫斯科受到欢迎。这样,就其实质而言,反俄的过境运输议定书方案实际上是被埋葬了。

目前,能源宪章大会在成员国政府和工业部门的代表中间,同时在有关过境运输问题谈判新方式的观察人士中间,开展广泛的会商。如果这类协商顺利进行,俄欧就有可能最终建立起牢固的基础,以便促进能源贸易

---

① ДЭХ: почему Россия берет тайм—аут // Международная жизнь. (http://www.intereaffairs.ru/lukoil.php? n=4).

② Официальный сайт Энергетической хартии. http://encharter.org/index.php? id=37 & L=1.

过境运输和国家间合作——能源的生产者、消费者和过境运输者三者之间的合作,同时还可以调解其他与能源宪章条约相关的诸多分歧。也不能排除俄欧有可能返回到完善能源宪章条约条款的想法,或者在新的《伙伴关系与合作协定》框架内建立新的法律基础。然而,我们认为,解决所有这些问题是很复杂的过程,需要不少时间。

第二节 俄欧能源运输的新方案

早在苏联时期,苏联与欧共体就展开能源合作。随着苏联解体,地缘政治环境发生改变,原来双方能源合作方式发生变化,俄欧能源合作产生了过境运输的新问题。同时随着欧盟扩大对能源消费量的增加,这两个问题紧密联系,所以不得不寻找能源合作的新方式,即绕开乌克兰和白俄罗斯的能源运输新方案。

一 俄罗斯向欧盟供应能源的问题,俄乌和俄白能源过境运输的争端

(一)"过境运输国专政"

俄欧能源合作关键问题之一是前者向后者保障可靠和连续供应碳氢能源。这种供应是通过早在苏联时期建设的大部分管道运输网进行的。苏联解体后,这一基础设施就处在乌克兰和白俄罗斯境内,乌白自此成为过境运输国家。曾经统一的苏联运输网破裂对俄罗斯产生了许多问题,包括同相邻兄弟共和国的矛盾与冲突,后者由于意识到自身的过境运输地位而试图提出自己的条件。

"过境运输国专政"(普京的定义)在21世纪导致莫斯科同明斯克特别是同基辅之间发生了金融经济和政治危机。事态发展到了中断供应天然气的地步,不仅对白俄罗斯和乌克兰,而且对欧洲消费者断气。这里不详细讨论这些冲突,但是从逻辑联系上还是简要地分析一些"过境运输矛盾"的实质及特点,它影响俄欧关系并且使双方有必要讨论建设新的天然气运输管道以避开过境运输问题。

目前在俄罗斯境内有"原有的"运输管道:经过乌克兰的乌连戈—伯马尔—乌日哥罗德,"联盟"和"进步"三条天然气管道,同时还有经过白俄罗斯的亚马尔—欧洲天然气管道第一条管线。无论是莫斯科还是布鲁塞尔，都试图减少对这些管线的依赖。

导致"乌克兰因素"大于"白俄罗斯因素"的实际状况是它们向欧盟供应天然气散量有差别。每年通过三条经乌克兰的管道输送900亿—1200亿立方米天然气，而通过"亚马尔—欧洲"经白俄罗斯的管道输送330亿立方米天然气。[①] 这个数量差别导致不同的效果，如果供应停止造成的局面也不一样。

（二）俄乌天然气争端

在21世纪头10年，俄乌天然气冲突由于政治矛盾加剧而具有了金融经济性质。在苏联解体后基辅获得购买天然气的重大优惠，天然气价格大大低于欧洲市场的价格。俄罗斯希望以此使这个斯拉夫邻国处于自己的势力范围之内。此外，基辅为换取天然气特惠就要让俄罗斯提供价格优惠，以此作为向欧洲过境运输的条件。但是，问题的复杂性在于乌克兰表现出愈加强硬的谈判立场并且把能源问题"政治化"。它的主要目标是将自己利益最大化，并且依靠反向依赖方式减少对俄罗斯的能源依赖，即自己是一个过境运输供应者。这种意图最明显地表现在2004年"橙色革命"后以尤先科和季莫申科为代表的新乌克兰政权方面。

俄乌第一次天然气冲突发生在2005—2006年之交。它带有"预谋方式"——在俄罗斯"俄气"和乌克兰"石油天然气"双方公司之间展开。基辅于2005年年初提出转为直接货币结算，涉及天然气出口，提高乌克兰境内转运天然气费至1.75—2美元100公里/千立方米。同年夏，"俄气"提出反建议：公司高层承诺有可能提高过境运输定价，同时要求提高基辅购买俄罗斯天然气价格至中欧水平——从50美元/千平方米涨至160—170美元/千立方米。乌克兰回绝这一要求，结果2006年度供应天然气合同没有签署。[②] 冲突上升至国家层面，2006年1月向乌克兰市场供应的天然气中断，俄罗斯向欧洲的供应在继续。这种形势下，基辅开始从过境运输管道中"未经允许截流天然气"（说得更直白就是偷气）以弥补国内消费。2006年1月4日，双方成功签署谅解协议规定，在天然气贸

---

① Жизнин С. З. Десять лет спустя. Перспективы энергетического сотрудничества Россия—ЕС // Независимая газета. 2010. 12 декабря.

② Шкута А. А. Европейский вектор газовой стратегии России. М., 2008, С. 80.

易领域成立俄乌能源公司调解机构；提高对乌克兰供应的天然气价格至230美元/千立方米，2006年前半年天然气价格是95美元/千立方米；自2007年起提高过境运输费至1.6美元。这个费率也适用于中亚天然气经过俄罗斯境内过境运输对乌克兰的供应。①

俄乌第二次天然气冲突是在2008年年底至2009年年初，其原因是乌克兰不签署2009年度俄罗斯供应天然气的合同，同时还有基辅在2008年度所欠的天然气债务，数额超过30亿美元。合同没有签订是由于价格问题：俄罗斯要求在过境运输费为1.7美元的条件下天然气价格是250美元/千立方米；乌克兰则要求天然气价格201美元/千立方米条件下过境运输费2美元。2009年1月1日向乌克兰供应的天然气中断。然而对欧洲的能源供应在继续。在严冬条件下对欧洲消费者的供应经过乌克兰，同时通过"亚马尔—欧洲"和"蓝溪"天然气管道运输的天然气量甚至还有增加。在基辅又一次采取非法盗取天然气的危险手段，导致暂时明显减少了俄罗斯对欧洲供应的天然气量，此举在一些欧盟国家出现了对能源保障的忧虑。由于"能源战争"，在2009年1月6日前出现了国家内部函件。原本必须经过乌克兰管道系统运输却没有足额收到俄罗斯天然气的国家如下：100%没收到天然气的国家是波斯尼亚、黑塞哥维那、保加利亚、匈牙利、希腊、马其顿、克罗地亚、德国、塞尔维亚、土耳其；只收到90%天然气的国家是奥地利、意大利、波兰、斯洛文尼亚；只收到70%—75%天然气的国家是罗马尼亚、法国、捷克、斯洛伐克。②

从2009年1月7日起，在摩尔达维亚、斯洛伐克、斯洛文尼亚和罗马尼亚，完全停止出售天然气。同时为满足在波兰和德国需求量增加而出口的天然气开始经过"亚马尔—欧洲"管道运输，而为满足土耳其需求经过"蓝溪"管道运输。

停止或急剧减少俄罗斯天然气供应引发某些欧洲国家（例如，保加利亚）当时的能源虚脱，爆发了大规模的国际性争吵。很显然，无论是

---

① Шкута А. А. Европейский вектор газовой стратегии России. М., 2008, С. 83.
② Factbox, "Countries affected by Russia—Ukraine gas row", *Reuters*, January 6, 2009. (http://www.reuters.com/article/worldNews/idustre50531Q20090106? pageNumber = 1 & virtualBrandChannel = 0).

基辅还是布鲁塞尔都没有预料到俄罗斯会如此强硬和坚决地捍卫自己的利益,甚至会关闭天然气阀门,并且要乌克兰去向愤怒的欧洲消费者做出解释。在基辅的"橙色"领导集团明白了,赌博"输掉了",他们被迫屈服。2009年1月20日,在经过长时间和紧张的谈判后,普京和季莫申科签署双边协议,即关于确定以欧洲价格供应天然气给基辅并放弃在过境运输问题上的公司间协商调解方式。第二天经过乌克兰境内对欧洲供应的天然气重新恢复。

这两次冲突具有一系列重要后果。首先是财政损失。例如,由于第二次危机,"俄气"直接损失进款不少于20亿美元;财政损失仅仅没有收到的出口税就超过7亿美元。① 再次,俄罗斯历来被认为是天然气可靠供应商的信誉受到损失,当然也包括乌克兰。

所有这些事件引起布鲁塞尔对有关"俄罗斯作为能源供应商可靠性"问题的辩论,同时还有有关减少欧盟对于俄罗斯能源依赖程度并发展能源供应替代来源的问题。应该指出的是,在上述情况下,莫斯科提前警告说有可能停止对乌克兰的天然气供应,并建议布鲁塞尔参与同基辅的谈判。可是欧盟方面每一次都宣称俄罗斯和乌克兰应该在双边层面解决这些问题。②

欧盟官方对于俄乌"天然气冲突"的反应表面上很克制,但是实际上表现出明显的反俄倾向。欧洲委员会只是做样子,在这些冲突中不分对错,更准确地说,不得罪两边,但实际上更多地怪罪俄罗斯一方。③

(三) 俄白天然气石油争端

天然气和石油争端也发生在俄白关系中,虽然它们是联盟国家,整体氛围和一体化程度更深,这一点不同于俄乌关系。可是即便是这种关系,白俄罗斯试图要按照最优惠价格得到俄罗斯的载能体,利用自己的过境运输地位,曾经两次在向欧盟供应石油天然气问题上造成临近危机的形势。

---

① Немцов Б., Милов В. Газовый конфликт: пейзаж после битвы // Ведомости. 2009. 22. января.

② Пашковский И. Г. Энергетическая политика Европейского Союза в отношении России и новых независимых государств. М, 2010, С. 216.

③ Либман А. М. Газовый конфликт России и Украины и Европейский Союз // Информационно—аналитичесий бюллетень. Центр проблем интеграции Института экономики РАН.

对欧洲的天然气过境运输在 2004 年 1—2 月的俄白"天然气争端"期间被短时间地中断过。当时明斯克为了自己内部需要而拧紧了对加里宁格勒、立陶宛和波兰的供气阀门，但是因为中断时间很短，没有给俄罗斯造成严重的信誉损失。欧盟只是提醒明斯克要提前通报所采取的类似措施。

俄白在 2006 年年底对 2007 年度天然气价格问题的争端更尖锐、持续时间更长。它倒是没有中断通过"亚马尔—欧洲"管道的天然气供应，但是，事态发展的威胁是现实存在的。在明斯克答复莫斯科要求签署有关逐步过渡到市场化价格的天然气合同的时候，它拒绝签署过境运输协议。此外，2007 年 1 月出现了俄罗斯石油经"友谊"管道供应的间断。这引发欧盟的严重不安，布鲁塞尔确信在白俄罗斯方向对它的能源供应是没有保障的。

2007 年，俄白争端应该具有正面效果，此后在苏联境内需要俄罗斯继续在能源领域给予补贴的国家一个也没有了。[1]

俄罗斯极力维护可靠伙伴的地位，每一次都表现出对欧盟国家消费者的高度责任性，竭力通过极大让步消除因能源供应中断而造成的后果。可是欧洲委员会常常试图利用俄罗斯同过境运输国的冲突而怀疑俄罗斯作为能源供应国的可靠性，并强调寻找替代方案的必要性。布鲁塞尔官方不失时机地试图利用自己经营的多元化政策作为向俄罗斯施压的手段，以便形成有利于它的能源合作制度。

过境运输国出现的危机形势表明，不应该把欧洲能源安全看作一个简单的问题，好像是"不可靠的生产者和易受伤害的消费者"的对话，而是反复表现出俄欧在对待能源领域合作的立场上存在的重大分歧。布鲁塞尔也认识到，白俄罗斯特别是乌克兰明显在滥用自己的过境运输国地位，这不仅威胁到俄罗斯而且威胁到欧盟的能源安全。

在亚努科维奇总统执政后，俄乌关系出现好转。但是两国能源合作仍然紧张，因为许多棘手矛盾未能解决。在亚努科维奇执政期间，没有发生过切断供应欧洲的管道阀门事件，夸张一点说，在他执政期间乌克兰变成

---

[1] Пашковский И. Г. Энергетическая политика Европейского Союза в отношении России и новых независимых государств. М., 2010, C. 227.

了一个可靠的过境运输国。

最近几年，俄白关系取得积极进展。在2004年和2007年冲突之后，明斯克逐步认识到进口俄罗斯能源转向市场原则的必然性，并且在过去听都不愿听的问题上做出重要让步，即向"俄气"出售白俄罗斯国有天然气运输公司。2007—2010年，"俄气"分阶段出价25亿美元收购白俄罗斯天然气运输公司50%的股份。2011年11月，在经过艰苦谈判后，白俄罗斯出价25亿美元向"俄气"出售剩余50%的股份（全价是50亿美元）。同时，明斯克获得了折扣50%优惠的同以往俄罗斯国内价格接近的天然气以满足国内需要。[①] 卢卡申科在解释这个协议并回应批评者时表示，"过去我们很看重这条管道……如果它被欧盟或者美国收购了，一定是很平静的事儿……这个合同对我们经济有帮助……现在我们可以用自己产品同俄罗斯进行平等竞争"[②]。

对俄罗斯而言，这桩生意同样有好处。白俄罗斯天然气运输公司是当地天然气市场的垄断者，并且经营着总长度7000公里的天然气管道，包括属于"俄气"的"亚马尔—欧洲"天然气管道的白俄罗斯地段。俄罗斯天然气出口到欧洲有15%要经过这一地段。收购白俄罗斯天然气管道运输公司加强了欧洲能源安全，因为减少了向欧盟国家供气的中断风险。

但是，俄罗斯同乌克兰和白俄罗斯的关系的好转不可能消除莫斯科对于未来向欧盟国家供应能源"政治化"风险的担心。此外，21世纪头10年后期，出现了利用俄罗斯西部邻国过境运输可能性的客观限制。苏联解体后的近20年里，乌克兰天然气运输管道系统老化了，而它的现代化改造需要巨额资金，基辅是拿不出来的，欧盟和俄罗斯不愿意分担。通过白俄罗斯过境运输大量以往途经乌克兰的天然气由于当初设计局限而无法实现。明斯克游说建设"亚马尔—欧洲"天然气管道第二条支线有可能改善局面。但是，它的缺陷在于，一旦选择这个方案，俄罗斯又会依赖白俄罗斯这个过境运输国（明斯克会坚持优先拥有第二条支线以作为建设的必要条件）。因为不久前有过冲突，所以这个方案不能说服俄罗斯。

由于上述原因，俄罗斯现代能源运输战略在于向欧盟供应天然气管道

---

① http://lenta.ru/news/2011/06/23/sell.
② http://nl.by/news/tags/beltransgaz.

绕过过境运输国的经营多样化。在该领域提出的诸多方案中,最有生命力的要数"北溪"天然气管道。该方案设计能力很大,在不经过过境运输国的条件下,足以扩大向欧洲的供气规模,或者在"原有"管道出现不测的情况时将转运天然气维持在可以接受的水平上。它同样是一个傲慢自负的方案——就像后来于2012年12月开始建设的"南溪"方案,可以认为它既是对经过乌克兰和白俄罗斯的天然气运输管道的补充,也是一个替代它们的方案。

这样,21世纪头10年的天然气危机凸显了建设新的能源运输管道的重要性,这样做的目的在于防止因过境运输国家而产生的风险。关于这两个有助于作为俄欧能源合作新阶段的方案的实施,下面会讲到。

二 俄欧能源合作新阶段——"北溪"天然气管道的建设

(一)"北溪"项目的提出

"北溪"天然气管道是俄罗斯天然气供应欧洲的新管道,目前最有前景。"北溪"天然气管道建设始于2010年4月。在2011年11月俄罗斯、德国、法国和荷兰领导人出席了第一条支线通气的隆重仪式。该管道建设事先在俄欧之间进行了长时间和紧张的谈判。"北溪"的战略目的是向欧洲市场增加俄罗斯天然气供应量,并降低俄罗斯对过境运输国的依赖性。

"北溪"管道长约1200公里(是世界上最长的水下天然气运输管道之一),连接俄罗斯和德国,始于维堡(列宁格勒地区),止于格赖夫斯瓦尔德(梅克伦堡地区——过去波美拉尼亚),沿着波罗的海海底经过俄罗斯经济专属区和领海水域、芬兰、瑞典、丹麦和德国领海水域。"北溪"海上部分是1128公里。管道经过海底最深距离是210公里。第一条支线供气能力是275亿立方米/年。在2012年年底前应该准备好第二条支线,此后天然气供应量增加1倍,约550亿立方米/年。这个供气量提供的能源相当于14座核能和50座燃煤电站。①

"北溪"资源基地是南部俄罗斯和施托克曼的气田。南部俄罗斯气田的勘探储量约8000亿立方米,而施托克曼气田的勘探储量约3.7万亿立

---

① http://newsbalt.ru/details/? ID=2173 &sphase id=2782.

方米。①

"北溪"管道的两条支线需要大量投资，开始计划是 74 亿欧元，后来升至 100 亿欧元。

建设"北溪"管道的想法，早在 1997 年开始研究过三条线路，最终选择这个方案是最合理的，因为距离最短也最经济。此外，它不涉及过境运输国领土。选择这个方案的最大优势是在天然气管道最初 25 年运营中总费用更低：海底管道的总费用要低于陆地管道的 15%。②

1997 年开始海上部分的准备工作。在 2000 年 12 月，欧洲天然气市场需求量增加，根据欧洲委员会的决定，"北溪"成为优先考虑方案。这意味着该方案成为"为保障欧洲稳定发展和能源安全而建设最重要跨境运输能力的关键方案"③。

有关建设"北溪"框架的协议于 2005 年 9 月 8 日在柏林由"俄气"与德国巴斯夫和意昂集团签署。成立"北溪"联合企业（起初是北欧天然气运输公司），"俄气"拥有 51% 的股份，温特沙尔和意昂集团鲁尔天然气拥有 24.5% 的股份。在 2008 年 7 月，荷兰天然气公司成为"北溪"新股东，依靠温特沙尔和意昂集团鲁尔天然气减少股份 4.5% 而获得 9% 的股份。"俄气"获得许多回报，包括有可能利用荷兰境内的天然气转运能力。在 2009 年 4 月开始同法国天然气公司的谈判，很快顺利结束。

目前，"北溪"的唯一所有者和经营者是国际股份公司（北溪股份公司），由多家能源巨头组成。其中"俄气"拥有 51% 的股份，德国公司温特沙尔（巴斯夫公司子公司）拥有 15.5% 的股份和意昂集团鲁尔天然气拥有 15.5% 的股份，同时还有荷兰天然气（该国运输网唯一经营者）获得 9% 的股份，法国天然气公司获得 9% 的股份。

很明显，对于俄罗斯而言，有利于"北溪"的关键理由是它不经过过境运输国家，可以直接从俄罗斯经过波罗的海到达德国，即符合俄罗斯

---

① http://www.bb.lv/bb/all/6315/.

② Muller J. Nord Stream: Secure gas supply for Europe//Stefan Batory Foundation. 2008, June 28, p. 14. (http://www.batory.org.p/doc/Nord% 205Stream_pres_Stefan% 20Batory_20080626.pdf).

③ Газопровод 《Северный поток》 // Официальный сайт ОАО 《Северный поток》. (http://www.gasprom.ru/articles/article18465.shtml).

天然气供应欧洲的运输线路多元化目标。莫斯科最重要的收获有三点：不再支付过境运输费用，以及因过境运输导致的冲突形势而付出的财政损失；避免了因过境运输国的行为而出现的政治风险；增加了俄罗斯在欧盟天然气市场的份额。

（二）三组国家对于"北溪"的不同态度

在欧洲，"北溪"从一开始就被认为是极其复杂的项目，实施这一方案遇到了巨大困难，不仅有经济、技术工艺、经济方面的困难，而且还有深刻的政治分歧。

对这个项目最有诚意的国家是德国、荷兰、法国、英国，即那些在"北溪"运营后可能成为俄罗斯天然气消费者的国家。不能忘记，德国、荷兰、法国的能源公司是该项目的直接参与者。第二组是中立国家如丹麦、芬兰。在"北溪"设计和施工期间，它们总体上采取客观的立场，并且出于政治原因没有阻挠该项目的实施。第三组是持批评态度和明显反对立场的，该项目自运营开始，它们既没有获得任何额外天然气供应，也没有过境运输收入。这些国家是瑞典、波兰和三个波罗的海国家。这些国家在2008年改变了对该项目的总体评价，从过去的否定到肯定，可是对该项目的生态问题继续表示担心。

同第三组国家之间的矛盾严重地拖延了"北溪"的实施，从而使该项目耗资更多。"北溪"建设计划于2009年启动，可是由于同波罗的海国家的长时间的困难谈判而推后至2009年7月，随后又推迟一年，最终在2010年4月9日举行管道海上区段开工建设的隆重仪式。俄罗斯总统梅德韦杰夫、德国总理默克尔、荷兰首相扬·巴尔克尼德和其他官员出席。

为什么"北溪"会导致欧盟内部意见的两个极端？为了回答这个问题，必须分析欧盟成员对待"北溪"的立场。

在欧洲，"北溪"的主要支持者和游说者是德国。德国人认为，该项目对自己有利，首先是能够保证能源供应者，而且使能源消费者也不依赖过境运输国，管道经波罗的海直接在德国格赖夫斯瓦尔德上岸。在第二次俄乌"能源战争"（2008—2009年）后，默克尔要求欧盟无条件支持"北溪"。按她的话说，能源冲突表明，在欧盟能源供应计划中应该更独立更稳定地应对危机形势。① 2005 年 12 月,"北溪"董事会由前不久离开联邦总理职务的重量级政治家施罗德主持。

波兰和波罗的海国家在"北溪"问题上采取非常严厉的立场。这种反对立场的性质是合乎规律的。尽管天然气管道经过波罗的海,但是这个区域的小国不能从中获得任何红利;它们不能得到以往的过境运输费收入,失去了对俄罗斯施压的机会;俄罗斯可以通过减少在波罗的海和独联体市场的销售量,使自己的天然气出口转向更盈利市场。②

波兰认为,"北溪"方案极大地强化了华沙承受"俄罗斯压力的脆弱性"。该国政府一贯反对"北溪"。在签署有关该项目建设协议后,时任总统克瓦希涅夫斯基立即宣称"普京—施罗德签署的协议"(类似莫洛托夫—里宾特洛夫协议)"从生态观点看是有害的,从经济和政治观点看是有缺陷的"③。波兰精英甚至走得更远,并宣称,该协议"威胁到波兰的安全与独立"。"法律与公正"党首卡钦斯基(后取代克瓦希涅夫斯基成为总统)公开宣布自己是"'北溪'的敌人"。

为了对付"北溪"项目建设,波兰在欧盟国家里以最严厉的立场要求布鲁塞尔制定统一能源政策应对俄罗斯。但是,根据许多分析人士的说法,它为此采取了许多错误的手法:要么是公开扰乱议程,要么是提出未经思考且理由不充足的倡议,当然不能在欧洲委员会得到赞同。④ 在 2006 年,即俄乌"天然气战争"后,很快,华沙公开威胁,却是根本未经思考的所谓关于建立"能源北约"的倡议,或者是"能源防御联盟"。华沙提出这类动议的原因,不仅是阻挠俄罗斯的供应,而且还有卡钦斯基兄弟总统和总理的政治盘算,即试图用这种方式强化华沙在同布鲁塞尔对话时的地位。"能源北约"的想法立即得到大西洋彼岸的美国的支持。格鲁吉亚和乌克兰同样表现出兴趣。但是波兰的倡议没有获得发展。德国、法国及其他欧盟主要国家不愿意将北约权势扩大到欧盟职权范围内。最后这个建议流产。

---

① В. В. Путин провел встречу с Г. Шредером и А. Миллером // Сайт председателя правительства РФ В. В. Путина. (http://www.hremier.gov.ru/events/649.html).

② Larsson R. Nord Stream, Sweden and Baltic Sea Security, pp. 40 – 41.

③ http://kommersant.ru/doc/609354/print.

④ Pap A. Россия жмет на газ. Возвращение мировой державы. М., 2008, C. 216.

不要忘记，波兰是"亚马尔—欧洲"天然气管道过境运输国，并从俄罗斯获得过境运输的稳定收入。虽然不是必然，从逻辑上讲，"北溪"会在运营初期减少经过波兰的天然气量。这样会减少波兰的财政收入。

波罗的海三国对待"北溪"的立场，是因为过去苏联时期的问题而同俄罗斯有政治矛盾，同时，还有目前波罗的海国家里俄罗斯族的命运问题。三国认为借助反俄可以提升自己并对布鲁塞尔形成官方立场施加影响，这种反俄恐惧症就导致这些国家失去了重要的经济收益。它们原本是能够得到这项收益的，如果它们同意"北溪"经过自己的领海水域，而且这样做也可以节省"北溪"的项目费用。"北溪"的这样一种线路安排，自然就被认为是不可接受的。波罗的海国家内部政治斗争起了重要作用，特别是在爱沙尼亚这种因素最明显，反俄口号常常被用作宣传目的，而俄罗斯却是爱沙尼亚天然气的关键供应国。在2007年9月，即在该国塔林当局拆除苏军纪念碑事件后，爱沙尼亚拒绝"参加北溪方案的任何活动"。这样"北溪"公司宣布计划重新回到早先铺设天然气管道经过芬兰湾水域的设想。

必须提醒一件事，塔林不同意"北溪"公司在自己经济专属区开展海底调研，甚至在2005年，爱方试图扩大自己在芬兰湾的领水向外延伸3海里，以便确立自己对"北溪"管道经过水域的主权。但是，塔林尝试在联合国1982年的海洋法中寻找出路，可是成效不大。①

拉脱维亚和立陶宛对待"北溪"方案同样是非常消极的。俄罗斯同里加和维尔纽斯的关系因涉及石油出口等一系列冲突而不稳定。在同拉脱维亚的关系中，文茨皮尔斯港口对俄罗斯公司实行封锁，从2002年开始一直延续3年。封锁的目的是要求把俄罗斯石油运输公司在文茨皮尔斯港的终端设施控股权转让给拉脱维亚以最终换取投资。同立陶宛的冲突主要围绕一家工厂，波兰国营石油公司收购这家工厂。在2006年夏，"友谊"石油管道发生事故后，向该厂供应原料停止了。当时，立陶宛封锁了通向加里宁格勒地区的过境运输。作为回应，俄罗斯启动在波罗的海的轮渡转运设施，向加里宁格勒运送物资。立陶宛从这时起被迫使用罐车从俄罗斯

---

① Боровский Ю. В. Политизация мировой энергетики // Международные процессы. том 6. No. 1 (16). Января—апрель 2008 г. С. 226.

获得石油供应，这个局面因额外费用既不利于立陶宛也不利于这家工厂的波兰所有者。

无论拉脱维亚还是立陶宛积极批评"北溪"，都并不奇怪。例如，拉脱维亚总理卡维吉斯宣称，该方案"不符合欧盟统一能源政策"。在2005年，立陶宛总理布拉藻斯卡斯宣称，"北溪"工程建设"给波罗的海生态环境造成灾难"，因为在海底埋藏了化学武器。按照立陶宛右翼领袖兰茨贝吉斯的说法，"北溪是德国和俄罗斯致力于重新划分欧洲政治版图的新联盟"①。

总体而言，反俄恐惧症使波罗的海国家变成"北溪"的彻底反对者。但是考虑到像德国和法国这些大国对该项目有兴趣，波罗的海国家在欧盟的政治分量只能是给"北溪"建设增添难度，还不足以阻止它。

还有一个"北溪"的反对者是瑞典。在瑞典，私营部门主张扩大使用天然气，"北溪"建设符合瑞典利益。但是政府和议会多数出于生态和政治考虑而反对这个项目。例如，在2006年8月，时任首相皮尔松宣称，要准备阻止"北溪"项目。"那些认为在海底铺设天然气管道的人士，犯了一个重大错误……我们能够很容易阻止这个项目"②。斯德哥尔摩在该项目开始阶段，曾自信地认为，"北溪"只是新的严重问题的根源。

但是在莫斯科和柏林的影响下，瑞典的立场发生了变化。在2009年11月5日，瑞典政府同意在波罗的海本国经济专属区的国际水域铺设"北溪"管道。这样因斯德哥尔摩的同意，"北溪"作业方放弃了在靠近瑞典海岸建设加压站的方案，结果在这个区段铺设天然气管道没有建泵站。但是"北溪"作业方必须满足其他一些重要条件。③

英国和荷兰总体上是支持"北溪"的，虽然在2006年伦敦曾经怀疑有关"俄气"在10年间扩大在英国天然气市场份额至20%的计划。

至于丹麦，它不同于其他波罗的海国家，因为它有自己的天然气田。哥本哈根有可能认为"北溪"会是一个竞争者。但是根据预测，在未来

---

① http://rus.ruvr.ru/2011/01/17/40012636.html.

② http://torgoil.com.ua/gazohrovody/gazohrovod-severnyy-potok-nord-stream.html.

③ 首先，在瑞典沿海海域铺设管道时水体浑浊物不能超过每公升15毫克；其次，不能在五月至十月鱼类产卵区域从事工程作业；最后，公司要完全负责清理海底武器和弹药，如有可能要集中并销毁。

十年里，丹麦将成为天然气的净进口国，所以欢迎来自俄罗斯的资源。在 2009 年 10 月，丹麦是欧洲国家中第一个同意在波罗的海自己经济专属区铺设"北溪"管道的国家。

芬兰长时间没有表示要支持"北溪"，主要是担心"北溪"有可能造成生态后果，但是没有对该项目设置重要障碍。赫尔辛基失望的是"北溪"拟议的三条线路中选中的却是经过波罗的海海底线路，这使得芬兰未能成为过境运输国从而获得来自"北溪"的过境费收入。但是在 2009 年 7 月，该国的生态型政府签署了有关在自己经济专属区铺设天然气管道的协议，这算是开了绿灯。

（三）欧盟内部反对"北溪"的理由

总体上，欧盟内部反对"北溪"的理由是足够多的。

首先，提出"北溪"要掌握"欧洲运输网"的问题。但是此时这种状况并不意味着它会自动获得全欧洲的同意，因为"北溪"即使掌握该项目也只是有利于一个国家。欧盟甚至在"北溪"建设过程中已经两次确认了该项目的优先权。

其次，认为"北溪"是俄德两国基于普京和施罗德个人友谊的联合阴谋方案。甚至有流言蜚语说，施罗德获得董事会职位和每月 30 万美元的收入是为了回报他在德国开展建立"信任基础"的活动。但是这些说法没有根据，只是中伤而已。毫无疑问，施罗德的参与对于莫斯科是很重要的，在许多问题上正是得益于施罗德：在 1999 年欧盟通过对俄罗斯的第一个集体战略，在 2002 年俄罗斯经济体被认可是市场经济，这对其加入世贸组织来说是必须要有的。如果这些事件都是普京和施罗德个人友谊的结果，那么在任何情况下，在两国经济中总是能够找到类似的事例。

最后，对吸收俄罗斯波罗的海舰队考察海底和铺设天然气管道的做法表示出担心。例如，根据瑞典专家的看法，实际上这导致了波罗的海过度的军事化[①]。这些理由明显是带有宣称味道的。很明显，波罗的海军事冲突是过去的事情。另外，波罗的海舰队对"北溪"会发挥积极作用，会保障"北溪"的安全从而保障未来向欧洲的供应，排除出现的技术困难。

---

① Larsson R. Nord Stream, Sweden and Baltic Sea Security, p. 37.

第六章 俄罗斯与欧盟的能源合作

总之,"北溪"的批评者认为,它实际上使欧洲分裂为两个阵营,强化了欧盟国家对"不可靠供应国"——俄罗斯——的依赖,并对波罗的海造成新的生态威胁。我们认为,这些理由不具有说服力。首先,俄欧存在着相互依赖的关系,不是单方面依赖。要知道,俄罗斯供应"远邻"的能源中有80%是面向欧盟国家的。欧盟主要国家德国和法国支持"北溪"不是偶然的。荷兰的支持在欧盟中占的比例不是很大,但是经过这个国家英国将获得俄罗斯的天然气,同时荷兰自己也有兴趣。

应该提到与"北溪"在波罗的海海底建设相关的生态风险。"北溪"跨境运输方案是遵守国际准则的,管道经过符合相关国家的法律。在建设开工前,就对该项目影响环境的问题采取了综合性措施。在2007年,工程线路做了好几次改动,其中有的是因政治原因改动的。由于波兰、瑞典和波罗的海国家的反对,"俄气"被迫放弃在欧盟水域建设带有天然气加压站海上平台的方案。这样,"北溪"总长1200公里,在海上却没有一个加压站,这对技术要求很高。比较而言,每100—120公里管道是需要一个加压站的①。同样,芬兰开始建议"北溪"公司改动天然气管道在芬兰湾的线路,使之更加向南靠近爱沙尼亚和丹麦经济专属区。爱沙尼亚要求给予其更多时间考虑。在2007年夏,根据波兰的要求,决定将天然气管道向丹麦的博恩霍尔姆岛以北做改动,这样线路长度增加8公里。此外,根据华沙的呼吁,瑞典在2007年11月宣布必须增加生态学专家进行考察。当时爱沙尼亚根据"协商"禁止"北溪"作业方为铺设管道而开展海底考察。最终,管道被迫改动为靠近芬兰一侧。

在2008年,欧洲议会根据波兰代表动议通过决议,要求增加研究管道对波罗的海生态的不良影响。这个决议是欧盟机制中反对"北溪"的第一份官方抗议文件。有543票同意,只有60票反对。②

2008年秋,"北溪"线路又一次做出改动,决定使天然气管道在博恩霍尔姆岛以南通过,这样就绕开了所有有争议的区域③。

---

① Гриб Н. С. Газовый император. Россия и новый миропорядок. М.,2009,С. 118.

② Гриб Н. Зыгарь М. Европарламент проголосовал против 《Северный поток》// Коммерсантъ. 2008. 10. июля.

③ Куликов С. Nord Stream Меняет маршрут // Независимая газета. 2008. 5 сентября.

在2008年11月，普京宣布如果欧洲不能给予明确答复是否需要"北溪"，俄罗斯"将建设天然气液化工厂并将其运往世界其他地方"①。在2009年3月"北溪"公司运营方给欧盟许多国家的生态部门寄送了有关该项目对环境的生态影响的报告书，其中讲到这种影响的评估是符合标准的和极其微小的。

在2009年4月，爱沙尼亚提出新的非生态理由以反对"北溪"，认为天然气管道明显破坏欧洲的有关竞争法律，但是它的动议没有产生影响。芬兰总体上支持"北溪"运营方的生态专家报告。应该强调，许多生态组织包括"波罗的海之友"都认为，该项目在涉及影响环境问题上是开放的和积极的。②

这样，"北溪"同波兰和波罗的海国家，还有同瑞典的政治、经济和生态协商成为一个长时间的折磨人的过程。这种协商的顺利完成不仅依靠俄罗斯，而且依靠欧盟主要国家像法国特别是德国的努力。法德对"北溪"的反对者施加了影响，但是，"北溪"建设因政治分歧而拖延工期，造成工程费用上涨。工程费用总价上涨至两倍，而后几乎增加至三倍。此外，应该考虑到，经"北溪"计划运输的天然气是早先确定的合同，由工程延期导致的资金损失要向消费者予以赔偿。

如果进行总结，可以说实施"北溪"项目的国际政治和生态环境是十分复杂的。最关键因素是最有权威的外国公司参与天然气管道建设，它们代表着欧洲大陆最有影响力的国家。该项目的主要目的是使向欧盟供应天然气的方案达到最优化，不再有天然气管道通过过境运输国问题。在21世纪头10年里，同过境运输国特别是同乌克兰的冲突再一次强调，从保证稳定收入和能源安全看，发展直达管道路线不仅有利于天然气供应国，而且有利于天然气接受国。

三 向欧盟供应天然气的替代路线和"南溪"方案的进展及前景

（一）欧盟支持的"纳布科"方案

因顺利实施了"北溪"的第一阶段建设，俄罗斯向欧盟供应能源的

---

① Гриб Н. С. Газовый император. Россия и новый миропорядок. М.，2009，С. 119.

② Гринпис отметил открытость 《Северный поток》 для экологов//2009. 7 мая. （http：//www. aquaexhert. ru/new/2009/05/07/nordstream/）.

作用增强不能不引起欧盟某些国家的担忧，特别是东欧国家。它们在欧盟峰会上不止一次讨论有关"担忧"和必须减少"能源过分依赖俄罗斯"的话题。欧盟鉴于这一形势在寻找出路：首先，寻找新的供应国；其次，建设"南部天然气转口运输走廊"——建设连接欧洲同外高加索、中亚和近东线路以绕开俄罗斯。

但是，现有的地缘政治形势并不能给欧洲提供乐观的理由。替代供应者——挪威和阿尔及利亚，同时还有英国和荷兰——不能保证向欧洲供应足够的天然气量以至于从日程上取消有关建设来自俄罗斯的新管道的问题。

欧盟的天然气替代供应者现在是挪威和阿尔及利亚，同时还有英国和荷兰。其中挪威是最主要的替代供应者，在最近15—20年里，计划扩大开采和出口天然气，以便可以成为欧洲内部最大的供应者。挪威天然气的主要进口国是德国、法国、比利时、英国和荷兰。挪威政府计划增加本国在欧洲天然气进口的份额至20%，并在法国和德国天然气市场中占有的份额超过30%，以便在这个指标方面超过俄罗斯。但是挪威要完成这个任务并不简单，因为挪威的天然气比俄罗斯贵。应该指出，挪威类似俄罗斯，不是欧盟成员，也没有批准能源宪章，即无法保证欧盟同挪威能够轻易达成协议。此外，俄罗斯和挪威正在实施一些联合项目方案，包括开发施托克曼气田，俄挪在能源领域的关系，按照俄外交部的说法，是在"战略伙伴关系水平上"[①]。俄挪两国是天然的天然气竞争者，可是也存在利益重合的领域，其中最主要的就是抵制布鲁塞尔在能源问题上对其的强迫。

阿尔及利亚出口天然气，它是向欧盟供应天然气的非欧洲供应国，供应量约600亿–650亿立方米/年。此外，根据液化天然气出口指标，该国在世界上占有1/4的份额，根据这一指标它拥有明显优势，超过了挪威和俄罗斯。阿尔及利亚天然气出口潜能大约在1000亿立方米/年。

英国和荷兰的出口能力相比要低得多。英荷主要是在北海开发天然气

---

① Внешнеполитическая и дипломатическая деятельность Российской Федерации в 2011 г. Обзор МИД России. с. 92, http://www.mid.ru/bdomp/brp _ 4.nsf/2a660d5e4f620f40c32576b2003 6ed06/a5d82e99be657e33442579d50026094c! open Document.

之后才有了这种能力的。但是英荷两国向欧盟的出口量仍然相对不大。英荷两国可以从俄罗斯在欧洲天然气市场竞争者的名单中被剔除，而且它们也开始从"北溪"管道获得天然气。

总体上，欧盟自己的天然气开采量是逐渐减少的。挪威开采量每年以10%的增长仍不能弥补英国北海开采量的下降和荷兰生产量的逐渐降低。欧盟在寻找新的替代供应者方面遇到了很大困难。利比亚有可能成为这个角色，可是局势不稳定。

在这种形势下，欧盟主要寄希望于所谓的"南部天然气转口运输走廊"，据欧洲人的想法，它能够连接许多拟议中的天然气管道，成为替代俄罗斯的供应者。下面简要介绍这些方案。

第一，土耳其—希腊—意大利路线。这条天然气转口运输系统，计划供应阿塞拜疆和伊朗的天然气。但是由于该线路功能不大，不可能同"纳布科"和"南溪"方案竞争。

第二，经里海天然气管道路线。计划中的该路线经里海连接土库曼和阿塞拜疆，不经过俄罗斯领土。设计能力300亿立方米/年，耗资60亿美元。方案研究工作在美国主持下始于1996年。该方案宣称里海地区是"自己战略利益区域"。在2006年，因俄乌天然气冲突出现了将里海路线同"纳布科"方案合并的想法。此外，哈萨克和土库曼对这个方案有兴趣。俄罗斯不喜欢它，因为里海沿岸国家还没有就里海划定界线。

第三，"纳布科"路线。从中亚到欧盟国家距离长3300公里，供气能力260亿–320亿立方米/年。计划在2019年前能够达到这个供气量。该方案在2004年提出时考虑到从伊朗供应天然气，但是在2006年伊朗核危机使得该方案有改动，要改为从土库曼斯坦、乌兹别克斯坦和阿塞拜疆供应天然气。该路线的问题在于气源没保证。在2009年，"纳布科"甚至从欧盟的优先方案名单中被剔除。原来是没有建设所需要的投资者，最终，根据倡议者的想法，"纳布科"应该仿效"南溪"，而且这不仅涉及有消费者，还有可利用的资源气田——中亚天然气，但是中亚天然气已经被"俄气"订购至2028年。所以"纳布科"股东们，或者是给中亚国家更优惠的定价，即出更高价格订购天然气，或者是争取从伊朗、土库曼，有可能的话还有从伊拉克获得资源支持。这里还有一个复杂问题——伊朗的立场难以预测，铺设天然气管道的线路上军事政治形势总体紧张，所以欧盟在一开始时寄希望的"纳布科",前景仍然很黯淡。

然而,布鲁塞尔并不准备放弃"纳布科"。来自土耳其的支持强化了它的地位,因为"纳布科"部分区段要经过该国,不排除天然气管道可能获得伊拉克的资源。美国多次宣布要准备帮助建设"纳布科",关键之处是"纳布科"建设费用相对较低,它几乎要比俄罗斯提出的"南溪"方案便宜一半。"纳布科"此时只存在纸面上,估计实际实施"纳布科"的概率很小。

(二)俄罗斯支持的"南溪"方案

与此同时,俄罗斯提出用在南部方向供应天然气的多样化计划替代欧洲建议——"南溪"方案,一些专家认为这个方案实际上是拷贝了欧盟的"纳布科"。

需要说明的是,在这个区域"蓝溪"天然气管道正在顺利运转,它经过黑海连接俄罗斯和土耳其从而绕开第三国,根据1997年俄土双边协议建设。俄罗斯—意大利蓝溪管道公司实施建设,"俄气"和埃尼公司各占50%的股份。管道总长1213公里,建设费用32亿美元。[①] 根据同安卡拉的协议,俄罗斯应该在2000—2025年向土方供应天然气3645亿立方米,土耳其保证支付所有供气量的款项。

"蓝溪"供气始于2003年,但是付款原则并非总是被遵守。天然气管道长期不能满负荷工作,因为土耳其原来不能消费这样多的天然气量。

在2005年,双方讨论建设天然气管道第二条支线的可能性(也叫"蓝溪—2"),它经黑海到土耳其,然后再到巴尔干半岛。但是,很快,"蓝溪—2"向欧洲供气就被"南溪"所取代。根据"南溪"方案的内容和实施前景看它也更加合理。

"南溪"跨国天然气管道旨在直接供应"蓝色燃料",从俄罗斯出发经过黑海水域到达南欧和中欧国家。它由4条线路组成,每条线路的输气能力为150.75亿立方米,总输气能力为630亿立方米/年。管道海上区段从朱巴格港口(克拉斯诺达尔斯克边疆区)出发经黑海穿过俄罗斯、土耳其和保加利亚专属经济区到达保加利亚瓦尔纳港口。海域长度930公

---

① Газопровод 《Голубой поток》 // Официальный сайт ОАО 《Газпром》. (http://www.gazprom.ru/articles/article8606.html).

里，海底最深处 2250 米。陆地主干线路长度 1455 公里（不算支线），将经过保加利亚、塞尔维亚、匈牙利、斯洛文尼亚到达意大利北部的特雷维索终端。首批供气计划在 2015 年年底，第一批支线工业化运营开始在 2016 年第一季度。管道全部运转在 2018 年年底，运营期限 50 年。

这条线路有时被认为是克隆了现在已经运行的"北溪"。这个说法并不完全正确："北溪"是不太复杂和不太昂贵的工程，其陆地区段只是经过德国，而类似的"南溪"包括天然气支线要经过 8 个国家。

该方案技术风险首先是海域区段的建设极其复杂。在黑海水域，硫化氢浓度高，造成挑战性海洋环境（波罗的海没有这个）。在上述情景下，管道的最大深度黑海是 2250 米，波罗的海是 210 米，这意味着管道承受的压力更大。

"南溪"资源将是来自俄罗斯自产的天然气，而"俄气"订购的中亚天然气资源，还有来自哈萨克的天然气，是由意大利埃尼公司开采的。为了保证输送所需要的天然气量，必须在俄罗斯境内建设新的长度为 2500 公里的天然气转运设施，包括 10 座加压站（"南部走廊"方案）。两条管道系统将同步建设，这使俄罗斯南部的天然气需求量增加。

2007 年 6 月，在罗马由"俄气"和埃尼公司双方签署了有关建设"南溪"的框架备忘录。其中规定两家公司在设计、融资、建设和管理天然气管道方面进行合作。根据同年 11 月签署的补充文件，建立联合机构对天然气管道进行可行性研究，在 2008 年 1 月，"俄气"和埃尼注册南溪公司，其中两家企业各得 50% 的股份。

最初三年是为该方案创造框架性的法律和结构基础的阶段。俄罗斯先后同以下国家签署政府间协议：保加利亚、塞尔维亚、匈牙利、奥地利、希腊、斯洛文尼亚和克罗地亚。"俄气"同这些国家的国有公司签署合作协议（除克罗地亚和斯洛文尼亚外）。但是整体上，该方案的实施进行得很缓慢，一直拖延到 2009 年年初，即第二次乌克兰过境运输危机也没有给予该项目新的强大推动力。2009 年春，"俄气"和埃尼决定增加天然气管道设计能力，从 310 亿立方米/年增至 630 亿立方米/年[①]。

---

① Газопровод《Южный поток》// http://www.gazprom.ru/articles/article27120.html.

（三）相关国家对于"南溪"方案的态度

"南溪"方案不仅谋求绕过乌克兰，而且还同"纳布科"方案形成竞争，要成就这一方案，存在太多的国际政治问题：相关国家的立场、欧盟内部的反对、美国的压力，这些因素对"南溪"方案而言都是难以预测的。

莫斯科和基辅在天然气领域的关系对"南溪"谈判造成巨大影响。乌克兰在天然气过境运输问题上表现得缺乏预见性和谈判能力，而且时常采取偷盗天然气的做法。尤先科多次断言，经过乌克兰的天然气供应不可替代，海上天然气管道对于欧洲来说根本不需要，因为它们是政治方案，要知道"很难找到替代的理由，不是如何花费120亿－150亿美元……而是经过现有设施系统保证过境运输"①。在2009年，他甚至不知羞耻地说："俄罗斯应该还需150年给乌克兰免费天然气……乌克兰这么无偿地向欧洲转运天然气，我们可能还需150年使用免费供应。"②

基辅的态度引起欧洲的不满。在2009年当"俄气"和埃尼签署关于"南溪"输气能力增加一倍的备忘录时，意大利总理贝卢斯科尼直接表示："我们的目的——不让天然气管道经过乌克兰管辖水域。"普京回应说，方案目的之一是"惩戒"乌克兰。

该方案总费用起初估算是250亿欧元，而后据"俄气"估算总费用减少至86亿欧元，而后来又有增加。正如埃尼首脑斯卡罗尼表示，该项目最终费用可能在100亿欧元。"当我们得知钢铁价格时，最终费用可能会有增减，因为它构成这笔投资的很大部分"，他补充说，伙伴们考虑在2012年前做出最终决定。③

当时"南溪"的海上和欧洲区段的总费用大约166亿欧元。它是欧洲最昂贵的投资项目。在2011年，南溪公司财团吸收了德国温特沙尔控

---

① Российский 《Газпром》 и Итальянский 《Эни》 подписали договор об удвоении мощности проекта 《Южный поток》. (http://www.odnako.org/show_4037/).

② Украина хочет расширить ГТС － Киев рассмотрит любые варианты. (http://www.odnako.org/news/show_4889/).

③ Губков И. В. Новая энергетическая стратегия и Инфраструктурный пакет Европейского союза. /Энергетика//Вся Европа. ру. 2011. Вып. 03 (53). (http://www.mgimo.ru/alleurope/2006/53/article－m－111.html#_ftnrefl).

股（巴斯夫集团的子公司）和法国电力公司，欧盟评价这个做法是"给俄罗斯送了大礼"。需要提醒的是，温特沙尔控股拥有"北溪"项目20%的股份。在2011年9月16日签署了最终股东协议，确立了新的财团股份分配：50%归"俄气"，20%属于意大利埃尼（以往是50%），德国温特沙尔控股和法国电力公司各占15%的股份。这样，三个欧洲伙伴成为该项目的参与者，就使得方案具有很大"可靠性"。

根据最初估计，"南溪"建设可能始于2010年9月。何况，在2009年10月普京表示，"南溪"可能会赶在"北溪"前面。① 但是现实对这些计划做出了修正。

因为要确定"南溪"路线和协商经济、融资和政治的分歧，在同管道所经过的东南欧国家的谈判过程中出现了不少问题。方案的设计阶段在这个区域就遇到很大困难及挑战。总共研究过五种不同的管道线路。②

"南溪"最关键的过境运输国保加利亚是最难以确定的伙伴。2008年1月，俄保之间在普京访问索非亚时达成后者参加该方案的协议，而且对索非亚开出了优惠条件：保加利亚区段50%属于保国有公司"保气"，50%属于俄罗斯。同时，签署了有关在石油天然气领域合作的政府间协议。"俄气"在2009年1月同保当地能源公司签署了合作协议。

但是，2009年6月，执政的鲍里索夫政府明显地不亲俄，他宣称，要考虑就像在布鲁塞尔游说"纳布科"那样的条件下才支持"南溪"。在2009年7月，索非亚官方在做出了有利于"纳布科"的选择后，突然停止参与"南溪"并中断同俄罗斯的谈判。③ 保加利亚做出这个决定，动机是要让天然气进口多元化，其理由是"乌克兰过境运输"第二次危机期间保加利亚出现短时间的能源虚脱。只是在2010年夏，即索非亚更换政府后，形势才明朗起来，保加利亚努力加入天然气管道项目。为了说服索非亚重新履行所承担的义务，复杂的谈判又耗去一年时间。在2010年7月，俄保最终签署有关"南溪"建设的政府间协议，同时还有用以建设

---

① http://www.gazprom.ru/press/news/2009/October/article213256/.
② 俄罗斯—保加利亚—塞尔维亚—匈牙利—奥地利；俄罗斯—保加利亚—塞尔维亚—匈牙利—斯洛文尼亚；保加利亚—希腊—意大利；考虑到上述所有方面的方案；俄罗斯—罗马尼亚—塞尔维亚。
③ http://torgoil.com.ua/gazoprovody/yuzhnyy-kotok.html.

天然气管道保加利亚区段的保加利亚南溪公司的联合方案的协议与章程。但是，此后索非亚长时间拖延实施达成的协议，只是在俄保外长在2011年6月莫斯科会晤后，才开始取得积极进展，保境内区段的设计工作才开始进行。在2011年9月普京出席10个国际投资者在索契的会晤时，才达成有关天然气过境运输的双边协议。因为"南溪"天然气过境运输到达欧洲其他国家，保加利亚获得每年2.5亿欧元的收入。① 在2012年12月，作为过境运输国起始国，它签署了最终投资决议。决议规定，"俄气"单独拨付资金给保加利亚区段，索非亚几年内不能要求获得天然气过境运输收入。

正如国家能源安全基金研究者西蒙诺夫指出的，"保加利亚长期确信，它流了很多血，可我们总是从商业上说服它南溪是必需的"②。在这里建设天然气转口运输枢纽，就使天然气供应能够伸向两个方向——北方和西南方。

由于受到华盛顿，同时还有反对"南溪"而积极游说"纳布科"的布鲁塞尔的压力，保加利亚政界的态度显得模棱两可。在2011年1月，欧盟能源问题专员奥特津格甚至建议乌克兰"说服俄罗斯"放弃建设"南溪"，转而拨付资金改造乌克兰天然气转口运输系统。他提到，"北溪"和"南溪"合计供气能力1180亿立方米，没有乌克兰和白俄罗斯的帮助也能使俄罗斯向欧盟供应天然气。③

美国的压力和欧盟反俄势力造成的类似动摇也影响到土耳其的立场。自2007年开始同安卡拉谈判有关建设"南溪"问题（像萨姆松—杰伊汉石油管道）。开始时谈判顺利，2009年8月签署有关建设"南溪"经过土耳其专属经济区的协议。④ 很快安卡拉同意开展黑海本国专属经济区的地质勘探工作。但是，之后就开始困难重重。来自华盛顿和布鲁塞尔愈加坚定的呼吁使安卡拉放弃参与该方案，以便让"南溪"经过乌克兰在黑海的专属经济区。同时，亚努科维奇也建议"南溪"不要绕过乌克兰，而

---

① http：//www.kommersant.ru/Doc/1394267.
② 只剩下了保加利亚.http：//www.energystate.ru/news/3995.html.
③ http：//energyfuture.ru/ukraina-doigralas-es-otkazyvaet-el-v-podderzhke-modernizacii-gts.
④ http：//www.gazprom.ru/press/new/2009/September/article126711/.

经过它的境内。"我们的方案将节省五分之一费用",他在雅尔塔经济峰会上如是说。①

但是对于俄罗斯而言,鉴于考虑到同基辅在过境运输问题上的激烈争端,乌克兰伙伴提出的建议是不能被接受的。梅德韦杰夫在2011年3月同埃尔多安会谈时表示,俄罗斯可以放弃铺设天然气管道水下区段的想法,并认真审议建设黑海天然气液化工厂的方案以作为管道方案的替代品。②

为了使安卡拉回到原来的立场,需要进行复杂和长时间的谈判。在2011年12月28日它最终正式同意在自己的专属经济区铺设天然气管道。同时,基于长期基础解决俄罗斯天然气沿"南部走廊"供应土耳其的问题。③ 这样就打开了实施"南溪"的道路,并成为俄土联合能源方案。根据俄外交部的评价,两国关系在能源领域"上升到战略伙伴的水平"④。

土耳其的决定在很大程度上是它对"纳布科"前景失望的结果。安卡拉正式表示,不再认为这个方案是优选方案。最明显的是,在"北溪"第一支线运营后过了几个星期,它正式表示同意。

在同土耳其进行谈判时,俄政界和"俄气"集团开展了大规模活动以吸引许多中欧和东南欧国家参与"南溪"建设,包括塞尔维亚、希腊、克罗地亚、斯洛文尼亚、匈牙利和奥地利。

在西巴尔干,俄罗斯的关键伙伴是塞尔维亚。2008年,俄塞两国签署了有关石油领域的政府间框架协议以及其他文件:关于建设"南溪"塞尔维亚区段的协议(该区段51%属于俄罗斯),关于建设巴纳特天然气储备库的协议等。

巴纳特储备库的建设很顺利,在2011年这一设施投入运营。据"俄

---

① http://energy-experts.ru/news4765.html.
② http://ria.ru/tvpolitics/20101113/295990360.html.
③ Внешнеполитическая и дипломатическая деятельность Российской Федерации в 2011 г. Обзор МИД России. с. 92. (http://www.mid.ru/bdomp/brp_4.nsf/2a660d5e4f620f40c32576 b20036ed06/a5d82e99be657e33442579d50026094c! open Document).
④ Внешнеполитическая и дипломатическая деятельность Российской Федерации в 2011 г. Обзор МИД России. с. 92. (http://www.mid.ru/bdomp/brp_4.nsf/2a660d5e4f620f40c32576 b20036ed06/a5d82e99be657e33442579d50026094c! open Document).

气"总裁米勒的说法,这是加入"南溪"系统的第一个设施。① 巴纳特气库储备4.5亿立方米天然气(大约是东欧储气量的1/3),可以保障俄罗斯天然气供应充足。

在2011年11月米勒和塞尔维亚总统多吉奇会谈,讨论了在塞国比格州建设天然气支线的可能性问题,同时还讨论向该共和国供应俄罗斯天然气合同的问题。

2008年,俄罗斯和希腊签署关于建设"南溪"希腊区段的政府间协议。2009年,在索契由"俄气"和希腊奥德赛公司签署协议。2010年2月,希腊总理帕潘德里欧访问莫斯科期间达成了希腊境内"南溪"设计、建设、运营的公司共同方案。帕潘德里欧表示,准备就天然气管道纳入转运欧洲管网进行游说,但是后来合作停止了。"担心"希腊超过70%的天然气依赖俄罗斯的供应,欧盟和美国警告它不要对俄罗斯公司进一步开放市场。希腊严重的社会经济危机,同时还有建设跨亚德里亚海的天然气管道,都成为"担心"联合企业的其他原因。

开始的计划是天然气管道从黑海上岸后分成两个部分,这在很大程度上重叠了拟议中的"纳布科西线"和跨亚德里亚海线路,但是欧盟坚持保留"自己方案"的线路,结果通向西北方向的主干线路做出修改,而要经过希腊通向意大利南部的支线建设被迫放弃。

在中欧地区,方案各区段在2011年前基本确定。2008年2月,俄罗斯和匈牙利签署关于实施方案的合作协议。2009年9月1日,俄罗斯和斯洛文尼亚签署加入"南溪"的政府间协议。2010年3月,俄罗斯和克罗地亚签署类似协议。最终,在2010年4月普京与奥地利签署关于"南溪"奥地利区段的建设和运营合作协议。这是工程建设投资前阶段必需的最后一个政府间文件。

保加利亚、塞尔维亚和匈牙利承认"南溪"是"国家意义的方案",这可以缩短批准该项目行政程序的期限,同时可以使该项目摆脱第三批能源文件影响的困难得以减轻。但是应该指出,总是欧洲委员会做出关于申请国家—调节者地位的最终决议。

俄罗斯与所有巴尔干过境运输国,除了塞尔维亚外,都成立了股份均

---

① http://bignerss.ru/news/2011-11-12/gaz/130926/.

等的联合企业（50%对50%）。与塞尔维亚的联合企业控股权属于俄罗斯（51%）。这类公司符合在它们境内设计和建设天然气管道，而同时还可以同欧洲委员会就该管道排除在第三批能源文件影响之外的问题进行谈判。

天然气管道及支线计划建设在克罗地亚、黑山、马其顿和塞尔维亚区段，还有罗马尼亚和阿尔巴尼亚是该方案的潜在参与者。

(四)"南溪"方案的困难及最终命运

2010年开展黑海区段的可行性研究。2010年年底，米勒在"俄气"全体董事会上宣布"方案成型了；所有的批评建议都被采纳"，公司"不缺少任何步骤"，计划在2012年12月开始施工建设。俄能源部部长施马特克强调，"在任何条件下"都不会停止实施"南溪"[①]。

2011年第三季度，完成了连接海上区段和欧洲国家各国区段的综合可行性研究。部分主干线做了修改。决定取消原来计划要设在奥地利鲍姆加腾的欧洲最大分配枢纽站，取而代之的是意大利特雷维索成为该方案的终端地，奥地利人得到天然气消费的支线。这种选择更长主干线的做法是受布鲁塞尔的压力，它不愿意让"纳布科"的竞争者进入奥地利。此外，如果该方案要建奥地利天然气枢纽站，那么欧洲委员会可以更严厉地要求履行第三批能源文件。特雷维索枢纽站不算是竞争者。考虑到管道经过特雷维索可以连接意大利和鲍姆加腾，后来在奥地利是可以建设管道的。

2012年1月，在普京出席的一次"俄气"会议上通过决议加快实施"南溪"，决定不迟于2013年开工建设，正如早先计划的那样，已经在2012年12月开始方案第一期建设，首次供气计划在2015年实施。

这样，可以确定，"南溪"成型及其建设只能是打扰了傲慢快乐者的心情。无论是欧洲还是俄罗斯的怀疑者都感到很扫兴，他们一直认为这是一个政治驱动的方案。当然，不是欧盟所有人都是如此。大概，有别于"北溪"，布鲁塞尔官方并没有给予该项目转运欧洲天然气管道的地位。在2011年年底，欧盟能源专员埃特津格再次评价该项目是"莫斯科试图干扰天然气管道替代方案——'纳布科'的发展"，据他说，欧洲将更积

---

① 俄能源部部长这番话是针对欧盟以相对廉价管道"纳布科"诱惑奥地利从而取代"南溪"。(http://www.rosbalt.ru/2010/11/08/787550.html.)

极支持这一方案。①

"南溪"的政治风险在于后来,最主要是同2011年3月13日生效的欧盟第三批能源文件有关。众所周知,它包含了所谓"天然气行业附件",据此,俄罗斯专营者被要求要同意让其他公司获得自己在欧洲的基础设施。根据欧盟规则,管道系统拥有者应该将自己部分的输气能力赋予其他"独立供应者",它们将按照现行费率支付天然气过境运输费用,但无须有长期供应合同,关键是该项目昂贵的基础设施的投资回报率。

如果"南溪"陷入这个"有害文件"(普京语)的规定之下,那么该项目由于"管道"停工而使盈利率大为下降。借助第三批能源文件,欧盟委员会限制"俄气"在欧盟国家的投资,并试图让"俄气"在不利条件下同其他天然气市场参与者进行竞争。第三批能源文件的"倒行逆施",这在欧洲现实中从未有过先例,当然在莫斯科引起特别的愤怒。

为了使"南溪"摆脱第三批能源文件的影响,正如上述指出的,必须赋予它欧洲跨境管道网的地位,承认它是"优先欧洲跨境能源走廊"。在目前,正在运营的"亚马尔—欧洲"天然气管道和"北溪"海上区段具有欧洲跨境管道网地位(但不是"北溪"的陆上延伸区段),还有"纳布科"建设方案(从2009年开始)和跨亚德里亚海天然气管道(从2013年起)。欧洲委员会目前不想给予"南溪"以欧洲跨境管道网地位,坚持承认它是一条能使供应多样化的"单个主干线路"。必须指出一点,正是在欧洲南部,欧盟对于出现一条用俄罗斯资金建设的跨境管道表现出最大兴趣,要让"独立供应者"使用这条管道。与此同时,在欧洲北部,没有剩余"其他"来源天然气,在南部存在来自不同来源天然气的现实竞争。足以指出,这就是土耳其,它想成为天然气枢纽,依靠阿塞拜疆的天然气,同时还计划开采塞浦路斯的大陆架天然气。

然而,在欧盟内部对于同"南溪"相关的问题也不统一。贝卢斯科尼总理公开为这个方案游说。在德国,前总理、领导"北溪"建设的董事会主席施罗德支持它。董事会的欧洲成员——意大利、法国和德国的能源巨头反对经营多样化措施。由于参与了这个方案,他们同意分担与方案相关的风险。意大利埃尼公司对这条管道抱有最大希望,它认为自己愿意

---

① http://kommersant.ru/Doc/1892304.

购买经过这条管道供应的俄罗斯天然气（现在它供应的天然气是经过乌克兰、斯洛伐克和奥地利）。"天然气行业附件"最有影响的反对者在欧盟其他一些国家也有。

如果欧洲委员会最终给"南溪"开了"绿灯"，这倒是令人惊奇的。这样的决定将是被迫的，还需要一系列不利于欧盟的因素：潜在的金融经济危机，"纳布科"不现实的前景，同时还有默认乌克兰是一个有问题的不可靠的过境运输国。当然，在"南溪"没有获得欧洲跨境管道网地位的条件下，它的建设将存在极大风险。现在，欧洲委员会拖延俄罗斯期待的时间，并且在积极做工作，可是将来不得不做出让步。莫斯科会继续要求欧盟优先考虑，建设天然气管道海上区段将在2014年第二季度开始。

在俄罗斯看来，给予"南溪"欧洲跨境管道网地位是有一定的可能性，尽管这是很困难的任务。谈判的最终结果将取决于欧盟天然气消费的变量。可以考虑，如果出现天然气供应的复杂局面，欧洲委员会不得不让步。

总之，"南溪"是互利和各方面利益较为平衡的方案。一旦它投入运营，可以使欧洲依靠它的可靠天然气保证而提高能源安全性。同时，也会明显地增加欧洲对俄罗斯天然气的依赖性。欧盟，首先将试图减少这种依赖性，并继续努力以实施替代管道方案，尽管是在一个南部方向，因为在北部没有可行的替代方案。"纳布科"能否建设？未来会证明。随着"南溪"的投入使用，俄罗斯将会赢得一种在后苏联时期严重缺乏而必须摆脱过境运输国的局面。与此相联系，俄罗斯将从扩大向欧洲供应天然气中获得很多额外的收益。

第三节 欧盟的第三批能源文件与俄罗斯：问题与矛盾

欧盟对成员国能源市场具有的调节职能，是始于20世纪90年代中期的能源改革，相应地通过了第一批能源文件。进入21世纪，在2005—2007年，布鲁塞尔施加的经济和政治及法律调节职能逐渐增大，通过了第二批能源文件。而在2009年，由于通过第三批能源文件，欧盟的这种调节职能明显地具有了规模大和范围广的特征，给欧盟同外部能源供应国，首先是同俄罗斯的能源合作产生新的极大的威胁。这里重点分析第三批能源文件给俄欧的能源合作发展所造成的挑战、矛盾和威胁（主要是天然气领域）。

一　欧盟的能源改革，内容及国际影响

（一）欧盟能源改革的三阶段

欧洲一体化产生的历史在很大程度上是同能源联系在一起的。早在1951年，6个欧洲国家签署关于欧洲煤钢联营条约，实际上这成为后来不断联合的出发点。在1957年又建立了能源联合体——欧洲原子能。虽然在一体化初期阶段，能源发挥了关键作用，而其本身（煤炭和原子能领域除外）长期以来仍然是在能源共同体框架之外的。在长达数十年里，能源问题是各国政府的特殊权力，它们在这个领域里不承担任何共同义务，没有实行过在布鲁塞尔庇护下的共同能源政策。相应的，所有国家（包括苏联和后来的俄罗斯）发展同欧共体国家（从1992年起为欧盟）的能源合作无一例外是基于双边基础的。

1992年成立欧盟的马斯特里赫特条约，也没有将能源作为一体化的单独方向。它只是要求促进发展跨欧洲能源网是欧盟的目标之一。

但是在20世纪90年代，欧洲能源形势发生变化。改革的主要动机是欧盟对进口能源消费的依赖性逐渐增强。这种局面就催生了"防备"外部能源垄断的想法，启动了欧盟能源市场的改革。

1995年和2000年，欧洲委员会准备了能源议题的建议性文件——"白皮书"和"绿皮书"。而在1999年阿姆斯特丹条约生效后，能源被看作"欧洲可持续发展的因素"。在20世纪90年代中期欧洲委员会通过第一批带有约束性质的规定以调节大陆的能源市场。

能源部门被纳入超国家调节，就成为欧盟内部事务，这种一体化联合就是打算把自己内部规则强加给那些同它进行能源合作的非欧盟国家。进入21世纪，布鲁塞尔施加的经济、政治及法律压力逐渐增大，而在2009年由于通过第三批能源文件，欧盟的这种压力明显地具有了规模大和范围广的特征，给欧盟同外部能源供应国，首先是同俄罗斯的能源合作造成新的极大的威胁。

(二) 欧盟能源改革的主要内容

这里首先分析欧盟目前在能源领域进行改革的主要内容。自20世纪90年代欧洲委员会参与调节欧盟成员的能源市场起，它采用了盎格鲁—撒克逊国家的模式，即给能源市场发展确定的方向是宣布它的自由化。欧盟国家里早在20世纪80年代后半期至90年代上半期第一个对天然气行业实行自由化的国家是英国。随后根据欧洲委员会的坚决建议，其他欧盟国家也相继走上这条道路。在1998年通过了"欧盟指示/1998/30/"，致力于使当时国有公司占据统治地位的天然气市场自由化。为了拆分供应商，它要求尽快开放20%的市场，并逐渐在2003年前使开放度增加至28%。在指示中还包括以下原则：允许第三方获得天然气转运设施，公开费率，"互利原则"。欧盟每个成员国可以根据这些指示对其他国家就对等开放市场问题使用这些规则。关于"互利原则"的提法甚至被列入里斯本条约。

在2003年开始了天然气市场自由化的第二阶段，当时"欧盟指示1998/30/"被"欧盟指示2003/55/"（2004年7月生效）所取代。它扩大了允许第三方获得天然气转运和天然气分支线路基础设施的范围，同时还要求加大力度拆分天然气部门。应该强调，该文件的制定者同意了俄罗斯和挪威提出的建议，即关于为了可靠和稳定向欧洲供应天然气而需要长期合同的重要性及必要性。在2004年4月，作为对该文件的补充说明而通过了"欧盟指示2004/67/"，用以在欧盟成员国建立天然气战略储备。过了几个月，又通过了关于保障可靠供应电力和投资基础设施措施的"欧盟指示2005/89/"，这里第一次提到电力领域的安全问题。上述这些指示都列入欧盟第二批能源文件中。①

欧洲天然气市场改革的第三阶段始于2007年，当时欧洲委员会公布了欧盟能源部门调研结果。其中指出，该市场的垄断化程度仍然很高，拆分天然气供应和转口运输的问题没有解决，同时还有"价格形成不合理"的问题，这样市场仍然没有被拆分。在2007年3月和6月的布鲁塞尔欧盟峰会上，全体成员国首脑表示支持进一步使市场自由化。

---

① Серебряков С. Г. Проблемы либерализации европейского рынка газа // Институт проблем нефти и газа РАН. (http://oilgasjournal.ru/2998-1/3-rubruc/serebryakov.swf).

结果，欧盟于 2009 年 7 月 13 日通过一批新的能源立法措施，要求进一步使自己的能源市场自由化（这就是所谓第三批能源文件）。它由 5 个文件构成，其中包括关于天然气领域内部市场的"欧盟指示 2009/73/"，它取代"欧盟指示 2003/55/"；关于电力领域内部市场的"欧盟指示 2009/72/"。同时还有 3 个条例：关于获得天然气转口运输设施条件的"条例 715/2009"；关于获得电力跨境交换网设施条件的"条例 714/2009"；关于设立成员国能源调节合作代办处的"条例 713/2009"。

该代办处负责监督第三批能源文件的实施。它是一个超国家机构，它整合了有关为欧盟成员的国家标准来制定统一费率、标准和竞争政策以及管理欧洲所有电力方面的全部权力。代办处掌握着最广泛的全权，例如，它可以采取有关能源跨境转口运输问题的具有法律约束性质的决定。所有不赞成这个新机构垄断权的国家，或未加入欧盟的国家，均不能参与代办处的活动。[①] 在未来，该机构还期待进一步加强自己的调节职能和垄断权。

第三批能源文件的官方目的是要改变欧盟能源部门在三个方面的管理：彻底拆分商业巨头；加强履行调节作用的代办处派出机构；完善电力网输送各方的合作。一揽子能源文件的出发点是能源领域"垂直集中化"必须取消，其方式是将生产各方（在天然气领域是开采各方，在电力领域是发电各方）与运输管网（天然气管道和电力输送高压线）各方实行隔离。目前，在欧洲能源转口运输系统大部分资产是属于大型电力和天然气公司，这样就为新玩家进入市场设置了困难。这种状况对于那些想要选择供应商的消费者而言很不方便。现在运行的转运系统的所有制结构，按照欧洲委员会的意见，是不能促进管网资产长期发展的投资的。[②]

欧洲委员会提出了分解垂直集中化公司的三条途径。第一，垂直非集中化的最激进分解方案，排除能源和天然气生产者掌握电力输送网和天然气管道干线的任何可能性，并要求能源生产者将自己运输管网资产出售给

[①] Романова Т. А. 《Третий пакет》 и будущее Газпрома // Россия в глобальной политике, 2009, No. 6, Декабрь, С. 70.

[②] Liberalisation of the EU gas sector//EiriActive. http：//www. euractiv. com. en. energy/liberalization - eu - as sector//article - 171067.

独立公司。换句话说，就是强制分解垂直集中公司：能源公司向独立公司出售自己的运输管网并且不得拥有它的控股权。第二，较为温和的分解方案，允许保留开采公司/发电公司对于管道/电力输送网的所有权，但是不得参与已经转让给独立运营者的运输管网的管理。在这种情况下，运输管网仍然属于开采公司，但是可以由本国管网独立运营者来管理。第三，"温和"的分解方案，不排除天然气供应者拥有和参与运输管网的管理，可是必须由国家调节者进行严格监督，以防止任何限制竞争的企图。① 开采公司保留对运输管网的所有权，但是必须遵守各种独立管理的规定，而且它们的活动能够受到专门监督机构的监督。②

欧盟国家本国立法必须符合新的指示。一旦破坏新指示的规定，将受到制裁（达到实体公司全部交易额的10%）。

根据第三批能源文件，在每个欧盟国家都要设立独立调节机构以监督费率。它应该监督本国如何履行欧盟新指示，同时监督市场开放程度、竞争程度、分解程度，监督第三方遵守法律。一旦确认违法行为，调节机构有权调查企业并有权调查企业全部信息。③

在文件实施过程中，管网公司的资产——能源管网和天然气管道，将要或者出售或者转让给独立运营者管理。欧盟最大的能源公司，像德国意昂集团或者法国电力公司应该被分解。

（三）欧盟能源改革的国际影响

需要指出的是，第三批能源文件在欧盟内部引起强烈反响。一方面是反对派，例如法国和德国坚决反对拆分资产；在商界内部并不统一。法国的欧洲合作国务秘书朱叶表示，分解能源公司经济活动将会削弱运营者的竞争力，而且也不能给消费者带来更低廉的能源价格。④ 同时德国也反对有关强制私人公司出售属于它们资产的建议，因为这不合法也不合理。此

---

① Ежеквартальный отчет ОАО 《Газпром》. 3 квартал 2010 г. // Риски, связанные с либерализацией увропейского рынки. с. 45. （http://www.gazprom.ru/f/posts/22/042553/repiii_2010.pdf）.

② Гриб Н. Газпрому создали пакет проблем // Коммерсант, 2009, No. 73.

③ Губков И. В. Третий энергетический пакет Европейского Союза. Зарубежный опыт // Вся Европа. ru. 2010. （http://www.mgimo.ru/alleurope2009/46/10062/Tretij_pfket_statqq.pdf）

④ Франция против реформы увропейской энергетики // Финансовые новости. （http://finance.tlnew.ru/news/article18665/default.asp）.

外，德国认为分解资产不合时宜，因为拆分可能会破坏本国现有的非常可靠的能源部门系统。

另一方面是赞成派，例如英国和比利时，这些无条件支持第三批能源文件的国家，给予了欧盟能源政策以极大影响。丹麦、瑞典、葡萄牙和罗马尼亚都支持天然气市场尽快地自由化。欧盟其他大多数国家同样试图使本国法律适合第三批能源文件的规定。

2011年3月3日，第三批能源文件正式生效。根据它的调解要求，每个欧盟成员国有权独立选择本国能源的自由化方式。但是这一权利规定了非常重要的附带条件：每个国家应该，或者强制自己天然气转口运输管网所有者将其出售给同开采者和销售者没有联系的新的运营者，或者将这一运输管网转让给独立运营者管理。

还有第三条途径——应急的办法，对这一改革不满的其他巨头——德国和法国，欧盟任何国家可以不改变自己的能源政策，如果认为现行体制要比建立独立分支企业能更有效地保证天然气运输管道系统运营者的独立性，在这种情况下，该国必须在欧洲委员会履行补充手续，其程序尚未最终确定。很明显，这将成为政治斗争的对象。

这样，不久前生效的第三批能源文件掀开了欧盟能源部门历史上新的一页。一旦它实施了，属于欧盟单个国家主权的能源政策，实际上很多就变成了欧洲委员会超国家管辖范围，它甚至可以更多地确定成员国能源平衡的结构。如此深刻的改革不能不对欧盟和它最大的以俄罗斯为主的外部能源伙伴的合作产生最严重的影响。

二　第三批能源文件与俄欧合作前景

（一）第三批能源文件对俄罗斯的不利影响

第三批能源文件影响俄欧关系首先在于这种局面，按照欧洲委员会的想法，这个一揽子文件不仅要推行到欧洲公司，而且要推行到在欧盟市场上经营的外国能源集团，包括"俄气""俄油"及其他能源巨头。能源文件要求它们进行资产和权力拆分，就像要求欧盟成员国的公司一样。这样做的理由是，既然俄罗斯公司（像其他国家的公司）在欧洲市场从事经营，那么就应该遵守欧盟的要求。很明显，此项要求并不具有类似明显和露骨的强迫性。

由于通过第三批能源文件，对于俄罗斯而言，最紧迫的大问题是保证长期合同和价格的形成。"俄气"的长期合同将天然气捆绑在"石油篮子"的做法就使其成为招致欧洲委员会激烈批评的对象，它认为这样的定价原则严重地限制了竞争。欧盟坚持要让市场转向短期合同和现货交易合同的机制，就像在美国和英国那样。

欧洲能源市场的自由化可能对俄欧长期合同形成机制产生极其不利的影响，因为"按照新规定消费者可以比较价格并且在三周内更换供应商"①。如果这个规定得以实施，根据许多研究者的看法，"俄气"不仅被迫失去自己的垄断地位，而且还要大大降低天然气的价格，以免丢失欧盟自由化能源市场。有关自由获得管道设施的规定完全背离天然气供应长期合同制。

目前，俄罗斯与欧盟国家的能源合作中最好最大的一份仍然是在双边框架内基于长期合同而取得的。俄罗斯同欧盟许多国家（如德国、法国、意大利和奥地利）的能源合作已经形成了稳定牢固的关系，同另外一些国家（主要是东欧国家）可以说是一种很不自然的伙伴关系。但是随着第三批能源文件的实施，它规定要摆脱签订长期协议的做法，长达数十年形成的俄欧能源合作整个体系有可能会摇晃起来。

欧洲委员会承认，长期协议能保障有保证的供应和事先确定的价格。但是，根据布鲁塞尔的意见，这些合同明显是没有理由地限制竞争。因此，欧洲委员会计划就进一步减低长期合同在市场上的份额而制定一系列措施。

同时，俄罗斯和"俄气"一直赞成长期合同是实现能源出口的主要原则。当考虑到俄罗斯国内天然气价格相对较低和天然气市场赢利率不太高时，这些长期合同对于保证投资新的大规模天然气田（例如亚马尔）是极其有必要的。要是没有了向欧洲长期又有保证地供应天然气的合同，投资开采新气田是不可思议的。同欧盟国家的长期合同在眼下仍然是俄罗斯国内石油天然气市场保持稳定投资的关键所在。

在欧盟这边，第三批能源文件遵循的逻辑是不愿看到自己的天然气市

---

① Франция против реформы увропейской энергетики // Финансовые новости. (http://finance.tlnew.ru/news/article18665/default.asp).

场是一个单一的整体。布鲁塞尔认为，必须要将它分解成几个区域。应该出现依据"进气口—出气口"模式形成三个不同税率的区域，并且每个区域都有成为现货交易的潜在中心（储备枢纽）。这个计划对俄罗斯造成新的困难。设想一下，某个欧盟国家不缴纳天然气费用，而转运系统却要通过它的境内，将会出现盗窃天然气的问题，俄罗斯并不能在这个时候提出要求查验该国进气口和出气口的界限。正如我们看到的一样，俄罗斯反对"储备枢纽模式"完全有道理，要知道干线管道是特殊形式的不动产，它确认了天然气所有者的权利。

对这个问题和其他类似问题，目前还没有答案。欧盟将来的做法，或者是继续试图寻找歧视俄罗斯的办法，或者是寻找某种妥协办法以解决第三批能源文件带来的难题。

应该强调，长期合同对于所有供应者都是很重要（不仅对"俄气"）的，因为它们要保证资金投入，这是开发新气田和建设运输管道所必需的。供应国要保障供应，或多或少要稳定且对长期有一个预期价格，这样才能使投资者在没有巨大风险时计划开发新气田。①

放弃长期合同的做法，同时也可能对欧洲市场的天然气量产生消极影响。如果是在 2015 年，俄罗斯天然气出口"东部方向"更有吸引力开始发挥作用，那么大量天然气很快输向东方，或者是暂时留在天然气田等待价格上涨。很明显，俄罗斯作为最大天然气供应巨头，将会利用各种杠杆向欧盟施压以捍卫自己的利益。但是，俄欧相互依存度特别高，因此"俄气"采取行动也是极其谨慎的。进口国应该保护"俄气"的资产权利，同时也要保护运营者管理自己资产的权利。

如果第三批能源文件将完全按照通过时的内容加以实施，那么对于"俄气"复杂性的影响不仅在运营活动方面，而且在资产权利方面。这种局面的荒诞之处在于如果在欧盟某些国家没有就出售天然气管道资产问题直接要求"俄气"，它仍然是这些资产的所有者，可是按照有关第三方非集中垂直公司的指示，它将失去对这些资产的管理权。

再列举一个事例。在 20 世纪 90 年代末，"俄气"建设了经过波兰的

---

① Реформы в ЕС и российский бизнес // Институт энергетических исследований РАН.（http://www.eriras.ru? index2php? option = com_ content & task + emaiform & id = 63 & itemid = 55）.

"亚马尔—欧洲"天然气运输管道，通过它也向德国供气。现在出现了威胁，这些资产管理权将转交给按照自己利益行事的"独立运营者"。天然气管道所有者变成货币供血者（简单说就是变成"摇钱树"），并且将被迫履行"独立运营者"通过的投资决定。①

在自第三批能源文件确定起的三年里，很明显，它本身给"俄气"同欧盟国家双边协议造成政治限制。例如，2010年10月15日，欧洲委员会要求改变早先签订的俄保有关"南溪"政府间协议，因为该协议没有规定欧盟其他国家公司可以获得管道。欧洲官员们对此很不情愿，因为保加利亚必须让俄罗斯天然气"完全和不受限制的过境运输"经过自己领土。欧洲委员会主席公开表示，保加利亚"必须保证其他国家公司获得天然气管道"。

另一个事例是立陶宛。这个曾经在欧盟压力下关闭了苏联时期建设的伊格纳林核电站并遭遇到能源严重不足的国家，2010年，在欧盟国家里第一个决定实行本国天然气市场的改革，并开始向欧盟委员会提出有关调查"俄气"滥用自己在能源市场的优势地位事件的申请。

正如我们所见，欧洲委员会的立法倡议主要目的之一是限制"俄气"在欧洲市场的影响力，并减少欧盟国家对俄罗斯天然气供应的依赖程度。一旦这些立法得以全面实施，"俄气"将不能在欧洲能源领域投资，甚至将不得不出售自己在欧盟国家的资产。对俄罗斯而言，这是完全不能接受的。

同时还应该指出，第三批能源文件规定的措施有悖于《能源宪章》，即关于遵守非歧视原则允许第三国供应者获得分配管道网。

能源文件对于第三国公司投资欧盟能源设施规定了歧视性限制。假设，如果"俄气"不迎合第三批能源文件，将被拆分，反正没有欧洲委员会的同意，它是不能投资欧盟的能源行业的。今后第三国公司是有权投资欧盟的管网资产，只是要通过欧洲委员会的同意，只是在欧盟和具有相

---

① Газпром не исключает проблем от реформы газовой отрасли в ЕС // РИА 《Новости》. 2010. 14. октября. http://afn.by/news/i/142797.

关企业的国家之间签署协议之后才能够进行。① 很显然，这些规则对于第三国投资设置了严重障碍。

(二) 俄罗斯对欧盟第三批能源文件的态度及对策

第三批能源文件的制定与通过，在莫斯科引起的反应，起先是不理解，而后是愤怒。正如上述提到的那样，在 2009 年 7 月即这批文件通过后三周，俄罗斯拒绝继续基于临时原则履行能源宪章条约，这表明了莫斯科对该问题的严厉态度。作为对第三批能源文件的反应，就是 2009 年 11 月 13 日通过的 2030 年前国家能源战略，这是对早先 2020 年前能源战略的补充与校正。其中提出了在东部方向（中国和其他亚太国家）加快能源供应多样化的任务进程。显然，争取实施这个目标将不易，在俄罗斯石油天然气出口总体结构中，增加的对中国和其他亚洲国家的出口份额并不是很高。应该指出，"俄气"需要 5 年多时间以便同中国石油天然气公司就天然气价格进行谈判（中国同样像莫斯科一样，一直主张天然气价格与石油篮子捆绑）。然而，俄罗斯石油天然气出口多样化的稳定趋势是确定的：正如 2030 年前能源战略指出的，在该战略实施的第三阶段后期，在俄罗斯出口的石油及石油制品中，面向东部方向的份额要从目前的 6% 增至 22%—25%，而在天然气出口份额中要从目前的 0% 增至 19%—20%。②

专家们分析俄罗斯应对欧盟新能源倡议的三种主要"回应"场景。否定—强制类型（极端方式）场景预测，俄罗斯市场对欧洲公司关闭，以此回应欧盟市场对"俄气"关闭；同意—自由化类型场景预测，接受欧盟大多数新的能源规定；折中类型场景预测（最现实），建议采取实用主义办法，据此，"俄气"不被拆分，长期合同继续保留，而欧洲公司获准参与一系列俄罗斯方案和气田方案。

(三) 俄欧就第三批能源文件的协商及博弈

由于出现的制度性困难引起了国家层面上讨论第三批能源文件，俄欧

---

① Романова Т. А. 《Третий пакет》 и будущее Газпрома // Россия в глобальной политике, 2009, No. 6, Декабрь, С. 71.

② Энергетическая стратегия России на период до 2030 года // 3. Основные тенденциии прогнозные оценки социально—экономического развития России на период до 2030 года.

在能源对话框架内建立工作组以分析该文件的规则、对本国立法的影响、经济损失最小化。另一个工作组建立于2009年，根据"俄气"总裁米勒和欧盟委员会能源专员埃廷格尔协商建立。其目的是经常讨论实施第三批能源文件及其对"俄气"履行长期合同影响的问题。①

在俄欧就第三批能源文件的谈判中，俄罗斯的立场存在"明显的弱点"，这是由俄罗斯在天然气液化能力发展方面的弱项造成的。根据专家估计，天然气液化的份额在全球天然气市场将不断增加，并在2020年前增加至38%。② 在天然气液化条件下，生产者已经不太留恋长期合同。现在俄罗斯只有一家天然气液化工厂——"萨哈林—2项目"。第二家工厂还处在设计阶段：来自施托克曼气田的天然气液化工厂将直接与距离摩尔曼斯克不远的气田连接。据最乐观估计这家工厂在2017年开工建设。但是，在北方新气田的天然气开采的高成本，有可能不会使俄罗斯同世界其他天然气液化供应者进行顺利竞争。

可是在第三批能源文件谈判中，考虑到欧盟对俄罗斯能源供应的依赖程度高，俄罗斯立场整体上表现得强势。欧盟要是表现出不妥协和不愿考虑这个东部邻国的利益，那么有可能最终会遭遇到天然气短缺这种情况，这样首先会影响普通居民，从而影响他们对天然气市场改革设想的态度。俄罗斯的立场也会因为如下状况得以强化，即欧盟内部存在第三批能源文件的强烈反对者，例如能源行业巨头，还有首先像德国这样的一些国家。欧洲委员会最担心的是大多数欧盟成员国不愿意履行第三批能源文件的规定。自文件通过以来的3年证明，对于天然气/电力市场自由化和拆分垄断行业问题的态度，欧盟国家分为反对派和支持派，而且无论在欧盟内部还是在各成员国内部，这种分歧都在加深。在德国、法国和意大利，对能源文件反对最激烈。这种局面有可能预测，在可预见的期限里可能会有部分规定得以落实。

在反对能源文件的阵营里，不仅有俄罗斯，还有其他向欧盟供应天然

---

① 《Газпром》планирует провести для Еврокомиссии презентацию проекта 《Южный поток》// Нефтегазовая вертикаль. 2010. 30 ноября. http://www.ngv.ru/about/new/news9384.aspx.

② Иванов А. С., Копылов В. М. На пути решения глобальных энергетических проблем // Бурение и нефть, 2007, No. 2, C. 3.

气的国家。首先是在供气量方面居第二位的挪威，然后是居第三位的阿尔及利亚，它们赞同莫斯科的立场。

最终，第三批能源文件可能违背欧盟成员里最大国家的根本利益。当初制定该文件时采用了在美国、英国和加拿大实行的盎格鲁—撒克逊模式，它把能源开采和运输及消费割裂开，破坏了投资者的积极性。结果在欧盟可能会出现对开采自己的气田缺少足够投资的严重问题，紧随其后的还有保留下来的全部能源基础设施也会遇到投资不足的问题。投资者不能更有效地管理自己的资产。正如"俄气"高层人士 A. 梅德韦杰夫指出的，英国第一个按照能源文件精神贯彻拆分资产的原则，它已经在冬季感受到天然气供应很难保证在需要的水平上，因为"英国自由化市场不能按时保证有足够动力去投资新的设施"①。此外，他认为，不考虑当地条件的任何复制的做法，都可能把盎格鲁—撒克逊模式的市场竞争优势变成缺点，而这缺点又会变成长期的问题。例如，在欧洲大陆，不同于北美，在可预见的未来不会出现数千家独立的生产者和消费者。

总之，按照许多专家的看法，在第三批能源文件中包含的新做法，不仅对供应者，而且对消费者，都造成风险增大的影响。在这种情况下，对于欧盟国家本身，则意味着产品价格的提高。正如普京形象地指出的，"在天然气生产者和消费者之间存在三个、四个和五个公司。每个公司都想榨取钱财"。据大部分专家的看法，该项改革与其说是致力于促进竞争，不如说是想要建立起对全欧洲能源部门的调节，这不能不引起欧盟许多国家对欧洲超国家机构所钟爱的这批文件的抵制。看来，欧洲委员会已经不能排除通过新的立法措施，如果现行办法表现出不足的话。而这意味着，不能排除将来会出现欧盟第四批能源文件的可能性。②

俄罗斯对于第三批能源文件的主要诉求是使所有运输天然气管道主干线摆脱该文件的影响。莫斯科认为，能源文件应该在欧洲各国低压管道网开始实施。这种理念存在于欧洲能源集团高层中，虽然布鲁塞尔官方目前

---

① Газпром не исключает проблем от реформы газовой отрасли в ЕС // РИА 《Новости》. 2010. 14. октября. （http：//afn.by/news/i/142797）.

② Губков И. В. Новая энергетическая стратегия и Инфраструктурный пакет Европейского союза. /Энергетика//Вся Европа. ру. 2011. Вып. 03 （53）. （http：//www.mgimo.ru/alleurope/2006/53/article－m－111.html #＿ftnrefl）.

还不准备接受这一理念。

我们在分析俄罗斯的立场时，想借用普京的看法来做结束语。他于2012年2月27日在"莫斯科新闻"发表《俄罗斯与变化中的世界》一文，"坦率地说，欧洲委员会所钟爱的第三批能源文件，致力于要压制俄罗斯整体化公司，这种做法不会加强我们的关系。但是这种做法——考虑到要用能源供应者来替代俄罗斯的做法会导致不稳定性增加——会加剧欧洲能源本身的系统性风险，因为这会吓跑那些对新的设施项目的潜在投资者。许多欧洲政治家在同我会谈时都会对这个'文件'骂上几句。因此，应该拿出勇气，消除这个在互利合作道路上的障碍"①。

第四节 对21世纪俄欧能源合作的总结和对乌克兰危机以来俄欧能源合作的展望

21世纪以来，俄欧能源合作取得了很大进展，可是也存在似乎无法调和的矛盾。此类矛盾既是出于国际政治考虑，即虽然俄罗斯很愿意增加对欧盟的能源供应以获得更多的经济利益及政治影响，可是布鲁塞尔不愿意过度依赖俄罗斯的能源供应；也是由经济理念不同造成的，即布鲁塞尔仿照英美模式而致力于欧盟能源市场自由化，而俄罗斯能源行业必须服从国家战略且集中高程度。既然这种矛盾极为深刻，那么在俄欧关系因乌克兰危机而倒退至冷战后的最低点的时候，双方能源合作受到了多大的影响，这个有必要进行分析。

一 对21世纪俄欧能源合作的总结

如果要对21世纪俄欧能源合作进行总结，还是可以得出如下结论的。

第一，俄欧能源合作在21世纪具有前所未有的规模，这证明双方利益存在广泛的吻合。双方关系在该领域具有特殊的足够的牢固特性，因为这种关系的形成经历了长达30余年。目前欧洲在很大程度上期待俄罗斯天然气出口，因为其他供应者不能满足欧洲在天然气消费方面的巨大份额。同时俄罗斯也有兴趣基于长期合同对欧洲维持稳定且高比例的能源出

---

① Московские новости. 2012. 27 февраля.

口，吸引欧洲对能源进行投资。

第二，布鲁塞尔在2000年倡议同莫斯科就能源问题作为一项单独对话形式而开展经常性对话进程，这实际上是承认俄罗斯在保障欧盟能源安全事务中的战略角色。自能源对话起，它变成了有影响力的国际场所，在这里讨论能源合作的广泛问题。目前它是一个关注长期前景的多层次咨询机制。每逢俄欧峰会前夕，由它准备有关能源对话进程的专门报告。有关能源对话的效果已有后来的事实证明，即俄欧之间建立其他行业对话都参考了这个样板。然而最近几年，却出现了能源对话严重的空转现象。这是由于政治高层在一系列能源合作原则问题上无法协调而导致的（表现在新的《伙伴关系与合作协定》无法进行谈判，能源宪章条约，欧盟第三批能源文件及其对俄罗斯的影响）。

第三，在最近20年里，欧盟出台含有新规定和原则的主要文件，其中打算要在欧盟和非欧盟国家之间建立能源领域的关系。其中能源宪章条约，还有过境运输议定书方案，它们引起莫斯科的激烈批评。根据莫斯科的看法，实施能源宪章条约和议定书会导致这种后果，即俄罗斯不得不开始按照本国费率向欧盟国家过境运输更低廉的中亚天然气（俄罗斯现在订购它，而后作为自己的再转售出去）。在这种情况下，按照布鲁塞尔的看法，议定书不应该适用于欧盟境内的能源运输。在1994年签署《能源宪章》条约后，俄罗斯基于临时原则履行它至2009年之前，而在2009年7月，即欧盟通过第三批能源文件后，就放弃履行这个条约。莫斯科和布鲁塞尔之间存在不能调解的矛盾，其原因是俄欧能源对话缺少立法基础。这样，俄罗斯多次批评《能源宪章》条约；其他向欧盟供应能源的国家（挪威、阿尔及利亚）也赞同俄罗斯。目前在世界上只有欧盟《能源宪章》获得承认，它只是一个带有宣言性质的文件。

第四，在21世纪，俄欧能源合作因俄罗斯和过境运输国（乌克兰、白俄罗斯）之间的好几次"天然气危机"而很不愉快。俄罗斯供应欧洲的能源遭到偷盗就带有了政治味道。俄罗斯面临"过境运输的弱点"，这是由来自过境运输邻国企图玩弄价格专政而造成的。作为对地缘经济挑战的回应，俄罗斯开始建设"北溪"和"南溪"天然气管道。前者投入运行，后者则陷入停顿。

第五，"北溪"对于俄罗斯是有效手段，借此可以防备由过境运输国专政而造成的政治风险，同时也是捍卫自己可靠供应者声誉的重要设施。据大多数专家的看法，该项目是物有所值。它的作用不仅在于完全从俄罗斯供应系统中排除了天然气管道经过过境运输国，而且在于改变自己的这种系统。例如，在不存在乌克兰和白俄罗斯方面问题的时候，"北溪"可以用来扩大天然气运输量。在同过境运输国关系紧张时，可以把通过"原来"管道的供应任务转向"北溪"以保证欧盟国家对俄罗斯天然气的需求，同时还维护了俄罗斯作为可靠供应者的声誉。最为现实可靠的是，"北溪"将欧盟同世界上天然气储量最大的气田连接起来。[①] 天然气线路通过海底比在陆地上更安全，因为可以减少外力对它的影响。这种状况整体上有利于保护环境，符合欧盟和俄罗斯的环保标准。

最终考虑建设"北溪"的目的是双重性的：扩大了供应量，不再依赖过境运输国。虽然在建设过程中，这个天然气管道明显昂贵，但它仍然是一个好的项目工程。

第六，在南部方向最近几年里，"南溪"虽然具备基本轮廓，可是它遭到布鲁塞尔的顽强抵制。这已经被如下事实证明。它不同于"北溪"，没有获得"转运欧洲天然气管道"的特权地位。此外，布鲁塞尔仍然想要实施竞争方案"纳布科"项目。然而在 2010—2012 年，俄罗斯极大成功地扩展了中欧和东南欧对"南溪"的支持（同 11 个国家的政府和私人公司签署了有关该项目的建设协议）。2012 年 12 月 7 日，在安纳堡附近举行了天然气管道首批焊接仪式。如果这一方案投入运营，将会提高欧洲在天然气保证方面的能源安全，可同时，欧洲对俄罗斯的天然气依赖度也将提高。欧盟试图减轻这种依赖性，并继续努力在同一南部方向实施替代性的管道方案，因为在北方没有可行的替代方案。俄罗斯在实施"南溪"时也特别在意能赢得这样一种局面（在后苏联时期一度非常缺少），即高度地独立于过境运输国，更不必说要向欧洲增加天然气供应量从而获得额外收益了。

第七，在最近几年里，俄欧能源合作的绊脚石就是欧盟第三批能源文件，它于 2009 年 4 月通过，并于 2011 年 3 月生效。其中含有的欧洲能源

---

① Information about Nord Stream//Electronic resource, Nord Stream AG. p. 55.（http://www.nord-stream com/index.php/id=663）.

市场自由化模式有悖于莫斯科的利益。据俄方的看法，这种自由化应该按照能够考虑它的利益的程序和期限加以实施。与此同时，欧盟通过新的能源指示重新要求俄罗斯使它的国内能源价格自由化，同样还提出有关拆分俄罗斯垂直集中管理公司的要求。对俄罗斯控制能源供应进行限制的手段，就是布鲁塞尔旨在不允许"俄气"进入欧盟成员国天然气分配管网的政策规定。目前围绕第三批能源文件的争端远未调解，眼下也看不到妥协的迹象。

总之，无论俄欧关系的发展出现了何种场景，能源在可预见未来仍然是双方合作的最重要且规模最大的领域。同时，考虑到俄欧采取了更加具有竞争性的方式，这种合作仍将伴随着双方的利益使矛盾与冲突进一步加剧。

二　对乌克兰危机以来俄欧能源合作的展望

如果说俄欧能源合作中确实存在无法调和的矛盾，那么现如今俄欧关系因乌克兰危机而倒退至冷战后的最低点，这种矛盾表现得如何呢？对双方能源合作有多大影响？经过分析，同样可以得出几点结论。

第一，俄欧能源合作中确实存在无法调和的矛盾，而且这类矛盾一定会通过双方关系的紧张而得以放大，但大致在可控的范围内。2014年7月底欧盟宣布制裁俄罗斯，俄欧出现公开对抗，2015年6月下旬欧盟峰会决定延续制裁至2016年春。这期间俄罗斯的石油天然气供应欧洲照常进行，乌克兰危机当事各方没有拿能源作为筹码，能源供应者、过境运输国、消费国三方都不愿意将对抗扩大至能源领域。这说明各方是务实的，都不愿轻易动用"能源武器"以谋求政治目的。

第二，即便是目前俄欧关系公开对立，而在双方能源合作领域也是既有坏消息又有好消息。坏消息是2014年12月1日普京在访问土耳其期间表示，由于欧洲方面的反对，俄罗斯宣布放弃"南溪"项目，转而加强同土耳其的合作。实际上早在6月，保加利亚和塞尔维亚受欧盟的压力，就已宣布放弃参与"南溪"方案。这至少说明欧盟早就反对，不是在利用乌克兰危机。可是2014年12月，欧盟提出一份文件，指责"俄气"存在市场垄断行为并且开出巨额罚单。欧盟解释说"俄气"早已如此，俄罗斯则反驳说这是欧盟出于政治目的的行为。好消息是据德国《世界报》2015年6月19日报道,"俄气"宣布,将同德国意昂集团和壳牌石油及奥地利石油天然气公司合作新建"北溪—2"管道项目,初步协议已在圣彼得堡签署,新建的两条管道将增加天然气供应550亿立方米/年。最迟于2020年起,俄罗斯向西欧供应天然气不再经过乌克兰。可谓好事多磨。2015年12月,欧盟表示"北溪—2"项目还需要进一步讨论与协商。在欧盟内部对于"北溪—2"项目存在分歧,意大利和一些中东欧国家批评这个项目。在2015年度最后一次欧盟峰会上,意大利总理伦齐对这个旨在取代"南溪"天然气管道的项目提出了严厉批评。① 因为俄罗斯放弃"南溪"项目,使意大利等国蒙受损失。

---

① 法国《费加罗报》2015年12月19日报道。

第七章

俄罗斯与欧盟冲突所涉及的主要问题

长期以来，虽然俄罗斯一直坚持认为自己属于欧洲，是欧洲文明不可分割的组成部分，可是欧洲对此却持有审慎的保留态度。实际上，俄欧关系中的不同点远远多于共同点，俄欧关系中合作与冲突也经常地纠缠在一起。21世纪以来，由诸多不同点引发俄欧冲突的原因非常复杂，有些是承袭以往的历史宿怨，而更多的则是新近出现的争端。就俄欧冲突的性质而言，有些涉及国家地缘政治安全，有些涉及国家发展道路，有些涉及人员往来，有些涉及价值观认识。而俄欧冲突的表现形式也是多姿多彩的：有的明争，有的暗斗，有的进行制裁，有的通过代理人动用武力。俄欧冲突所涉及的主要问题如下：欧盟北约双东扩、欧盟新成员的反俄倾向、独联体问题、对世界新秩序的看法、对民主人权的理解、签证问题。

我们需要特别强调，这里讨论的俄欧关系是指俄罗斯与欧盟整体的关系。不能把欧盟成员国与欧盟画等号，实际上欧盟总体对俄罗斯的态度与政策的消极变化，并不一定适用于欧盟每一个成员国与俄罗斯的双边关系。

第一节 欧盟北约双双第二轮以及酝酿中的第三轮东扩及其严重后果

冷战结束后，欧盟北约组成的大西洋联盟追求"利益最大化"，最大限度地扩展势力范围，将俄罗斯向东欧平原的东北方向挤压，特别是进入21世纪后，欧盟北约双双东扩，不仅把苏联的东欧盟国纳入其中（诸如波捷匈三国），而且也已经把苏联的加盟共和国纳入其中（诸如波罗的海三国），致使欧盟北约的边界同俄罗斯边界接壤，这给俄罗斯造成前所未有的安全压力以及由此产生的极大焦虑。这是俄欧关系矛盾丛生的总根源。在冷战后，欧洲之所以出现大西洋联盟大举东进的局面，主要有三方面的原因：首先是欧美联盟刻意追求"利益最大化"；其次是苏联的东欧盟国和苏联的加盟共和国积极要求加入；最后是俄罗斯因缺少有效的反制手段而产生极大的安全焦虑。欧盟北约不断东扩的严重后果，就是同俄罗斯以及由其主导的欧亚联盟和独联体集体安全条约组织的直接对抗。

一 欧美联盟坚持"利益最大化"

欧盟和北约是孪生兄弟，共同组成欧美联盟或大西洋联盟。欧盟原本是经济政治联盟，可是其成员大多是北约成员，欧盟在安全问题上依靠北约的庇护，美国在欧洲的军事存在主要是通过北约而实现的。冷战结束后，华约和经互会解散，不仅苏联从东欧盟国撤出军队所留下的权力真空迅速被欧盟和北约填补，而且进入 21 世纪，由于苏联解体而留下的权力真空也已经部分地被欧盟、北约所填补。欧盟、北约相互配合，双双第二轮东扩，使欧洲大陆的安全形势对俄罗斯极其不利。

欧盟北约双双东扩是俄罗斯与欧美联盟力量对比严重失衡的结果。从欧美联盟的利益出发，特别是从欧盟的角度看，可以说欧盟北约东扩是一种必然的战略选择。俄罗斯幅员之辽阔，资源之丰富，潜力之巨大，民族扩张之特性，都令欧洲其他国家不安。因此应当趁俄罗斯虚弱之机，凭借欧美联盟的力量，把俄罗斯尽量往东北方向挤压，将它束缚在欧洲东部一隅，以此构建有利于欧盟的地缘政治环境。

欧盟虽然是一个经济政治联盟，可是对于北约东扩持有更加积极的态度。如果没有北约东扩在安全问题上提供庇护，欧盟东扩不会顺利实施。所以说，在实施北约东扩问题上，欧洲国家的态度要比美国更加坚定。早在 20 世纪 90 年代中期，在欧美和俄罗斯谈判中，克林顿于 1995 年 4 月曾致信叶利钦，称北约扩大并非目的本身，而是为了在温哥华和符拉迪沃斯托克之间建立一种安全体系，他不排除俄罗斯以后加入北约；北约的欧洲成员国闻讯后十分恼火，说如果俄罗斯加入北约，"这个联盟就完了"[①]。美国人后来不再提起俄罗斯加入北约之事。

---

① 德国《明镜》周刊 1995 年 4 月 24 日。

可见，欧盟要凭借欧美联盟，乘胜追击，最大限度地挤压俄罗斯的安全及经济空间，以期成为未来欧洲的主导力量，让俄罗斯只是充当一个听话的配角角色。所以说，欧盟的东进步伐，除非遇到障碍，否则不会停止。进入21世纪，欧盟分别于2004年和2007年的两轮东扩，以及2009年的"东部伙伴计划"，均属于这类情况。

二 苏联的东欧盟国和加盟共和国主动要求"回归欧洲"及北约的保护

欧美联盟追求"利益最大化"，自然是欧盟北约双双东扩的最大推动力。同时，我们也应该注意到，苏联的东欧盟国和加盟共和国积极要求"回归欧洲"及北约的保护，这是问题的重要起因。由于东欧剧变，苏联解体，这些苏联的东欧盟国和加盟共和国内部的政治生活发生巨大变化，纷纷主动要求"回归欧洲"加入欧盟，并寻求北约的保护。进入21世纪，苏联的东欧盟国和加盟共和国要求"回归欧洲"及寻求北约保护的努力，不仅已经极大地壮大了欧盟北约联盟的势力，而且也对俄罗斯形成了包围之势。

苏联的东欧盟国和加盟共和国纷纷要求"回归欧洲"并寻求北约的保护，这种努力形成一种联动示范效应。例如，"回归欧洲"即加入欧盟。苏联的东欧盟国波捷匈三国和加盟共和国波罗的海三国于2004年加入欧盟，这样欧盟的经济空间同俄罗斯接壤，而且乌克兰、摩尔多瓦和格鲁吉亚也在谋求加入欧盟。再例如，寻求北约的保护。当德国实现统一后，北约安全网覆盖全德国，作为德国的东部邻国——波捷匈三国顿时感觉到安全问题迫在眉睫，只能寻求北约的保护，于是在1999年3月加入北约。波捷匈三国加入北约有了安全庇护，苏联的加盟共和国波罗的海三国又感到不安全，所以于2004年3月加入北约，此时北约已经同俄罗斯成为邻国。出于安全的考虑，苏联的加盟共和国乌克兰、摩尔多瓦、格鲁吉亚也纷纷要求北约的保护。这样北约第三轮东扩势在必行。如果此轮东扩顺利实施，我们甚至不能排除中亚国家内部也会发生分化，会有国家提出加入北约的要求。

三 俄罗斯因缺少有效的反制手段而产生极大的安全焦虑

冷战结束后,欧盟北约扩张势力范围,尤其是进入21世纪,欧盟北约双双东扩,俄罗斯虽然表示反对,却没有有效的反制手段,由此而产生了极大的安全焦虑。虽然俄罗斯手中握有"能源牌",可是也因为作用有限而无法彻底阻止苏联的加盟共和国要求加入欧盟和北约的行为。

就俄罗斯内心的真实意图而言,如果说对于欧盟东扩尚且能够容忍的话,可是对于北约东扩则是极力反对的。叶利钦时期对于北约第二轮东扩表示过激烈反对,进入21世纪,普京出于维护和稳定俄罗斯同西方关系的考虑,对于北约第二轮东扩表达了比较克制的态度。普京的这一克制态度并不代表能够容忍,相反,蕴含极大的安全焦虑。随着北约第二轮东扩,第三轮东扩势在必行,俄罗斯无法容忍,最终表现为激烈的言辞批评和直接的武力对抗。

激烈的言辞批评,突出地表现在普京2007年2月10日在德国慕尼黑43届安全政策会议上的讲话。普京在演讲中把大部分批评都集中在美国头上,批评美国的单边主义行为、藐视国际法基本原则并挑起新的军备竞赛。他说,"美国差不多在所有领域都超越界限",而且"总是试图使用各种手段来实现政治观念"。普京在批评美国滥施武力时说:"过度使用武力是缺乏解决复杂问题能力的表现。这种以伤害人权威特征的武力行为会让人人感到自危,会让一些国家试图拥有大规模杀伤性武器。没有控制的单极行为会导致悲剧出现。同过去相比,这会使更多的人深受其害。"普京还激烈批评了北约东扩。他指出,北约过去曾经承诺,不会在德国东部部署军队,俄认为这是北约对俄安全所做的保证,但现如今北约军力已经逐渐逼近俄罗斯。"这具有挑衅意义,会削弱俄罗斯和北约的政治互信。"普京的演讲,可谓是语惊四座。分析人士认为,这是冷战结束以来俄罗斯领导人对美国最为严厉的批评。当然也有西方人士评价说,普京此番讲话是"冷战言论"①。

既然有了激烈的言辞批评,发生武力对抗也就不奇怪了。直接的武力对抗,表现在2008年8月爆发了俄格"五日战争",重创了紧跟欧美联

---

① 《普京的严词批评意味深长》,2007年2月11日,新华网(http://news.xinhuanet.com/word/2007-02/11/content_ 5727083.htm)。

盟的格鲁吉亚萨卡什维利政权。2014年乌克兰危机爆发后，俄罗斯合并了克里米亚。

四 欧盟北约双双第二轮以及酝酿中的第三轮东扩及其严重后果

欧盟北约相互配合，双双实现第二轮东扩，以及酝酿当中的第三轮东扩，此项举动造成的严重后果就是大大提高了同俄罗斯以及由其主导的欧亚联盟和独联体集体安全条约组织的直接对抗的几率。

欧盟东扩是欧洲一体化进程中的重大事件，欧盟东扩改变了欧洲的地缘政治经济格局，对欧洲国际关系产生了深远的影响。2004年5月1日，欧盟实现了历史上最大规模的一次扩张，即第五次扩大（前四次分别是1973年、1981年、1986年、1995年）。波兰、捷克、匈牙利、斯洛伐克、斯洛文尼亚、爱沙尼亚、拉脱维亚、立陶宛、马耳他和塞浦路斯10个国家加入欧盟，欧盟成员国从15个增加到25个。欧盟此次扩大的对象国，除了马耳他和塞浦路斯属于地中海国家之外，其余8个国家均为苏联的盟国，其中还有3个是苏联的加盟共和国。由于此次扩张是从西欧地区向中东欧地区的扩张，因此被称为"东扩"。在2007年1月1日，保加利亚和罗马尼亚正式加入欧盟（第六次扩大），其成员国增加到27个，人口规模增加至4.8亿，面积扩大至460万平方公里，国内生产总值增加至14万亿美元。欧盟在21世纪的两轮扩大，即第五次和第六次扩大，已经使其成为世界上经济实力最强、一体化程度最高的国家联合体。

伴随着21世纪的两轮东扩，欧盟的地缘政治色彩也日益浓厚，其第三轮东扩也势在必行。欧盟于2009年出台的"东部伙伴计划"就是酝酿中的下一轮东扩，对象是乌克兰、摩尔多瓦、格鲁吉亚。恰恰就是"东部伙伴计划联系国协定"引爆了乌克兰危机。在2014年乌克兰危机爆发后，欧盟对俄罗斯实施经济制裁。

北约原本是东西方冷战的产物。苏联解体后，北约不仅没有消亡，反而开始其东扩进程。早在1990年6月，戈尔巴乔夫访问美国时同老布什会晤，后者提出的9点计划中其中第5点谈到，北约保证不在东德部署军队（统一前和统一后都是如此）。[①] 1993年3月，北约将波兰、捷克、匈

[①] 邢广程：《苏联高层决策70年》（5），世界知识出版社1998年版，第260页。

牙利吸纳为新成员,实现了冷战后的第一轮东扩。2004年3月,波罗的海三国及保加利亚、罗马尼亚、斯洛文尼亚、斯洛伐克加入北约,北约成员国由此增加至26个,实现了第二轮东扩。北约的第三轮东扩也不可避免,对象是乌克兰、摩尔多瓦、格鲁吉亚。

北约东扩给俄罗斯的国家安全造成巨大压力和威胁。作为北约东扩的衍生计划,美国于2007年1月开始同波兰和捷克就在两国境内部署导弹防御系统问题进行谈判。① 美国解释此举是为了防止伊朗和朝鲜的导弹攻击,俄罗斯却不接受这样的解释。实际上,美国这样做是对俄罗斯实施战略包围,遏制俄罗斯的战略核力量。鉴于俄罗斯的极力反对,奥巴马于2009年4月一度宣称,如果同伊朗就核问题达成协议后会放弃部署欧洲反导系统。现如今伊朗核问题协议已经达成,奥巴马又自食其言。

在2014年乌克兰危机爆发以后,北约在俄罗斯西部边界的邻近地区,增加军力部署,实施军事演习。俄罗斯也用密集军演加以应对。

第二节 欧盟新成员中东欧国家的反俄情绪及其影响

随着北约和欧盟实施双重东扩接纳一大批中东欧国家,欧盟内部出现被美国拉姆斯菲尔德称作"老欧洲"和"新欧洲"的分歧。一是这些新伙伴在一定程度上改变了上述两个组织的结构面貌,无论北约还是欧盟都不能完全忽视这些国家的要求。二是这些新伙伴不仅是正式加入北约和欧盟组织,背靠大树好乘凉,它们还有自己的利益诉求,想在两个组织里表达自己的愿望,进而发挥政治影响。由于历史复杂关系和地缘政治利益,一些中东欧国家的加入肯定携带反俄情绪并使得两个组织无形之中强化排斥俄罗斯的倾向。北约组织是军事联盟,其针对俄罗斯的特征不必多言,而新加入欧盟的中东欧国家,例如波捷匈三国和波罗的海三国,由于复杂

---

① "Missile Defense System Not Aimed At Russia Says US," 2007年1月25日,(http://www.spacewar.com/reports/Missile_ Defense_ System_ Not_ Aimed_ At_ Russia_ Says_ US_ 999.html); "Pentagon Officials To Visit Ukraine For Missile Defence Talks," 2007年3月6日,(http://www.spacewar.com/reports/Pentagon_ Officials_ To_ Visit_ Ukraine_ For_ Missile_ Defence_ Talks_ 999.html)。

的历史原因和现实原因，它们抱有比老成员更加强烈的反俄情绪并时常付诸行动。这一状况严重地毒化了欧盟内部对俄罗斯政策环境较为友善的氛围，由此引发欧盟对俄政策分歧的增多，更使这些新入盟的中东欧国家同俄罗斯的关系变得紧张。

一　欧洲内部的分歧

自冷战结束以来，从大西洋到乌拉尔的大欧洲空间正在发生一场前所未有的两极化进程：西欧在继续联合，东欧苏联在分崩离析。西欧那边：两个德国统一，以欧盟东扩为标志，欧洲一体化进程正在顺利进行。东欧苏联这边：不仅国家之间的合作组织像华约、经互会解散，而且一些成员国也相继分裂，像捷克斯洛伐克一分为二、南斯拉夫一分为五、苏联一分为十五，其中的大多数国家选择了回归欧洲、参与欧洲一体化进程的立场；这是欧洲的分歧。

我们发现，在欧洲联合与一体化进程顺利进行的过程中，出现了所谓的新老欧洲的分歧。而这恰恰与大西洋两岸关系出现的分歧具有一定的相关性。欧盟一体化进程中的分歧反映在诸多领域及问题上，例如欧盟对俄政策、欧洲主权债务危机以及目前欧洲难民危机。可是欧洲内部第一次出现严重分歧却反映在美国对伊拉克开战问题上。

伊拉克危机期间，当大西洋两岸在对巴格达开战问题上出现严重不和时，中东欧国家表现出人意料的亲美倾向。2003年1月底，欧洲7个国家的领导人签署支持美国对伊政策的共同声明，它们是3个新成员：波兰、匈牙利、捷克，4个老成员：英国、意大利、西班牙和葡萄牙。2003年2月6日，10个中东欧国家，即阿尔巴尼亚、保加利亚、拉脱维亚、立陶宛、爱沙尼亚、马其顿、斯洛伐克、斯洛文尼亚、罗马尼亚、摩尔多瓦云集维尔纽斯（被称为维尔纽斯帮）发表声明，与会者完全支持华盛顿对萨达姆采取军事行动，不必经过联合国安理会授权。无论是"七国"还是"维尔纽斯十国"的立场，在很大程度上使正处于被动境地的美国非常满意。中东欧13个国家也名声大噪。美国国防部部长拉姆斯菲尔德声称，盟国内部出现分歧的深刻根源在于这是"老欧洲"和"新欧洲"

之间的矛盾。①

鉴于欧盟内部一些老成员和新伙伴追随美国的单边主义，欧洲国家也采取了自己的对策。2003年4月29日，它们在布鲁塞尔召开欧盟小型会议，会议在小范围里（法国、德国、比利时和卢森堡）讨论集体安全问题。这次会议没有邀请亲美派国家如英国、西班牙、意大利、荷兰以及过分向美国示好的新伙伴。很明显，被华盛顿称为"老欧洲"的国家并不想放弃它们对欧洲事务的影响和作用。它对中东欧国家的亲美立场反应非常强烈，并坚持自己的政治主张以应对美国的责备。美国认为法国对新伙伴在进行恐吓，因为希拉克总统对欧盟新成员发出警告说：如果有谁值得信赖，首先是"欧洲之家"。巴黎在评价中东欧国家的亲美行为时极不客气，称那些新伙伴是美国在"曾经是和睦欧洲之家"的"特洛伊木马"②。一些法德领导人确认，北约欧盟新伙伴在伊拉克问题上所采取的立场破坏了欧盟共同外交和安全政策的思想理念。

中东欧国家委婉地回应了欧盟老大哥的批评，他们认为，为了成为真正的欧洲一员，完全没有必要成为一个明显的和坚决的反美主义者，欧洲为了自己的巩固和壮大完全不必在伊拉克问题上表现出共同的反对立场。这些北约欧盟的新伙伴反过来也指责是巴黎和波恩破坏了共同的外交政策。

事实上，双方各有理由，法德批评美国的单边主义做法，中东欧国家却表现出明显的亲美倾向，这种立场分歧恰好动摇了北约和欧盟的团结一致。欧洲内部出现分歧，首要责任在于美国日益明显的单边主义做法，同时美国极力讨好中东欧的"青年土耳其党人"③。法德的许多政治家认为，

---

① Secretary Rumsfeld Briefs at the Foreign Press Center（http//www.defenselink.mil/news/Jan, 2003）.

② 《США·Канада》，2003 год，c.9.9 период.

③ "Young Turks"：1903—1909年奥斯曼帝国的革新运动。1908年7月一些思想进步和倾向自由的军官在萨洛尼卡发动起义，接着以恩维尔、穆罕默德·塔拉特（1874—1921）和艾哈迈德·杰玛尔（1872—1922）三名多年来一直呼吁土耳其现代化的军官为首，在君士坦丁堡成立"统一与进步委员会"。青年土耳其党的三人领导集团促使国王恢复了1876年宪法，并于1908年12月召开了土耳其议会。此后自由改革派（其中许多人流亡国外）和很快就采取狭隘民族主义政策的三人领导集团之间产生严重分歧。在巴尔干战争期间，三人领导集团影响增大，从而进一步加强了土耳其与德国之间的联系。三人集团统治土耳其政治至1918年秋。参阅［英］阿兰·帕尔默《20世纪历史词典》，社会科学文献出版社1988年版，第406页。

美国提出的"新老两个欧洲"的概念可能造成欧洲大陆新的分歧，而法德也有部分责任。在伊拉克危机期间，当法德无法同美国取得共识而新伙伴又追随美国的时候，法德应该避免对新伙伴进行激烈的批评。"我们使得那些已经成为了北约欧盟新成员的中东欧国家疏远了我们，——法国政治理论家梯叶利·沃尔通指出，——新伙伴不会宽恕法国在伊拉克危机时期提出的那类训诫。"①

可见，在伊拉克危机时期，大西洋两岸关系和欧洲内部都出现分歧，在美国、西欧和中东欧国家三方关系中，美国遗憾地发现，西欧盟国的支持是有限度的。西欧政治家担心美国外交政策单边主义使西欧盟国没有一点发言权。至于中东欧国家，不久前，法德还把它们当作听话的伙伴，正准备接受欧盟确定的原则。可原来，这些新伙伴有自己的利益诉求。它们不仅仅是要正式加入北约和欧盟组织，它们还想在这里表达自己的意愿，并发挥政治影响与作用。

二 新入盟中东欧国家反俄情绪强烈的复杂原因

为什么那些极力回归欧洲并且积极申请加入欧盟的中东欧国家，例如波捷匈三国和波罗的海三国，抱有如此强烈的反俄情绪，以至于有时甚至远远超过了老欧洲主要成员国？很显然，是一系列重要原因导致它们做出这样的选择。在这里，这些国家的利益诉求、历史宿怨、地缘政治因素、政治精英现实利益全都发挥了各自的作用。

第一，出于国家安全利益考虑。在中东欧国家领导人的政治理念里，考虑到它们自己的历史经验和现实状况，安全问题等占据首要地位（民族间冲突、国际恐怖主义和大规模杀伤性武器扩散等）。在这一方面，它们认为美国承担着国际安全的责任，能够向它们提供比欧盟或北约更加可靠的安全保障。在它们看来，国家安全的主要威胁来自东部的俄罗斯，并且它们经常在欧盟内部鼓噪安全威胁来自俄罗斯。

第二，历史上受沙皇俄国和苏联的控制，积怨很深。许多中东欧国家的政治家对俄罗斯仍旧不放心，担心它能否沿着民主道路发展，担心它经

---

① Вольтон "Париж для себя пацифизм дорого заплатить", газета 《известия》2003, 06, 03.

常强调的恢复以往的国际影响力。靠近俄罗斯的这些小邻国总是对大国的意图很敏感，因此，许多中东欧国家的领导人希望保持美国的存在，包括保持其在欧洲的军事力量以作为对后苏联空间的一种稳定力量。可是，西欧许多有影响力的领导人对这个问题有自己的看法，他们认为，来自俄罗斯方面威胁的可能性目前实际上已经大为缓解，而美国对欧洲的安全保障目前已经没有冷战时期的那种意义了，所以，中东欧国家总是主张欧盟要对俄罗斯实行更强硬的政策，积极参与在独联体国家策动"颜色革命"的活动，鼓励当地的反政府人士及其活动，例如在乌克兰危机中他们的行为。事实上，中东欧国家的这种反俄情绪及做法也时常得到欧盟的"关照"，以此向俄罗斯施压。

第三，地缘政治位置。历史经验提醒中东欧国家，如果它们不得不重新处在一个大国的保护之下，那么这个保护者距离它们越远，它们感觉越安心。同大国做邻居的最大危险在于太容易受摆布。大国的外交政策会造成大幅度的震荡，不仅对手而且朋友都能感觉到。因此，他们认为他们依靠这个霸主朋友最好远在大西洋彼岸，不要在自己身边，就像俄罗斯，虽然近在咫尺，波罗的海三国却极其排斥一样。霸主朋友越远，就越能引起同盟伙伴的喜爱。这就是典型的"远交近攻"的策略。另外，它们加入欧盟后，自己同俄罗斯做邻居的地理位置并不能随之改变，所以为了自己的安全，还需要有新的东部伙伴加入欧盟。因此，对于欧盟酝酿中的第三轮东扩，它们自然表现得最为积极。

第四，政治精英的现实考虑。新入盟的中东欧国家，为了争取在欧盟内部拥有更大的影响力，提升本国的地位，极力为欧盟议事日程增添新内容，积极推进欧盟酝酿中的第三轮东扩，介入独联体国家事务，例如欧盟2009年出台的"东部伙伴计划"。面对欧盟北约双重东扩，欧盟北约的欧洲老一辈奠基人不得不承认，欧洲的重力点逐渐在向东移动。所以，中东欧国家敢于表达自己的要求也是情理当中的事情。

三 新入盟中东欧国家反俄情绪的诸多表现

新入盟中东欧国家的反俄情绪表现在以下诸多方面：在历史问题上贬低或否定苏联和俄罗斯的贡献及文化，在领土边界问题上制造同俄罗斯的紧张局势，在处理同独联体国家关系问题上积极介入"颜色革命"，在乌克兰危机中最为突出。

第一,在政治经济文化方面,中东欧国家不仅要全面"回归欧洲",而且表现出在历史及文化问题上要同俄罗斯彻底划清界限,或贬低或非议或否定苏联的历史贡献和俄罗斯的历史文化。中东欧国家有时候表现得极其反常,甚至可以说是在有意挑衅。

首先,质疑第二次世界大战胜利成果。它们要求改写历史,认为第二次世界大战是一次双重侵略,是两个极权国家对东欧地区的冷酷瓜分。苏联击败希特勒德国攻入东欧,不过是苏联帝国对纳粹帝国的取代。2004年,波兰总统克瓦希涅夫斯基在纪念雅尔塔会议60周年国际研讨会上指责说,雅尔塔协定是历史上三度瓜分波兰的再次上演,是将波兰隔绝在欧洲复兴进程之外的罪魁祸首。普京则反驳说,这种话是没有良心的抱怨。波罗的海三国在这方面则走得更远,它们不断与俄罗斯展开舌战,认为苏联在第二次世界大战后侵略和占领了它们,并要求俄罗斯"反省历史",赔礼道歉。在普京宣称俄绝不道歉后,爱沙尼亚和立陶宛两国总统拒绝出席2005年5月俄罗斯庆祝第二次世界大战胜利60周年庆典,以示抗议。在2015年临近第二次世界大战胜利70周年之际,波兰与俄罗斯又在为第二次世界大战胜利70周年纪念活动发生舆论战,波兰质疑俄罗斯举行第二次世界大战胜利70周年活动,刻意安排在波兰港口城市格但斯克举行纪念活动。波兰外长于2015年1月在纪念奥斯威辛集中营解放70周年时甚至说,当年是乌克兰人而非苏联红军解放了奥斯威辛集中营。这引发俄罗斯的抗议。

由于受西方的挑唆,中东欧国家要求修改第二次世界大战结果,否定雅尔塔协议。俄罗斯《新消息报》批评波兰政府将苏联红军描绘成侵略者的做法时,毫不客气地指出:"如果不是苏联红军解放了波兰,这个国家85%以上的人口都会死在奥斯威辛集中营里。"① 可是,中东欧国家并不认可俄罗斯的观点。《拉脱维亚时报》主编尼塔尔斯甚至撰文说:"宁肯淹死在纯净的德国莱茵河中,也好于陷入俄国的臭狗屎堆里,这就是我们的口号。"据报道,2005年8月拉脱维亚议会下设专门委员会甚至提出

---

① 徐之明、王正泉:《中东欧国家加入欧盟对俄罗斯的不利影响》,《俄罗斯中亚东欧研究》2006年第1期。

一份报告宣称，苏联从1940－1990年的"统治"给拉脱维亚造成巨大的损失，为此要求俄罗斯赔偿600亿—1000亿美元。由此可见，双方的分歧十分严重。例如，2007年4月，爱沙尼亚首都塔林市拆除苏军纪念碑，引起俄罗斯的抗议。

其次，追查历史事件。中东欧国家对苏联时期的许多历史事件进行追查。2004年4月，拉脱维亚法院先后对境内的9名俄罗斯族居民进行审判，罪名是他们在第二次世界大战期间曾经杀害了拉脱维亚平民。其中年近8旬的苏联老游击队队员瓦希里·卡纳洛夫被判处6年徒刑，他被指控在1944年夏杀死了10名平民。他对判决不服，于是上诉。2004年4月30日，拉脱维亚最高法院仍然宣布判处81岁高龄的卡纳洛夫20个月的徒刑。此事引起俄方强烈不满，以致在民意调查时竟有49%的俄罗斯人认为拉脱维亚是最大的敌人。[①] 在追查历史事件问题上，最典型的要数"卡廷事件"。这是波兰和俄罗斯之间历史积怨最深的事件之一，戈尔巴乔夫、叶利钦和普京为此表示过诚挚的道歉。波兰要求将"卡廷事件"定性为"种族屠杀并对有关人员提出起诉"，俄罗斯则对波兰的"夸大描述表示拒绝，认为这只是当时某些官员的职务犯罪"。波兰指责俄罗斯"采取欺骗行为"，没有忏悔之意。波兰众议院于2007年决定将每年的4月13日定为"卡廷惨案"遇难者纪念日。2010年2月，俄罗斯总理普京邀请波兰总理图斯克参加"卡廷事件"受难者纪念活动，后者接受邀请。[②] 2015年4月，波兰举行"卡廷事件"75周年纪念活动，波兰总理科莫罗夫斯基宣称，20世纪没有第二个类似"卡廷事件"这样的惨案。[③]

最后，排斥俄罗斯文化。俄罗斯自认为是欧洲文明的组成部分，可是欧盟的西欧国家并不认可这一点，例如法国人一直坚持认为欧洲文明止于维斯瓦河（即波兰），波兰以东不属于欧洲文明，而是野蛮人和亚洲文明。2004年，中东欧国家加入欧盟，这意味着它们达到了欧盟提出的入盟标准，中东欧国家为了强调自身的欧洲属性，尤其排斥俄罗斯文化。捷克前总统哈韦尔就强调，欧洲大西洋文明区拥有相似的文化政治制度和价

---

① 《拉脱维亚对苏联老游击队员判刑激怒俄杜马》，中国新闻网国际，2004年4月30日。
② 《波总理受邀参加"卡廷"事件纪念活动》，新华网，2010年2月5日。
③ 《波兰举行纪念"卡廷惨案"75周年仪式》，国际在线，2015年4月4日。

值观，俄罗斯虽然部分国土处在欧洲，但是有明显的欧亚大陆特性。因此，中东欧国家在认同欧洲文明的同时，却极力割断与历史的联系，誓死要同俄罗斯文化划清界限。在它们的国内政策上，对俄罗斯语言、历史、艺术进行排斥，对说俄语的居民进行歧视。

第二，在领土边界问题上，中东欧国家制造同俄罗斯的紧张局势。中东欧国家加入欧盟之后，原属于它们与俄罗斯的国家之间的边界问题，现在却成为欧盟与俄罗斯的边界问题，从而使得边界问题更为复杂化。其中最为明显的是，波罗的海三国与俄罗斯的边界争议经过多次谈判，本来划界问题已经接近解决，后来却由于它们加入欧盟而出现了变故。

例如，拉脱维亚与俄罗斯原本计划在2005年5月10日签署边界条约，但是拉脱维亚突然提出要在条约中加入重新评价1939年苏德密约的单方面声明。俄罗斯认为其中包含领土要求，所以坚决反对，以致双方未能如期签约。理由是双方为一个边境小镇（拉脱维亚称阿伯热内，俄罗斯称佩塔罗沃）的归属问题出现僵持。普京在当天宣布，如果拉脱维亚、爱沙尼亚不在边界条约中添加"愚蠢的领土要求，俄将签署这些条约"，又说，俄罗斯"不会放弃一寸佩塔罗沃的土地"。拉脱维亚则指责说，普京在装腔作势，将使边界谈判变得更加复杂。

再如，爱沙尼亚外长与俄罗斯外长在2005年5月18日本已签署两国边界条约，但事后又出现事端，爱沙尼亚认为该条约不如叶利钦时期两国达成的初步协议那么有利于己方，于是爱沙尼亚议会单方面通过决议，增加了俄罗斯不能接受的附件，将两国边界动议。为此，俄罗斯外交部于6月27日宣布，俄方不接受爱沙尼亚提出的划界决定，双方为此僵持着。7月19日，欧盟宣布将出面代表拉爱两国同俄罗斯进行边界谈判。这些原本属于两国之间的边界问题，现在以欧盟名义提出并由欧盟出面后，使得这些国家的态度更趋强硬，加大了边界问题解决的难度。

第三，在处理同独联体国家关系问题上，中东欧国家积极介入"颜色革命"。欧盟经过2004年和2007年两轮东扩后，又在酝酿第三轮东扩，中东欧国家自然就成为欧盟此轮东扩的积极战士。例如，2004年10月，格鲁吉亚"玫瑰革命"后的新总统萨卡什维利应邀访问爱沙尼亚和拉脱维亚。在萨卡什维利访问期间，拉脱维亚与格鲁吉亚签署"相互支持与合作声明"，其中强调，拉脱维亚支持格鲁吉亚加入欧盟和北约，并且向格鲁吉亚传授改革经验。2005年5月26日，拉脱维亚总统专程来到第比利斯，参加格鲁吉亚独立日的庆祝活动，并表示支持格鲁吉亚有关撤除俄罗斯驻格军事基地的要求。有西方媒体认为，波罗的海三国已经成为乌克兰、摩尔多瓦以及高加索地区国家的"最可靠盟国"。

再如，2004年12月，波兰时任总统克瓦希涅夫斯基和立陶宛总统阿达姆库斯两次前往基辅参加乌克兰总统选举纠纷的"国际调解"，并引导事态朝着有利于反对派尤先科的方向发展。克瓦希涅夫斯基当时提出，乌克兰走出危机的最可行办法就是重新进行第二轮投票。他还劝俄罗斯放弃乌克兰，说什么"没有乌克兰的俄罗斯要比拥有乌克兰的俄罗斯更好"。普京对波兰支持乌克兰反对派的立场非常气愤。2005年4月22日，独联体内部离心倾向很严重的"古阿姆"组织，在摩尔多瓦举行峰会通过的声明中回避独联体范围的合作，却强调"古阿姆"愿意同欧盟北约美国等建立伙伴关系。此次峰会没有邀请俄罗斯代表参加，但是立陶宛总统阿达库斯姆以及波兰、匈牙利代表却应邀到会。

2014年发生的乌克兰危机，中东欧国家采取积极介入的做法，不仅有民间人士还有官方人士参与其中。

四　新入盟中东欧国家反俄情绪的影响

上述新入盟中东欧国家反俄情绪的三类表现形式，全都是源自这些国家的真实想法及其行为。虽然说这些国家敌视俄罗斯出自本能，可是欧盟对此采取了或默认，或庇护，或鼓励，或亲自出面同俄罗斯交涉的做法。中东欧国家敌视俄罗斯的种种做法对俄欧关系带来不良影响，毒化了欧盟东扩前对俄罗斯较为友善的氛围，给欧盟对俄政策带来更多的分歧和不利因素。在一定程度上可以说，新入盟中东欧国家充当了欧盟酝酿中的第三轮东扩的排头兵。事实上，欧盟内部老成员对于欧盟东扩的积极性有限，而这些新成员却积极主张并推进欧盟酝酿中第三轮东扩的进程。鉴于欧盟内部的决策机制，新入盟中东欧国家影响了欧盟内部的表决结果，以及议事日程内容的讨论，例如，就像当下欧洲难民危机中的中东欧国家反对接受欧盟移民配额的表现一样。我们可以通过以下事实进行说明。

首先，新入盟中东欧国家的做法影响欧盟的对俄政策。早在1997年，欧盟同俄罗斯签署的《伙伴关系与合作协定》正式生效，按规定该协定于2007年到期，如果需要该协定继续有效，必须由双方讨论用新协定取代原有协定。可是在欧盟内部就这一议程进行讨论的过程中，波兰坚决不同意欧盟同俄罗斯签署新的合作协定，波兰代表干脆采取胡搅蛮缠、扰乱程序的做法，以至于使这项议程无法进行，所以最终俄欧之间没有能够续签合作协定。

其次，新入盟中东欧国家的做法影响俄德关系。俄罗斯同欧盟主要国家德国保持着良好的关系，这得益于叶利钦——科尔、普京——施罗德执政时期的政策。默克尔执政以来对俄政策出现变化，俄德关系基本趋势是从比较密切的伙伴关系变成了较为疏远的一般关系。欧盟在2015年夏冬先后两次延长对俄的经济制裁，默克尔的对俄态度固然重要，可是中东欧国家敌视俄罗斯的立场在欧盟内部是有相当大的影响的。早在2005年9月，俄德之间签署《北欧天然气输送管道协议》（以下简称"北溪"），波兰提出了改变该管道线路的要求，希望该项目管道能够经过波兰境内，结果遭到俄德的坚决拒绝。为此波兰怀恨在心。

最后，新入盟中东欧国家的做法影响俄欧的共同邻国——乌克兰。欧盟东扩后，边界延伸至乌克兰，这样乌克兰就成为俄罗斯与欧盟的最大共同的邻国。俄罗斯千方百计笼络乌克兰，希望基辅能够成为欧亚联盟的一部分，而欧盟为了使乌克兰彻底倒向欧洲从而破坏欧亚联盟，所以酝酿第三轮东扩。2009年，欧盟出台了"东部伙伴计划"，中东欧国家也就自然成为积极推进酝酿中的第三轮东扩的排头兵。可以说，没有波兰的推动就没有"东部伙伴计划"的出现，而恰恰是欧盟的"东部伙伴计划联系国协定"引爆了2014年乌克兰危机。

第三节　俄欧关系中的独联体问题

俄罗斯坚持认为，后苏联地区"近邻"国家，并不是全球化世界的一个组成部分，而是与俄罗斯具有同一文明空间和共同历史的邻居，所以不容他人染指。俄罗斯认定，欧盟美国的渗透和进入是"越界""干涉"行为。在俄罗斯看来，后苏联地区是被看作一个明确的整体的。该地区的其中一部分保留着特殊性质，而且历史上的联系必须要把它们看作一个整体。这种看法在俄罗斯外交文件里反复强调，有关独联体地区的说法就是一个整体，用不着再仔细说明，任何一个国家都具有大小不同的意义。与此相反，欧盟和美国并不认可俄罗斯的看法，不认为这个区域是一个整体，它们宁愿基于更加个性化的办法针对该地区国家制定政策。①

如何处理同独联体国家的关系？这是俄欧关系中无法回避的重大问题。苏联解体后，独联体国家虽然可以自主决定本国的发展问题和处理对外关系，可是俄欧之间还是不可避免地为争取这些国家而展开竞争，甚至是恶性竞争，乃至对立。这种竞争的实质就是独联体地区国家跟谁走或者成为由谁主导的势力范围：是同俄罗斯走还是跟欧盟走？是成为由俄罗斯主导的势力范围还是由欧盟主导的势力范围？所以，由于在独联体问题上难以协调立场，尤其是进入 21 世纪后，俄欧关系经历了从密切到疏远再到竞争的历程。

一 俄罗斯对独联体地区的政策框架：欧亚联盟＋独联体集体安全条约组织

俄罗斯对独联体地区的政策曾经历过明显的变化：俄罗斯独立初期对独联体推行"甩包袱"政策；1993 年 4 月出台的《俄罗斯对外政策构想基本原则》开始调整其对独联体的政策，该构想强调要保持独联体空间的完整性，宣称与独联体国家建立牢固的积极关系，保障俄罗斯优先的军事政治和经济利益是俄外交政策的主要内容；② 1995 年 9 月出台的《俄罗斯对独联体国家战略方针》表明不再将独联体视为包袱，而是将它作为俄罗斯恢复大国地位的战略依托。这标志着俄罗斯对独联体政策的定型。事实上，这一时期对独联体政策的实际成效并不显著，主要受制于俄罗斯国力的虚弱。

进入 21 世纪，普京振兴俄罗斯的政策大有成效，国内爱国统一热情高涨，经济形势明显好转。伴随着国力的上升，普京对独联体的政策力度也大为加强。2000 年 1 月颁布《俄罗斯国家安全构想》，同年 6 月出台

---

① Якуб Корэйба. Проблемы Европейской политики в отношениях между Россией и Украиной. М.，ЗАО Издательство《Аспект Пресс》，2014，（Серия《Постсоветские и восточноевропейсие иследования》）С. 14.

② Основные положения концепции внешней политики Российской федерации, Дипломамичесий вестник. специальное издание. 1993 г.

《俄罗斯对外政策构想》[①]，这两份文件确认了俄罗斯继续维护独联体的存在、加强独联体一体化的战略方针。此后，俄罗斯对于独联体政策的基本方面保持着连续性，只是在优先次序上进行了调整，但是有一条政策或行动主线，即要努力维护俄罗斯在独联体地区的存在。即便是在"颜色革命"和"乌克兰危机"期间，亦是如此。

为维护在后苏联地区的自身利益，俄罗斯在2004年11月提出"大欧洲"思想，据此欧洲一体化进程应该依靠两个相互支撑的立柱：一方面是欧盟在西部，另一方面是愈加巩固的独联体结构在东部。普京在2011年提出建立欧亚联盟的倡议就是这条路线的逻辑延续。[②] 这样，俄罗斯试图建立自己版本的欧盟东欧，在此由它发挥领导作用并借此加强自己在欧盟的地位。该倡议的成果之一应该是同时发展欧盟同整个新联合体的建设性关系以取代欧盟同后苏联地区单个国家的关系。[③]

以上是普京提出"大欧洲"概念的真实意图。普京的"大欧洲"绝不意味着要使独联体融入欧盟北约，更不允许欧盟北约"吃下"独联体，以至于使其变成欧盟北约的势力范围，而是要在欧洲西部和欧洲东部划出一道界限，欧盟在欧洲西部，独联体在欧洲东部，未来统一欧洲大厦将是建立在西部和东部的两根相互支撑的立柱上。鉴于俄欧之间的相互信任程度较低，俄罗斯也排除了加入欧盟的可能性。例如，普京于2007年3月在欧盟成立50周年之际发表题为"欧洲一体化50周年与俄罗斯"一文，非常详细而具体地谈到了俄欧关系。他指出："发展与欧盟多层次的关系，这是俄罗斯的根本选择。是的，在不久的将来，由于十分明显的原因，我们既不打算加入欧盟，也不打算同它一起加入某种联合形式。出于对事态的符合实际的考虑，俄罗斯打算在条约基础上和战略伙伴关系原则上建立同欧盟的关系。因此，罗马诺·普罗迪一次提出的'除了不加

---

① Концепции внешней политики Российской федерации, издание 2000 года. www.scrf.gov.ru./dovument/decree/2000/07/_10.html.

② 俄罗斯在苏联地区主导的一体化规划有三：俄白联盟，俄白哈吉塔欧亚经济共同体，俄白哈关税联盟。它们的发展路径是以关税联盟为核心，从"关税联盟"发展成"统一经济空间"再发展成"欧亚经济联盟"。2015年1月欧亚联盟开始运转。

③ Подробнее см.: Выступлени В. Путина//РИА《Новости》.13.05.2002 и выступление В. Чижова на конференции《Видение Европы》в Берлине 19.11.2004: M. Menkiszak, Rosja wobet Unii Europejskiej: kryzys "Strategicznego partnerstwa"//prace OSW. Nr 22. Warszawa, 2006.

入欧盟各个机构什么都行'的公式比较符合我的心意'。"① 这里再清楚不过地表明了俄罗斯对独联体问题的态度及立场。

所以，普京对于独联体的政策，大致分为两条主线：在军事安全方面，要加强由俄罗斯主导的独联体集体安全条约组织；在经济一体化方面，要加强由俄罗斯主导的经济一体化即欧亚联盟。

二 欧盟对独联体地区的政策框架：欧盟 + 北约

进入 21 世纪，欧盟扩大，于 2004 年 4 月实现了第五轮大扩张（中东欧国家 8 个，南欧国家 2 个），欧盟的边界同独联体地区接壤。在此次大扩张之前，欧盟内部对于是否扩大存在争议：老成员对于继续扩大积极性不大；新成员对于继续扩大很感兴趣。在 2004 年 4 月和 2007 年的两轮东扩之后，为什么欧盟又在酝酿第三轮东扩？

这里的基本原因如下：首先，2004 年欧盟扩大，在客观上出现了欧洲重心逐渐东移的局面，以往以法德为中心的"欧盟引擎"逐渐变成以德法为中心的"欧盟引擎"，德国的影响力上升，德国为了同法国、意大利等争夺在欧盟内部的主导权，进而对中东欧国家主张继续东扩的立场采取了乐于促成的做法；其次，新入盟中东欧国家在欧盟内部的影响力在逐渐增加，它们积极推动第三轮东扩；最后，鉴于欧盟第五轮大扩张以后，同外部世界的接触面急剧扩大，这自然产生一个安全问题，所以欧盟觉得有必要在其周围构建一个"安全环"地带。

为了实现这个"安全环"目标，2004 年欧盟正式推出了邻国政策，涵盖了欧盟东部和南部地中海地区 16 个邻国（东部 6 国，南部 10 国）。② 欧盟希望通过邻国政策改善其周边环境，通过鼓励引导其邻国进行诸多领域的改革，使其在政治经济法律方面向欧盟靠拢，进而能够建构起"朋友圈子"，即安全地带。邻国政策在很多方面基本上借鉴了或者"复制"

---

① 《普京文集》（2002—2008），中国社会科学出版社 2008 年版，第 425 页。
② 东部邻国 6 个：乌克兰、摩尔多瓦、白俄罗斯、格鲁吉亚、阿塞拜疆、亚美尼亚；南部地中海国家 10 个：约旦、巴勒斯坦、黎巴嫩、摩洛哥、阿尔及利亚、利比亚、埃及、叙利亚、以色列、突尼斯。

了欧盟东扩政策,"是一个稀释版本的扩大政策"①。众所周知,加入欧盟就等于北约的半个成员了。

欧盟构建安全环的东部6国,均是苏联加盟共和国,除了乌克兰和格鲁吉亚外,其余4国都是独联体成员国,所以东部6国也极受俄罗斯重视,很难说轻而易举就能摆脱俄罗斯的影响。从地缘上看,高加索南部3国处在欧亚大陆交叉路口,是中亚能源出口的重要通道,受到世界大国即美国、欧盟的关注,而白俄罗斯、乌克兰和摩尔多瓦则夹在欧盟和俄罗斯之间,尤其是乌克兰,是欧盟和俄罗斯之间的最大共同邻国,这是俄欧双方必争的战略之地。进入21世纪,俄罗斯加强了在独联体地区的政治经济一体化进程,而东部6国对于俄美欧三方的政治倾向出现了明显分化,乌克兰、摩尔多瓦和格鲁吉亚更加亲近欧美,白俄罗斯是俄罗斯的坚定盟友,亚美尼亚和阿塞拜疆都视俄罗斯为其外交的优先方向,但同时又与欧美保持更多经济联系。

如果说欧盟以往是一个侧重于经济一体化的组织,可是在进入21世纪的东扩进程中,随着欧洲重心的逐渐东移,它的地缘政治色彩愈加浓厚,尤其是德国成为欧盟领袖国家之后,柏林自然要比法英意更关心欧洲东部的安全问题。似乎默克尔领导的德国决心要同普京领导的俄罗斯为争夺独联体地区事务的主导权而展开一番竞争。欧盟的"东部伙伴计划"不可避免地要同俄罗斯发生碰撞。

三 欧盟东部伙伴关系计划的实施及其后果

2004年,欧盟出台邻国政策,由于范围太大,政策实施效果有限。2006年,德国出任欧盟理事会轮值主席国时,主张要对邻国政策进行细分。此后欧盟相继出台地中海联盟和东方伙伴关系计划,以加强政策的针对性。"东方伙伴关系计划",起初由波兰于2007年提出。2008年5月,波兰伙同瑞典提出设立东方伙伴关系计划的共同倡议。该倡议指出,欧盟东扩后,东部邻国有意愿同欧盟接近,欧盟也应该同东方6国发展更紧密

---

① Judith Kelly, "New Wine in Old Wineskins: Promoting Political Reforms through the New European Neighbourhood policy," *Journal of Common Market Studies*, Vol. 44, No. 1, 2006, p. 41.

关系。① 波兰强调要在移民、签证、自由贸易和环境保护等方面开展多边合作。这种合作要比先前的邻国政策所计划的合作范围更广泛。2008年8月爆发俄格战争，欧盟对东部邻国边界稳定状态的忧虑急剧增加。欧盟加紧出台"东部伙伴关系计划"。2009年3月，欧盟发布关于建立东方伙伴关系计划的声明，指出"欧盟理事会致力于加强与亚美尼亚、阿塞拜疆、白俄罗斯、格鲁吉亚、摩尔多瓦和乌克兰的双边接触并建设新的多边关系框架，促进改革和司法接近，推动经济一体化"②。同年5月7日，欧盟邀请6国领导人或代表出席了布拉格峰会，会上通过了共同宣言，"东方伙伴关系"计划正式付诸实施。

欧盟出台"东方伙伴关系计划"的主要动机与基本考虑在于从欧盟整体看，一是挤压俄罗斯的政治经济空间。将在俄罗斯周边建立起一道包围圈或隔离带，组成这一包围圈的6个国家对于俄罗斯来说非常重要，将它们置于欧盟北约影响之下，以达到监督制约俄罗斯的目的；二是改善欧盟能源供应的安全稳定性。欧盟对于能源供应过分依赖俄罗斯的状况深感不安，因此设想建设能源"南部走廊"以绕开俄罗斯，其中关键项目是铺设"纳布科"管道，将里海和中亚地区的天然气输送至欧盟；三是把欧盟治理模式扩大化。将欧盟影响力扩大至外围区域东部六国，这对于欧盟核心地带的安全与和平具有重要意义。从欧盟内部看，这是新入盟中东欧国家对欧盟的对外政策发挥了很大影响。可以说，东部伙伴计划的出台，是以波兰为先锋、德国为领导和广大中东欧国家为后盾的，中东欧国家的坚持，最终使得他们自己的关切上升到欧盟的外交政策方面。

欧盟出台的"东方伙伴关系"计划的主要目标和任务在于为促进欧盟与东方伙伴国的政治合作和进一步经济一体化创造条件。该计划支持伙伴国政治和社会经济改革，推动伙伴国发展，最终有利于欧盟和伙伴国的稳定、安全和繁荣。该计划的实施还要为东方伙伴国之间加强关系创造可能。③

---

① Leszek Jesien, "Eastern Partnership—Strenghened ENP Cooperation with Willing Neighbours", *PISM Strategic Files*, issue：03/2008, pp. 1 – 3, on www. ceeol. com.

② Phillippa Runner, "Poland and Sweden to pitch 'Eastern Partnership' idea", *EUodserve*, May 22, 2008.

③ Joint Declaration of the Prague Eastern Partnership Summit, Prague, May 7, 2009.

该计划的实施通过双边和多边渠道展开，涉及的内容也非常广泛。其核心部分是联系国协定，它全面超越了之前的《伙伴关系和合作协定》，将进一步加强双方关系。伙伴国将自愿同欧盟签署协定，前提是伙伴国需要向欧盟做出改革承诺。联系国协定将作为双方的政治关系带来更紧密的联系，推动联系国同欧盟在司法等标准方面的接近，同时在安全、外交和防务领域也将开展合作。这就等于说，东部6国今后将全面向欧盟靠拢。

自2009年欧盟启动"东方伙伴计划"以来，举行了2011年华沙峰会和2013年维尔纽斯峰会。至少在3个方面取得了进展：通过签署联系国协定和自贸区协定，部分伙伴国在政治和经济上更加靠拢欧盟。截至目前，东方伙伴6国中，只有白俄罗斯没有与欧盟开展联系国协定和自贸区谈判；通过能源领域合作，可以提升欧盟和伙伴国能源的安全性。乌克兰和摩尔多瓦都成了欧盟能源共同体成员，格鲁吉亚和亚美尼亚都是能源共同体观察员；通过有关便利签证和再入签证协议谈判，伙伴国居民进入欧盟的限制条件减少，促进了人员交往。东方伙伴6国中，只有欧盟与白俄罗斯的相关谈判缓慢进行，其余5国都完成了此项谈判。

鉴于欧盟出台"东部伙伴计划"的主要动机和核心内容，那么该计划一旦付诸实施，其结果必然是同俄罗斯发生对抗。可以说，恰恰是联系国协定引爆了2013年年底的乌克兰危机，即便是乌克兰国内政局不稳，最终还是在2014年6月27日即比原计划推迟半年多后，欧盟与乌克兰、摩尔多瓦和格鲁吉亚签署了联系国协定。

第四节　俄欧对冷战后世界新秩序的解读

冷战结束以来，尤其是进入21世纪，世界各主要国家或国家集团对于世界新秩序的期待及展望是存在很大差异的。以欧美日为核心的西方国家集团主张继续维持由它们主导的国际政治经济秩序，并且将它们的发展模式推广到全世界；以俄中印巴为代表的非西方发展中国家则认为目前由西方主导的国际秩序存在不合理之处，不能反映发展中国家的利益，因而期待改变现存秩序，以至于能够更多地反映和维护广大发展中国家的利益。俄欧对于冷战后世界新秩序的看法及主张，可以说是比较典型地代表了世界两大阵营的看法。虽然俄欧在反对单极世界主张方面存在共同点，可是毕竟是分属于不同阵营的。

一 欧盟对世界新秩序的看法及主张

现行的国际秩序是由西方国家根据他们的意愿及利益需要建构起来的，而关于建立国际新秩序的问题最早是由发展中国家提出的，并长期为之努力着。20世纪80年代中期以后，国际局势发生明显变化，建立国际新秩序问题变得更加紧迫。例如，中国领导人邓小平于1988年12月21日在同外宾的谈话中明确提出，既要建立国际经济新秩序，而且也要建立国际政治新秩序。建立国际政治新秩序，"和平共处五项原则"是最经得起考验的。[1]

长期以来，西方国家对于发展中国家提出的建立国际新秩序问题热情不高。1990年海湾战争之后，以美国为首的西方国家积极行动起来，提出了建立"世界新秩序"的口号，并发表各种主张，这样在国际社会里形成了与发展中国家截然不同的观点。

欧盟对于世界新秩序的主张，同美国、日本既有相同之处，也有不同之处。综合欧盟近些年来关于建立国际新秩序的言论，其所提倡的国际政治经济新秩序主要包括以下三点。

首先，在未来国际新秩序的大方向和总体目标方面，欧盟同美国、日本是一致的，或者说是非常接近的，即未来国际新秩序必须由欧美日西方大国来主导。1991年7月，西方七国首脑会议声明对此表达得非常明确："我们谋求在共同的价值观念的基础上建立伙伴关系，加强国际秩序。我们的目标是加强民主、人权、法治和健全的经济管理。"

其次，不赞成美国独霸的"单极世界"，欧盟要求在国际新秩序中分享领导权，特别重视要在欧洲事务中发挥领导作用。欧盟大国普遍对美国主张的"世界新秩序"表示不满，对华盛顿的多边主义做法多有批评。欧盟认为，"世界新秩序"不能把美国统治下的和平强加于人，欧洲不能置身于建立未来国际秩序的核心之外。所以，欧盟反对美国的单边主义做法，强调秩序，协商安全；在欧洲范围内，采取扩大安全圈的办法，依靠一体化机制解决欧洲的安全问题；在世界范围内，主张开展双边和多边对

---

[1] 《邓小平文选》第3卷，人民出版社1993年版，第282—283页。

话，强调联合国是解决当前国际问题的核心。欧盟同美国在一系列问题上都存在分歧，诸如未来国际秩序、全球治理、可持续发展、环境保护、国际刑事法庭、不同文明对话和发展援助等。总之，欧盟试图利用自身是世界最大经济政治组织的优势，谋求同美国平起平坐。

最后，在如何建立国际新秩序方面，欧盟主要国家法德英之间存在一定分歧，英国一向强调英美"特殊关系"、欧美一致，在国际事务中注重同美国保持一致，在欧盟一体化进程上不太积极，近年来发出脱离欧盟的声音。法德作为欧盟"引擎"，更注重发挥其联合的欧盟的作用，虽然在2009年欧洲债务危机发生后，法德"引擎"换挡为德法"引擎"，可仍然强调欧盟联合的作用。

总之，欧盟由于考虑自身的经济政治一体化进程的经验及利益，更多地强调通过协商对话来实现建立未来国际新秩序的目标，希望将欧盟的超国家治理模式加以推广；美国则认为，在冷战结束后的世界里，欧盟的超国家治理模式难以行得通，相反，冷战结束恰恰为民族国家追求自身利益提供了条件和机会，所以美国常常采取单边主义做法，结果招致国际社会的批评。简言之，欧盟更欣赏协商和宽容以及法制，而较为排斥强权霸道。

二 俄罗斯对世界新秩序的看法及主张

关于冷战后世界是单极的世界还是多极的世界这一问题，有一段时间许多国家政治领导人都参与这个问题的讨论，但是理解各有不同。俄罗斯政治和知识界精英大部分都参与到这个问题的争论之中，即冷战结束后世界究竟是单极的还是多极的。实际上，1996年俄罗斯官方就有多极化提法，可是叶利钦和普京初期对于多极化问题比较谨慎。[①] 大致是2003年后，推进多极化世界的这个提法成为俄罗斯的外交基石。美国对于多极化的解释，其含义是力图使以美国为中心的几大力量保持向心力平衡。美国

---

① Е. М. Примаков. Годы в болъшой политике. М., 1999; Н. А. Симония. Российсдая внешняя политика в условиях современных вызовов//Международная жизнъ. Июнь 2002, С. 21—33.

试图让俄罗斯认识到反美是没有益处的。① 但是，俄罗斯不仅不同意美国的解释，而且在 2004 年以后强化了自己的立场：不仅承认世界多极化，而且不允许以任何形式干涉任何一方"主权范围内事务"。2007 年，在慕尼黑会议上，普京对单极世界主张进行了前所未有的猛烈抨击。

（一）普京在第一任期有意淡化世界多极化思想，转而强调与国际社会一体化的思想

冷战结束以来，俄罗斯对世界新秩序的看法是有变化的。在叶利钦执政时期，特别是在他的第二任期里，俄罗斯与西方关系因为北约东扩而恶化之后，俄罗斯官方和叶利钦本人曾多次谈到建立多极化世界的观点，例如，1997 年的《俄罗斯联邦安全构想》，1997 年 4 月的《中俄关于世界多极化和建立国际新秩序的联合声明》，普里马科夫 1998 年 12 月访问印度期间提出建立"俄中印三角轴心"的观点。在叶利钦和普里马科夫的关于建立多极化世界的思想中，俄罗斯自然是其中之一极。

此后在普京执政期间，他对世界新秩序的看法是有变化的，具体说他在总统第一任期（2000—2004 年）和第二任期（2004—2008 年）是出现了变化的。

普京在第一任期，基本上可以说他对欧美日西方大国占主导地位的现行国际秩序及其机制的合理性是抱有一定的大致的认可的，主要体现在他有意淡化了叶利钦关于建立多极化世界的思想，对多极化世界的提法表现得较为谨慎，转而强调同国际社会一体化的思想。

普京在执政第一年签署的有关国家安全和外交政策文件中继续保留了推进世界多极化的相关表述，例如，2000 年 1 月 10 日，普京批准的《俄罗斯国家安全构想》中指出，俄罗斯"在国际领域的国家利益表现为维护主权，巩固俄罗斯作为一个伟大的强国和多极世界有影响的中心之一的地位"②。同年 6 月 28 日，普京签署新版《俄罗斯外交政策构想》时也继续强调："俄罗斯将致力于建立反映当今世界及其利益多样性的多极关系

---

① The National Security Strategy of the United States of America. September 2002, p. 30; The National Security Strategy of the United States of America, March 2006, p. 43.
② Концепция национальной безопасноти Российской Федерации, 2000 - 01 - 14, (http://nvo.ng.ru/concepts/2000 - 01 - 14/_ concept. htm) l.

体系。"① 可是在普京第一任期里，除了在中俄联合声明中谈到多极世界问题外，他发表的4份《国情咨文》里，没有一次谈到建立多极世界的话题。如果说《国情咨文》主要论及国内问题，可以不涉及多极化问题，可是普京于2001年1月首次在外交工作会议上的讲话，同样没有提及多极世界的问题，② 在2002年7月外交部使节会议上的讲话也是如此。③ 由此可见，普京是在淡化建立多极化世界的思想。

他转而强调与国际社会一体化的思想。例如，他在《千年之交的俄罗斯》中就明确指出："始终不渝地实现俄罗斯经济与世界经济的一体化。不这样做，我们就不可能达到先进国家经济和社会进步所达到的那种高度。"④ 普京强调一体化的思想可以说是他第一任期的主导思想。他在一系列重要的场合谈及俄罗斯与国际社会的一体化。例如，在2001—2004年致联邦会议的4份《国情咨文》中，他多次强调："我们有责任吸收新的能量加入到我们与欧洲和其他国际机构的关系中，并在这种情况下保持和发展在过去若干年中积累起来的所有积极因素。"⑤ "世界贸易组织成员资格成为在国际市场上维护俄罗斯国家利益的手段，而且也是解决我们非常需要解决的问题的强大外在动力。"⑥ "现在应当采取下一个步骤。在可预见的未来，俄罗斯应当在世界上真正强大的、经济先进的和有影响力的国家中牢牢占有一席之地，我们的所有决定、所有行动都只能服从于这一点。这是一个全新的任务，是国家要迈上的一个新台阶。""俄罗斯需要能够在国际市场上自由流通的卢布，需要与世界经济体系有一种坚强而可靠的联系。""今天，任何一个国家，不管它有多大，有多强，如果它与世界其他国家相隔绝，那它就不可能顺利发展。相反，只有那些有意

---

① Концепция внешней политики Российской Федерации, Издание 2000 года（http：//www.scrf.gov.ru./document/2000/07/_10.html）.

② 《外交政策的优先任务是为社会经济发展创造外部安全环境》，《普京文集》，中国社会科学出版社2002年版，第250—258页。

③ 《在外交部使节会议上的讲话》，《普京文集》，中国社会科学出版社2002年版，第730—737页。

④ 《千年之交的俄罗斯》，《普京文集》，中国社会科学出版社2002年版，第15页。

⑤ Обращение президента РФ Владимира Путина к Федеральному Собранию. Опубликовано 03.04.2001,（http：//www.regnum.ru/news/829231.html）.

⑥ 《普京文集》，中国社会科学出版社2002年版，第618页。

识地善于构筑与世界经济接轨的国家才能不断取得成功。"①

另外一个重要佐证是,时任俄罗斯外长的伊万诺夫在2002年出版的《俄罗斯新外交:对外政策十年》中,以较大篇幅论及多极化问题,但其观点已有很大变化。他没有提及俄罗斯是否或者应该成为多极化世界中的一极,而是对多极化做了如下解释:"是以联合国为首的国际组织的分支体系,有影响的地区联合,牢固的双边关系。……这样,今后的全球结构将呈现出某种'金字塔',它的最上层是联合国这一维持和平和安全的主要工具。地区组织范围和双边基础上的合作对它的活动做了补充。"② 很明显,不同于叶利钦和普里马科夫的多极化思想,伊万诺夫有意识地淡化了俄罗斯是否要成为多极化世界中的一极的问题。

普京在第一任期正是抱有这样的思想认识,俄欧关系才得到很大的发展,例如,2003年5月俄欧决定建立四个统一空间,普京对于欧盟2004年4月的大规模东扩给予了积极评价。

(二) 普京在第二任期刻意强调世界多极化问题,猛烈抨击单极世界主张

在普京第一任期和第二任期初期,俄罗斯国内和周边地区发生重大事件,诸如2003年10月霍多尔科夫斯基事件以及西方的反映;2003年10—12月格鲁吉亚的"玫瑰革命";2004年9月别斯兰事件;2004年乌克兰"橙色革命"。这些严重事件促使普京开始质疑欧美日西方大国占据主导地位的现有国际秩序及其机制的合理性,并且抵制欧美大国在独联体国家频繁策动"颜色革命"以不断挤压俄罗斯政治经济空间的做法,强调推进多极化世界,猛烈抨击单极世界主张。

普京面对欧美西方国家对俄罗斯内政的严重干预,在不同场合表达了质疑西方国家价值观念及其制度体制的普适性,强调了俄罗斯发展道路的独立性与合理性。

普京猛烈抨击单极世界主张,强调世界多极化思想,最集中体现在

---

① 《2003年致联邦会议的国情咨文》,《普京文集》(2002—2008),中国社会科学出版社2008年版,第18—36页。

② [俄] 伊万诺夫:《俄罗斯新外交:对外政策十年》,陈凤翔等译,当代世界出版社2002年版,第37—38页。

2007年2月10日在慕尼黑安全问题会议上的讲话，他说："'冷战'结束后，有人提出的单极世界并未出现。……我认为，单极模式对当代世界来说不仅难以接受，而且完全不可能。……毋庸置疑，世界新的发展中心的经济潜力将不可避免地转化为政治影响力，并将加强多极化趋势。正因为此，多边外交的作用将会大大加强。政治公开性、透明度和可预测性是无可替代的，……我深信，只有联合国宪章才能够成为决定使用武力的唯一机制。……我认为只有在联合国的基础上和框架中做出决定，动武才具有合法性。无论是北约，还是欧盟，都不能取代联合国。"[①]

与此同时，普京在2007年3月27日签署的《俄罗斯对外政策概述》中也表达了相同的思想，它强调"单极世界的神话在伊拉克彻底破灭了……世界上绝大多数国家已经认同世界格局多极化的现实性"[②]。

普京在第二任期内对世界新秩序的思想出现了变化，更多地强调推进多极化世界，所以在处理俄欧关系时对欧盟制定国际机制的合理性提出了质疑。例如，俄罗斯拒绝接受《欧盟能源宪章》的条件，拒绝签署该宪章，坚持按照本国的条件加入世界贸易组织。在2007年4月的《国情咨文》中，普京对现有欧洲安全机制和军事力量对比提出质疑，建议国家杜马通过议案以暂时中止履行《欧洲常规武装力量条约》。[③]

第五节　俄欧对民主与人权的理解

冷战结束以来，欧美日西方大国对外政策具有霸权主义和强权政治的实质。进入21世纪，由于发展中国家出现"群体性崛起"而导致当代世界力量对比发生重大变化，西方大国推行霸权主义和强权政治的形式及手段都发生了很大的变化，虽然仍然时常付诸武力，但是总的来说，越来越趋向于使用更加多样化和隐蔽的方式，例如，自诩本国社会制度最优

[①] 《打破单极世界幻想，建构全球安全新结构》，《普京文集》（2002—2008），中国社会科学出版社2008年版，第370—375页。

[②] Обзор внешней политики Российской Федерации（http://www.mid.ru/brp_4.nsf/sps/3647DA97748A106BC35272AB002AC4DD, 27.03.2007г）.

[③] 《2007年致联邦会议的国情咨文》，《普京文集》（2002—2008），中国社会科学出版社2008年版，第462页。

越，本国价值观最正确，强迫别国接受它的社会制度和意识形态价值观，对于非西方发展中国家的政治制度和意识形态价值观进行排斥和非法化乃至妖魔化，指责不驯服的非西方发展中国家是背离"人类文明"大道。欧美日对于民主人权的主张高度一致，却与非西方发展中国家的理解大相径庭。利用民主人权问题对他国进行渗透和施压，欧美日是高度一致的。

一 俄欧关系争执增多的思想根源

进入21世纪，俄欧关系争执增多的真正责任主要在欧盟方面。之所以这样说，是早在20世纪90年代俄罗斯奉行"回归欧洲"战略，1987年11月苏联领导人戈尔巴乔夫在《改革与新思维》一书中提出建立"欧洲共同大厦"的思想，1997年10月俄罗斯总统叶利钦在出席欧洲委员会首脑会议期间提出建立"大欧洲"思想，2000年春季俄罗斯新领导人普京强调要"重返欧洲"，意在建立"共同的欧洲安全体系"和加入欧盟。这些愿望表明俄罗斯希望能够被欧洲接纳，可是由于非常复杂的历史与现实、价值观与地缘政治、政治利益与商业利益的原因，欧盟还是选择了排斥俄罗斯。欧盟排斥俄罗斯的行为不能简单地看作一系列事件的偶然巧合，甚至不能看作欧盟成员国分头行动和同时发起的战役，而应该看作一种统一的战略，即要谋求势力范围最大化。所以便有了后来的欧盟两轮东扩乃至酝酿之中的第三轮东扩。欧盟的势力伸向乌克兰、高加索和遥远的中亚。

欧盟为什么要这样做，最深刻的思想根源在于欧洲人在历史上形成的根深蒂固的欧洲中心主义和文明优越感在整个20世纪缓慢地经历了一种从无意识的、不自觉的和自发性的欧洲中心主义转向有意识的、自觉性的和主动性的欧洲中心主义。具体地说，就是20世纪初期之前，那时的欧洲人内部纷争不断，欧洲人的欧洲中心主义实际上还是一种无意识的、不自觉的、自发的思想意识，这种优越感来源于欧洲人当时拥有的压倒性全面优势，那时欧洲人在世界上横冲直撞"自由行动"，非西方国家还谈不上发展问题。可是柏林墙被拆除以后，因为两次世界大战和冷战的经验，欧洲人显得更加团结，热衷于不断东扩，所以这个时期的欧洲人秉持的欧洲中心主义完全成为一种自觉的有意识、有目的的思想意识。① 这种意识集中体现在欧盟要建构起不同于美国的现代版国际关系的"欧洲形象",即欧盟自认为是"超国家治理"的样板、"后现代社会"的典范,是一种国际制度"标准"的制定者,想通过制定"标准"来影响世界,在世界舞台上扮演一个未来世界规则制定者的角色。因此所谓的欧洲人失去了欧洲中心主义优越感的说法过于简单,而实际状况却是这种优越感改变了形态,变得更加具有自觉性和主动性。

欧洲人从文明形态理解,并不认为俄罗斯是一个欧洲国家,即便认可俄罗斯是欧洲国家,也只是一个地处欧洲边缘和外围国家、在价值观和社会结构方面都完全不同于欧洲的一个"另类"。② 俄罗斯文化中固有的"救世心态"一直为西方所反感,其到处扩张、划分势力范围的"帝国心态"也时刻被欧洲警觉。而在俄罗斯看来,俄欧关系也远远超出了对外政策的范畴,因为它涉及俄罗斯国家发展道路的选择问题。俄罗斯虽然历经几次"西化"改革,但它一直在走"西化"之路和坚持自己"特殊性"这两者之间徘徊,在它认同西方的同时又对西方的价值观产生强烈的抗拒心理。20世纪90年代,俄罗斯以西方为参照进行了大规模的社会转型,确立了基于西方模式的政治和经济构架,但西方对俄罗斯仍不认同,主要就是受这种"心态"的影响。所以当普京上台,加强国家权威、打击地方主义的举措出台后,西方认为俄罗斯"民主倒退"、重走"独裁专制"老路,有可能重新滑向"帝国",因此对俄防范心理更加强化。在西方人心目中,普京和他复兴的俄国与叶卡捷琳娜二世的俄罗斯帝国并无二致,民主对于俄罗斯来说只是一件"薄薄的外衣"③。2007年,随着欧洲主要国家领导人的更换,普京在欧洲国家的朋友也越来越少。新一代欧洲领导人对俄罗斯"民主倒退"和"能源威胁"的批评态度,也直接加强了俄罗斯对欧洲的猜忌心理。俄一家权威思想库认为,目前俄欧关系已经进入了"新对立时代",俄罗斯对西方的"让步是没有意义的""这些

---

① П. А. Цыганков, Ф. И. Фоминых. Антироссий дескурс Европейсрого союза: причины и основные направления. //Обешественые науки и современность. 2009, No. 2, C. 37.

② 塞缪尔·亨廷顿在《文明冲突与世界秩序重建》一书中将俄罗斯排除在西方文明之外,认为它与西欧文化几乎没有共同之处。

③ Jay Winik, "Vladimir the Great?", *The Washington Post*, Sep. 2, 2007.

让步将被看作示弱"①，因而，反西方逐渐成为"新的国家观念""俄罗斯开始采用一种带火药味的言辞来表述其外交政策"②。

20世纪，欧洲主要国家仍是世界体系和国际秩序的主要建构者。从1914－1989年，西方国家将自己对世界状态的解释神圣化，这种解释把从第一次世界大战到第二次世界大战然后到冷战再到现在的运动当作代表了人类历史的进程。当然，这些概念反映了现实世界的事件，但是它们被赋予包罗万象的意义，并不符合其他非西方世界的历史理解。联合国官方文件和国际关系领域的研究成果，均不怀疑第一次世界大战和第二次世界大战是世界历史的主要事件，但是这些文件和研究成果并不是绝对真实的历史证据。相反，它们鲜明地表达和证实了西方对世界历史的解释占有压倒性优势，完全淹没了非西方世界人民的观点。例如，地缘政治概念，它是一种主要由西方大国建构起来并灌输给非西方国家作为理解国际政治本质与意义的观念。冷战时期发生的朝鲜战争、越南战争和印巴冲突，在占主导地位的政治争论中，它们被当作"外围""边缘"性质的战争。但是对于那些参与其中的人民和地区而言，这些战争对于捍卫他们国家独立与自由具有特别的重要意义，不是边缘性质，而是具有中心地位最为重要的意义。目前世界趋势在经济领域正在出现一些新的巨大经济体，例如中国和印度，在社会文化领域西方思想体系与非西方世界发生激烈冲突。欧盟宣布要成为世界五大中心之一，不仅要增强经济实力和军事政治实力（包括增进与北约的关系），而且要建立起具有明确边界的政治共同体。

目前欧盟的对外战略中，"地缘政治接纳"具有特别重要的分量，新欧洲将反俄倾向带进了欧盟，排斥俄罗斯不可避免。欧盟在与俄罗斯打交道时，想通过向对方"出口"它的标准，即管理标准、技术标准、法制标准、人权标准、民主标准等促使俄罗斯向欧盟的样子看齐。如果俄罗斯不按照欧盟的标准去做，就是不接受人类社会"普世价值"，违背历史发展正确道路，就是"非民主、非自由国家"。这就是俄欧关系争执激烈的思想根源之所在。

---

① Караганов С. Новая эпоха：что делать？ Российская газета，12 сентября 2007 г.

② Шевцова Л. Антизападничество：новая национальная идея России，Московское время，7 августа 2007 г.

二　欧盟对于俄罗斯民主与人权的批评

欧美西方国家利用民主人权问题对非西方发展中国家进行渗透和施压，其动机大致有以下几点：其一是出于自己的经验，欧美对民主人权有自己的理解和标准；其二是不能充分认识世界的多样性，不能正确地对待非西方发展中国家的经验，认为自己的经验和制度具有普世性；其三是利用民主人权问题，能以极少的投入成本谋取更大的地缘政治优势。例如，欧美在独联体地区频繁策动"颜色革命"，在俄罗斯看来，这是西方国家推行战争政策的"新工具"。

由于欧盟对于民主与人权有自己的理解和标准，所以对俄罗斯内政问题表现出非常激烈的批评，主要问题是俄罗斯"放弃民主""压制人权"。

俄罗斯施行的一些改革，诸如涉及俄联邦中央和地方之间重新调整关系，通过非政府组织活动调节法，建立社会院以讨论一些问题等，这些都被欧盟认为是明显不符合立法和执行之间分权的基本民主原则。俄罗斯在死刑问题上遭到欧盟的尖锐批评，俄罗斯没有批准欧盟第六次全体会议关于废除死刑的决议，理由是现行法律机构不健全，有一些联邦主体还没有设立陪审员法庭，例如车臣。事实上，大多数俄罗斯人主张保留死刑。

俄罗斯选举法也引起欧盟的不理解。根据美国国会提议，欧盟的民主和人权组织拒绝派遣观察员前往俄罗斯参与2007年议会选举，这一举动的目的就是不承认俄选举的合法性。该组织负责人还否认是与美国协调了立场。欧盟委员会批评俄罗斯试图使国家影响政治生活，例如，提高参选政党进入议会的门槛至7%。可是也有一些分析人士批评欧盟的指责，认为土耳其规定进入议会的门槛更高至10%，这次2007年选举与2003年的杜马选举相比较，局面已有很大改观。[①] 欧盟主要媒体对于普京总统进行的批评和嘲讽，已经连起码的礼貌都不顾了。正如巴黎的"外交评论"评论说，欧洲人倾向于制造和推动荒唐无稽的神话，似乎普京的统治是一

---

① Наблюдатель от Греции Петрос Эфсемиу——"Известиям"："Голосование было свободным"//Известия. 2007. 4 декабря.

种误会，非常期待他早日下台，以便借此恢复昔日的伙伴关系。①

在人权问题上，在2009年11月18日的俄欧斯德哥尔摩峰会上，欧盟轮值主席国主席瑞典首相赖因费尔德对俄罗斯现今的人权状况公开表达忧虑态度，希望俄罗斯改善人权。② 2009年10月，俄罗斯国内三个人权组织因在人权问题上的突出成就而获得欧洲议会颁发的萨哈罗夫人权奖，他们的活动屡次得到欧盟的赞许和支持。③ 这种行为明显是针对俄罗斯的。

三 俄罗斯对于民主与人权的理解

俄罗斯一度迷恋欧美的民主人权。自20世纪90年代起，欧美就非常流行关于俄罗斯只有实现民主化才不会成为西方威胁的观点。④ 自那时起，推广欧美模式的民主成为俄罗斯对外政策最重要的内容，西方许多有影响的俄问题专家坚持要把民主问题作为对俄政策的中心。⑤ 在欧美看来，民主和自由市场的价值观不承认国家边界和民族差别，不迁就绝对的文化差别以及历史和地理特点，因而具有普世性。这一时段，俄罗斯信奉欧美模式的民主，例如，政治领袖和社会精英把欧美民主当作终极真理，尽可能地贬斥苏维埃思想文化遗产。

可是由于复杂原因，俄罗斯对于民主的看法出现重大变化。2004—2006年，在俄对内政策讨论中，有越来越多的人认识到保障政治稳定和秩序的价值观超过了民主。针对欧美批评俄民主化倒退的言论，俄罗斯给予严厉反驳，官方对于国家主权的立场部分地回归到类似于苏联时期签署的欧安会赫尔辛基宣言在国家主权问题上的立场，人们经常地把民主与20世纪90年代初期改革带来的混乱、国家解体、极少数人暴富联系在一

---

① П. А. Цыганков, Ф. И. Фоминых. Антироссий дескурс Европейсрого союза: причины и основные направления. //Обшественые науки и современность, 2009, No. 2, C. 43.

② Roboblogger: "EU Slams Russia Human Rights Record at Stockholm Summit", Novinite, November 19, 2009.

③ "Russian human-rights activists win EU's Sakharov prize", Deutsche Presse-Agentur, October22, 2009.

④ Kuchins Andrew. Democracy and War//The Moscow Times. 10. 02. 2004.

⑤ Выгуплнния эксперта Гуверовсково иституа при Стэнфордском университете Майкла Макфла на страницах Washington Post (03. 03. 2000), New York Times (20. 05. 2002).

起。在俄对外政策讨论中，欧美推广民主的政策只是被理解为西方捍卫自身利益的"烟幕"①。

俄罗斯对民主人权问题认识的变化，同俄欧关系的变化有紧密联系。1989年11月9日柏林墙被拆除，俄欧关系开始出现积极变化，欧洲表现出宽容地接纳俄罗斯的倾向。可是好景不长，10年以后，即自20世纪90年代后半期，在整个欧盟的政治讨论中出现了转折性变化，即从宽容地接纳转向有意地排斥。此前，曾经把俄罗斯当作正在沿着民主改革和与西方结成战略伙伴关系（实际是西方的一个听话小伙伴）顺利前进的国家，此后，则认定俄罗斯是一个因帝国倾向不断增强进而成为国际关系中日益专横的国家。

尤其普京在第二任总统期间，欧盟反俄的鼓噪声达到高潮，而且时至今日久久不能回落。例如，代表欧洲委员会、欧洲议会这些机构的政治家，欧洲主要媒体，欧盟个别国家的领袖，特别是"新欧洲"波兰、捷克、波罗的海国家的领导人表现得尤其扎眼。他们积极渲染俄欧关系不友好的话题，批评普京专制独裁，声称叶利钦时期俄罗斯取得的所有民主进步出现倒退，指责克里姆林宫的权力过于集中，认为俄罗斯"放弃民主""压制人权"。尤其是2012年俄罗斯总统大选普京重返克里姆林宫，更是遭到欧盟的批评。

面对欧盟的批评和舆论攻势，俄罗斯对于民主与人权的理解出现了变化，具体表现在普京开始质疑欧美西方国家价值观念和政治制度的普世性，在不同场合表述并强调了自己对于推进民主与国家繁荣及稳定的不同理解。

普京的这些表述后来被概括为"主权民主"思想。他在2005年4月"致联邦会议国情咨文"中详细阐述了俄罗斯的民主问题，其中表达的内容主要有以下三点。

首先，俄罗斯一直向往自由民主。普京指出："俄罗斯发展成自由民主国家是我们主要的政治和意识形态任务。""俄罗斯过去是，现在是，当然将来也将是最大的欧洲国家。经过欧洲文化锤炼而获得的自由、人

---

① И. Зевелев М. Троицкий, "Семиотика Американо—Российских отношений". // Мировая экономика и международные отношения, 2007, No. 1, C. 12.

权、公正和民主的理想数百年来一直是我们社会明确的价值方向。"

其次，俄罗斯的民主制度要遵守法律和宪法规定。普京说："在俄罗斯发展民主的必要条件是建立有效的法律及政治体系。法治，来之不易的稳定、平稳推行现有经济方针，法治民主不能以牺牲上述一切作为代价。"

最后，俄罗斯的民主制度具有独立性，必须从实际国情出发。普京论述："我们所选择的民主道路具有独立性。所以，我们将从国内情况出发，不断前进，但必须遵守法律和宪法的规定。""俄罗斯是按照本国人民的意愿，选择了自己的民主制度的国家。它遵守所有通行的民主规则，走上了民主之路。它将就如何贯彻自由和民主原则做出自己的独立决定，这必须从本国的历史、地缘政治及其他国情出发。作为一个主权国家，俄罗斯能够也将自主地决定民主道路上的一切时间期限，以及推进民主的条件。"[①]

鉴于俄罗斯对于民主人权的理解及主张，普京不仅在内政问题上，而且在对外政策中反对欧盟利用民主人权问题施加压力的做法。

第六节 俄欧关于免签问题的纠纷

俄欧关系中还有一个重要的话题，即免签问题。该话题自2002年提出以来，一直没有实质性进展，从而成为双方关系发展的一大障碍。签证制度是一套具体细致的、操作性极强的制度，是国家主权的象征，是一国控制和管理别国公民入境的措施。免签制度原本是国际关系中双边交往时的优惠方便措施，可是因为俄欧关系的特殊性质，非要将免签措施与身份认同挂起钩来，所以就显得格外困难与复杂。

在此需要特别强调，俄欧这种将免签与身份联系在一起的做法，并不普遍适用于国际关系中的其他双边关系。例如，欧盟已经同墨西哥、委内瑞拉、毛里求斯等其他国家实现了免签，因为这类免签并不涉及身份认同问题。这些国家无论是在地理上还是在文化上都不可能对欧洲人身份的认

---

① 《2005年致联邦会议的国情咨文》，《普京文集》，中国社会科学出版社2008年版，第179—187页。

知造成消极混乱的影响，可是如果要让欧盟认可俄罗斯人具有欧洲人身份则是极不情愿的。所以，俄罗斯人向往着能够成为欧洲人，获得欧洲人身份，希望能够自由进出欧洲，可是欧盟只是口头上承诺，并且不断提高限制门槛，就是不愿意在行动上做出实质性认可，这就是俄欧关于免签问题纠纷的真正原因。①

一　俄罗斯率先提出免签问题

俄罗斯的"欧洲情结"强烈而持久，在20世纪90年代，"回归欧洲"的热情一度高涨。进入21世纪，俄罗斯率先提出了免签问题。

2002年8月，普京致函欧盟委员会主席和欧盟成员国元首，信中谈到俄罗斯一贯希望深化同欧洲的相互协作，而且鉴于2001年5月俄欧峰会确认要在未来10年建成共同经济空间，所以俄欧在这方面已经具备了战略伙伴的良好基础。普京认为，目前的情况明确地要求需要进一步发展俄欧之间实现公民的自由来往，最终使欧洲成为没有分界线的大陆，从而最终建成能够覆盖整个欧洲的统一经济、法律和人文空间。② 后来的事实证明，这是普京对当时俄欧关系的水平做出了过于乐观的判断。

普京为什么要在这个时候向欧盟提出免签的建议？一个是加里宁格勒问题的亟须解决；另一个是普京在主观上出现了误判，即鉴于当时欧盟关系发展势头正好，他确信取消签证已经可行了。加里宁格勒在苏联解体后，变成了一块俄罗斯飞地，该地区与俄罗斯内地来往必须过境立陶宛和波兰。可是根据1997年的《申根协定》纳入欧盟框架后，凡加入《申根条约》之欧盟成员将实行严格边境检查制度。由于波兰和立陶宛有望加入欧盟，届时加里宁格勒与俄罗斯内地来往过境必须受到严格检查。

为了解决加里宁格勒问题，普京向欧盟各国领导人提出的建议是"直接取消签证"，即免签。因此，俄罗斯要求与欧盟互免签证，或者是在立陶宛境内开辟一条直达加里宁格勒的特殊通道。欧盟则坚持实施签证

---

① 文龙杰：《关乎身份认同：俄欧关系中免签问题》，《俄罗斯研究》2014年第5期。论文对俄欧免签问题有详细阐述和精彩分析，尤其是从"欧洲人身份"视角解释俄欧免签问题。

② Сычугова Ю. А. Безвизовый диалок Россия—ЕС//Международная жизнь, 2012, No. 7, C. 132.

制度，理由一是内心不愿意让俄罗斯人享受《申根协定》，二是俄罗斯的边境管理与欧盟标准确实存在较大差距，此时难以接轨。2002年11月，俄欧布鲁塞尔峰会达成协议，即为加里宁格勒与俄罗斯内地联系建立特别通行证制度。①

这是一个变通的办法，既解决了加里宁格勒的问题，又没有满足俄罗斯的要求。后来的事实证明，当初普京认为有望快要解决的免签问题，实际上是好事多磨，或者说纯粹就是一个没有结果的问题。

二 俄罗斯无法满足欧盟不断提高的免签条件

自2002年普京首先提出免签问题以来，此后每次俄欧峰会上的议题都涉及免签问题，直到2014年3月欧洲理事会就乌克兰危机召开特别峰会，决定暂时停止欧盟与俄罗斯互免签证谈判。俄欧之间就免签问题的对话及谈判，为什么进展如此缓慢？主要原因在于俄罗斯不能满足欧盟不断提高的免签条件。欧盟的条件是逐渐细化和严格起来的。

第一个步骤：欧盟将简化签证和相互接受遣返非法移民机制捆绑在一起。关于加里宁格勒问题的解决是采取了变通的办法，并没有解决免签问题。2003年2月，俄欧再次就免签问题进行对话。欧盟对普京提出的免签建议直接回应道："欧俄双方只有在关于接受遣返非法移民机制达成协议后，才能认真讨论有关免签问题的谈判事宜。"② 这是欧盟对俄罗斯的免签建议提出了条件。经过双方谈判，俄罗斯方面软化了自己在接受遣返移民问题上的强硬立场，即如果第三国非法移民过境俄罗斯进入欧盟，俄罗斯同意承担遣返这些非法移民的费用。作为回报，双方同意简化进入欧盟的签证办理手续。这只适用于大学生、科学工作者、企业家、政治家和外交人员。2005年10月，俄欧在卢森堡预备性签署了《简化签证和接受遣返非法移民协议》。2006年5月，俄欧在索契峰会上正式签署了

---

① 主要内容是欧盟从2003年7月1日起建立"便捷过境手续机制"，为加里宁格勒与俄罗斯内地居民通过陆路进出实施免费或者低收费手续。立陶宛同意在2004年年底前以俄罗斯内部护照（身份证）为依据实施便捷过境手续。此后俄罗斯公民必须持有国际旅行护照和便捷过境手续才能出入立陶宛。

② Светлана Б., Ратиани Н. Ну пустите же вы Дуньку в Европу! Россия борется за безвизовый режим с Евросоюзом//Известия. 28 Февраля 2003.

该协议。2007年2月，欧盟大部分国家通过了该协议。它规定，凡是过境俄罗斯进入欧盟的非法移民，无论来自何方，按照协议都将被遣返回俄罗斯。这意味着俄罗斯要承担这部分非法移民的安置费用。这也是俄罗斯为了满足欧盟早先提出的条件及标准做出的让步。

第二个步骤：欧盟将《实施免签计划》时间表推迟至无法确定的未来。2007年4月，俄欧在司法部长和内务部长级别就免签问题进行对话，并在同年5月的峰会上共同制定了《实施免签计划》。在随后的谈判过程中，欧盟不断提出新要求，例如，2010年10月欧盟以内部没有取得"一致意见"为理由，向俄罗斯提出四个标准①；2011年11月，俄欧布鲁塞尔峰会通过了《实现俄欧公民短期往来免签证共同行动》，开列出取消签证的必要措施清单②。至于何时能够实施免签，欧盟将时间表推迟至无法确定的未来，因为2011年7月俄欧就《实现免签计划》达成了协议，可是欧盟一些国家提出，只有在"东方伙伴计划"参与国的公民能够免签证进入欧洲时，欧盟才会同意对俄罗斯取消签证。可见，时间表并没有明确做出规定。

第三个步骤：欧盟认为俄欧实施免签尚存在"技术问题"。虽然俄欧通过了双方公民短期往来免签证共同行动，可是具体落实还在协商之中，2011年12月俄欧就"免签共同进程"达成协议。在2012年6月的俄欧圣彼得堡峰会上，俄罗斯方面询问欧盟为何在简化签证方面作为不大。欧盟则答复，欧盟将很快简化针对俄罗斯人的签证制度，但是俄欧互免签证需要所有欧盟成员同意，且俄罗斯方面还需要解决一系列有关的"技术性问题"。

那么这类技术性问题是什么？根据2013年12月欧盟公布的俄欧"免签共同进程"完成情况的首份报告，报告认为，俄罗斯在落实"共同进程"方面取得了巨大进展，可是欧盟认为，俄罗斯方面还存在如下问题：

---

① 它们是（1）与所有申根国家签署《接受遭遣返非法移民协议》；（2）加强检查出国护照的真伪，杜绝伪造出国护照；（3）加强边境的防护与管理，尤其是东部和南部边界；（4）定期向国际刑警组织和欧洲刑警组织通报丢失的证件。

② 它们是第一，证件防伪，提出了引入符合国际民航组织要求的生物识别护照的必要性；第二，联合打击非法移民及相关犯罪活动；第三，联合打击跨国犯罪、恐怖主义和腐败，开展司法合作；第四，保障双方公民自由往来俄欧。

短期和长期居留俄罗斯的规则过于复杂，条件繁杂；某些俄欧边境口岸的出入境办理时间过长；俄罗斯执法机关与司法机关之间的协调合作机制过于单一，极大地影响了办事效率；为与欧盟刑警组织和欧盟司法机构进行合作，俄罗斯需要提供相应的数据保护；缺乏打击贩卖人口的综合机制，无法保护受害者的利益；俄罗斯的人名变更过于自由；反腐措施力度不够。①

这些技术性问题，俄罗斯何时能够达到欧盟的标准，欧盟方面自然是无法确定的，即便是俄罗斯方面，也没有就免签问题做好准备工作。

三 俄欧关于免签问题对话的实质及后果

俄罗斯自2002年8月向欧盟提出免签问题，截至2014年3月，欧盟方面决定暂停该问题的对话与谈判。在此期间，莫斯科不断地提出要求及建议，并催促布鲁塞尔加快该问题的解决进程。考察俄欧有关免签问题的对话，可以看出双方不能达成共识的症结在于俄罗斯方面希望获得"欧洲人"身份，而欧盟出于政治考虑不愿意给予俄罗斯人"欧洲人"身份。俄罗斯想得到，欧盟不想给。所以俄罗斯才有那么多的"技术性"问题总是无法达到欧盟的标准。

俄欧关于免签问题的对话，从一开始就是一种不平等的对话。俄罗斯是申请人角色，欧盟是审核人角色。俄罗斯方面过高地估计了俄欧关系的发展水平，错误地认为俄欧可以是或者很快将是平等伙伴，所以急切地向欧盟提出了免签问题。可是欧盟并不认为俄罗斯现在就已经是平等伙伴，而是把它看作"欧洲福利的申请人"。欧盟不会轻而易举地让俄罗斯人申请到欧洲的福利，之所以要开展对话，实质上就是一个欧盟不断设置标准俄罗斯不断努力去达到这些标准的过程。在这一过程中，欧盟的最有效手段是"承诺"，通过承诺来影响俄罗斯的行为及选择。当俄罗斯人获得"欧洲人"身份的热情逐渐回落时，欧盟通过承诺而赢得影响力的优势也会逐渐消失。俄罗斯不愿意再像先前那样按照欧盟的要求去做了。

分析俄欧关于免签问题的对话，我们认为俄罗斯方面存在的问题是不

---

① Первый доклад Европейской Комиссии о выполнении Россией "Совместых шагов по переходу к безвизовому режиму кракосрочных поездок граждан России и ЕС", 19.12.2013.

恰当地把免签问题与发展双边关系、建立欧洲统一空间、获得"欧洲人"身份以便可以自由出入欧洲等联系起来。普京甚至说，只有签证问题解决，俄欧才能实现真正合作。实际上，免签问题在国际关系的双边交往中只是一个管理问题，并不是必须要同欧洲身份联系在一起的。

俄罗斯在2012年12月的布鲁塞尔峰会上抱怨欧盟的理由是"欧盟给予免签资格的国家有一个很长的名单，包括委内瑞拉、危地马拉、洪都拉斯、墨西哥。11月初，欧盟委员会又提出将5个加勒比海地区国家和10个太平洋国家列入这一名单。洋洋大观！其中40个国家远在欧盟国家千里之外"。然而，没有俄罗斯。"与免签有关的所有技术问题都已解决，问题仅在于'政治决定'。"这种抱怨也是事实。在俄罗斯看来，那么多遥远的国家都能够获得免签，而自己却不能，这就是政治问题。

在欧盟看来，给予那么多遥远国家免签，并不存在管理方面的困难。欧盟给出的技术性理由是俄罗斯是一大国，有漫长的边境线，管理难度大且存在诸多困难。事实上，俄罗斯的确不仅是欧洲非法移民的主要来源地之一，还是非法移民、跨国犯罪和毒品进入欧洲的主要陆地通道。欧盟对于外来移民涌入欧洲非常担心，这也是客观存在。[①] 在2012年前半年，进入俄罗斯的第三国公民超过23万人。[②] 在欧盟的一些国家，每年涌入的外来移民达到50万人（在2010年英国涌进了59.1万人，西班牙是46.5万人，意大利是45.8万人，德国是40.4万人，所有进入欧盟的外来移民中有超过60%涌进了这4个国家）。[③] 2015年，欧洲遭到第二次世界大战以来最严重的难民潮，给欧盟及其成员国带来巨大压力。

另外，妨碍俄欧达成免签协议的问题是莫斯科坚持要对公务护照持有

---

① 关于这个问题在许多欧盟国家所做的问卷民调可以说明，在问卷列出的18个问题中最令欧洲人不安的就是外来移民涌入，居位第一，占了超过1/3问卷；第二位是伊斯兰恐怖主义影响，占25%问卷；第三位是犯罪现象，占17%；而后依次是债务危机占16%；物价上涨占14%；失业占13%；多元文化主义占12%；对执政精英的不信任占11%。见 Ключников Б. Ф. Большая Еврова Владимира Путина. М.，2013，С. 7。

② Боссон Л. Сотрудничество России и ЕС в сфере миграции //Мировая экономика и международные отношения, 2014, No. 4, С. 77.

③ Migration and Migrant Population Statistics, Eurostat 2012, 03.06.2013（http://epp.eurostat.ec.europa.eu/statistics_explained/index.php/Migration_and_migrant_population_statistics）.

者给予免签,而布鲁塞尔则以俄方公务护照发放范围过宽且数量庞大为由表示反对。实际上,俄罗斯已经与个别欧盟国家签署了公务护照免签的双边协议,如匈牙利、斯洛伐克和保加利亚等。可是俄罗斯不仅需要免签便利,还更在乎免签所代表的欧洲身份。

欧盟除了技术性理由之外,更深层次的考虑是不愿意给予俄罗斯人"欧洲人"身份。这是一个拿不上台面的理由,况且欧盟一些国家,如奥地利、丹麦、爱尔兰、荷兰、瑞典在俄欧免签问题上态度消极,它们深信实施俄欧免签之后,一定会带来很多问题。甚至是在一段时间内更为密切的俄德关系,柏林方面也是持谨慎态度的。例如,早在2003年,俄德签署《关于促进两国公民相互旅游的协议》,该文件促进了人员交往。可是在签证问题上,德国还是认为无论双边关系如何亲近,俄德还是欧洲和非欧洲的关系。欧盟一些成员国的态度自然会对欧盟产生影响。

第 八 章

俄欧争夺中的乌克兰危机

乌克兰危机事件的实质是坚持实行"亲西疏俄"路线和俄欧争夺相互交织而引发的一场区域性地缘政治动荡。由于2004年欧盟东扩乌克兰成为俄欧的"共同邻国",俄乌关系就不可避免地具有了欧洲政治的属性,俄欧争夺势在必行。自独立以来,乌克兰坚持选择面向欧洲一体化的国家发展道路,引发俄罗斯的不安及不满。2014年基辅发生违宪政变,莫斯科最终失去了笼络基辅的耐心,接纳了宣布独立的克里米亚。由于俄欧两大势力的撕扯,乌克兰前四届总统在面向欧洲一体化还是面向欧亚一体化之间两边摇摆,然而2014年5月选举上台的总统波罗申科于6月27日签署了乌克兰与欧盟联系协议,乌克兰危机暂告一个段落。乌克兰危机造成以下重要影响:俄欧关系跌至冷战后的最低水平;俄乌关系彻底闹翻并严重对立。

第一节 乌克兰的"亲西疏俄"路线

乌克兰自1991年成为独立国家后就遇到诸多挑战,既有内政也有外交。乌克兰领导集团未能成功有效地应对这些挑战,没有建立起国家的独立自主地位。在内政方面,国内地区差异加深,地区冲突加剧。今日的乌克兰根据欧洲标准衡量是一个发展迟缓、内部矛盾严重的国家。它发生分裂的概率很高。在外交方面,乌克兰没有形成自己独立的外交政策。按照欧洲标准,乌克兰拥有广大领土和众多人口,但是在国际舞台却未能发挥重要影响。它不能捍卫自己的利益,相反成为外部势力争夺的政治目标。

一 乌克兰历史上形成的地域文化差别

乌克兰国家体制的危机具有深刻的历史根源。其东西部之间的分歧和对外政策的摇摆不定，这不是独立以来才出现的，而是好几个世纪积累起来的。

号称罗斯三兄弟的乌克兰、俄罗斯和白俄罗斯早先是一个统一国家——基辅罗斯。基辅罗斯早期的疆界形成于12世纪末期——大致从分裂时期开始和鞑靼蒙古人统治建立。莫斯科公国在摆脱金帐汗统治的过程中，宣称自己是统一俄罗斯的中心。相反，强大一时的基辅因无休止的内讧和游牧部落的频繁入侵而遭到破坏，并最终衰落、荒芜。东北罗斯逐渐兴起，西南罗斯日益衰落，并处于波兰—立陶宛王国、克里木汗国和匈牙利王国的影响之下。自此时起，东斯拉夫的三个分支，即俄罗斯、乌克兰、白俄罗斯之间的差异就逐渐形成。

15世纪，在乌克兰出现了一个哥萨克阶层，他们主要是从波兰—立陶宛王国和俄罗斯领土逃逸的一些人群，迫于贫穷、债务、追捕及游牧部落入侵，哥萨克人没有建立起自己的国家组织，他们靠劫掠为生，有时也受雇于邻近大国而服兵役。哥萨克人可以为波兰、土耳其和俄罗斯服役，他们的主要动机永远都是利益。很显然，他们作为同盟者是不可靠的。在很多情况下，他们从交战一方转向另一方只是取决于得到奖赏报酬的多寡。例如，最著名的哥萨克人领袖波格丹·赫梅利尼茨基在不同时期曾经为波兰服务，也宣誓效忠土耳其苏丹，直到佩列亚斯拉夫拉达做出有利于莫斯科的选择①。这种政策使人联想到独立后的乌克兰对外政策的摇摆不定。

乌克兰东西部最初的"文化分裂"发生在1667年。由于安德鲁索沃停战协议②，乌克兰领土在俄罗斯和波兰之间以第聂伯河为界。一个世纪后，俄罗斯兼并沃伦和克里木。根据叶卡捷琳娜二世命令而建立后来的乌

---

① 1654年1月8日在佩列亚斯拉夫（后佩列亚斯拉夫—赫梅利尼茨基）举行乌克兰人民代表大会，由统领波格丹·赫梅利尼茨基召集，通过了关于左岸乌克兰重新并入俄罗斯的决议。见 Калашников М., Бунтовский С. Независимая Украина: Крах проекта. Харьков: Филио, 2009.

② 该协议为结束1654—1667年俄波战争而签署，波兰把斯摩棱斯克领地和切尔尼戈夫领地归还给俄国，确认第聂伯河东岸（即左岸）的乌克兰地区重新并入俄国。

克兰城市第聂伯罗彼得罗夫斯克、尼古拉耶夫、赫尔松、敖德萨、塞瓦斯托波尔、亚历山大罗夫斯克、马里乌波尔等。在此期间，俄罗斯人积极移居到乌克兰，俄语及俄罗斯文化得以传播。

利沃夫和加里西亚一直没有成为俄罗斯帝国的一部分，这些领土隶属于奥匈。该地居民主要来自波兰移民。正是加里西亚成为抵制俄罗斯影响的堡垒和乌克兰民族主义的策源地。奥匈当局鼓励反俄势力，传播西欧文化，压制亲俄人士。

1917—1920年的国内战争期间，在当下的乌克兰境内出现16个自封的具有各种对外政策目标的国家组织。西乌克兰民族主义人士在德国的支持下成功地在短时间里建立起乌克兰人民共和国，它很快被红军击败且并入乌克兰苏维埃社会主义共和国。加里西亚由于当时对波兰战争失败而未能并入乌克兰苏维埃。

在卫国战争时期，以班杰拉为首的乌克兰民族主义人士同法西斯合作而反对苏维埃政权，这些通敌分子大规模迫害共产党人和平民。当苏联红军节节胜利并且走出国门之时，班杰拉分子违背德国的"朋友"意愿而试图建立独立国家，包括班杰拉本人有许多人被关进集中营。部分乌克兰起义队伍在森林里或者与纳粹作战，或者与红军作战，直到战争结束。纳粹德国战败后，加里西亚最终被并入乌克兰苏维埃社会主义共和国。

乌克兰眼下的边界形成于1954年的赫鲁晓夫，他把克里木并入乌克兰。那时变动苏维埃共和国边界并非深思熟虑的举动，不可能预知后来会发生苏联解体。但在1991年，加里西亚民族主义人士的夙愿实现了，由不同地域色彩构成的乌克兰由于苏维埃领导人的软弱和短视而获得独立。

在分析乌克兰事件的历史根源时，就会发现一些重复出现的现象。第一，在乌克兰从未有过能够有效管理全部领土并确保经济稳定发展的强有力的独立政权。从哥萨克时代起到今天，乌克兰过去不是，今后仍将不会是一个独立的政治主体，而是一个被争夺的客体——更大国际玩家的利益冲突的舞台，首先是俄罗斯和欧洲国家，它们要把它纳入自己的势力范围。第二，乌克兰总会因民族、文化和地区特点而矛盾重重。国家的西部、东部和南部在数百年里处在冲突时而平息时而发生的状态中。它们在文化和行为方式上差别很大，拥有不同的价值观，追寻不同的目标，选择不一样的政治体制。第三，乌克兰精英人士仍将永远地寻找同盟者。他们无法独立地实现对国家的领导,而以政治独立作为交易寻求外部支持。就像数百年前的哥萨克在俄罗斯、波兰、土耳其和匈牙利之间选择一样,当代乌克兰在俄罗斯、欧盟和美国之间做出选择,为的是获得最大利益。

二 乌克兰的"亲西疏俄"路线

自独立以来,乌克兰身处东西方两大集团势力的夹缝之中,是选择面向欧洲—大西洋结构,还是选择面向俄罗斯—欧亚结构,乌克兰领导集团摇摆不定。我们考察独立后乌克兰的政策,还是发现它在摇摆不定当中更多地倾向于选择欧洲—大西洋结构。由于这是两个完全不同的结构,乌克兰选择走中间道路或者采取骑墙立场是行不通的,首先是地缘位置特殊且重要,其次是外部势力不允许,最后是内部力量对比也有利于亲西方势力。鉴于此,乌克兰更愿意选择面向欧洲的一体化,而不是面向欧亚的一体化的发展道路。这一事件的实质是,它推行"亲西疏俄"路线加剧了外部势力的争夺而造成区域性地缘政治形势的紧张。

乌克兰事件不仅涉及外交,而且涉及内政。有研究者论及乌克兰问题时只谈论外交,认为乌克兰外交是试图谋求"全方位""东西平衡""两边讨好"效果[①],其实这些只是表面和形式上的,实际上它的外交"亲西疏俄"倾向是明显的和一贯的,如果说发展乌俄关系那也是迫于眼前压力和困难做出的暂时妥协,顶多算是谋求两边获利。如果说乌克兰内政是谋求"东西部平衡"倒是真的。这从独立以来乌克兰前4位总统的政策就可以得出结论。

克拉夫丘克执政时期,这是当代乌克兰历史上向往西方而最具浪漫主义的时期。由于民族主义热情普遍高涨,政治家们以为只要一经宣布乌克兰是欧洲国家就会摆脱众多问题之困扰,将会出现"经济"奇迹,居民生活水平将很快同德国或者美国相提并论。所有西方法律和经济主张全都被盲目地复制过来。对外政策也完全是亲西方的。

结果奇迹没有出现,倒是出现了经济灾难。就像在俄罗斯一样,乌克

---

① 郑羽、柳丰华:《普京八年:俄罗斯复兴之路(外交卷)》,经济管理出版社2008年版,第194页; Евгений Ильин. Украина между Россией и Европой. 《Международная жизнь》март 2014, C. 38.

兰盲目地推行私有化，导致大量居民贫困化，工业全面衰退。亲西方非政府组织开始积极渗透到这个虚弱的国家里。文化问题凸显出来，因为乌克兰东部讲俄语，居民要求同俄罗斯合并。民族主义人士力主国家面向西方并且要求禁止讲俄语。语言问题就成为这个独立国家每逢大选时总统候选人耍弄的制胜法宝。

克拉夫丘克渴望乌克兰融入"文明欧洲"的愿望没有实现，不得不面对现实，因为乌克兰领导集团不可能完全割断与俄罗斯的联系，相反，与俄罗斯加强合作是乌克兰经济正常发展的必要条件。这种情形迫使克拉夫丘克形成两边获利政策。据此乌克兰领导集团试图既同俄罗斯又同西方深化关系，结果是乌克兰既主张联合斯拉夫国家，又主张加入北约。

第二任总统库奇马的方针更为实用，可是他未能有效地克服经济混乱和工业衰退。在他任期内更加注重实用，无论是在外交还是在内政方面，均是如此。在大选期间，库奇马为赢得东部选民支持，他承诺将赋予俄语国语地位。可是在他任期内这一承诺没有兑现。在各领域继续乌克兰化，并且重修历史以讨好民族主义者。总统试图在东西部地域之间维持平衡，结果却失去了所有选民的信任。

在外交领域，库奇马继续面向西方，为加入北约展开积极工作。在2002年欧洲—大西洋一体化被官方宣布为乌克兰对外政策的目标，但是同西方接近的战略计划被积极实施同独联体和俄罗斯合作的做法所取代。在2003年库奇马同俄罗斯、白俄罗斯和哈萨克三国总统签署关于建立统一经济空间的协议。在乌克兰军事构想中"关于加入北约"条款替换为"深化与北约的关系"。

严峻的经济社会形势，官方政策的自相矛盾，激起国内不满情绪。它被那些有影响力的亲西方势力所利用，最终策划了"橙色革命"。

2004年，尤先科执政，表明在外交上实行更明确的亲西方路线，在内政上强化民族主义立场。开始时尤先科讨好俄罗斯，他正式访问莫斯科。他称俄罗斯是乌克兰的永久战略伙伴，建立了普京—尤先科委员会[①]。可是乌俄关系刚热乎起来，他又重新采取同欧盟和北约深化合作关

---

① Жильцов С. С. Украина: 20 лет пути к независимости. М., Восток—Запад, 2012, С. 328.

系的方针。

乌克兰精英以为乌克兰加入欧盟是不太遥远的问题。同欧盟一体化的目标在预期内是无法实现的。然而"橙色政权"还是想努力实现它。

至于乌俄关系，在尤先科时期，从伙伴关系倒退到公开对抗。尤先科推翻了库奇马签署的关于建立统一经济空间的协议。支持格鲁吉亚总统萨卡什维利，与其联合号召在独联体空间建立"民主选择共同体"，实质上就是一个亲西方的对付俄罗斯的"防疫带"。他们认为俄罗斯在阿布哈兹和南奥塞梯的维和行动是入侵格鲁吉亚，并向萨卡什维利提供武器。尤先科宣称，乌克兰"研发武器并加入北约是为了提防俄罗斯入侵"[①]。在他执政时，乌克兰拉近与北约的关系，并同欧洲—大西洋同盟进行联合军事训练，支持美国在东欧部署导弹。

尤先科积极支持乌克兰民族主义人士，厉行去俄罗斯化政策。尤先科甚至发布命令禁止使用俄语，甚至在俄族人聚居区克里米亚表彰那些同法西斯合作的人，例如舒赫维奇和班杰拉，以他们的名字命名街道，为他们竖立纪念碑。特别关注1932—1933年大饥荒的话题，"橙色人士"称它是对乌克兰人民的政治种族灭绝。

尤先科的这些挑衅行为引起俄罗斯的反击。首先是重新审议天然气优惠价格，由于2005—2008年的"天然气冲突"，价格涨至欧洲平均水平。

至于亚努克维奇总统，在选举时他积极宣传要同俄罗斯结成紧密关系并赋予俄语以官方地位。俄罗斯对他寄予很大希望。但是在实践中重新开始了表面上不太明显的"不偏不倚"政策，实际上还是偏向欧盟。

当然应该指出，亚努克维奇执政后，乌俄关系很快就出现积极变化，达成了俄罗斯黑海舰队在克里米亚基地租用期限延长至2042年的协议。作为回报，乌克兰获得优惠价格30%的天然气。乌俄在各种级别中的会晤和谈判开始了，签署了乌俄边界划界以及在金融、科学、文化和旅游领域的协议。

可是深化同俄罗斯的关系只具有短期性质，就像以往所发生的事件一样。基辅在寄希望于统一经济空间内一体化又优先考虑面向欧洲一体化这

---

① Жильцов С. С. Украина： 20 лет пути к независимости. М.， Восток—Запад， 2012， С. 338.

两者之间摇摆不定，而且越来越倾向于后者；继续开展同北约结成伙伴关系的工作，尽管存在不加入同盟的官方声明；同亲美的古阿姆集团展开合作关系；支持建造旨在绕开俄罗斯的管道能源计划；积极开展乌克兰同欧盟在"东方伙伴计划"框架内的工作；在2010年5月同意了通过签署联系协议与欧盟拉近关系的计划。

2013年11月，在维尔纽斯围绕"东部伙伴"峰会所发生的事件就成为亚努克维奇总统的事业顶点。因为经过了三年改革和大力宣传欧洲的价值观之后，满怀对欧洲的浪漫主义热情，事前乌克兰精英人士未能认清有关文件对本国不利的条款，所以乌克兰总统在最后时刻拒绝签署联系协议，更何况欧盟公开表示没有对乌克兰提供资金支持的意愿和准备。于是在国内出现抗议示威活动，主要人群是独立以来在当局直接支持下或者是在当局完全放纵而迷恋于民族主义、亲西方、反俄情绪的群体。由于乌克兰经济不景气，普遍存在营私舞弊、强盗行径和寡头垄断，西方代理人灌输的影响、对欧洲的憧憬和对现实的不满交织在一起并蔓延到街头，结果乌克兰发生国家政变，亚努克维奇逃往俄罗斯，此后国内出现混乱。克里米亚宣布独立并加入俄罗斯联邦，就引发该地区地缘政治形势的紧张。

三 俄罗斯与乌克兰的关系

俄乌之间深化合作在客观上有利于彼此，因为双方存在紧密经济、历史、文化和族群的联系。近百年来，两国结成的统一经济体因苏联解体而被打破。特别是在20世纪工业化后，这种联系尤其紧密。很多乌克兰工厂和俄罗斯企业存在协作关系。如果不同俄罗斯企业协作，乌克兰的这种生产没有出路，所以说乌克兰工业制造业的生命力直接取决于俄乌合作的程度。

俄乌两国是具有相近文化的斯拉夫国家。它们的历史拥有共同起源和牢固联系。乌克兰居民大多数在使用俄语。有些研究者不认为存在一个乌克兰民族，而认为它们是同一个民族的居民并拥有共同文化的两个俄罗斯国家。

深化俄乌关系意味着给彼此带来很大利益。取消关税壁垒和加强生产协作会大大促进经济发展的速度，特别是对乌克兰来说。据研究资料显示，如果乌克兰加入关税联盟，那么到2030年前乌克兰国民生产总值会额外新增7%。① 为什么自苏联解体后的这段时间里，俄乌之间没有建立起紧密的经济和文化合作？原因在于一方面是俄罗斯在后苏联地区的政策没有成效；另一方面是西方对独联体事务的积极介入，俄罗斯在乌克兰的吸引力不大，乌克兰精英的反俄立场。

在20世纪90年代，俄罗斯自顾不暇，对后苏联空间没有形成有成效的外交路线。取代苏联建立起的独联体主要成了"文明离婚"的工具，而不是推进重新一体化和开展建设性合作的组织。相反，西方积极渗透独联体，在这里推进自己的利益，在当地居民中塑造有利于欧盟和美国的正面形象，不利于俄罗斯的负面形象。

不同于西方国家和欧盟成员，俄罗斯目前仍不能很自信地宣称自己的国家已经具备了理想的体制。虽然进入21世纪经济增长速度很快，俄罗斯仍然是一个存在诸多社会问题的发展中国家。在经济领域仍然是原材料行业占据优势。营私舞弊现象普遍和贫富差距拉大，这样无法形成一种俄罗斯的良好国家形象。也就是说，"软实力"缺乏坚实的基础。

乌克兰部分居民（主要是西部）由于当局意识形态和宣传工作的缘故，俄罗斯具有的武力"帝国"和"鞑靼"国家的负面形象就保留下来了，对于乌克兰人而言，东部邻居就是乌克兰"独立"的威胁。那些希望获得权力的乌克兰精英极力宣扬来自俄罗斯的这种危险性，它们尽其所能削弱俄罗斯的政治影响力并阻挠俄罗斯生意人进入乌克兰。

为树立良好形象，最近几年，不顾社会经济困难，俄罗斯公开宣称自己是国际舞台的重要力量。独联体空间是俄罗斯外交的优先目标。在2012年建立俄罗斯、白俄罗斯和哈萨克斯坦关税联盟，并宣布了一项建立欧亚联盟作为后苏联空间共同市场和新的力量中心的方针。

四 欧盟对乌克兰的政策

很显然，欧盟和乌克兰都愿意开展双边合作。欧盟将乌克兰纳入自己势力范围是有利的，这完全符合它所推行的扩大和传播欧洲价值观的政策。

对欧盟而言，乌克兰最主要的优势是一个拥有4600万人口的能够销

---

① Михеев В. Евросоюз и Украина: вне зоны доступа//Вся Европа, 2013, No. 12 (82).

售高品质商品的巨大市场。欧盟在自己周边建立"友好国家圈"是有益的。这些国家应该成为民主价值观的追随者,且能对欧洲产品开放本国市场。乌克兰市场自由化对于欧盟极其有利,但是乌克兰却因本国竞争力低下将会蒙受巨大打击,它的产品不是总是能够达到欧洲的严格标准。

对乌克兰而言,欧盟是实现了国家与社会稳定的值得模仿的理想榜样。在最近50年,欧盟成功地克服了长期存在的矛盾并消除大陆分界线。多年来秩序稳定和一体化使得欧洲特别是西欧变成了富足安康的福地。欧盟国家确信在经济发展水平、生活质量、社会保障、安全及社会开放性方面处于领先地位,而且在欧洲的贫富差距要小于美国和金砖国家。[①]

在乌克兰领导集团和精英看来,欧盟是法治民主国家,尊重法制和人权价值观,所以渴望加入欧洲发达国家俱乐部,以此证明自己国家体制的现状和效率,而面向欧盟一体化的理想就成为乌克兰的政治目标。

这种愿望对精英们来说是甜蜜的,而普通乌克兰人只是想要达到例如德国人那样的生活水平。可是乌克兰却深受诸多问题的困扰:营私舞弊、强盗行径、经济无序、收入差距拉大等。乌克兰的现实远离人们的理想只是加剧了民众对于欧洲的向往。

为了支持民众的这种向往心理,欧盟不遗余力地同乌克兰精英们以及乌克兰社会一起行动。那些积极主张乌克兰面向欧洲道路、民主和全面自由化的非政府组织展开积极活动,倡导实行欧盟那样的政策,以"文明的"欧洲去抵制"鞑靼的""帝国的"俄罗斯影响。

欧盟出台"东部伙伴计划"就是"软实力"的重要手段,据此,后苏联空间的国家将获得帮助,作为回报要实行有利于欧盟的社会经济改革,乌克兰身处该计划的中心位置。

随着欧盟的扩大,它对乌克兰的影响日益增强。可是在欧盟内部也有许多存在问题的区域。在最近几年,欧洲怀疑论的声音有所增强。欧洲政治家无力解决债务问题(特别是希腊)和经济增长乏力问题。这样将不甚发达的乌克兰纳入欧盟一定会带来危害。在最近,这种怀疑在增大。例如,德国总理默克尔指出,欧盟主要地应该同乌克兰展开更紧密合作,而

---

① Энтин М. Л. В поисках партнерских отношений Ⅱ: Россия и Европейский союз в 2006—2008 годах. М., Зебра Е, 2009. 768 с.

不是向它展示加入新国家组织的开放性前景。① 同时，在乌克兰内部也有欧亚联盟的不少支持者，主张深化同俄罗斯的关系并加入关税联盟。

第二节　俄欧对"共同邻国"的争夺

乌克兰危机是冷战结束以来欧洲政治围绕后苏联地区最终的归属问题而遭遇的最严重挑战，欧洲政治最为关心乌克兰作为后苏联地区的最大国家怎么办，是同欧盟一体化还是同欧亚联盟一体化？是同欧盟北约共处一个安全架构还是同俄罗斯独联体集体安全条约共处一个安全组织？俄欧在这些结构性重大问题上存在激烈竞争。

一　俄乌关系不可避免地具有欧洲政治属性

欧洲政治就是要对俄乌关系施加影响，这里所讲的欧洲政治应该理解为是欧盟、北约，同时还有个别成员国以及它们的同盟施加影响的全部活动。

冷战结束和两极格局解体改变了欧洲政治的变量及其在欧洲大陆个别区域的角色。② 与此同时，一体化和区域化进程获得足够的动力。人员、商品和资本自由流动，信息空间快速发展，市场经济原则深入人心，这些大大加强了过去欧洲大陆"铁幕"两边各国及区域的相互联系。③ 中东欧国家和后苏联地区国家的经济体因形成自主权和市场，所以开始影响欧洲经济政治体系。这给欧洲体系带来更多的震动，而非更多的稳定。④

欧洲在21世纪初的国际关系演进特点和俄罗斯在20世纪90年代危机之后的国力提升，要求用新的眼光看待在俄罗斯和欧盟之间形成的

---

① Жильцов С. С. Украина: 20лет пути к независимости. М., Восток—Запад, 2012, 338с.

② Торкунов А. В., Болгова И. В., Мальгин А. В., Цибулина А. Н., Шишкова О. В. Новая Восточная Европа//А. А. Дынкин, Н. И. Иванова (ред.). Россия в полиценричном мире. М., 2011.

③ Подробнее: Современные международные отношения//А. В. Торкунов, А. В. Мальгин (ред.), М., 2001; Современные международные отношения и мировая политика//А. В. Торкунов (ред.), М..

④ Борко Ю. А., Буторина О. В. История развития Европейского Союза//О. В. Буторина (ред.). Европейская интеграция: Учебник. М., 2011, С. 108.

"共同邻国"的形势。在欧洲大陆整体的和个别区域的国际秩序演进,要求重新思考俄罗斯外交对后苏联地区邻国的优先权,同时还有俄罗斯同欧洲北约的伙伴关系。考虑到俄罗斯在世界政治中的角色的明显变化以及它的后苏联地区邻国地位的变化,这自然加强俄罗斯对于欧洲地区各种关系现状的关切程度,尤其是关注直接邻国的变化。由于欧洲政治对于后苏联地区国家的影响增强,就获得多种可能性,不仅参与实施国际议程,而且还参与设置国际议程。① 正如俄联邦外交学说所强调的那样,在国际局势中"与正面而积极的趋势——俄罗斯在国际舞台上地位巩固——同时存在着负面而消极的趋势,即在具体方向与领域里,当俄罗斯实施外交方针时必须考虑到的"。

东欧国家持续多年的政治转型,为西欧国家及其组织对后苏联地区施加影响开辟了前景。利用西欧一体化组织来开发"东欧资源"可以加强扩大后的欧盟和北约的竞争力,以便赢得优势地位而压倒当代世界正在变化中的其他力量中心。② 但是在该地区"开发政治"的成效在以往和目前都取决于两点:首先是欧洲大玩家的努力协调;其次是一体化愿望受体的正面而积极的回应。从欧盟北约的愿望出发,在中东欧国家原有分界线消失后需要创造条件,以便使该地区主要国家能够为自身发展而获得知识、人才、能源等资源。这些在过去"封闭"国家不容易得到,需要克服它们的孤立以便融入全欧洲的经济政治进程,这就是欧洲政治家们对这些国家展开积极活动的真正打算。

在欧盟北约的政治家对后苏联地区开展积极活动的时期,西方国家联合对后苏联地区实施有针对性的政策,这引起俄罗斯的强烈反应,特别是在2004年之后。③ 导致这种不协调的关键因素之一,就是俄罗斯想要在该地区保持影响力,该地区对于俄罗斯在世界上赢得地位具有关键作用。莫斯科认为后苏联地区是自己享有特殊利益的地区,要求划定活动范围以

---

① Velychenko S. (ed.), "Ukraine, the EU and Russia: History, Culture and International Relations", *Studies in Central and Eastern Europe. N. Y. , Palgrave Macmillan; Basingstoke*, 2007.

② Bardeleben J de (ed.), "The Boundaries of EU Enlargement: Finding a Place for Neighbours", *Studies in Central and Eastern Europe. N. Y. , Palgrave Macmillan; Basingstoke*, 2008.

③ 欧盟东扩新增成员国:波捷匈,波罗的海三国,斯洛伐克,斯洛文尼亚,塞浦路斯,马耳他。

便约束那些试图在该地区积极活动的其他大玩家。

俄联邦外交学说指出,"决定当代国际关系状况的那些趋势的矛盾现象是由它们发展的过渡时期造成的"。这一时期的特点是,因苏联解体在俄罗斯和西欧之间出现的这些国家的战略方针具有不确定性,在这类国家里,对于在俄罗斯和欧盟北约之间形成力量平衡最具分量的国家要数乌克兰,这个国家分属于两个不同文明发展和战略方向的中间地区。外交学说注意到,在目前"当代全球竞争首先具有文明的标准,是不同价值标准和发展模式之间在民主原则和市场经济框架下的竞争"①,这具体表现在俄罗斯和欧盟北约为开发乌克兰资源而展开的激烈竞争当中。据此,俄罗斯发现,欧洲政治就成为俄乌关系发展的关键因素和主要环节。

就长期前景看,俄罗斯国家利益在于"使俄罗斯成为世界大国,其活动致力于在多极世界条件下维护战略稳定和伙伴互利关系"。由于地缘、历史和经济条件,俄罗斯没有能同乌克兰发展起合作关系,所以实现这一目标亦未能成为现实,同时基辅愈加积极地利用欧洲的兴趣以便设置同俄罗斯关系的议程。所以认识、分析和预测俄乌关系未来状况若不仔细考察欧洲政治以及两国在其中的地位是不可能的,因为欧洲政治是影响俄乌关系的重要因素。

基于这种框架必须指出,欧洲区域一体化组织是当代国际关系中最具制度化的一部分。据马利金的看法,欧洲的国际关系从20世纪90年代开始就可以被看作由三组政治制度构成的复合关系体:全欧洲(欧安会/欧安组织),西欧(欧盟),欧洲大西洋(北约)。在这种情况下,由于制度强化,欧洲单个国家"自主权"常常降低。"在欧洲一体化组织中任何国家的政策现在都可以看作是经过协调的结果,就像是自行车在同一赛车场从不同赛道出发的情景,政策要按照优势赛道的变动而变化,结果如何,就看政策是否符合欧洲政治结构的状况。"② 自然,在这种框架之外是不

---

① Концепция внешней политики Российской Федерации утверждена Президентом Российской Федерации Д. А. Медведевым 12 июля 2008 г.

② Мальгин А. В. Политика ЕС в отношении европейских стран СНГ//Грабовски В., Наринский М. М., Мальгин А. В. Европейский Союз и европейские страны СНГ. М., МГИМО (У) МИД РФ, 2002, С. 43.

能正确理解欧洲任何两个国家的关系的。① 这样俄乌关系就成为欧洲国际关系体系的组成部分，并被纳入欧洲政治的问题范畴。

分析乌克兰在俄罗斯外交和欧盟北约共同政策框架中的意义，必须强调在这个问题上存在两种不同的立场。② 在俄罗斯看来，后苏联地区是被看作一个明确的整体的。该地区的其中一部分保留着特殊性质，而且历史上的联系必须要把它们看作一个整体。这种看法在俄罗斯外交文件里反复强调，有关独联体地区的说法就是一个整体，用不着再仔细说明，任何一个国家都具有大小不同的意义。与此相反，欧盟北约不认可俄罗斯的看法，不认为这个区域是整体，宁愿基于更加个性化的办法针对该地区国家制定政策。

二 俄欧"共同邻国"的经济一体化问题：是欧盟一体化还是欧亚联盟一体化

在欧盟框架里从欧洲一体化看，乌克兰是"位居中间的国家"，它因两极格局结束遇到诸多问题而不能对自己的战略定位问题做出准确回应，可是它地处北约欧盟为一方和后苏联地区俄罗斯占据优势为另一方之间的战略位置，这使得它面临这些问题。在赢得独立后的这段时间里，乌克兰继续制定方针以应对欧洲政治的主要推动力：西方（北约、欧盟、美国）和俄罗斯，以及俄罗斯和西方发展关系产生的诸多问题。③

与乌克兰不同，俄罗斯地位的独特性使它能为自己选择以欧洲政治的哪一方作为优先方向，而不会只是简单地屈从于两边关系的变动。地缘位置相对优越和经济具备自给自足能力"保障俄罗斯免遭在其欧洲政治中

---

① Вардомский Л. Б. Новые независимые государства сравнительные итоги социально—экономического развития. М., Ин—т экономики РАН, 2012.

② Болгова И. В. Восточная политика Европейского союза: противоречия развития// Восточная Европа. Перспективы, 2011, No. 1, C. 17—29.

③ Уилсон Э., Ронтоянни К. Безопасность или процветание? Пути, Которые выбирают Беларусь и Украина//Мечи и орала: Экономика национальной безопасности Беларусь и Украина/Под ред. Р. Легволда и Селесты А. Уолландер. Американская Академия Гуманитарных и Точных Наук; Интердиалект, 2004, C. 28.

所犯错误的痛苦，可是不能保障俄罗斯免遭不适应性和无功效性"①。然而，乌克兰的地理位置排除这种选择并迫使自己确定国家发展的蓝本及战略目标。同时，乌克兰制定和实施应对欧洲方向的外交方针就直接影响它同俄罗斯的关系，同俄欧之间国际体系结构的关系，以及争夺它的各主体之间的关系。伊戈尔·尤尔根斯认为，在一段时间里乌克兰政治目标的任何一种方案，即是面向俄罗斯还是西方，还不具有排他封闭性。② 尤尔根斯认为，乌克兰高层在很长时期里成功实施一种灵活而乖巧的手法，虽然同俄罗斯结成一种复杂关系，可是根据民意测验有2/3的乌克兰人希望加入欧盟，任何一个乌克兰政治家不能不顾及这一点。③

在2004年欧盟东扩后，俄罗斯对欧盟的政策出现诸多怪事。④ 虽然高层公开宣布愿意同欧洲拉近关系，可同时欧盟国家及组织在后苏联地区的每一个步骤都激起批评与抵制。此时在俄罗斯既没有手段也没有政治意愿同欧盟实行经济政治一体化，但是在这种情况下它反对西方把乌克兰纳入一体化进程，认为欧盟的推进威胁到自己的利益。

应该指出，后苏联地区国家长期以来处在客体地位，并不是欧洲政治的主体，它们只是以不同方式对于试图把自己纳入到不同版本的欧洲政治问题的讨论做出反应。欧洲政治活跃引起后苏联地区寻找相互一致性的兴趣，这必然在后苏联地区俄乌两国之间加深制度上的分化，特别表现在采取不同的经济改革模式，不同的改革速度，以及国家干预程度等上。⑤

考察乌克兰在欧洲政治链条中的政治目标以及在现实当中的战略抉

---

① Мальгин А. В. Политика ЕС в отношении европейских стран СНГ//Грабовски В., Наринский М. М., Мальгин А. В. Европейский Союз и европейские страны СНГ. М., МГИМО (У) МИД РФ, 2002, С. 43.

② Россия—Европейский союз: к новому качеству отношений//Под. общ. ред. И. Ю. Юргенса. М., Ин—т современного развития, 2008.

③ Теперь Виктор Янукович смягчится? //Коммерсантъ. 19. 10. 2011, No. 196 (4737).

④ Кулик С. А., Юргенс И. Ю. Партнерство для модернизации. Россия—ЕС: к проблеме реализации. М., Ин—т современного развития, 2011.

⑤ Вардомский Л. Б. Проблемы и перспективы регионального сотрудничества на постсоветском пространстве//Грабовски В., Наринский М. М., Мальгин А. В. Европейский Союз и европейские страны СНГ. М.: МГИМО (У) МИД РФ, 2002, С. 88.

择，必须首先确定欧洲政治在东欧有效活动的界限。① 对此，必须注意到欧盟看待俄乌两国在后苏联地区和欧洲大陆的角色与地位的问题。② 在这里表现出深刻的政治和思想问题。马利金分析，如果欧盟认为俄罗斯是自己长期的战略竞争对手，那么它对乌克兰和其他"共同邻国"的政策必将是"维持一种抵制莫斯科影响的政策"。如果欧盟真正准备认同俄罗斯是最广泛问题领域的战略伙伴的角色，那么对于乌克兰的政策就具有了另外的性质与特点。对乌克兰政策的焦点就是有利于满足相关各方利益的切实可行的多边合作。马利金认为，可是现实却是这样的，即在欧盟及许多成员国的领导集团里"存在着相互排斥的两种立场，而且是持支持立场的这一派力量脆弱。这种情形特别明显表现在后苏联地区国家首先是乌克兰"③。在这个问题上，波兰前总统克瓦希涅夫斯基认为，在西欧是"欧盟扩大进程的疲劳"。可是他注意到，扩大是欧盟为自己寻找在未来国际格局中的地位的唯一步骤。为此需要有7亿人口的规模。④

乌克兰国家安全委员会秘书叶夫根尼·马尔丘克认识到欧洲政治边界扩大变化的这一逻辑，表达了自己的不安，即对于乌克兰及白俄罗斯和摩尔多瓦面临着一种陷入"黯淡的或者是缓冲区域"的危险性。据他说，这是他的国家无法接受的局面，"在重要的历史发展阶段之间充当缓冲国是不能持久的，而缓冲地带的主权独立，通常都被外部势力所取代"⑤。

此时欧盟就是这样看待后苏联地区的感知的。一方面欧盟成员国按不

---

① Болгова И. В., Мальгин А. В. Никитина Ю. А., Чернявский С. И. Интеграционные инициативы на постсоветском пространстве. Возможности и сферы коадаптации политики ЕС и России//Ежегодник ИМИ—2010. М., МГИМО—Университет, 2011, С. 67.

② Болгова И. В. Восточная политика Европейского союза: противоречия развития//Восточная Европа. Перспективы, 2011, No. 1, С. 17—29.

③ Мальгин А. В. Политика ЕС в отношении европейских стран СНГ//Грабовски В., Наринский М. М., Мальгин А. В. Европейский Союз и европейские страны СНГ. М., МГИМО (У) МИД РФ, 2002, С. 70.

④ Гамова С. Польша заинтересовалась Молдавией. У Кишинева появился новый адвокат в Евросоюзе//Независимая газета. 31. 03. 2011.

⑤ Легволд. Р. Соединенные Штаты, Европейский Союз, НАТО и экономические аспекты безопасности Украины и Беларуси//Мечи и орала: Экономика национальной безопасности Беларусь и Украина/Под ред. Р. Легволда и Селесты А. Уолландер. Американская Академия Гуманитарных и Точных Наук; Интердиалект, 2004, С. 255.

同方式理解独联体国家内部的政治变化,另一方面欧盟本身对于后苏联地区具体国家在自己外交行动轻重缓急次序中的意义进行区别与分化。2004年扩大促进了欧盟兴趣增长以及对后苏联地区的政策具体化。① 欧盟新成员试图积极推进欧盟对自己间接邻国(东欧伙伴计划)的政策,恰在这时,在乌克兰出现"橙色"革命,当时欧盟的政治卷入主要是由波兰政治精英的活动造成的。②

在20世纪90年代后半期急剧转型以及为保持在西方和欧亚利益之间的平衡而对政策做出校正之后的俄罗斯外交当中,没有形成能够适应后苏联地区一体化的相应机制。只是在2000年以来俄罗斯高层制定出较为连贯的政策,以应对俄罗斯在世界经济和独联体框架内同邻国的一体化,在2002年伊万诺夫外长强调了这一点。③

普京当选总统后试图保持平衡,即在自由经济改革者主张面向全球化和亲西方一体化的目标和外交界与强力部门主张优先同俄罗斯邻国发展关系的欧亚传统的方法这两者之间。寻求这种平衡表现在2003年的《国情咨文》,当时普京宣称,"我在这里强调,要把独联体出现的经济进程同我国与世界经济连接在一起的进程结合起来"④。

但是,整合这些目标的复杂性在于俄罗斯所坚持的国家构成标准及规格,它的构成不同于其他以往大国而不能允许自己缓慢地和较少痛苦地退却至世界政治的外围地带。⑤ 这个国家的规模和潜力,同时还有它的历史

---

① Цибулина А. Н., Мальгин А. В. Центральная и Восточная Европы: внутренняя трансформация, адаптация к интеграционной практике и опыт научного анализа//Восточная Европа. Перспективы, 2011, No. 2, С. 123—128.

② Casier T, "The Clash of Integration Process?", "The Shadow Effect of the Enlarged EU on its Eastern Neighbours". K. Malfliet, L. Verpoest and E. Vinokurov (eds), "The CIS, the EU and Russia", "The Challenges of Integration", N. Y., 2007, pp. 76—77.

③ Иванов И. С. Вехи российской внешней политики//Коммерсантъ Власть. 11. 06. 2002, Особо следует отметить заявление И. С. Иванова о том, что СНГ является для России внешнполитическим приоритетом 《номер один》.

④ Послание Президента Российской Федерации Федеральному Собранию Российской Федерации, стенограмма выступления от 16 мая 2003 г. С. 49.

⑤ Мальгин А. В. 《Новая Восточная Европа》 и стратегические интересы России//Вестник МГИМО—Университета, 2011, No. 6, С. 14—15.

遗产及记忆都要求，稳定的未来和保持领土及社会完整统一仅靠自己是无法保障的。由于这些因素，保持同乌克兰的亲近关系就被理解为是保持俄罗斯本身统一完整的重要因素。在俄罗斯，占优势的观点是国家未来必须要同外部威胁进行斗争，这些威胁是俄罗斯社会保持团结的唯一基础。① 在这种情况下，争论的问题不仅有俄罗斯的国内体制，而且有它"近邻"的地缘政治属性。俄罗斯作为国际关系主体注意到自身存在诸多问题，于是就选择对同样存在体制及社会矛盾的直接邻国推行大国方案。②

总结独联体国家在后苏联地区存在20余年，可以确认以下事实。由于欧洲政治范围扩大至东欧，欧洲"西部"和"东部"概念内容的替换超越了"铁幕"甚至"亨廷顿界线"。实际上，在欧洲大陆处在两极格局时期形成的传统划分它们界线及标准的概念已经失去现实意义，已经不再是"前资本主义"和"前社会主义"国家，而是根据严格词义讲的欧洲和它的外围边缘，因为欧盟北约界线的一般特点是同历史上形成的欧洲文明范围是吻合的，俄罗斯和乌克兰仍然是这个外围边缘的一部分。前者是自己决定放弃欧洲属性，后者是确定自己属性时摇摆不定。虽然有内部和外部的努力及倡导，俄罗斯放弃追求自己属性的西方路线，继续确定自己作为"欧亚大国"的属性，其价值观就是对抗欧洲和整个"西方"。

我们观察欧洲国际关系体系发展及其对俄乌关系的影响，应该明白欧洲政治发展的主要动力是全球化、一体化和区域化。在这种现实条件下，当后苏联地区的国家出现时就遇到了必须要为自己寻找最终归属的问题。波罗的海三国选择欧盟作为归宿，乌白摩三国也紧迫程度不同地面临寻找归宿的问题。

俄罗斯的利益同世界经济全球化直接相连。③ 俄罗斯战略特别注意这

---

① Болгова И. В., Мальгин А. В. Информационное пространство СНГ: возможности позитивной коррекции//Ежегодник ИМИ—2010. М., МГИМО—Университет, 2011.

② Балуев Д. Г. Внешняя политика России на рубеже веков//А. В. Торкунов (ред.) . Десять лет внешней политики России. М., РОССПЭН, 2003, С. 64.

③ Кулик С. А., Спартак А. Н., Юргенс И. Ю. Экономические интересы и задачи России в СНГ. М., Биб—ка ИН—та современного развития, 2010.

一事实,即"由于社会经济进程、人员联系扩大的充分可能性,全球化产生新的危险,特别是对于经济落后国家尤其如此。全球化的压力使得大多数国家与民族的文化特征正在经受着考验"①。

应该确认一种事实,即管控全球化进程最重要的手段就是区域一体化,它可以最大限度地利用全球化的优势而又减少其负面影响,特别是在欧洲的一体化联合愈加影响世界发展。这种联合有助于在基于寻求各国和区域的广泛利益妥协而在大陆找到各种力量之间新的平衡。②

在俄罗斯外交学说中,在论及欧洲一体化模式向后苏联地区推进时指出,"西欧对全球化进程失去自己垄断地位的前景的反应",就是它"寻找自己的表达,特别是在政治心理惯性方面遏制俄罗斯"。

在上述论及欧洲玩家影响力增长的话题中,俄罗斯国际活动的优先目标在于极力巩固自己在后苏联地区的领袖地位,维护在苏联时期形成的传统联系,在此基础之上促进那些仍然处在欧洲一体化进程之外的国家形成新的经济政治联合体。

为维护在后苏联地区的自身利益,俄罗斯在 2004 年 11 月提出"大欧洲"思想,据此,欧洲一体化进程应该依靠两个相互支撑的立柱:一方面是欧盟在西部;另一方面是愈加巩固的独联体结构在东部。普京在 2011 年提出建立欧亚联盟的倡议,就是这条路线的逻辑延续。③ 这样,俄罗斯试图建立自己版本的欧盟东欧,在此由它发挥领导作用并借此加强自己在欧盟的地位。该倡议的成果之一应该是同时发展欧盟同整个新联合体的建设性关系以取代欧盟同后苏联地区单个国家的关系。④ 俄罗斯明白,

---

① Концепция внешней политики Российской Федерации утверждена Президентом Российской Федерации Д. А. Медведевым 12 июля 2008 г.

② Шмелев Н. П. Россия в процессах интеграции и глобализации //О. В. Буторина (ред.) . Европейская интеграция: Учебник. М. , Издательский дом 《 Деловая литература 》, 2011, С. 691—692.

③ 俄罗斯在苏联地区主导的一体化规划有三个:俄白联盟,俄白哈吉塔欧亚经济共同体,俄白哈关税联盟。它们的发展路径:以关税联盟为核心,从"关税联盟"发展成"统一经济空间"再发展成"欧亚经济联盟"。

④ Подробнее см.: Выступлени В. Путина//РИА 《 Новости 》 . 13. 05. 2002 и выступление В. Чижова на конференции《Видение Европы》в Берлине 19. 11. 2004; M. Menkiszak, Rosja wobet Unii Europejskiej: kryzys "Strategicznego partnerstwa" //prace OSW. Nr 22. Warszawa, 2006.

在后苏联地区实现广泛规模一体化的努力如果缺少了乌克兰则不会取得成效。①

在2004年事件之后，欧洲政治在乌克兰的活跃进入关键阶段。基辅选择俄罗斯倡导的一体化方向与方式，可是它参加欧盟一体化的诸多条件在乌克兰的外部形成，正如影响基辅政治的外部因素一样。尽管西方非常明白乌克兰地缘政治的重要意义，可是对它进行评估以及确定它在欧洲的地位时却使用了实用而客观的标准——政治和经济改革，法律至上和司法体制效果，商业投资环境等。当使用这些标准衡量时，乌克兰的进步就显得微不足道。这意味着欧盟和美国对乌克兰的战略方针漠不关心，以至于延缓通过有关乌克兰在一体化结构中的地位的基本决议。② 之所以出现这种情形更多的是考虑北非及同欧盟有关的其他区域性问题，欧盟国家本身的金融稳定问题，以及在亚努科维奇执政时期乌克兰民主倒退问题。

尽管如此，俄罗斯既不愿意提出预见到后苏联地区未来的新概念，也缺少作为权利平等伙伴一体化模式行动的建议，以便使乌克兰和其他国家寻找能够满足俄罗斯在该地区利益的选择。莫斯科采取实用主义分化政策对待后苏联地区单个国家，奖赏友好国家，惩罚不友好国家。在这样的条件下，乌克兰愈加选择追随欧盟的政治方针，并试图融入西方结构。

三 俄欧"共同邻国"的安全问题：是欧盟北约还是俄罗斯独联体集体安全条约组织

在欧洲的安全领域议事日程非常广泛，并且必须考虑地缘及战略环节。它本身包括美国、欧洲和后苏联地区国家的关系③，还包括这样一些

---

① Бураковский И. В. Экономическая интеграция и Безопасность на постсовеском пространстве//Мечи и орала: Экономика национальной безопасности Беларусь и Украина/Под ред. Р. Легволда и Селесты А. Уолландер. Американская Академия Гуманитарных и Точных Наук; Интердиалект，2004，С. 214.

② Гречаниров В. А. Украина—Россия. Взаимные отношения. Анализ военно—политических факторов//А. В. Торкунов（ред.）. Десять лет внешей политики России. М.，РОССПЭН，2003，С. 134.

③ Безопасность Европы/Журкин В. В.（ред.）. М.：Весь Мир, 2011.

问题：欧洲安全架构，后苏联地区尚未解决的冲突，核武器扩散，核武器和常规武器的监督，利益重叠区域的竞争——在"新东欧"、南高加索、里海和中亚，同欧洲邻国的冲突，在近东和中东，恐怖主义，亚洲国家活跃的影响，特别是中国，欧洲大西洋体系。[1] 2008 年格鲁吉亚战争使得长期以来不再是"刚性"的安全问题重新回归议事日程。[2] 特列宁强调，"进行糟糕地预测，冷战结束使得欧洲安全问题进入档案库……在柏林墙倒塌后经过 20 年，安全再次成为俄罗斯和西方关系的焦点问题"[3]。

在西方同俄乌关系的政治中所面临的问题，其实质已超出经济因素而在乌克兰安全方面发挥作用的范畴；它涉及欧洲安全的更广泛领域，例如涉及美国和欧洲政治会影响俄乌关系的发展。[4]

有关欧洲安全问题的现实确认这一事实，即因为"高加索战争"导致中断之后而重新启动的俄罗斯和欧盟有关新协议的谈判进程仍陷入死胡同。[5] 与此同时，从后苏联地区国家的观点看，欧洲缺少有效的安全机制，难以解决苏联解体后出现的冲突问题。

在分析俄罗斯、乌克兰和北约国家的文件对于安全威胁的理解时，应该承认在 20 世纪 90 年代里试图建立欧洲安全架构的尝试原来是无所作为的。西方国家试图围绕北约欧盟两驾马车来安排欧洲，后来自然又"吸收"后苏联地区国家，可是西方的这一愿望在俄罗斯同这两个机制存在形式上的伙伴关系的情况下，在自己后来的建议中原来也是非常薄弱而有

---

[1] Тренин Д. В. К новой евроатлантической повестке дня в сфере 《жесткой》 безопасности//Тренин Д. В. Одиночное плавание. М. : Московский Центр Карнеги, 2009, С. 72.

[2] Архитектура европейскоц безопасности/Под общ. ред. И. Ю. Юргенса, А. А. Дынкина, В. Г. Барановскгог. М. : Биб—ка Ин—та современного развития, Экон—Информ, 2009.

[3] Тренин Д. В. 《Москва Мускулистая》: одиночество отдельно взятого центра силы//Тренин Д. В. Одиночное плавание. М. : Московский Центр Карнеги, 2009. С. 27.

[4] Легволд. Р. Соединенные Штаты, Европейский Союз, НАТО и экономические аспекты безопасности Украины и Беларуси//Мечи и орала: Экономика национальной безопасности Беларусь и Украина/Под ред. Р. Легволда и Селесты А. Уолландер. Американская Академия Гуманитарных и Точных Наук; Интердиалект, 2004, С. 227.

[5] Shakleina T. Perspectives for a New Russian-European Agreement: "Shadows of the Past" and Reality//Paper presented at the International Studies Association 52nd annual convention, 16—19 March 2011, Montreal, Quebec, Canada.

限的。①

　　结果在今天俄罗斯对北约的政策就可想而知。在莫斯科看来，"以北约为中心的欧洲建设路线图并不能应对大陆稳定与安全的现实威胁"。对此普京深信不疑。② 鉴于北约积极活动，在莫斯科积累起许多对美国及其欧洲盟国的问题：北约扩大至独联体国家，欧洲导弹防御问题，欧洲常规武器条约。③ 很明显，这些问题的每一个都单独和全部涉及俄罗斯同乌克兰的关系。忽视其中的任何一个问题都意味着双边关系的复杂化，整个大陆的紧张局势增加。④ 关于这一点必须指出，早在1994年法国"白皮书"关于防务问题中讲到："乌克兰独立在区域分量的诸多因素中占据特殊地位。这个新的区域大国能够在欧洲稳定事务中发挥重要作用，因为它的规模、地缘位置、军事经济潜能。乌克兰必须解决它在安全概念扩大框架里自己占据何种位置的问题。"过去了20年，乌克兰并没有解决这个政治问题。

　　据官方立场，俄罗斯"具有足够潜力并计划借此为在中期跻身世界经济领袖国家行列而创造各种条件"。实施这一目标必须要制定对乌克兰的相关方针，并且要解决那些给这一方针造成潜在复杂性的问题，要制定对欧盟北约的相关方针。关于在后苏联地区，俄罗斯和西方体系的相互关系问题就是俄罗斯同这些组织机构展开合作的最大难题。⑤ 巴拉诺夫斯基分析，建立机制性关系在俄罗斯这里存在"无数的忧虑"，同时还要触及它的独联体伙伴的外交方针。⑥ 在俄罗斯的理解中最严峻挑战就是乌克兰

---

① Shakleina T. Russia Between East and West//D. Katsy (ed.), International Relations: From Local Changes to Global Shifts. St. Petersburg: Petersburg University Press, 2007, pp. 125 – 136.

② Путин В. В. Новый интеграциый проект для Евразии—будущее, которое рождается сегодня//Известия. 3. 10. 2011.

③ Кокошин А. А. Проблемы обеспечения стратегической стабильрости: Теоретические и прикладные вопросы. М.: УРСС, 2011.

④ Россия в полицентричном мире/А. А. Дынкин, Н. И. Иванова (ред.). М.: Весь Мир, 2011.

⑤ Россия—Европейский союз: к новому качествуотношений//Под. обш. ред. И. Ю. Юргенса. М., Ин—т современного развития, 2008.

⑥ Архитектура европейской безопасности/Под. обш. ред. И. Ю. Юргенса, А. А. Дынкина, В. Г. Барановского. М., Биб—ка Ин—та современного развития, Экон—Информ, 2009.

加入北约，继而同美国建立起军事政治合作关系，最终把俄罗斯黑海舰队排挤出塞瓦斯托波尔，同时欧盟"东方伙伴计划"在积极实施。① 因此出现了建立机制性合作的主要障碍。因为在同第三国和国际组织的相互关系中，俄罗斯打算"争取它们各方能够理解后苏联地区是俄罗斯的利益范围"。这种紧张与忧虑随着欧洲各类主体在该地区的积极活动而不断加剧。

从俄罗斯的观点出发，西方国家借助由它建立的超国家机构单方面影响东欧以便保持自己地位的这第一次世界大战略"破坏国际局势稳定，导致紧张和军备竞赛，同时加深国家间矛盾"。至于论及俄罗斯本身纳入西方结构的一体化前景，据列宁的看法，这是不可能的，也是不合俄罗斯意愿的，但是它们的相互联系完全是现实存在并且保持着经常性增长的。在这种形势下，一体化进程的主体应该认识到现实存在并建立适合现实的行动机构。对于欧盟北约，从目前俄罗斯来看，相互利益就是更加可靠的基础，因而不愿意寻找共同的价值观。价值观吻合只是部分的，而且还有不同的解释，由于双重标准而导致相互指责。与此同时，能够把俄罗斯、美国和欧洲联合起来的最重要的共同兴趣是保障整个欧洲大西洋地区的安全，特别是后苏联地区在欧洲部分的安全。②

西方为在欧洲炫耀力量并维护自己利益所采取的手法（如轰炸南联盟），令俄罗斯心神不安，特别是对于俄罗斯的邻国和盟国使用此类手法。俄罗斯深信，"借助于武力使用强制力量绕开国际机制（联合国宪章和安理会）不能消除导致冲突的深刻的社会经济、种族之间及其他矛盾，只会破坏国际法基础并导致冲突地区扩大，包括俄罗斯的周边地缘环境"③。

---

① Барановский. В. Г. Евратлантическое пространство вызовы безопасности и возможности совместного ответа//Дынкин А. А. ，Иванов И. С. Евратлантическое пространство безопасности. М. ，Ленанд，2011，С. 49.

② Тренин Д. В. К новой евроатлантической повестке дня в сфере 《 жесткой 》 безопасности//Тренин Д. В. Одиночное плавание. М. ， Московский Центр Карнеги，2009，С. 94.

③ Концепция внешней политики Российской Федерации утверждена Президентом Российской Федерации Д. А. Медведевым 12 июля 2008 г. Режим доступа：http//www. mid. ru.

在论及解决欧洲安全问题和北约因素对后苏联地区影响力上升时,俄罗斯认为,集体安全条约组织可以作为"国家间主要机制以便应对地区挑战和军事政治及军事战略性质的威胁,包括应对毒品非法走私"①。与此同时,乌克兰却把集体安全条约组织看作向往欧洲大西洋的限制器,是俄罗斯对后苏联地区施加影响的工具。

分析2008年俄罗斯提出的解决欧洲安全问题的方案②给人造成一种印象,即莫斯科建议签署有关欧洲安全条约是想恢复冷战最后时期的局面——方案里含有武力倾向。在"新西方"(北约+欧盟)和"新东方"(集体安全条约组织)按照这种幻想将形成法律条约,划定它们各自国家的边界以及集体责任区域。③北约进一步东扩将在法律上不合法,那些处在集团之间的国家(乌克兰、摩尔多瓦、格鲁吉亚、阿塞拜疆)应该宣布中立,同芬兰和瑞典一样,保持这种地位。美国在欧洲的反导系统(在波兰和捷克)协议应该被俄美共同协议或者俄美欧共同协议所取代。在这样一种欧洲安全架构的配置当中,重新显示出被认可的领袖,即美国、欧盟和俄罗斯,它们对解决所有问题负有责任。④

当然,当代俄罗斯的利益首先是关注经济目标,当时俄高层的这种战略对于外交及安全政策有很大影响。但是他们认为经济繁荣本身不是目的。为了巩固俄罗斯,内部经济发展对于内部社会政治稳定是必需的。国际贸易和一体化都是需要的,无论对于支持国内经济现代化,还是对于巩固俄罗斯在世界舞台的地位。经济——这是构成俄罗斯在安全领域诸多利

---

① Стратегия национальной безопасности Российской Федерации до 2020 года. Утверждена указом Президента Российской Федерации No. 537 от 12 мая 2009 г.

② 2008年6月俄总统梅德韦杰夫在柏林提出欧洲安全构想,2009年11月俄方起草并公布"欧洲安全条约"草案,希望各方加以讨论并最终签署。这一条约谋求在北美、欧洲和中亚地区建立一个统一的政治军事安全空间,被视为是俄罗斯试图改变现有的北约独大的欧洲安全框架、重塑欧洲战略平衡的重要步骤。

③ ОДКБ: ответственная безопасность/Под общ. ред. И. Ю. Юргенса. М.: Ин—т современного развития,2011.

④ Тренин Д. В. К новой евроатлантической повестке дня в сфере 《жесткой》 безопасности//Тренин Д. В. Одиночное плавание. М.: Московский Центр Карнеги,2009,С. 28.

益的必要组成部分，而这些利益同时是保障俄罗斯实力和安全必要性的反映。①

在论及拥有保障安全的手段时应该明白，在21世纪初，根据专家分析每桶石油价格涨跌1美元，俄罗斯国内生产总值就会相应增减0.35%。② 这样能源资源对于俄罗斯安全政策具有决定性意义。天然气和石油出口在很大范围决定了俄罗斯的对外政治关系，不仅同欧盟国家和美国，而且同中国、印度，同时在同后苏联地区邻国关系中发挥决定性作用。

乌克兰在经济方面首先依靠俄罗斯提供能源、原料以及价格优惠。俄罗斯在乌克兰的主要经济利益在于基辅实际上是垄断了俄罗斯能源转运欧洲的主要管道（在"北溪"管道建成之前）。但是乌克兰的这种潜在优势由于三个主要原因而未能实现。③ 首先，乌克兰需要经过本国境内转运俄罗斯能源以满足自己需要，它威胁如果不能提高过境费就要关闭能源转运走廊，企图施加外交压力并不能取得足够成效。其次，乌克兰高层无力实施重大经济改革而导致乌克兰经济指标状况不佳，对俄罗斯供应能源的欠债增加（莫斯科按照补贴价格供应能源）就使得俄罗斯用其他手段来压制乌克兰的反抗。最后，私有企业家因进入有影响"圈子"并掌握政治权势，很快学会同乌克兰及俄罗斯的能源领域保持特殊关系而捞取好处。停止贸易就等于切断许多寡头的致富来源，仅此就在乌克兰造成政治上的这种无能为力的程度。④

反复出现的能源危机导致政治上的争吵，能源价格上涨连同欧盟国家

---

① Уолландер С А. Взаимосвязь экономики и безопасности во внешней политике России и их значение для Украины и Беларуси//Мечи и орала: Экономика национальной безопасности Беларусь и Украина/Под ред. Р. Легволда и Селесты А. Уолландер. Американская Академия Гуманитарных и Точных Наук; Интердиалект.

② Troika Dialogue//Russia Market Daily/15.04.2002.

③ Уолландер С А. Взаимосвязь экономики и безопасности во внешней политике России и их значение для Украины и Беларуси//Мечи и орала: Экономика национальной безопасности Беларусь и Украина/Под ред. Р. Легволда и Селесты А. Уолландер. Американская Академия Гуманитарных и Точных Наук; Интердиалект.

④ Garnet S. W. Keystone in the Arch: Ukraine in the Emerging Security Environment of Central and Eastern Europe. Washington DC: Carnegie Endowment for International Peace, 1997, pp. 70—71.

关注采购俄罗斯原材料，这些事情凸显了乌克兰的过境运输作用。欧盟保障能源来源多样化的愿望和愿意发展同里海国家合作关系的方案就给乌克兰这个过境运输国提供新的机会。不同于白俄罗斯，乌克兰还未有处于非常绝望的经济状况，不至于没有外来帮助就活不下去，可是没有欧盟或者俄罗斯的外部帮助，它的发展绝不能实现。①

第三节 俄欧"共同邻国"最终倒向欧洲及其影响

2014年6月27日，乌克兰新当选总统波罗申科签署了乌克兰与欧盟的联系国协定。这表明俄欧"共同邻国"最终选择跟欧盟走，即把自己国家的未来同欧盟联系在一起。

一 乌克兰最终倒向欧洲

2004年，欧盟扩大至中欧国家就使得它作为国际关系主体直接同苏联国家接壤。② 对于欧盟而言，俄罗斯仍然是该地区最重要的国家。欧盟考虑到俄罗斯的潜力和国际地位，不可能把它当作政策的一个客体，而只能当作一个主体，因为欧盟同它存在一种明确的相互影响关系，包括在后苏联地区的合作与竞争。③ 欧盟和俄罗斯同乌克兰的这种共同邻国关系就使得这个国家对于两个一体化中心显得特别的重要。④ 地缘位置、人口和经济潜力以及尚未完成的转型进程，使得乌克兰成为莫斯科和布鲁塞尔双方展开经济政治竞争的舞台。

在主权意识形成过程中，苏联地区国家出现政治分化，这首先使它们

---

① Лукьянов Ф. А. Пусть увядают сто цветов//Россия в глобальной политике. 12.05.2011.

② Цибулина А. Н., Мальгин А. В. Центральная и Восточная Европы: внутренняя трансформация, адаптация к интеграционной практике и опыт научного анализа//Восточная Европа. Перспективы, 2011, No. 2, C. 123—128.

③ Торкунов А. В., Болгова И. В., Мальгин А. В., Цибулина А. Н., Шишкова О. В. Новая Восточная Европа//А. А. Дынкин, Н. И. Иванова (ред.). Россия в полицентричном мире. М., Весь Мир, 2011.

④ Болгова И. В. Восточная политика Европейского союза: противоречия развития//Восточная Европа. Перспективы, 2011, No. 1, C. 17—29.

同俄罗斯结成的结构出现分化。而后这种分化不断加剧。①

独联体国家出现分化进程具有客观的基础。这与其在后苏联地区所处地缘位置不同有关系，而同时也与俄罗斯不愿意承担起对弱小伙伴提供"帝国资助"重担也不能帮助它们加快发展有关系。这很自然使它们的注意力向西转向欧洲。虽然存在这一事实，即后苏联地区在20世纪90年代前半期耗费了俄罗斯极大的时间、外交和其他资源，正如马利金认为的，这种状况在很大程度上持续至今②，乌克兰愈加不愿把自己现代化前景同俄罗斯展开合作关系联系在一起。

从2004年开始，"共同邻国"就成为俄欧关系的重大问题。欧盟东扩后与乌克兰、白俄罗斯和摩尔多瓦接壤，甚至其影响力扩展至黑海沿岸的南高加索。同时出现要把中亚纳入欧洲政治范畴的各种方案。同这些国家的关系将建立在欧洲邻国政治的基础之上。在此同时，波兰、波罗的海国家（特别是立陶宛和爱沙尼亚），就成为欧盟政治对俄乌关系的鉴定者、火车头和"监督者"。它们自身利益成为欧盟共同外交的一部分。

必须注意到，欧盟（特别是新成员国）认为，俄罗斯在该地区活动是一种潜在威胁，这导致俄欧关系出现诸多奇怪现象。如果缺乏信任并相互视为威胁，那是谈不上战略伙伴关系的。后苏联地区问题在俄欧关系中意义的上升是由于欧盟新成员国的政治造成的。它们极力强调后苏联地区对于欧盟的意义，以便充分展示它们对于后苏联地区国家里出现危机的严厉立场。虽然这种办法愈加具有意义并且获得制度性支持（例如"东部伙伴计划"倡议），但是还是要等待评估接纳它的效果。

结果苏联地区的新独立国家同时也试图吸引各种经济和政治中心——无论是区域内的还是区域外的——对于自己的关注。③. 然而无论俄罗斯还

---

① Вардомский Л. Б. Проблемы и перспективы регионального сотрудничества на постсоветском пространстве//Грабовски В., Наринский М. М., Мальгин А. В. Европейский Союз и европейские страны СНГ. М., МГИМО（У）МИД РФ, 2002, С. 92.

② Мальгин А. В. Россия и Польша в новом мире//Под общ. ред. А. В. Торкунова, А. Д. Ротфельда. Белые пятна—черные пятна: сложные в Российско—польских отношениях. М., Аспект Пресс, 2010, С. 623.

③ Торкунов А. В., Болгова И. В., Мальгин А. В., Цибулина А. Н., Шишкова О. В. Новая Восточная Европа//А. А. Дынкин, Н. И. Иванова（ред.）. Россия в полиценричном мире. М., Весь Мир, 2011.

是独联体抑或次区域集团都不是能够吸引它们的唯一中心。① 2006—2009年，由于天然气价格和管道路线引发的冲突延续了人们对于俄罗斯使用"能源武器"对付邻国的担忧。莫斯科则认为，对自己这个西部邻国的办法过去使用过而且也无法替换。在这种形势下，欧盟有关乌克兰的任何共同战略就被莫斯科指责为是企图抵消俄罗斯在该地区的影响力。② 莫斯科看到，欧盟新成员国的行动威胁到俄罗斯的利益，后来俄罗斯对它们的政策主要重点就是极力分化与破坏它们在欧盟框架内的方针，并且限制它们对于欧盟在东部政策方面通过决议的影响力。

然而，由于欧洲政治影响力增强，独联体单个国家现有的政治、经济和社会差别越来越明显，所以出现后苏联地区分化加剧的问题。③ 同俄罗斯保持历史与文化联系，虽然本身具有力量和意义，可是对于统一完整性方面继续分化的后苏联地区而言还是不够的。

必须强调一点，从俄罗斯外交的优先目标出发是非常明显的，即没有乌克兰参与其中的任何超国家一体化方案既不可能形成"俄罗斯世界"，也不可能形成"斯拉夫民族统一体"，更不可能增加俄罗斯选民对自己领袖的信任，因为他们觉得没有能够最终解决"乌克兰问题"并且使俄罗斯扮演地区领袖的角色。

然而俄罗斯在提出自己一体化方案时，实际上让乌克兰面临一种选择的复杂性，不仅在于莫斯科要求基辅同加入世贸组织的俄罗斯伙伴不只是达成经济协议。这意味着早在库奇马时期选择的同欧洲接近战略方针的修正以及发展模式的变更。由于乌克兰和俄罗斯长期在各个领域都发展关系，回归过去还是可以的，只是要付出经济代价以及在社会上可能会出现波动。对此，不仅政治家而且有影响的金融政治集团均不感兴趣，但是国家缺少明确战略方针，那是因为同关税联盟接近有利于部分寡头，而另一

---

① Болгова И. В., Мальгин А. В. Никитина Ю. А., Чернявский С. И. Интеграционные инициативы на постсоветском пространстве. Возможности и сферы коадаптации политики ЕС и России//Ежегодник ИМИ—2010. М., МГИМО—Университет, 2011.

② Тренин Д. В. К новой евроатлантической повестке дня в сфере 《жесткой》 безопасности//Тренин Д. В. Одиночное плавание. М.：Московский Центр Карнеги, 2009, С. 73.

③ Суздальцев А. И. Постсоветское пространство：единство и многообразие//С. А. Карагаров.

些寡头希望同欧盟建立自由贸易区。

应该指出,莫斯科并没有把欧盟东扩同北约东扩相提并论,甚至乌克兰有可能加入欧盟并不对双边关系造成任何特别问题,正如普京在2008年正式宣称的一样。特列宁认为,"俄罗斯不愿把自己邻国驱赶进自己阵营,而只是不愿意让它加入军事联盟,因为俄罗斯在这个联盟里没有地位"①。

由于欧洲一体化进程的变化以及向苏联地区的推进,在俄乌之间越发凸显出需要解决一系列尖锐问题,例如如何解决边界划分,消除双边贸易与能源领域中存在的紧张关系,法律调整黑海舰队在克里木的存在,亚速海地位。解决这些问题应该有利于巩固地区稳定,并推进全欧洲安全的制度化建设。②

与此同时,欧盟在乌克兰的利益实用主义表现在许多事实上。对于欧盟而言,重要的首先是在自己东部边界形成稳定与安全。实现这一目的就有可能解决一系列更尖锐的问题,并继续协调发展同所有苏联国家的合作关系。从欧盟视角看,解决后苏联地区的稳定问题必须包括在该地区最关键两个国家——俄乌保持友好关系。俄乌关系状况不仅对于这两国自身政治稳定非常重要,同时亦能保障欧盟国家的安全与福祉。这样,后苏联地区的欧洲部分关系状况直接提上欧盟和北约外交活动的议事日程,并且影响它们内部的改革。

俄罗斯同后苏联地区邻国的地缘邻近,经济文化联系和共同的历史,这些给予莫斯科充分而且有力的理由,不能把苏联共和国从外交伙伴共同体分离出去并且使用特殊方法与它们保持相互关系。可是"这种关系"常常扭曲为使用过分生硬的办法影响后苏联地区国家的自主选择。③ 人们记忆犹新,当俄罗斯意识到在后苏联地区国家选择出现令人担忧的结果

---

① Тренин Д. В. К новой евроатлантической повестке дня в сфере 《жесткой》безопасности//Тренин Д. В. Одиночное плавание. М. : Московский Центр Карнеги, 2009, С. 74.

② Монич Д. Б. Концепция экономической безопасности Украины//А. В. Торкуров (ред.). Десять лет внешней политики России. М. : РОССПЭН, 2003, С. 184.

③ Болгова И. В., Мальгин А. В. Никитина Ю. А., Чернявский С. И. Интеграционные инициативы на постсоветском пространстве. Возможности и сферы коадаптации политики ЕС и России//Ежегодник ИМИ—2010. М. , МГИМО—Университет, 2011.

时，就急切地坚决地向它们的领导集团提出有关政府干部重新配置的严厉警告，并使用贸易制裁以实现政治目的。在很多情况下，莫斯科完全达到所宣称的结果或者极力避免不利的后果。可是，俄罗斯不通过外交渠道向邻国提出易于接受的合作动议，却常常附加一定条件向其他国家施加直接压力。

俄国内政治精英们常常把同乌克兰的各种区域性和次区域性倡议理解成巩固俄罗斯及抵制区域外国家的现实或潜在影响力的手段。在这种情况下经济动机具有次要意义。政治考虑还要履行巩固信任的职能。如果不能建立起政治信任的前提条件，很难形成合作的必要机制并保障它们顺利发挥作用。① 莫斯科对苏联地区的生硬措施常常源自俄政界某些代表人物的习惯，他们觉得自己是苏联遗产的代表者。类似这样的理解严重妨碍莫斯科制定出一种平衡方针，即在尊重苏联共和国自主选择的情况下达到自己的目的。②

欧洲政治在苏联地区的活跃，欧盟和俄罗斯看法不一。欧盟认为，推广自己的经济模式和政治标准是国际关系体制合理化的要素，是和平、稳定和福祉区域的扩大。俄罗斯认为，这是另类异己的发展模式向俄罗斯利益攸关地区的扩张，莫斯科是该地区模式的输血者；试图使同俄罗斯具有历史和文明联系的地区屈从于"西方"。

在这种形势下，乌克兰不论是在欧洲政治还是俄罗斯政治范畴里都是作为一个一体化愿望的客体而不是一个主体而存在的。鉴于乌克兰的地理特点，其战略目标定位是基于对东西两方的行为做出反应。一方面是欧洲政治，另一方面是俄罗斯政治。进入2014年，乌克兰政局急剧地倒向欧洲，导致俄欧关系严重对立。这是普京执政15年来遇到的最复杂局面。

---

① Бураковский И. В. Экономическая интеграция и Безопасность на постсовеском пространстве//Мечи и орала: Экономика национальной безопасности Беларусь и Украина/Под ред. Р. Легволда и Селесты А. Уолландер. Американская Академия Гуманитарных и Точных Наук; Интердиалект, 2004, С. 222—223.

② Троицкий М. А., Чаран С. Игра с нулевой суммой. Как преодолеть 《мышечную память》 политиуи на постсоветском пространстве//Независимая газета. 13. 10. 2011.

二　乌克兰危机主要当事方的得失评估

乌克兰事件是两大经济集团之间、两种发展方式之间激烈竞争的总爆发，这是冷战结束以来最严重的事件。这一事件对于主要当事者乌克兰、俄罗斯、欧盟和美国分别有什么影响？它们的得失应该如何评估？

（一）乌克兰损失最大，丢了克里米亚，同俄罗斯彻底闹翻，然而新总统签署同欧盟的联系协议，算是得到的回报

无论是欧盟还是关税联盟，对乌克兰而言都意味着要取消关税壁垒和深化经济一体化，可是一个国家不能身处两个关税联盟中。如果乌克兰想同其中一个伙伴建立更紧密合作，那必须做出最终选择。6月27日，新总统波罗申科最终做出这一决定。

乌克兰认为面向欧盟一体化就是实现同"文明"欧洲的对接。就长期前景看，乌克兰是期待着欧洲样板的现代化，在欧洲和乌克兰商界之间建立起牢固联系，简化（理想状态是取消）同申根协议区的签证制度。这只是可能出现的前景，在欧洲人那里谁也没有给予过它任何的保证。

签署同欧盟联系协议，意味着俄乌企业的协作关系将被破坏。俄罗斯不得不建立起关税壁垒，限制从乌克兰的进口。俄罗斯天然气政策将重新审议。在短期内这对乌克兰来说是巨大损失。

对于乌克兰而言，既然已经付出很大代价，只能选择欧洲一体化的道路。正式加入欧盟的路程很漫长，只能一边走一边看。

（二）俄罗斯失多得少，彻底失去乌克兰是巨大损失，受到西方的谴责和制裁，得到克里米亚是实惠

在俄罗斯看来，没有乌克兰，由自己主导的四国统一经济空间、关税联盟、欧亚联盟全都是巨大的缺失。俄罗斯为了笼络和拉住乌克兰，可以说是威逼利诱，办法用尽。

虽然说乌克兰选择面向关税联盟的一体化，首先能够重建因苏联解体而遭到破坏的经济联系。就市场竞争力而言，关税联盟要弱于欧盟，这是销售乌克兰产品的好地方。如果俄乌能够有效地深化合作关系，双方将重新达成天然气优惠价格的协议。乌克兰选择面向欧亚联盟，好处是明显的。但是，这不是一个经济问题，而是一个政治问题。俄罗斯的政策在这一问题上不能发挥决定作用。乌克兰民族主义人士和亲西方的非政府组织

一定尽其所能阻止俄乌接近，抵制面向欧亚一体化的选择。为此甚至不惜采取激进和暴力手段。

俄罗斯在乌克兰事件中的表现清楚地说明，它对于笼络乌克兰已经彻底失去了信心。莫斯科对乌克兰最终选择面向欧盟应该是有心理准备的，接纳克里米亚加入俄联邦多少也是一种实惠和安慰。

俄罗斯对乌克兰签署联系协议一事表明了立场。俄总统发言人佩斯科夫说，如果欧盟和乌摩格三国签署协议后给俄经济带来负面影响，俄将采取措施保护本国经济。俄副外长明确表示，乌克兰与欧盟签署自由贸易协定造成的后果将"十分严重"。

（三）欧盟失少得多，乌克兰出现混乱并丢了领土，这是始料未及的，如今同波兰签署了联系国协议，显示欧盟有决心一争高下

欧盟经过两轮东扩后，其政治色彩与倾向日益浓厚，愈加重视谋求地缘政治利益，因为它的新成员就是"准北约成员"。欧盟出于政治目的及需要，对新成员的经济标准并不刻意坚持，却对其政治标准严格要求。抱着先吃下去再慢慢消化的态度，扩展势力范围。欧盟极不愿意看到一个乌克兰参与其中的欧亚联盟出现。

欧盟在乌克兰的争夺中表现得很充分，只是出现混乱并丢了领土，这是始料未及的，也算是不太圆满的方面，原本可以使乌克兰完整地倒向欧盟并在日后加入北约。可是能够严重削弱乌俄关系，消除了乌克兰倒向欧亚联盟的可能性，这是欧盟最大的收获。

在乌克兰内部冲突仍在继续的时候，欧盟于6月27日同乌克兰、摩尔多瓦、格鲁吉亚三国签署了自由贸易以及政治合作协议。尽管该协议并不意味着这三国已经成为欧盟的成员国，可是在这种敏感时候，还是极大地刺激了俄罗斯，表明了欧盟的决心。至于乌克兰何时能够成为正式成员，这要看欧盟是出于经济还是政治利益来考虑问题。虽然在2015年欧盟因遭受债务危机、难民涌入和巴黎恐怖袭击而导致内部分歧增大，欧盟却在这一年夏冬两次先后延长对俄罗斯的经济制裁至2016年7月31日。

（四）美国收益最大，最大限度地削弱了乌俄关系，使普京的欧亚联盟计划严重受挫，至于乌克兰局势变成什么样，对美国利益而言关系不大

美国坚决反对并防止俄罗斯恢复"苏联帝国"的任何努力，在这一

点上美国和欧盟的利益是一致的。只是美国表现得肆无忌惮，因为在距离自己遥远的地方却是俄罗斯的重要邻国里展开争夺，其收益极大。

在此次乌克兰事件中，美国付出极少，通过挑起政治纷争，制造社会紧张，就像10年前介入"橙色革命"一样，极大地削弱了乌俄关系，使普京的"欧亚联盟计划"严重受挫。正所谓，少花钱多办事、办大事。美国的意图实现了，乌克兰局势足够普京忙碌几年时间。至于乌克兰局势，美国并不是特别在意。

第九章

俄德关系疏远对俄欧关系的影响

第二次世界大战后,欧盟建立得益于"法德和解",欧盟发展也主要得益于"法德引擎"的牵引。进入21世纪,随着欧盟东扩,欧洲政治重心随之东移,尤其是2008年欧洲债务危机发生,欧盟"法德引擎"换位成"德法引擎",德国成为欧盟的领袖国家而发挥更大影响作用。而与此同时,尤其是默克尔第二届政府执政以来,俄德关系开始疏远,这自然对俄欧关系产生不良影响。2014年发生乌克兰危机给俄德关系增添了新的矛盾,并进而影响俄欧关系。鉴于德国在欧盟内发挥更大影响力,俄德关系与俄欧关系就成为相互制约的问题。欧盟非常讲究集体游戏规则,所以不仅俄德关系而且俄欧关系能否继续发展,全都取决于在欧盟集体游戏中找到摆脱僵局的办法。这就是我们要讨论俄德关系对俄欧关系的影响的意义所在。

第一节 俄德关系的疏远

在近现代国际关系史上,没有任何两个国家的双边关系像俄德关系那样充满了难以想象的复杂性内容和极端化现象:精于算计、结盟、背叛、战场厮杀,无一不用其极。现如今俄德关系早已不再是过去的那种情形。冷战结束以来俄德关系总体上保持融洽,德国一直比欧盟其他国家更加积极地促进俄罗斯在欧盟的利益,充当俄罗斯同欧盟打交道时的"辩护人"的角色,同时也在经济和能源领域里扮演了莫斯科的战略伙伴角色。在叶利钦与科尔时期和普京与施罗德期间,不仅俄德双边关系非常密切,而且领导人之间保持着更为亲密的关系。2005年默克尔执政后大致保持了前任的俄德关系，2008年梅德韦杰夫出任总统并提出"现代化战略"，柏林方面给予积极回应并且寄予不切实际的期望。2009年，默克尔第二届政府组成发生变化导致俄德关系开始疏远，2012年，俄罗斯总统宝座"王车易位"和梅德韦杰夫告别现代化计划使得俄德之间关系进一步疏远。2013年，默克尔第三届政府，还是缺少进一步加深俄德关系的意愿，而2014年的乌克兰危机又给俄德关系增添了新的矛盾，2015年还是处在对立的状态。

一 科尔时期的俄德"紧密合作"

冷战结束与两极世界消失、德国统一与苏联解体为俄德关系开辟了令双方充满希望的新篇章。德国人指望着俄罗斯转型并向民主和欧洲大西洋价值观靠拢，俄罗斯人还像过去一样，希望得到一切却又常常忘记民主制度和物质福利的获得需要在正确确定目标与准确规划任务的条件下付出长期而艰辛的努力。可是俄罗斯转型的真实情况却不是这样的，而且要比观察家们描述的情景糟糕得多：改革变成激烈的相互攻击，民主变得混乱无秩序，经济生活返回到实物交换。德国人作为俄罗斯的国际辩护人，把它比作"行动迟缓的巨人"，可是怎么也不能明白，他们数额庞大的援助去了哪里[①]，为什么这个国家不能像一个自由主权国家一样去适应后冷战和全球化的现实。同样，俄罗斯也是在寻找自己特殊的发展道路。

由于苏联解体和德国统一而出现一个法律问题：因苏联军事威胁消除和国际关系非意识形态化在重塑东西方关系条件下，如何开展两个发生巨大变化的欧洲国家的联系交往？德国是西方主要国家中第一个于1991年12月26日承认俄罗斯是苏联的继承者。俄罗斯顺利承接了苏联依据"大量条约"的权利与义务，其中有关于最终调整对德国关系的条约，关于在经济、工业、科学技术领域开展大规模合作的条约，关于苏联军队暂时留驻并有计划地从德国境内撤出的条约。同时还有关于某些过渡措施的条

---

① 从1989年年底至1994年年末德国给予苏联各共和国援助（不计波罗的海国家）开支超过900亿马克，约合450亿欧元。此外，在1990—1992年自发慈善活动和私人捐助活动中，德国人对俄罗斯居民捐助数额约6.5亿马克，约合3.25亿欧元。见 Н. Павлов. Российский вектор во внешней политике А. Меркель.// Мировая Экономика и международные отношения, 2014, No.6, С.31.

约。上述条约成为俄德关系的法律基础。

从 1990—1991 年开始不到 10 年的时间里，也就是"科尔时代"第二阶段，可以称作两国的"适应时期"。就是去适应世界力量配置发生的重大变化，因为出现了新的国际法主体以及这些主体需要相互适应。在这一时期，波恩外交对"莫斯科方向"的主要内容就是在广义上不允许这个有核国家虚脱，至于它的稳定乃至发展要朝着欧洲大西洋价值观标准靠拢（术语表达"吸纳，而不是排斥"）。确定这一方针，很大程度上是为了"有成效地答谢"莫斯科促进了德国的和平统一。

俄德同意以"零解决"方案解决相互要求，即俄罗斯放弃对西部集团军不动产的赔偿要求，而德国放弃对苏军驻扎地自然环境破坏造成损失的赔偿要求。同时，还签署一系列协议，包括文化合作、开放军事设施、合作减少俄罗斯核武器和化学武器。成功地解开了俄德关系长期以来承受的复杂金融经济问题的死结。俄罗斯获得德国大量援助，为支持市场化改革以及发展中小企业提供优惠信贷。德国实施住宅计划以解决西部集团军人撤回俄罗斯的住房问题。德国促进俄罗斯军人住房的改善。

普遍接受的看法认为，科尔和叶利钦为俄德对话大致确立了模范稳定的形态。确实是，任何一个西方国家都没有给予俄罗斯改革以如此巨大的支持，虽然这些改革不彻底且摇摆不定。德国在俄罗斯进入欧洲政治与经济体系的问题上扮演了为莫斯科说情的最大辩护人角色。科尔总理经验丰富，他宣称德国外交的莫斯科方向是自己的事业，而且做得并不差，包括他利用自己同"朋友鲍利斯"的特殊交情，缓和了俄罗斯伙伴对西方外交令人讨厌行为的不满情绪。但是此时涉及俄罗斯，德国各执政政党不能寻找 1994 年联合协议以便继续确定"紧密合作"，而对于后苏联地区，德国领导层开始推行一种建立针对莫斯科的"区域平衡物"政策，以便在最短时间内填补出现的政治经济真空，扩大德国的影响力。

"波恩外交"和两国领导人私人友谊，在一定时期发挥特别有效的作用，而随着俄罗斯外债雪崩式增加，在经济政治社会领域危机加重，这种作用在波恩那里开始失去自己的可能性。"有成效地答谢"逐渐结束，同莫斯科的特殊关系不再具有以往的那种政治见解。德国政府更加难以向纳税人解释清楚俄罗斯人为什么不能转向稳定及经济增长，为什么不能同西方世界走得更近。

二 施罗德时期的俄德"友好关系"

以施罗德为首的"红—绿政府"于1998年上台执政，而同时叶利钦提前辞去职务，普京当选为总统，这强化了其从沉醉中醒悟的趋势。"紧密合作"方针逐渐成为更加持重的"友好关系"（联合协议）。德国新政府的外交机构努力使俄罗斯高层相信"双边关系所有主要方面都将保持继承性，双边关系仍然是柏林外交的优先方向之一，并准备在重大国际问题上同俄罗斯保持积极协调"①。但是，施罗德很快就使得在未来如何处理和发展俄德关系的问题明朗化。考虑到自己的选民，他也很清楚，德国对外政策中的"支票"外交将要结束，在双边关系框架内向俄罗斯提供信贷在可预见的未来无法继续，而关于在每个具体项目上提供资金援助的决定将要通过相关国际金融机构实施。这位总理不排除德国可能会利用自身威望与影响力在这些机构里支持俄罗斯。施罗德和费舍尔提供经济与资金援助，在很大程度上要取决于俄罗斯民主改革以及在经济与社会改革方面所做的努力。如果说总理宁愿同普京就人权问题展开公开对话，那么"绿党"外长则要求莫斯科要遵守人权，这样就在德国和俄罗斯之间造成明显的距离。

在施罗德执政期间，俄德关系出现新变化，柏林方面开始透过两种主要趋势——世界经济联系全球化和双边关系国际化由于主要国际组织分量及影响力上升——来考察俄德关系。德国在这些国际组织中并不掌握最终决定权。形式上，俄德交往是取决于德国在这些国际组织中的角色与地位（诸如北约、欧盟、世贸组织、国际货币基金），可同样也取决于这些组织吸纳俄罗斯的程度，或者是取决于俄罗斯参与这些组织的兴趣的大小。为了确保自己在对外政策上的决定的顺利通过及实施过程中拥有足够大的自由行动空间，德国开始努力确保自己不去充当独立大玩家的角色，而是确保自己成为西方军事政治经济联盟最有威望的代言人，促使西方能够顾及自己的伙伴。换句话说，在德国同俄罗斯关系中，不再是那种称之为保

---

① Россия—Германия. Двусторонние политические контакты. Дипломатический вестник. 1998. декабрь. （http：//www. mid. ru/bdomp/dip _ vect. nsf/99b2ddc41717c733c32567370042ee43/dfc9068cfc5cf9cbc3256887004dfede!）（访问时间 01. 10. 2012）

持平衡的政策,即只是把双边关系限定在自己身上,而是"多极化",即在多边国际交往基础上建立双边关系。这样,按照施罗德强调的说法,就是德国的"莫斯科政策"转型为欧盟的"东方政策"①。

我们发现,正是在这个时期"东方政策"术语从德国政治用语中消失。这一术语被"同中东欧国家关系"所取代。这说明,一方面是社会主义阵营瓦解,另一方面是德国对这个方向的外交发生了"分层化"和拓展。实际上,德国开始形成独立的方向,它本身包括如下政策:首先,对直接邻国和欧盟北约潜在成员国(中欧国家波兰、捷克、斯洛伐克和匈牙利)的政策;其次,对波罗的海国家的政策;再次,对东南欧国家的政策;最后,对独联体国家的政策,包括俄罗斯(东欧国家)。

普京和施罗德很快建立起可信的个人交往,开始更好地相互倾听。在2001年出现彼得堡对话,第二年采取羞怯行为企图联合欧洲人应对美国的军事扩张(批评伊拉克战争)。所有这一切总体上强化了执政精英在国家间和社会间交往问题上的地位。正在这时,德国社会民主党和"绿党"在2002年议会大选胜利后达成关于为调整和巩固安全保证方面合作意向的协议②。很快,这种表达方式没有俄罗斯高层参与就无法转化为"战略伙伴"。但是从原则上讲,术语的变化不能改变俄德关系的本质,并没有超出"吸纳而不排斥"的传统框架。虽然双方贸易在增加以及双边政治经济社会交往愈加频繁,可是德国并没有实现在俄罗斯促进民主法制社会改革的任务。但是,施罗德总理卸任后从自己的朋友"纯粹民主派"普京那里得到了一份有声望、高报酬的工作。

三 默克尔第一任期的俄德关系"微调"

2005年,由于成立"大联盟"(基民盟/基社盟—社会民主党)终结了社会民主党人施罗德的政治生涯,在德国政治舞台上出现了一个新的并超出德国人意料的以基民盟主席为代表的政治人物默克尔。她在前东德成长并且接受教育,在德国统一后进入基民盟上层和科尔政府,这意味着她

---

① Schröder Gerhard, Deutsche Russlandpoloyik—europäische Ostpolitik. Die Zeit, 2001, No. 15.
② Koalitionsvertrag 2002—2006. (http://www.genderkompetenz.info/w/fies/gkompzpdf/koalitionsvertrag_2002.pdf)(访问时间 11.07.2013)

进入了德国的权势圈子。她既没有超凡的能力也没有演说天赋,更没有外交经验。她唯一的才能就是具有强烈的学习欲望,并重新学习成为国内和国际社会的领袖。2009年,默克尔第二次当选为总理,她多次被媒体称为"世界上最有实力的女性",她是一个很愿意学习并且具有学习能力的人。

2005年激烈选举运动对媒体钟爱并在中国和俄罗斯广受欢迎的施罗德造成巨大冲击,默克尔这位并不擅长演说的总理却坚信大西洋主义者最终胜出。社会民主党—联盟90/"绿党"政府外交的对俄政策,在基民盟/基社盟看来就是"在对俄关系上实施无原则政策"[①]。此时,政党分歧自然波及国家层面,由于同领导着外交部门的社会民主党结盟,默克尔被迫实施微调政策。在"大联盟"(2005—2009年)外交政策的排序中,俄罗斯占第四位,位居欧洲一体化、大西洋联盟和国防军及其维和使命之后。[②] 正如预料的一样,发展俄德关系要取决于双边关系同德国的邻国的紧密程度,同有影响力的国际组织的紧密程度,首先是同欧盟的关系的紧密程度。关于这一点在"大联盟"协议中直接表述为"同我们欧洲伙伴"一道,我们主张同俄罗斯保持战略伙伴关系,我们基于双边层面和欧盟层面同俄罗斯在各领域发展战略伙伴关系。德国特别感兴趣通过政治经济社会合作来促进俄罗斯国家的现代化进程。德国的战略目标仍然是促使"俄罗斯面向欧洲价值观",使它变成西方标准的"稳定民主国家"。

德国人继续认为俄罗斯是有影响力的世界级玩家,没有它或者是无视它的存在不可能解决任何区域性和全球性问题。诸如在军备和大规模杀伤性武器扩散问题上,俄德立场接近,或者是双方在国际议事日程主要问题上立场相同:安全,恐怖主义,能源效益,有组织犯罪,非法移民,海盗行为,环境保护及气候变暖等。

然而,德国执政精英们对于发展同俄罗斯关系的看法在2007—2008年出现明显的变化,德国观察人士称之为转向冷和平。俄罗斯方面有两件

---

① Deutschlands Chancen nutzen. Wachstun. Arbeit. Sicherheit. Regierungsprogramm der CDU/CSU 2005—2009.

② Koalitionsvertrag 2005—2009, http://www.cducsu.de upload/koavertrag0509.pdf.(访问时间 21.05.2011)

事情使德国人感到不安，迫使他们重新思考21世纪最初10年的现实。第一件事是2007年2月10日普京在慕尼黑安全政策国际会议上的演讲，普京总统表达了莫斯科对谋求单极世界秩序的强烈不满；第二件事情是2008年8月俄罗斯为保护在南奥塞梯的公民而对格鲁吉亚采取武力，并承认茨欣瓦里和苏呼米的独立。这在柏林没有得到理解和支持。德国人开始批评莫斯科的大国扩张行为，抱怨民主法治和公民自由遭到破坏，反对派遭到压制，利用能源武器对外国伙伴施加政治压力。

德国阿伦斯巴赫研究所社会学家发现，在南高加索事件后对俄罗斯的形象趋向于"清醒评价"[①]。如果说在2001—2004年2/3的德国人认为要同俄罗斯保持良好长期关系，在2008年9月这个数字下降至45%（相反，持怀疑论者的人数几乎增加1倍，达到25%）。如果说2003年27%的德国人认为俄罗斯是可靠伙伴，那么5年以后这个数字减少至17%。

在该研究机构的研究中强调，大多数德国人对俄罗斯外交的目的不抱有幻想。47%的德国人认为俄罗斯是想要扩大自己在世界的影响力，36%的德国人认为俄罗斯只是想维护自己的地位，捍卫自己在东欧的势力范围。德国社会学家确认，德国民众对俄罗斯的不信任在增长，包括德国对俄罗斯石油天然气供应的依赖（44%的受访者表示担心，莫斯科可能利用这种能源武器作为"政治筹码"）。这样超过50%的受访者主张德国在能源供应方面要更加独立于俄罗斯。

然而，德国大多数民众确信，俄罗斯不会对德国造成威胁（53%对15%）。令人愉快的是德国民众确认俄罗斯作为"世界大国"形象的正面趋势（2004年62%对38%）。高加索危机没有影响对于俄德对话政治内容状况及前景的评价。大多数受访者（43%）认可"在俄德关系中没有发生重大变化"。此外，社会学研究表明，那些认为"俄罗斯对发展同德国关系会继续保持善意"的人数在增加。

当然，德国紧密地融入欧洲大西洋结构的这种现实状况，给俄德关系留下最重要的痕迹。我们再次强调，德国正是在这一框架内发展同俄罗斯的关系，无论俄德双边关系多么重要，也是退居第二位的。可是在莫斯科却相反，首先还在继续思索双边对话的范畴，很难认识到欧盟北约这类组

[①] Frankfuerter Allgemeine Zeitung, 17.09.2008.

织对于柏林的关键意义。换句话说，现在的世界政治已经不再是主要欧洲大国或者世界大国的"演唱会"，而是伙伴国的集体多边"演唱会"，未来世界的和平与稳定就取决于伙伴国的相互理解及共赢。

四 默克尔第二任期的俄德关系冷淡

2009年，俄德关系进入转折阶段。如果不是俾斯麦所说的现实主义政治，最低限度那也是出现了冷淡气氛，思考问题不是基于建立起的对话，而是对眼前和中期现实状况进行清醒地评估，而同时要算计这种对话的有效性。以默克尔为首的德国政府放弃了关于俄罗斯在可预见未来有可能全面转型的幻想。在此前，德国对俄政策的出发点是同莫斯科在众多领域内要在中期和长期内保持全面紧密合作关系，这不仅局限于经济和技术工艺的现代化，而是俄罗斯整个社会的现代化，即希望出现一个朝着西方民主法制概念发展的俄罗斯。社会民主党人施泰因迈尔领导的外交部就是如此主张的，他的口号是"为了现代化的伙伴"，也就是在普京继任者梅德韦杰夫所倡导的现代化方针的轨道上发展双边关系，只可惜它没有成为这位继任者议事日程上最紧迫的现实任务。

德国政治家对梅德韦杰夫总统现代化计划的希望破灭以后，在俄德关系上还能以"战略伙伴"定位采取行动。可是在2009年基民盟/基社盟和社会民主党之间的大联盟条约里，俄德双边关系的"战略"性质却遭到遗忘，莫斯科倒退至解决区域和全球问题的"重要伙伴"的位置上，这时特别关注俄罗斯"在人权、法制和民主领域出现赤字亏空"。在这里，自由民主党代表人物韦斯特维尔发挥了不小的作用，因为他任副首相并领导外交部工作。然而2010年11月在里斯本，就像2008年北约峰会在布加勒斯特一样，德国照例再次在涉及俄罗斯利益的如下问题上充当辩护人角色，诸如北大西洋联盟制定新的战略原则、审议同俄罗斯发展合作关系、通过致力于建设性对话的俄罗斯—北约理事会共同声明。值得注意的是，在布加勒斯特峰会上，正是柏林的努力，才成功地阻止了格鲁吉亚和乌克兰加快加入北约的议程。很明显这种入盟行为同俄罗斯在后苏联地区的地缘政治利益是背道而驰的。当时在克里姆林宫形成一种印象，好像在危急形势下德国也会支持莫斯科在其势力范围内的要求，事实表明原来这是不切实际的。

俄德两国精英之间关系紧张的涛声因为2011年10月3日普京发表"欧亚联盟"一文而再次响起。从文章中可以确认，俄罗斯高层决定集中全力于苏联各共和国，即关注自己在欧亚地区的利益。2012年，德国人对俄罗斯高层的王车易位、选举机制、独立倾向强化提出批评，同时还对克里姆林宫对待反对派的政策提出批评。2012年11月9日，并非没有总理府参与，德国联邦议院通过有关俄罗斯状况的批评性决议。由基民盟/基社盟和社会民主党执政党议员们，同时还有联盟—90/"绿党"反对派的议员们赞同的这份文件，批评俄罗斯内政发展。克里姆林宫迅速做出回应，态度也是不和善的。俄罗斯对德国基金会展开调查，德国亲克里姆林宫的议员们也批评这种做法"不符合国际惯例"。

俄德两国精英之间的政治分歧没有涉及经济，这再一次证明一个领域的问题并不常常是由另一个领域的问题派生出来的，政治领域的问题远不总是能反映出金融工业界的联系程度，它们有自己的动态变化。如果相信统计数据，以后也不会出现这类情况。德国仍然是俄罗斯的主要经济伙伴之一。在俄罗斯境内共计有6000家德国公司从事经营，在俄德间，贸易仍然保持良好状态。2012年双边贸易增长6.9%，超过800.5亿欧元。[①] 重要的是要明白，对于德国而言，俄罗斯不仅是大市场，而且对德国扩大生产也是一个很有前景的地方。即便是在未来，德国同亚洲玩家（主要是中国）展开竞争，这个因素也仍然是明确的。在这些条件下，政治分歧仍将是退居德国经济利益之后的。

五 默克尔第三任期的俄德关系继续冷淡

基民盟/基社盟在2013年选举中获胜，成立"大联盟"政府。[②] 默克尔第三次出任总理不会在柏林对莫斯科的外交战略方面带来原则性变化。这时，德国方针制定要顾及社会情绪，虽然存在负面消极变化，可是也必须具有建设性。根据社会舆论研究所2013年进行的问卷调查结果得知[③]，

---

① Н. Павлов. Российский вектор во внешней политике А. Меркель. //Мировая Экономика и международные отношения, 2014, No. 6, С. 38.

② Frankfuerter Allgemeine Zeitung, 18. 12. 2013.

③ Emnid-Umfrage. (http://www.bertelsmann-stiftung.de/cps/rde/xber/SID－9969D2A0－D28A1FD/bst/xcms_ dms_ 38168_ 2. pdf) (13. 12. 2013).

德国民众对俄罗斯持有正面认知的人数同 7 年前类似调查相比减少了一半,从 30% 下降至 15%。82% 的德国受访者认为,在俄罗斯营私舞弊盛行,62% 的受访者确信普通民众遭受官吏权势的压制。不足 1/10 的德国人确信,在俄罗斯存在西方式民主制度。5% 的德国人认可,在俄罗斯尊重人权,俄罗斯媒体能够公开批评克里姆林宫。只有 34% 的受访者主张更紧密地同俄罗斯开展合作。这个数字少于主张同中国(39%),波兰(48%),日本(55%),英国(58%),美国(69%)展开合作的人数。

当考虑到默克尔第三任期的外交,在战略层面上欧盟、美国和北约仍然处于优先地位,对莫斯科方面仍然是期待俄罗斯去适应欧洲大西洋价值观及结构,那么在最近几年里对俄德合作有何期待?如何理解基民盟/基社盟和社会民主党联盟条约的相关条款?如何理解新政府未来 4 年的路线图?如何理解新的议会和政府的组成人员?

这次的联盟条约同上次的联盟条约的区别在于俄罗斯被安排在涉及外交的两处段落。① 例如,俄罗斯是在关于在北约框架内德国未来政策时被提到。文件中说道,"我们首先愿意利用和强化北约—俄罗斯理事会的战略作用。国际维持安全力量从阿富汗撤出就是明显例证,北约与俄罗斯之间合作是完全可能的,且符合相互利益。这种有益的尝试应该用在关于其他战略挑战问题上的谈判,特别是在有关建立北约反导系统问题"。

在关于涉及"同俄罗斯开展公开对话及更广泛合作"的专门条文中,保留了传统的议题,"欧洲安全以及为了欧洲安全只有同俄罗斯合作而不是排斥它才有保障",柏林打算同莫斯科一起加快调解在两国周边存在的冲突,首先是德涅斯特河沿岸地区。此外还有一些常用的漂亮话,诸如"俄德因历史和频繁交往而相互紧密相连"或者"俄罗斯是欧盟最大和最重要的邻居",在这里包含向克里姆林宫发出两个最关键的信号,以此证明德国外交的继承性和连续性。

第一个信号是,"一个现代化的、经济强大和民主化的俄罗斯符合德国与欧盟的利益",内容包含了为促进社会、政治和经济领域全面进步而准备要在"现代化伙伴"框架内扩大同莫斯科的合作。指出进一步发展

---

① Koalitionsvertrag 2013 – 2017. http://www.cducsu.de/upload/koavertrag0509.pdf.(访问时间 21.05.2011)

彼得堡对话的重要性，要促成同俄罗斯进行社会对话的新形式，同俄罗斯新中间阶级和公民社会的代表人士的双边交流。还计划采取实际步骤促进企业家、学者、公民社会代表及大学生的签证制度进一步自由化。柏林在文件中强调，在莫斯科遵守民主法制原则的条件下，并承担国际义务包括世贸组织成员所承担的义务，柏林准备同俄罗斯领导集团公开讨论有关"现代化伙伴"的不同概念。

所有这一切都可以理解为如何照旧坚持邀请克里姆林宫参与权利平等、公开及不受框框约束的自由对话，以便寻找共同语言，制定协调战略，建设友好无对抗国际社会，以适应本国社会政治和经济制度。

第二个信号是，德国外交部门的对俄政策将紧密配合欧盟的"东部政策"。换句话说，将失去机动灵活的自由。这一点显而易见。柏林显示出要应对2008年危机的挑战，此次危机凸显了德国在欧盟中的金融经济和政治领导者的角色，因为其他欧洲国家担心它会表现出退缩。这也就是说，德国外交在未来10年里将全力集中于在欧洲统一货币，无论是在欧盟还是其任何一个成员国全都既没有时间也没有兴趣去制定同俄罗斯合作的任何新规划，俄罗斯当时不准备也没有发出拉近关系的信号。在柏林，人们明白：在对俄关系上表现出任何的兼顾平衡都会不可避免地在德国的欧洲伙伴那里引起极其不好的反应。因此，在文件中强调："我们将在欧盟框架内争取对俄政策的最大协调性。我们首先提出自己的目标以争取在欧盟和俄罗斯之间实现新的伙伴协议，扩大在波罗的海地区的合作，巩固外交和安全政策领域的合作。"

从文件条款看出，这里讲到关于形成某种共同政策处理对俄关系的必要性，这样很明显排除了来自德国方面院外活动的可能性。柏林将彻底实施一种使共同邻国参与多边外交方案的政策，其中最关键的角色要数德波俄三方对话。众所周知，波兰是"新欧洲的代表"，同时也是谈判协商活动中最复杂、固执的伙伴。德国作为"欧洲一体化引擎"，以其更灵活的手段代表"老欧洲"，眼下很难预测莫斯科如何在这两者之间坚守阵地，如何在德波俄三角中处理关系。

虽然克里姆林宫里发生王车易位，执政党有关俄罗斯问题的主要专家组成没有出现重大变化，但在精神上和气氛上还是影响了俄德关系。基民盟的安德列斯·绍肯霍夫，他是上届政府中德国外交部俄德社会合作协调人，以自己特有的不妥协立场和激烈批评克里姆林宫而著称；基民盟/基社盟党团的外交问题专家菲利普·米斯菲尔德，他主张同莫斯科发展不对抗的伙伴关系；联邦议院外交委员会成员弗兰茨·特尼斯进入国会，他负责继续从事对俄罗斯方面的工作；德国社民党党团副主席就是熟悉俄罗斯的行家赫诺特·艾列尔。

但重要的，社民党人施泰因迈尔重返外交部部长岗位成为预料当中的事情，他不支持同莫斯科对抗，主张务实的"慎重""理智"外交。正是他提出了"为了现代化的伙伴"的思想，正是按照他的坚持在大联盟协议有关同俄罗斯关系的条文中才成功地避免了使用激烈的言辞。早在2005—2009年，施泰因迈尔多次扮演了"减震器"的角色，在总理—外交部两轮马车充当协调人。总体上，在总理和外交部之间还是十分协调的。

可是现如今德国高层已经发生变化，现在外交部被公认为联邦总理府自己的分支机构，总理府决定着"政治的主要方向并对此负责"，最后决定权仍然属于政府首脑。

此时的默克尔，在担任总理职务8年以后，已经感觉自己在国际舞台上就如同在自己家里一样应对自如。现如今她广为人知，同时也熟悉所有必要的外交接待。在德国，任何人不会怀疑正是她在外交最重要问题上提出自己的见解，在外交上愿意同俄罗斯保持伙伴关系。但是德国外交的莫斯科方向，虽说不是最重要的，但是已经彻底被置于无论是在全球层面还是在欧洲层面新的政治和经济现实影响之下加以重新考虑。默克尔和普京是两种不同发展模式之间（西方式多元民主制和东方式威权加社会市场要素）为争夺领袖地位的国际斗争的见证人，两种模式在未来世界结构的效率与吸引力问题上展开竞争。

在这些条件下，考虑到以往对俄政策的结构性和战略性缺陷，在德国重新讨论关于在外交中什么更重要，什么应该占据第一位——是价值观还是利益的问题？基民盟/基社盟—社民党的联盟条约对这个问题提出了鲜明的样板。是什么样的价值观？当然是欧洲大西洋文明的价值观。所谓利益应该理解为国家实力及力量的反映。目前，在柏林的执政精英不能在这些理解与标准之间找到平衡。同样，俄罗斯也面临进退两难的处境。许多事情取决于在何种基础上发展相互关系：是基于利益基础（即俾斯麦时代形成的务实政策），还是基于价值观基础。在这种条件下，对于欧洲和俄罗斯而言，价值观和利益是否一样，这取决于相互协商。

不能否认，在同莫斯科的交往中，默克尔及基民盟在整体上特别强调人权、民主和法治国家的议题，换句话说，就是欧洲大西洋文明的价值观。如果俄罗斯在这个问题上坚持自己的立场，那么在俄德贸易增长的背景下，双边政治对话就难以深入。在这类交往中，双方积极促进贸易往来，但不愿意倾听或服从对方。应该明白，利益不能代替价值观，持重而有礼貌的交往，如果没有共同的历史文明基础、共同的价值观取向，那是不能够也不可能产生真正的友谊的，更谈不上建立战略伙伴关系以及建成应对21世纪挑战及威胁的区域性和全球性联盟。

默克尔第三届政府在联盟条约里确定了未来同俄罗斯交往的坐标，她缺少同莫斯科拉近关系的热情。在俄罗斯的外交坐标上，德国仍然很重要，可是鉴于德国的政治态度，俄德关系还是保持着一种冷漠状态。对此，俄罗斯方面倒是早有思想准备，默克尔第三次当选后，俄新社援引俄外交和国防政策委员会主席卢克扬诺夫的话说："目前柏林实际上已成为欧洲的非正式首都。人们期待默克尔领导建设一个新欧洲，人们需要她的政治天才来改革欧盟，消除内部的紧张关系。因此，她的胜利是整个欧洲的胜利。她当选后不会改变对俄罗斯的现行政策。"[①]

第二节　俄德关系疏远的原因

在19世纪中期以来的俄德关系交往过程中，德国人在俄罗斯人那里一直都引起非常矛盾的反响。起初的不信任被好奇心所取代，好奇心又被交往与贸易的需要所取代。武装冲突及敌对取代了互利交往、渴望学习和发展工艺。而后是第二次世界大战前的多极世界惯用的结盟和不平等结盟，疏远，敌视，再次发生战争，第二次世界大战后的和解，向往，希望以及再次失望。但是即使在这种情况下有一点非常清晰：俄德两国之间从未有过互不理睬及冷漠的局面。也就是说，俄德两国是一对相互离不开的

---

① 环球网：《默克尔胜选似"欧洲女王"》，2013年12月24日（http：//world.huanqiu.com/depth_report/2013-09/4384844.html）（上网时间：2014年6月3日）。

对手。而 2009 年以来的俄德关系的冷淡状态却是很少有的现象。

默尔克疏远俄罗斯，深究其原因，是两国政治家各自不同地强调双边关系的优先次序并致力于不同的目标所导致的。就柏林而言，对俄政策不仅受制于国内政治力量配置，而且作为欧盟领袖国家亦不能过分背离欧盟伙伴的理念与诉求。与此同时，普京领导下的俄罗斯随着实力的恢复越发显示出自信心和独立性。同时，随着世界经济重心不断转移至亚太，欧洲的影响力在削弱，莫斯科对亚太的兴趣在增长。

一 默克尔本人及政府对俄政策调整

早在 2005—2009 年，基民盟/基社盟和社民党在政权组成的大联盟中便存在着政策制定的两重性，这反映在德国联邦总理基民盟主席默克尔和外交部部长社民党人施泰因迈尔的看法上。虽然默克尔给予施泰因迈尔在对俄政策上以一定支持，但在同俄罗斯特别是同普京总统进行合作方面存在很大疑虑。[1] 而施泰因迈尔表现得较为积极，因而也被称为莫斯科和柏林紧密关系最有力的支持者。[2] 总理和外长之间经常就如何对待俄罗斯而展开争论：是重点关注遵守人权；还是奉行务实原则，把重点放在经济合作领域并将俄纳入多边体制框架里。

施泰因迈尔在默克尔第一任期制定了"新东方政策"，重点强调三方面内容：基于重新协商的《伙伴与合作协定》的欧俄关系重组、"欧洲睦邻政策加强版"和"中亚战略"[3]。它的前提是，没有俄罗斯，解决任何

---

[1] Jakob Mischke and Andreas Umland, "Germany's New Ostpolitik: An Old Foreign Policy Doctrine Gets a Makeover", *Foreign Affairs*, April 9, 2014 (http://www.foreignaffairs.com/articles/141115/jakob-mischke-and-andreas-umland/germanys-new-ostpolitik)（上网时间：2014 年 5 月 28 日）。

[2] Jakob Mischke and Andreas Umland, "Germany's New Ostpolitik: An Old Foreign Policy Doctrine Gets a Makeover", *Foreign Affairs*, April 9, 2014 (http://www.foreignaffairs.com/articles/141115/jakob-mischke-and-andreas-umland/germanys-new-ostpolitik)（上网时间：2014 年 5 月 28 日）。

[3] Iris Kempe, "A New Ostpolitik? Priorities and Realities of Germany's EU Council Presidency", *Bertelsmann Group for Policy Research*, *C A P Policy Analysis*, No. 4, August 2007, 2015 年 5 月 27 日）。

欧洲重要的国际问题，尤其是作为欧盟"近邻"的东欧问题是不可能的。① 此外，他的"通过接纳而增进关系"理念在2008年梅德韦杰夫当选总统后获得进一步发展。在2008年10月圣彼得堡举行的俄德协商会议上，默克尔谈道："西方国家与莫斯科在最近发生的高加索冲突事件中的立场存在差异。而这一事件之后，西方国家应该与俄罗斯重建信任……西方国家应该与俄罗斯就一系列其他问题展开'预防性对话'。"② 默克尔很大程度上继承前任时期处理俄德关系的基本原则。默克尔和施泰因迈尔，他们相互竞争，又展开合作，成功地相互补充，表现出较强的政治灵活性，同时也没有破坏已经形成的复杂联盟规则。政党分歧使他们疏远对立，对外政策领域又使他们合作。默克尔政府这一时期的对外政策能够保持一种东西方的大致平衡。

2009年10月选举后，基民盟/基社盟和自由民主党共同组成基督教自由联盟掌管政府，俄德伙伴关系开始疏远。不同于科尔与叶利钦，也不同于施罗德与普京，他们打交道在相当程度上是基于个人偏好的，而默克尔则完全是基于务实，当然也掺杂了个人喜好。梅德韦杰夫任总统时期，她极力回避同普京总理举行会见，并以此表明自己支持"新的，现代的俄罗斯"以取代"旧的，普京的俄罗斯"。这表明德国政界对早在2008年达成的"现代化伙伴项目"抱有极大热情，对梅德韦杰夫承诺的经济自由化、国家现代化抱有幻想。③ 但俄罗斯仅对德国技术转移和贸易投资感兴趣。在总理的影响下，韦斯特韦勒领导的外交部同样也改变对俄策略。外长试图采用同东欧地区小国举行会面来暗示自己的用意，但他这样做不能清晰地强调德国对俄的政策。由于联邦总理府和联邦议院对形成这一政策具有更大的影响力，外交部的主张并不像在施泰因迈尔时期那样发挥作用。此时，无论对总理还是外交部来说，俄罗斯都不再是最受重视的国家。另外，在这一时期，俄德关系类似"特殊""战略伙伴"关系的标

---

① Anna Kwiatkowska-Drozdz, "Germany on Russia: Yes to Links, No to Rapprochement", *OSW: Point of View*, No. 39, Warsaw, March 2014, 2015年5月26日。

② 环球网：《默克尔称西方应与俄罗斯重建信任》，2008年10月2日讯，（http://world.huanqiu.com/roll/2008-10/242367.html）（上网时间：2014年5月27日）。

③ 见 http://www.osw.waw.pl/pl/publikacje/best/2010-03-31/bundestag-irzd-rfn-zaciesnienie-wspolpracy-z-rosja（上网时间：2014年5月4日）。

签被摘掉。俄罗斯再也不会作为"战略伙伴"被提及,而更多是作为"超越地区和全球挑战的重要伙伴"被谈到。① 默克尔对施罗德时期外交政策进行了批评性评价,但从未形成自己的明确思想。

虽然这一届德国政府没有把对俄政策设定为优先目标,可是在实际活动中还是遵循着前任的传统。联合执政的基民盟/基社盟及自由党都认为,俄罗斯不是"战略伙伴",而是"解决全球和区域冲突的重要伙伴",但它们还是确认要发展同俄罗斯的战略伙伴关系的目标。根据大联盟协议的表述:"我们将在双边和欧盟层面上的一切领域里发展同俄罗斯的关系。德国特别感兴趣致力于用政治、经济和社会合作帮助俄罗斯的国家现代化。"② 同时,大联盟政府主张支持俄罗斯现代化方针,关注解决保障人权领域和建设法治国家等问题。根据大联盟协议,政府同时要更多地关注其他东欧邻国利益。③ 例如,协议称波兰是德国在欧盟的重要伙伴,是德国同后苏联空间相邻国家关系中不可替代的伙伴等。

另外,自2009年政府更替后,德国不仅对东欧和俄罗斯政策的兴趣下降,而且也降低了自己在该地区的影响力。许多议员、国务秘书及相关研究者纷纷离开联邦议院和外交部。④ 在政治和社会议事日程上占据首要位置的是全球金融危机、欧洲债务危机、"阿拉伯之春"等议题,东部伙伴问题被搁置一边。由于关闭了许多从事俄罗斯和后苏联空间问题的研究中心与研究所⑤,加上连续几年对研究俄罗斯问题资金的削减,都加剧了俄罗斯问题边缘化的局面。另外,被德国媒体扭曲的俄罗斯和普京形

---

① Wachstum. Bildung. Zusammenhalt, "Koalitionsvertrag zwischen CDU, CSU und FDP", *17. Legislaturperiode*, pp. 119 – 120.

② Koalitionsvertrag Zwischen CDU, CSU und SPD, *Gemeinsam für Deutschland-mit Mut und Menschlichkeit*, 11. 11. 2005, (http://www.kas.de/upload/ACDP/CDU/Koalitionsvertraege/Koalitionsvertrag2005.pdf) (上网时间:2014年5月26日)。

③ CDU, CFU and FDP, Wachstum-Building-Zusammenhalt: Koalitionsvertrag Zwischen CDU, CFU und FDP, 2009, (www.cdu.de/doc/pdfc/091026 – koalitionsvertrag – cducsu – fdp – pdf) (上网时间:2014年5月26日)。

④ Gemma Pörzgen, "Auf der Suche nach der verlorenen Kompetenz-Russlandpolitik im Deutschen Bundestag", *Osteuropa: Zeitschr. für Gegenwartsfragen des Ostens*, Vol. 59, 2009, 9, pp. 3 – 26.

⑤ Manfred Sapper, "Niedergang und Neuanfang: Die Krise der deutschen Russlandexpertise", *Osteuropa*, 6 – 8/2012, (http://www.eurozine.com/articles/2012 – 10 – 03 – osteuropa – de.html) (上网时间:2014年5月26日)。

象也说明这一点，它们常常不是基于事实而是基于成见，例如"能源武器"一说①。

德国公众舆论也描绘出不同的俄罗斯形象。它有时候可能是负面的，也可能是正面的。有关"俄罗斯的浪漫色彩"主要集中在它破坏人权的概念里。同时德国公众对俄的兴趣还是很大。根据2011年7月一项民意调查结果显示，35%的德国人认为俄罗斯是位居法国、美国和英国之后的伙伴国家。在德国民意中前3个国家的分量与2000年比较有所下降，俄罗斯的支持率稍有上升。②

可见2009年10月组成的基民盟/基社盟—自由民主党大联合政府的对俄政策并没有做出重大改变。正如莫斯科所评价的，整体上德国对俄罗斯仍然是最主要的、经受过时间考验的、最可靠的合作伙伴，不管是在欧洲还是在世界舞台上都是如此，在俄德关系中不存在那种悬而未决的问题。德国人坚持欧洲团结的原则和联盟纪律，也勇敢表达自己的意见，在全欧洲"大合唱"中表现出自己的独立性格，在21世纪共同寻求合作的行动中表现出建设性作用。③

二 默克尔政府内部分歧导致对俄政策的不清晰

德国政府对俄政策辩论大体分为两派：一派是"捍卫人权和价值观派"。该派由德国"绿党"和公民社会组织组成，以反对俄罗斯践踏人权和普京"权力政治"而出名。该派主要关注俄罗斯的民主状况，激烈批评俄联邦的议会和总统选举。这一派在默克尔执政时期影响力明显增加。

---

① Juri Galperin, "Das Russlandbild Deutscher Medien", *Bundeszentrale für Politische Bildung*, 25.3.2001（http://www.bpb.de/internationales/europa/russland/47998/russlandbild-deutscher-medien?p=all）（上网时间：2014年5月28日）。

② Thomas Petersen, "Allensbach-Umfrage für die F. A. Z.: Eine Renationalisierung des Denkens", *Politik*, 20.07.2011,（http://www.faz.net/aktuell/politik/inland/allensbach-umfrage-fuer-die-f-a-z-eine-renationalisierung-des-denkens-11114398.html）（上网时间：2014年5月28日）。

③ Н. Павлов, "Россия и германния перед вызовами 21 века", Мировая экономика и международные отношения, 2012, No. 6, С. 41.

另一派称为"知俄派"①。该派由来自社会党的议员代表和某些基民盟的成员组成,主张在对俄问题上采取合作和理解的宽容政策。它关注的中心问题是同俄罗斯的战略经济伙伴关系,以此促使形成通向其他领域现代化的途径。在很多时候,这一派主张同德国经济界院外活动组织目标相吻合,这类组织在德国政府对俄政策上总是存在影响。但是,两派代表人物极少交流,这种情况在一定程度上妨碍对俄罗斯政局进行清晰的分析。俄罗斯经常被当作德国院外集团活动持有"赞成"或"反对"的特定立场的客体:或主张经济合作,或批评俄罗斯破坏人权。同时,关于俄罗斯的事件对于不知情的人们来说常常就无法理解,并且可能只是政府个别代表人物的矛盾说法。这样德国对俄政策的模糊不清晰,使得俄罗斯有可能指责德国不了解实际情况,并认为他的政治主张缺乏常识。

以默克尔为代表的德国政治家极其希望能够影响另一个国家的内部政策,这一愿望的潜台词是德国自认为对俄罗斯非常了解。例如,梅德韦杰夫在2008年5月提出"现代化战略"后,德方寄予厚望,期望俄德伙伴关系制度化后能够保证对俄市场的准入。至2010年"现代化伙伴"变成俄罗斯—欧盟项目之时,它也并没有引起俄罗斯政客、商人和媒体的过多关注。②但德方忽视了"梅普组合"始终是普京体系的组成部分。德国精英阶层表现得"天真幼稚"。这种天真不仅期待着巨大的经济利益,而且还期待着德国能够促进俄罗斯的现代化和民主化。

三 俄德经济合作空间受限

俄德经济合作由来已久,无论何时双方均有强烈合作的意愿。德国著名作家凯勒曼(1879—1951)在1946年回忆录中就第一次世界大战后俄德签署拉巴洛协定一事写道:"当遇到拉特瑙(1867—1922)时,我向他

---

① Stefan Meister, "Reframing Germany's Russia Policy-An Opportunity for the EU", *European Council for Foreign Relations*: *Policy Reviews*, April 2014, (http://www.ecfr.eu/publications/summary/reframing_ germanys_ russia_ policy_ an_ opportunity_ for_ the_ eu306)(上网时间:2014年5月29日)。

② M. Menkiszak, "Putin's Vision of the European (Dis) integration", *OSW Studies*, Issue 46, Warsaw 2014, (http://www.osw.waw.pl/en/publikacje/osw–studies/2013–10–14/greater–europe–putins–vision–european–dis–integration)(上网时间:2014年6月1日)。

和他的勇敢行动表示祝贺……他打开了通向东方的大门……一切都很清楚，德国和俄罗斯原本就是天造地设的经济合作伙伴。德国是装备了机械优势的巨大工厂，它们昼夜不停地生产着工业制成品，地大物博的俄罗斯是农产品和丰富原料的巨大生产者……这两个国家是天生的一对，具有互补性……"①

2001－2011 年，俄德贸易量从 130 亿欧元增加到 700 亿欧元，占俄对外贸易的 8.7%，仅次于中国，排名第二位。② 德国商界代表人士多年来一直谈论俄罗斯的巨大经济潜能。同时，俄德经济依赖程度较高，甚至乌克兰危机后政府对俄态度强硬时，德国最大企业（包括巴斯夫、西门子、大众、阿迪达斯和德意志银行等）公开反对德国政府将对俄罗斯实行大范围经济制裁③，并指出对俄制裁行动将会影响德国经济④。

虽然俄罗斯经济总量和潜力巨大，但在德国的对外贸易排位中俄罗斯的业绩却落在波兰之后。2011 年，俄罗斯在德国的出口中居于第 12 位，落后于波兰（第 10 位）而比捷克稍好一些（第 13 位）。⑤ 这意味着俄德经济合作中，各自在对方的贸易结构中的地位并不一样。俄罗斯在德国的贸易量排位远没有德国在俄罗斯的贸易量排位靠前。⑥ 可见俄德贸易结构存在着巨大的不平衡。俄罗斯出口德国主要以原材料为主，早在 2003 年

---

① Н. Павлов. Россия и германния перед вызовами 21 века. //Мировая экономика и международные отношения, 2012, No.6, С. 34.

② Oxford Analytica Daily Brief Service, "Russia/Germany: Trade Ties Outweigh Political Strains", April 12, 2013, (http://www.oxan.com/analysis/dailybrief/) （上网时间：2014 年 6 月 1 日）。

③ "Some of the Germany's Largest Companies Urge Merkel not to Support US Sanctions against Russia", The Voice of Russia, May 2, 2014, (http://voiceofrussia.com/news/2014_05_02/Some-of-Germanys-largest-companies-urge-Merkel-not-to-support-US-sanctions-against-Russia-report-6005/) （上网时间：2014 年 5 月 2 日）。

④ "Ukraine Crisis: Russia Sanctions would Hurt Germany's Growth", The Telegraph, May 9, 2014, (http://www.telegraph.co.uk/news/worldnews/europe/ukraine/10820180/Ukraine-crisis-Russia-sanctions-would-hurt-Germanys-growth.html) （上网时间：2014 年 5 月 9 日）。

⑤ Die wichtigsten deutschen Handelspartner 2011 /Statistisches Bundesamt, (http://www.ost-ausschuss.de/sites/default/files/pm_pdf/Top%2025%20Handelspartner.pdf) （2014 年 5 月 29 日登录）。

⑥ 据俄罗斯海关信息，2012 年俄与前 3 个贸易伙伴的贸易额分别是俄中 875 亿美元，俄荷 872 亿美元，俄德 739 亿美元；2013 年俄中 888 亿美元，俄荷 760 亿美元，俄德 750 亿美元。参见 http://tsrus.cn/kuaixun/2014/02/14/2013_32149.html （上网时间：2014 年 5 月 28 日）。

原材料进口占德从俄罗斯进口的75%。① 在这些原材料中，俄出口最多的是石油和天然气，其次是金属和木材。同时，俄从德进口产品主要是制成品，占整个进口份额的83%。② 不平衡贸易结构从两方面阻碍贸易的发展，一方面俄罗斯出口收益明显受能源和原材料价格波动的影响；另一方面德国从俄罗斯的进口需求正在下降，俄罗斯通过贸易获得收益的潜力面临着震荡和不确定性。③

另外，德国商界代表人士最为关切俄罗斯的投资环境。他们最惧怕营私舞弊、官僚专横和法律模糊等问题。俄罗斯市场准入缺少法律基础的问题最令中小企业家担忧。这是因为在俄罗斯经济体中，大企业往往发挥杠杆作用，德国商界中小企业在俄罗斯本地很难找到合作伙伴。④

俄德两国能源合作密切，俄罗斯是德国最大天然气和石油供应商。由于德国政府通过决议在2022年前放弃使用核能，从中期前景看，德国对天然气的消费量将会增加。在这种情况下，德国利益诉求与俄罗斯大型能源企业相同，即把德国变成为面向欧盟供应能源的北方枢纽站，并以吸引投资来保障能源消费市场的正常运转。但是，德国莱茵集团和俄天然气公司之间拟建立联合企业计划也不成功，双方利益并不总是吻合的。⑤ 德国天然气消费中期增长只是新能源政策多种因素之一。德国企业需要在能源来源领域的大型投资伙伴。俄天然气公司集中运输垄断权和长期合同权利，它不符合德国能源政策要求的合伙人角色。另外除俄之外，柏林也在积极寻找新的能源伙伴。正如默克尔谈到的："对于德国而言最大的担心

---

① Andreas Heinrich, "Russian Companies in Old EU Member States", *Journal of East - West Business*, 11: 3—4, p. 46.

② Ibid.

③ Roland Götz and Christian Meier, "German-Russian Economic Relations. Options for German-Russian Economic Relations", *SWP—*, 2001.

④ 德国经济东方委员会主席科尔德斯在2012年3月19日第八次年会会刊上指出，在俄罗斯缺少德国中小企业家的合作伙伴。见 Rede des Vorsitzenden des Ost-Ausschusses der Deutschen Wirtschaft, "Die aktuellen Entwicklungen der deutsch-russischen Wirtschaftsbeziehungen", 19. März 2012, (http: //www. ost - ausschuss. de/sites/default/files/pm_ pdf/Rede - Cordes - Handelsblatt - Jahrestagung - Russland. pdf)（上网时间：2014年5月19日）。

⑤ RWE Corporate Website, "RWE und Gazprom vereinbaren Memorandum of Understanding", 14. July 2011, (http: //www. rwe. com/web/cms/de/37110/rwe/presse - news/pressemitteilungen/pressemitteilungen/? pmid = 4006514)（上网时间：2014年5月29日）。

是对俄罗斯经济和贸易的依存。但是欧洲可以减少对俄罗斯的经济和贸易依存。"①

四 安全领域共识少分歧多

德国著名媒体《图片报》是这样评价默克尔的外交的:"德国对于欧洲—大西洋结构深信不疑,默克尔在对待这个东方强大邻国的态度上是遵循着正确的道路,在张开双臂与俄罗斯合作之时,却坚定地站在跨大西洋联盟一边。保持这种平衡,就成为德国外交的最高艺术。"② 而俄罗斯在安全领域的态度却不同。2013 年新的《俄罗斯联邦外交政策构想》签署,俄罗斯力求重振大国地位,把安全战略的重点放在苏联地区。这种大背景决定了俄德在该领域合作有限。

关于大规模杀伤性武器扩散。无论是莫斯科还是柏林都面临继续对话的现实可能性。德国积极倡导"无核武"思想,强调所有有核国家都需承担同等责任,主张有必要在国际关系中建立起信任、巩固共同安全、从本地区撤出战术核武器、防止部署太空武器、控制常规武器竞赛。在 2010 年关于核不扩散条约成效评估的筹备委员会第三次例会上,俄德两国关于强化该条约没有实际效果的观点不谋而合。

关于缔结欧洲安全议程和条约。欧洲安全条约首先是作为实现欧洲—大西洋战略对话和推动达成裁军文件的手段与工具,同时也是一种应对各种危机、地区威胁以及其他安全问题的有益合作。德国人的两难在于,如何兼顾现存的各种控制军备机制(特别是《欧洲常规武装力量条约》)与俄罗斯提出的相互关系原则新模式。关于欧洲安全机制对话途径,梅德韦杰夫和默克尔在 2010 年 6 月提出倡议并受"梅泽堡进程"影响组建了部长级俄罗斯—欧盟外交与安全问题委员会。但莫斯科组建俄欧外交与安全问题委员会及在"魏玛三角"框架下拓宽安全政策并不是俄传统外交政策的转向。这些外交联合一方面是由于美国全球安全部署引起了俄罗斯的

---

① Henry Ridgwell, "Germany Warns Russia of 'Massive Damage' Over Crimea", *Voice of America*, (http://www.voanews.com/content/germany-warns-russia-of-massive-damage-over-crimea-/1871469.html) (上网时间: 2014 年 6 月 5 日)。

② BILD, June 6, 2008, (http://www.bild.de/) (上网时间: 2014 年 5 月 14 日)。

不安,另一方面是俄因全球金融危机和国内改革失败而产生的合作意愿。① 当德国和欧盟试图通过一些政治步骤在后苏联地区影响苏联外交政策和冲突解决时,俄罗斯却对重新探讨欧洲安全政策等大问题感兴趣。俄罗斯带着针对欧洲的新安全条约的构想,致力于安全框架的重新谈判,而欧盟和德国则希望在现有框架下解决问题。双方的分歧在于,俄试图对欧洲安全框架发挥影响,而德国则希望在针对解决现存冲突问题上赢俄"一局"。

关于解决独联体地区民族领土冲突。德国认为在安全领域同俄罗斯展开合作,需要解决欧盟同后苏联空间接壤地区的民族领土冲突问题。在解决独联体地区民族领土冲突问题上,"梅泽堡进程"的失败值得反思。其失败的根本原因在于俄罗斯对通过德国解决德涅斯特河沿岸冲突的动议不感兴趣,因为这样会使整个摩尔多瓦完全独立于俄罗斯的影响之外。"梅泽堡进程"原本是要在欧盟实施的"东部伙伴"政策框架内扩大解决民族与领土冲突的机制作用,但德国却试图单独同俄罗斯达成有关调节后苏联地区冲突的协议。德方怎么也不明白,在该进程中取得成果对默克尔而言是多么重要。与此同时,俄罗斯也没有给人留下好印象,即在这个问题上它必须做出妥协。相反它阻挠该进程,因为担心自己会失去在上述地区的影响力。莫斯科的担心并非多余,正值基辅冲突升级之际,默克尔于2月17日在柏林会见乌克兰反对派领袖克利奇科和亚采纽克。

关于北约与俄罗斯关系。德国高层反对让俄罗斯间接参与北约活动,主张双方有必要在联络过程中互通彼此感兴趣的报告。另外,新近的俄乌冲突并没有带来德国在北约及其盟国中对俄立场的转变。事实上,该事件甚至强化了德国面对莫斯科安全政策的防范性质。② 德国政府代表公开表示排除乌克兰加入北约的任何可能性。德国外长施泰因迈尔暗示德国将在

---

① Stefan Meister, "A New Start for Russian-EU Security Policy? The Weimer Triangle, Russia and EU's Eastern Neighborhood", *Genshagen Foundation*, July 2011, (http: //www. robert – schuman. eu/en/doc/actualites/genshagener – papiere – 2011 – 7 – eng. pdf)(上网时间 2014 年 6 月 3 日)。

② Justyna Gotkowska, "Germany's Security Policy and the Russian-Ukrainian Conflict", *OSW*, April 9th, 2014, (http: //www. osw. waw. pl/en/publikacje/analyses/2014 – 04 – 09/germanys – security – policy – and – russian – ukrainian – conflict) (上网时间 2014 年 5 月 28 日)。

乌克兰问题上寻求与俄罗斯关系的正常化,并不只有制裁。① 甚至德国知识界有人公开致信普京,谴责德国媒体和政坛的"恐俄症",支持莫斯科在乌克兰的行动。② 尽管德国在北约与俄罗斯关系上对俄持积极态度,但德国人还强调,俄德发展合作关系不应该损害同美国的关系,而欧洲要扩大全球责任的前景只有在同美国结盟的条件下才可以考虑。可见,俄德关系早已超出双边范畴,其中美国的作用始终不可忽视。

五 俄德信任水平无实质提高

在俄德关系中,德国人的"合作"方式与俄罗斯精英与生俱来的"零和博弈"逻辑存在矛盾。德国政治家试图建立起互惠的规则,俄罗斯政治家只想达成能够给他们带来最大限度红利的协议。这种合作方式之下的妥协在一定程度上反映了德国外交的软弱性。

默克尔任期内,俄德信任机制的构建同样举步维艰,尤其在地区安全治理上,莫斯科让柏林很失望。巴尔干问题,德国一直试图稳定巴尔干局势,希望达成波斯尼亚—黑塞哥维那和科索沃的和解。但克里姆林宫坚定支持塞尔维亚而拒不承认科索沃独立,使德国很失望。伊朗核问题,俄并没有遵从联合国和欧盟的制裁方案,现行制裁方案由于俄的反对而告吹。至此,俄方明确不同意新制裁。地区安全治理方面的信任机制在很大程度上是俄德两国信任脆弱的缩影。尽管如此,俄德民间交流还在继续展开。据统计,眼下俄德民间社团展开了 100 个合作项目,高校和机构开展了 500 个合作项目。超过 300 家德国非政府组织活跃在俄德的政治、社会和文化交流当中,包括俄德论坛、俄德交流团及俄德学生交流团等。③

---

① "How Very Understanding: Germany's Ambivalence towards Russia Reflects Its Conflicted Identity", *The Economist*, May 10th, 2014, (http://www.economist.com/news/europe/21601897 – germanys – ambivalence – towards – russia – reflects – its – conflicted – identity – how – very – understanding#)(上网时间 2014 年 5 月 29 日)。

② "US Wants to Destroy Ukrainian 'Bridge' between EU and Russia—German Intellectuals Support Putin", *RT*, April 10, 2014, (http://rt.com/news/germans – support – putin – ukraine – 265/).(上网时间 2014 年 5 月 29 日)。

③ Hannes Adomeit, "German-Russian Relations: Balance Sheet Since 2000 and Pespectives until 2025", *Comité d'études des relations franco-allemandes*, (http://www.ifri.org/?page = contribution – detail&id = 7387)(上网时间 2014 年 5 月 31 日)。

柏林同俄罗斯合作的最主要方式就是由德国、俄罗斯及波兰展开三边对话,也就是说,默克尔在发展对俄关系时,要让波兰方面和本国的外交部部长及其他部长参与其中。① 在这种情况下,首先要谈论有关建立信任制度的问题。德国和波兰对东欧优先次序的不同考虑,妨碍对新的"欧盟东部政策"采取共同办法。② 俄罗斯并不特别在意这个进程,它用怀疑的态度来评价同欧盟国家互动的新平台的优势,但这只是对在俄罗斯与欧盟之间现有的联系渠道的补充而已,实际意义并不大。莫斯科担心的是,这只会进一步加剧双边关系中的官僚拖沓作风。③

第三节 乌克兰危机对俄德关系的影响

2013年11月28日,欧盟"东部伙伴峰会"在立陶宛维尔纽斯举行,乌克兰总统亚努科维奇在最后时刻放弃同欧盟签署联系协议,引发国内示威抗议,并在随后几个月里局势逐渐失控。在西方支持下,乌克兰反对派在首都基辅发动政变,迫使总统亚努科维奇逃往俄罗斯;克里米亚看到基辅局势激变,继而举行全民公决宣布独立并加入俄罗斯联邦。乌克兰危机随之升级,进而影响俄德关系的对立,最终导致俄欧关系对抗。

一 默克尔旗帜鲜明地反对俄罗斯

毫无疑问,乌克兰危机为冷淡的俄德关系增添了新的矛盾。乌克兰危机刚刚发生,默克尔就被西方媒体奉为"领导欧洲对抗俄罗斯的领袖"④。

---

① Auswärtiges Amt, "Deutsch – Polnische Zusammenarbeit, Beratungen mit Polen und Russland", 22.3.2012, (www.deutschland – polen.diplo.de/Vertretung/deutschland – polen/de/_ _ pr/Artikel/) 2012/120321 – Deutsch – poln – russ – AM – Treffen.html? archive =2973316(上网时间2014年5月11日)。

② Malgorzata Klatt, "Poland and Its Eastern Neighbors: Foreign Policy Principles", *JCER*, Vol.7, No.1, 2011; Stefan Meister, "German Eastern Policy: Is a Partnership with Poland Possible?", *DGAPanalysis Kompakt*, September 2011, (https://dgap.org/en/article/getFullPDF/20947)(上网时间2014年4月1日)。

③ Коммерсантъ, "Сергей Лавров сверил расхождения часов", 22.03.2012, (http://www.kommersant.ru/doc/1897823). (上网时间2014年4月2日)。

④ "Easy Politics, Bad Politics", *The Economist*, (http://www.economist.com/news/europe/21601312 – indulging – her – social – democratic – coalition – partners – angela – merkel – risks – turning – germany)(上网时间2014年7月30日)。

乌克兰危机期间，默克尔代表德国和欧盟的利益与俄罗斯上演了一场对抗游戏。主要表现在以下几方面。

第一，对于乌克兰政局，默克尔公开支持乌亲西方派。2014年2月17日，默克尔在柏林会见乌克兰反对派领袖克利奇科和亚采纽克，借此表明自己在乌克兰危机问题上的政治立场。在她的鼓励和带动之下，德国外长韦斯特韦勒及欧盟外交政策负责人阿什顿等也频频亮相基辅机场，与乌亲西方派别交往频繁。同时，欧盟召开紧急会议，警告乌克兰当局，声称"要对过度使用武力和加剧暴力的负责人采取针对性措施"[1]，包括冻结乌领导人资产和实施禁令等。这样大大鼓励了乌克兰亲西方派的气势，使他们肆无忌惮地同政府作对，并发动政变。为保证乌克兰总统选举能够于5月25日如期举行，默克尔扬言说如果俄罗斯干涉，制裁手段将会升级。[2] 面对默克尔的强硬立场，出于对俄德传统友谊的维护及西方制裁不断升级的压力，普京态度稍显"软化"，希望通过"外交方式"解决乌危机。[3] 俄外长也声称俄方无意入侵乌克兰东部，以示好西方。但是，普京态度的缓和并没有收到预期效果，乌克兰亲西方势力仍不遗余力地坚持"亲西反俄"路线，不断靠拢欧盟。

第二，对于克里米亚独立及加入俄罗斯联邦，默克尔强烈反对。基辅形势的激变使俄罗斯族人占绝对多数的克里米亚希望借此回归俄罗斯，于是在2014年3月16日举行公投。公投受到俄的大力支持，俄罗斯声称对欧洲安全与合作组织关于克里米亚公投违宪的声明感到失望，克里米亚公

---

[1] Péter Balázs, Svitlana Myryaeva and Botond Zákonyi, "Ukraine as Crossroads: Prospects of Ukraine's Relations with the European Union and Hungary", *Where is Ukraine Headed in the Wake of the 2012 Parliamentary Selections*, 2013: 33, (http://uz.niss.gov.ua/public/File/Prospect.pdf#page=33)（上网时间：2014年7月7日）.

[2] Ulrich Speck, "Germany Plays Good Cop, Bad Cop on Ukraine", *Carnegie Europe*, June 25, 2014, (http://carnegieeurope.eu/2014/06/25/germany-plays-good-cop-bad-cop-on-ukraine)（上网时间：2014年7月30日）.

[3] Tom Watkins and Laura Smith-Spark, "White House: Putin, Obama Discuss Possible Diplomatic Solution in Ukraine", *CNN*, March 29, 2014, (http://www.cnn.com/2014/03/28/world/europe/ukraine-crisis/)（上网时间：2014年8月10日）.

投"完全合法"①。公投结果显示,有超过95%的公民赞成克里米亚加入俄罗斯。克里米亚首府居民庆祝公投结果并高呼入俄。24日,克里米亚宣布改用卢布作为官方货币,俄罗斯军队也进驻克里米亚全部军事单位,俄正式进驻克里米亚。

事实上,早在3月13日,默克尔在德国议会号召对俄军事占领克里米亚的行径采取强硬立场。她认为,俄罗斯对克里米亚的兼并使欧洲回到了19和20世纪为争夺势力范围和领土要求的冲突中。克里米亚全民公决不合法,是对国家主权完整的践踏。她还宣称:"欧盟、美国和俄罗斯都不能像20世纪一样仅考虑自己的利益,这样终究贻害自己……俄罗斯在乌克兰的行动是对国际法的粗暴践踏。"② 5月13日,默克尔发表讲话宣称:"如果俄罗斯继续它在乌克兰的军事行动,那么这不仅是对乌克兰的灾难,作为俄罗斯的邻居,这也是对我们的威胁。这不仅能够改变欧盟与俄罗斯的关系,对俄罗斯的经济和政治利益也有相当的损失……毫无疑问,乌克兰的领土完整毋庸置疑。"③ 默克尔并高调宣布对俄罗斯实行进一步制裁,扩大对该国公民限制入境以及冻结账户的名单。

第三,关于欧盟—乌克兰联系国协定。德国主导下的欧盟不顾乌克兰国内形势的混乱,为其开出诱人条件,即只要签订联系国协议,乌将获得欧盟15亿欧元的援助和国际货币基金组织175亿欧元的贷款。④ 2014年3月24日,联系国协议政治部分条款在布鲁塞尔签署。政治部分条款主要内容包括乌克兰与欧盟在各领域加强合作与政治对话,逐渐使乌克兰与欧盟外交和安全政策融合。欧盟需承认乌克兰作为欧洲国家的欧洲选择和欧

---

① 刘怡然:《俄外交部说克里米亚公投"完全合法"》,2014年3月14日,新华网(http://news.xinhuanet.com/world/2014-03/14/c_119780752.htm)(上网时间:2014年8月4日)。

② Elizabeth Pond, "Merkel's Leadership in the Ukraine Crisis", WIIS, July 7, 2014, (http://wiisglobal.org/wordpress1/2014/07/07/merkels-leadership-in-the-ukraine-crisis/)(上网时间:2014年7月30日)。

③ Henry Ridgwell, "Germany Warns Russia of 'Massive Damage' Over Crimea", Voice of America, May 14, 2014, (http://www.voanews.com/content/germany-warns-russia-of-massive-damage-over-crimea-/1871469.html)(上网时间:2014年6月26日)。

④ European Union External Action, EU-Ukraine Association Agreement-Complete Texts, (http://uz.niss.gov.ua/public/File/Prospect.pdf#page=33)(上网时间:2014年7月30日)。

洲愿望，与欧盟分享共同的历史和价值观，并且整个协议确定乌克兰与欧盟在共同价值观和深化经贸关系的基础上建立联盟，逐渐拉近距离。① 6月27日，乌克兰总统波罗申科与欧盟签署联系国协议经济部分条款，并视这份协议为最终成为欧盟成员国的第一步。该协议主要内容包括欧盟支持乌克兰融入欧盟的努力、双方将建立自由贸易区以及欧盟对乌克兰公民实行简化签证制度等。乌克兰和欧盟签署联系国协议后，双边关系将由合作伙伴关系升级为政治结盟和经济融合关系。由于欧—乌联系国协议是欧盟扩大进程中的重要步骤，默克尔一开始便是支持的。早在联系国协议经济部分签署之前，默克尔便大力支持波罗申科当选总统，并表明协议的签署将有利于欧盟与乌克兰在政治、经济、文化等领域的进一步合作。②

在乌内部军事冲突不断的敏感时候，欧乌签署联系协议是对俄罗斯的强烈刺激，使莫斯科极为恼火。普京发言人佩斯科夫也警告道，与欧盟签署联系国协议是乌克兰的主权权利，但俄方将采取措施防止本国市场受到这份协议的负面影响。③ 事实上，联系国协议的签署是一项政治决定，它彻底消除了乌克兰倒向欧亚联盟的可能性，使普京的欧亚联盟计划严重受挫。莫斯科认为，没有乌克兰的加入，由自己主导的四国统一经济空间、关税联盟、欧亚联盟全都是巨大缺失。普京8月26日接受采访时表示，乌克兰与欧盟签署的准成员国协定开始实施后，可能使俄罗斯蒙受超过1000亿卢布的损失。④ 同时，地缘利益对乌克兰的依赖也使得莫斯科难以接受乌加入欧盟阵营。可以说，联系国协议使得普京在支持乌克兰反对派问题上的立场更加清晰和坚定。由于俄罗斯在乌克兰的顿涅茨克和卢甘斯

---

① 乌克兰国家通信社，"乌克兰与欧盟签署联系国协议政治部分"，2014年3月24日，环球网（http://china.huanqiu.com/News/mofcom/2014-03/4926743.html）（上网时间：2014年8月12日）。

② Zhang Jianfeng, "Ukraine Should Become European Country under Poroshenko", *Xinhua*, May 29th, 2014, (http://english.cntv.cn/2014/05/29/ARTI1401327592739480.shtml)（上网时间：2014年8月13日）。

③ Steven Pifer, "Poroshenko Signs EU-Ukraine Association Agreement", *Brookings*, June 27, 2014, (http://www.brookings.edu/blogs/up-front/posts/2014/06/27-poroshenko-signs-eu-ukraine-association-agreement-pifer)（上网时间：2014年7月30日）。

④ 《普京：乌欧签联系国协议恐使俄蒙受千亿卢布损失》，2014年8月26日，俄罗斯新闻网（http://www.rusnews.cn/eguoxinwen/eluosi_duiwai/20140826/44147207.html）（上网时间：2014年8月26日）。

克民间武装中有很大影响力,俄罗斯可以用它的影响力推动停火与和谈。但普京并没有向乌东北反对派武装施加压力,而是转而支持亲俄武装分子的行动,导致乌克兰政府军与反对派武装陷入冲突。乌克兰内战一方面损害了各方的利益,另一方面又为俄争夺乌克兰提供了良好契机,这些都是欧盟和美国不能接受的。

第四,关于马航坠机事件。正当乌克兰政府军和反政府武装对峙时,马来西亚航空MH17客机于7月17日在乌克兰东部坠毁,298名乘客全部遇难。乌克兰政府军、民间武装、俄罗斯都被怀疑有肇事嫌疑,但各方均予以否认并相互指责。普京认为,乌克兰应该对坠机事件负责,并公开声称要不是乌克兰把战火烧向东部,就不会有此惨案。① 而乌克兰称不排除飞机被击落的可能,认为俄罗斯支持下的反政府武装嫌疑最大。

7月27日,乌克兰政府军与反政府武装在乌克兰东部又发生交火,来自荷兰和澳大利亚的调查人员进入坠机现场的行动再次受阻。西方国家把乌克兰冲突和坠机事件调查受阻的原因归结为俄罗斯对反政府武装立场的暧昧或暗地支持,欧盟与美国于7月29日最终宣布对俄罗斯做出最严厉制裁,以惩罚莫斯科对乌东部反对派的支持。② 默克尔指出:"鉴于俄罗斯在乌克兰的行动,欧盟对俄罗斯的新制裁在所难免。至于是否取消制裁,全看俄罗斯的态度。"③ 可见默克尔把责任完全推给了普京。俄罗斯对欧盟国家追随美国而纷纷出台新制裁措施表示愤怒,俄外交部发表声明称"欧盟国家已经走上了全面中断与俄罗斯在国际和地区安全问题上合作的道路"④,并同时指责美国对乌克兰政府军的支持加剧了乌克兰危机。

---

① 《普京:坠机所在国须对事件负责,默哀并令彻查》,2014年7月18日,(http://www.chinanews.com/gj/2014/07-18/6399224.shtml)(上网时间:2014年7月30日)。

② Justyna Pawlak and Eric Beech, "EU and U. S. Announce New Sanctions on Russia over Ukraine", *Reuters*, July 30, 2014, (http://www.reuters.com/article/2014/07/30/us-ukraine-crisis-east-idUSKBN0FY0OX20140730)(上网时间:2014年7月31日)。

③ "Angela Merkel Says New European Union Sanctions Against Russia were Unavoidable", *The Economic Times*, July 29, 2014, (http://articles.economictimes.indiatimes.com/2014-07-29/news/52186797_1_eu-sanctions-east-ukraine-eu-leaders)(上网时间:2014年7月31日)。

④ Vladimir Soldatkin, "Russia Criticizes EU Sanctions, raps U. S. Over Ukraine Role", *Reuters*, July 26, 2014, http://www.reuters.com/article/2014/07/26/us-ukraine-crisis-russia-sanctions-idUSKBN0FV0CC20140726. (上网时间:2014年7月31日)。

第五，欧盟宣布对俄罗斯进行制裁。应当指出的是，默克尔高举制裁大棒仅仅是被当作威慑手段希望迫使俄罗斯做出实质让步。默克尔曾公开讲到："乌克兰危机应该通过政治手段而非对俄进行经济制裁来解决。"①俄德经济高度依存使得默克尔在短时间内不倾向于牺牲经济增长来迫使俄罗斯做出让步。乌克兰危机期间，默克尔是唯一能同普京进行正常对话的西方领导人。坠机事件发生后，默克尔和普京在电话中就坠机事件交由国际调查而达成共识，同时默尔克对俄派驻代表参加调查给予正面评价。②

欧盟对坠机事件格外关注，并呼吁对马航事件进行公正独立的调查。7月22日举行的欧盟首次外长会议，把对俄制裁问题放入核心议题。欧盟对制裁俄罗斯总体上表示支持，但内部也有分歧。英国和东欧国家主张大力制裁俄罗斯，然而德国、法国和意大利等却持有保留态度。③默克尔曾试图减缓西方对俄罗斯的制裁步伐，希望与俄保持对话，甚至在7月29日宣布制裁措施前，她还先后与英国、法国、奥地利、荷兰、芬兰、乌克兰等国领导人通电话寻求避免直接对抗的政治途径，但她并不害怕对俄做出强硬决定。她对俄罗斯传递了信号：她领导的欧洲将不再扮演懦夫角色。经济利益并不能超越这种捍卫规范导向的和平体系及拒绝以武力改变边界的诉求。④柏林深知对俄制裁也会殃及本国经济，但德国已经准备为此付出代价。⑤

---

① "German Chancellor Merkel against Imposition of Economic Sanctions on Russia", *The Voice of Russia*, March 27, 2014, (http://voiceofrussia.com/news/2014_03_27/German-chancellor-Merkel-against-imposition-of-economic-sanctions-on-Russia-6195/)（上网时间：2014年7月30日）。

② "Merkel, Putin Agree On International Probe of MH17 Crash", *Channel NewsAsia*, July 19, 2014, (http://www.channelnewsasia.com/news/world/merkel-putin-agree-on/1272472.html)（上网时间：2014年7月31日）。

③ "马航客机坠落事件后欧盟首次外长会议引关注", 2014年7月23日, http://world.people.com.cn/n/2014/0723/c1002-25326439.html.（上网时间：2014年7月30日）。

④ Beth Pond, "Canny Merkel Plays the Long Game with Putin", *Financial Times*, July 30, 2014, (http://www.ft.com/intl/cms/s/0/1be41a2c-0e61-11e4-a1ae-00144feabdc0.html#axzz391X6UIir)（上网时间：2014年7月31日）。

⑤ Beth Pond, "Canny Merkel Plays the Long Game with Putin", *Financial Times*, July 30, 2014, (http://www.ft.com/intl/cms/s/0/1be41a2c-0e61-11e4-a1ae-00144feabdc0.html#axzz391X6UIir)（上网时间：2014年7月31日）。

二 默克尔反对俄罗斯的原因

乌克兰危机事件使俄德在欧洲的争夺与对抗严重升级。在俄德关系中,实际上从双方的意图讲,普京更愿意与柏林保持紧密联系,而默克尔则刻意保持距离并有更大的行动空间。乌克兰事件及后续的不断发酵使得德国不仅刻意保持与俄罗斯的距离,同时在实际行动中采取了更加强硬的立场。究其原因,主要有以下方面。

第一,默克尔在处理对俄关系中一贯推行"疏远政策",在乌克兰危机中俄德关系转向对抗就成为符合逻辑的选择。出生东德的默克尔从来不喜欢俄罗斯,在处理俄德关系方面,她历来有很大保留。当默克尔的厌恶心态影响到政府时,"疏远政策"就很容易理解。在第一任期,她调整了施罗德时期过于紧密的俄德关系,有意拉开距离:紧密但不失批评,合作但不失距离。① 默克尔多次高调批评俄人权问题,并呼吁俄不要阻碍欧洲法院人权改革。有意思的是,此时的默克尔仍坚决反对把乌克兰和格鲁吉亚纳入北约②,这反映默克尔对俄虽有意疏远,但又克制不要损害"特殊关系"。在第二任期,随着基督教民主—自由联合政府成立,俄德伙伴关系继续疏远。默克尔以冷静节制取代了科尔—叶利钦及施罗德—普京的私人友谊。③ 梅德韦杰夫时期,默克尔尽力回避与普京举行会面以表明自己支持"新的,现代俄罗斯"取代"旧的,普京俄罗斯"。由于随后她对俄德结成的现代化伙伴关系失去兴趣,这一时期俄德关系类似"特殊""战略伙伴"等标签也被摘掉。俄罗斯再也不会作为"战略伙伴"被提及,而更多的是作为"超越地区和全球挑战的重要伙伴"被谈到。④ 默克尔在2011年7月同梅德韦杰夫举行的政府协调会上婉言拒绝俄方有关铺设

---

① 《构建务实的俄德关系》,2006年10月12日,(http://news.xinhuanet.com/world/2006-10/12/content_5194085.htm)(上网时间:2014年7月29日)。

② Luke Harding, "Germany and Russia: Likely Bedfellows", *The Guardian*, September 2009, (http://www.theguardian.com/commentisfree/2009/sep/25/germany-russia-special-relationship)(上网时间:2014年7月29日)。

③ Stephen Meister, "Germany's Russia Policy Under Angela Merkel: A Balance Sheet", *The Polish Quarterly of International Affairs*, Vol. 22, No. 2, 2013, p. 37.

④ Wachstum. Bildung. Zusammenhalt, "Koalitionsvertrag zwischen CDU, CSU und FDP", *17. Legislaturperiode*, pp. 119–120.

"北溪"第三条输气管道的建议。① 在第三任期,她对俄政策将大体延续第二任期的基调,即适当拉开距离又保持正常关系,也就是说,俄德关系仍然维持在疏远状态。此时遇到乌克兰危机,俄德关系大幅度倒退也在情理之中。

第二,默克尔领导下的德国作为"欧洲领袖"所肩负的"欧洲责任"使默克尔处理对俄关系时,除了要顾及政府内部的不同意见以及美国对俄政策的影响,尤其要考虑德国作为欧洲领袖不能过分背离欧盟伙伴的理念与诉求。2007年随着欧洲主要国家领导人的更换,普京在欧洲国家的朋友也越来越少。新一代欧洲领导人批评俄罗斯"民主倒退""能源威胁"。欧盟内部在对俄立场上也常常不一致。正如2007年欧盟委员会对外关系委员会报告抱怨说,虽然欧盟居民是俄罗斯的3倍多,军费开支是俄罗斯的10倍多,经济规模是俄罗斯的15倍,但是所有王牌都在欧洲人手里,唯一缺少的是统一的对俄政策。因此,如何调整欧盟对俄政策的分歧,领导欧洲对俄发出一致"声音",成为默克尔在欧盟的政治夙愿。

默克尔作为新一代有影响力的领导人,"欧洲责任"使她始终把对欧关系放在外交首位。赢得第三任大选后,默克尔称德国将延续以往的欧洲政策,重申对欧盟的支持。欧洲对德国的重要性不仅在经济方面,而且在人民民主方面,而她的成功体现了德国人民对欧洲一体化立场的支持。② 默克尔第三任期初期,她不断批评普京企图使俄罗斯邻居远离欧盟的尝试,以及俄罗斯腐败、压制媒体、侵犯人权等问题。③ 她几乎已经放弃与克里姆林宫的密切伙伴关系。德国的举动同样影响整个欧盟对俄政策的基调。莫斯科再也不能指望德国来推动俄罗斯与欧盟的相关政策动议。④ 由于担忧俄罗斯人权问题,德国总统也高调宣布不参加索契冬奥会。甚至默克尔在近期讲话中也暗示,德国虽然仍尽量接触俄罗斯,但要建立在非趋

---

① 按照规划,"北溪"项目2011年11月建成第一条支线,年输气量275亿立方米,2012年秋建成第二条支线,年输气量增加一倍,达到500亿立方米。Gaspipeline Nord Stream,"Merkel sagt Nein zu drittem Nord-Stream-Strang-'Moskowskije Nowosti'",*RIANOVOSTI*,2011-07-20,(http://de.ria.ru/world/20110720/259824961.html)(上网时间:2014-05-29)。

② Valentina Pop,"Merkel: No Need to Change Europe Policy",September 23,2013.

③ Judy Dempsey,"Can Merkel's Policy Work?",*Boulevard Extérieur*,Octobre 14,2013.

④ Judy Dempsey,"Can Merkel's Policy Work?",*Boulevard Extérieur*,Octobre 14,2013.

同原则和权力政治的基础上。① 面对乌克兰危机,默克尔强烈谴责普京"冷战思维"②,并支持对俄罗斯进行经济制裁。

第三,普京的不妥协政策。普京虽然一贯看重俄德关系,但是不能接受默克尔损害俄罗斯利益的做法,这是双边关系的底线。俄罗斯在乌克兰问题上的底线是保持俄罗斯在乌东北地区的影响力、维持乌克兰在俄罗斯与欧盟及北约关系中的中立地位。而以默克尔为首的欧盟协同美国共同制裁俄罗斯,结果把俄罗斯逼到"墙角",背叛了传统的俄德友谊,也使西方世界同俄罗斯的关系自冷战之后再触冰点。西方国家7月底对俄实体部门实施制裁后,俄政府随即向普京提交了一份反制裁措施清单,普京当时便批准实行食品进口禁令。俄罗斯首批反制裁商店在乌里扬诺夫斯克开办。此举意味着如果欧盟和美国对俄罗斯实施进一步制裁,俄罗斯也将对其追加反制裁,或将对一些国家的汽车等工业制成品实行进口限制。③ 同时,作为禁止进口西方农产品和食品制裁措施的延续,俄官方宣布,在进口肉类方面,中国和印度将取代美国及其他制裁俄罗斯的国家。④

尽管欧盟对俄罗斯石油部门实施全方位的制裁,俄罗斯石油公司将竭力与挪威合作,开发位于巴伦支海的油井⑤,这在很大程度上弱化了制裁的效果。普京除积极进行反制裁之外,还极力维持在乌克兰当地的影响力。8月22日,俄罗斯百辆卡车人道主义救援队越过边境,进入政府军和亲俄叛军交火的乌克兰东部,乌方随即宣布俄已"直接侵入"该国领

---

① Josef Jannning, "Russia Puts Germany's New Foriegn Polity to the Test", *European Council on Foreign Relations*, March 21, 2014, (http://www.ecfr.eu/blog/entry/russia_puts_germanys_new_foreign_policy_to_the_test) (上网时间:2014年7与1日)。

② Daniel Tost, "EU-Russland-Ukraine: Mentalitat des Kalten Krieges", November 19, 2013, (http://www.euractiv.de/sections/ukraine-und-eu/eu-russland-ukraine-mentalitaet-des-kalten-krieges-299759) (上网时间:2014年6月28日)。

③ The Editor, "Anti-Sanction Grocery Stores to Open with All-Russia Produce", *The Moscow Times*, August 13, 2014, (http://www.themoscowtimes.com/business/article/anti-sanction-grocery-stores-to-open-with-all-russian-produce/505062.html) (上网时间:2014年8月13日)。

④ 石成松,《俄罗斯与西方相互制裁将不会持久》,2014年8月24日,人民网 (http://opinion.people.com.cn/n/2014/0824/c159301-25525813.html) (上网时间:2014年8月24日)。

⑤ Guy Chazan and Richard Milne, "Rosneft to Acquire 30% Stake in Norway's North Atlantic Drilling", *Financial Times*, August 22, 2014, (http://www.ft.com/intl/cms/s/0/71d45126-29d8-11e4-914f-00144feabdc0.html#axzz3BGtRzVeR) (上网时间:2014年8月24日)。

土。德国和美国随即警告俄罗斯的行径将面临更多制裁①,在经过各方调解和努力之后,俄罗斯人道主义救援车队终于进入乌东部地区。实际上,这是普京变换手法对乌克兰施加压力。他不会放弃涉及俄罗斯核心利益的大国权力游戏。

另外,普京在乌克兰问题上的强硬立场也得到了俄罗斯民众的高度支持。俄罗斯人认为,德国在乌克兰问题上手伸得太长,干涉太多,这样损害了俄罗斯的利益和传统的俄德友谊,也是德国不必要之举。因此,自乌克兰危机发生以来,普京的支持率总高达70%以上。② 盖洛普调查最近一项数据也显示,83%的俄罗斯人认同普京的领导,索契奥运会的成功和对克里米亚的兼并使俄罗斯人感到自豪。③ 俄罗斯内部对普京的高度认同感利于普京推行自身政策,对国家利益的维护成为国民对其支持的不竭动力,也增强了普京与德国对抗的合法性。

---

① Natalia Zinets and Dmitry Madorsky, "U. S. Says Russia Must Pull Convoy from Ukraine or Face More Sanctions", *REUTERS*, August 22, 2014, (http://www.reuters.com/article/2014/08/22/us-ukraine-crisis-aid-convoy-idUSKBN0GM0IS20140822)(上网时间:2014年8月24日)。

② Staff Member, "Putin Support Rate Tops 70% in Russia Amid Ukraine Crisis", *The Moroccan Times*, March 14th, 2014, (http://moroccantimes.com/2014/03/putin-support-rate-tops-70-amid-ukraine-crisis/)(上网时间:2014年8月29日)。

③ Julie Ray and Neli Esipova, "Russian Approval of Putin Soars to Highest Level in Years", July 18th, 2014, (http://www.gallup.com/poll/173597/russian-approval-putin-soars-highest-level-years.aspx)(上网时间:2014年8月29日)。

主要参考资料

中文资料

学刚、姜毅：《叶利钦时代的俄罗斯》（外交卷），人民出版社2001年版。

郑羽、刘丰华：《普京八年：俄罗斯复兴之路（2000—2008）》（外交卷），经济管理出版社2008年版。

罗志刚：《俄罗斯—欧盟关系研究》，中国社会科学出版社2009年版。

罗英杰：《利益与矛盾——冷战后俄罗斯与欧盟关系研究》，世界知识出版社2009年版。

冯绍雷等：《构建中的俄美欧关系——兼及新帝国研究》，华东师范大学出版社2010年版。

刘军等：《北约东扩与俄罗斯的战略选择》，华东师范大学出版社2010年版。

毕洪业：《俄罗斯与欧洲关系研究》，中央编译出版社2009年版。

杨文兰：《俄罗斯与欧盟的经贸关系：基于博弈论视角》，社会科学文献出版社2009年版。

陆齐华：《俄罗斯和欧洲安全》，中央编译出版社2001年版。

潘德礼、许志新：《俄罗斯十年》（上下卷），世界知识出版社2003年版。

《普京文集》，中国社会科学出版社2002年版。

《普京文集》（2002—2008），中国社会科学出版社2008年版。

《普京文集》（2012—2014），世界知识出版社、华东师范大学出版社2014年版。

日兹宁：《国际能源政治与外交》，华东师范大学出版社2005年版。

日兹宁:《俄罗斯能源外交》,人民出版社 2006 年版。

陈小沁:《能源战争:国际能源合作与博弈》,新世界出版社 2015 年版。

英文资料

Diesen and Glenn, *EU and NATO Relations with Russia: After the Collapse of the Soviet Union*, England: Ashgate, 2015.

Scott Romaniuk & Marguerite Marlin, "Divided States: Strategic Divisions in Eu-Russia Relations", *Disserta Verlag*, 2012.

Bertil Nygren & Kjell Engelbrekt, *Russia and Europe: Building Bridges, Digging Trenches*, London: Routledge, 2010.

Graham Timmins & Jackie Gower, *Russia and Europe in the Twenty-first Century: An Uneasy Partnership*, London: Anthem Press, 2007.

Aurel Braun, *Nato-Russia Relations in the Twenty-first Century*, New York: Routledge, 2008.

Marlène Laruelle, *Eurasianism and the European Far Right: Reshaping the Europe-Russia Relationship*, Lanham: Lexington Books, 2015.

Heikki Eskelinen, Ilkka Liikanen and James W. Scott, *The EU-Russia Borderland: New Contexts for Regional Cooperation*, New York: Routledge, 2012.

Jakob Tolstrup, *Russia Vs The EU: The Competition for Influence in Post-Soviet States*, Colorodo: Lynne Rienner Publishers, 2014.

Galina Michaleva, Andrey Ryabov and Fyodor Lukyanov, *Russia-EU Relations: The Impact of the Energy Boom*, Switzerland: Peter Lang, 2011.

Caroline Kuzemko, *Dynamics of Energy Governance in Europe and Russia*, Basingstoke: Palgrave Macmillan, 2012.

Keith C. Smith, *Russia-Europe energy relations: implications for U. S. policy*, Washington/D. C: Center for Strategic and International Studies, 2010.

Pami Aalto, *The EU-Russian Energy Dialogue: Europe's Future Energy Security*, England: Ashgate, 2008.

Vadim Kononenko, "Russia-EU Cooperation on Energy Efficiency", *The Finnish Institute of International Affairs, November 16, 2010.

James Sherr, *Challenges in Russia-EU energy cooperation*, London: Chatham House, 2009.

俄文资料

专著

Под ред. А. В. Торкунова, Десять лет внешней политики России. М., РОССПЭН, 2003 г.

Под ред. С. Ю. Кошкина, Россия и Европейски Союз документы и материалы. Москва,《Юридическая литература》, 2003.

С. С. Морозов, Дипломатия В. В. Путина. СПБ., 2004 г.

А. В. митрофанов, Россия перед распадом или вступлением в Евросоюз. М., 2005.

Ю. А. Борко, Д. А. Данилов, Россия—Европейский Союз: стратегия стратегического партнёрства. М., 2005.

Под ред. Д. Раушнинга, Российская Федерфция в Европе: вравовые аспекты сотрудничества России с европейскиими организациями. сборник статей. М., 2008.

А. А. Шкута, Европейский вектор газовой стратегии России. М., 2008.

Т. Бордачёв, Новый стратегический Союз—Россия и Европа перед вызовами XXI века: возможности《большой сделки》. М., 2009.

Н. Н. Емельянова, Россия и Евросоюз—Соперничество и партнерство. М., 2009.

Под ред. С. А. Караганов и И. Ю. Юргенс, Россия vs Европа. Противостояние или союз? М., 2009.

И. Г. Пашковский, Энергетическая политика Европейского Союза в отношении России и новых независимых государств. М., 2010, С. 216.

Ю. В. Боровский, Современные проблемы мировой энергетики. М., 2011.

С. Кулик, И. Юргенс, Партнерства для модернизации. Россия—ЕС: к проблеме реализации. М., 2011.

Б. Ф. Ключников, Большая Европа Владимира Путина. М., 2013.

К. Н. Брутенц, Великая геополитическая революция. М., 2014.

主要报刊

Свободная Мысль—ⅩⅩⅠ

Международная жизнъ

Мировая Экономика и Международные Отношения

Современная Европа

Независимая газета

Дипломатический вестник

Известия

Правда

Российкая газета

Федеральная таможенная служба 2014

Российский статистический ежегодник 2014г

主要网站

http://www.kremlin.ru

http://www.svop.ru

http://www.mid.ru

http://www.scrf.gov.ru

http://www.regnum.ru

http://www.ng.ru

http://www.thomas.loc.gov

http://www.house.gov

http://www.fas.org

http://www.customs.ru

http://www.eur.ru

http://www.wto.ru

后　　记

在结束课题研究之际，感谢当初申报课题的几位成员：姜毅、陈小沁、李璠、熊昊。项目能够申报成功，得益于他们的支持；这里特别要感谢姜毅先生亲自撰写且公开发表两篇论文，这是对项目的有力支持。在这里还需要感谢我几位博士生：程春华、涂志明、宋天阳、刘在波、李源正。他们不仅参与项目研究工作，收集整理资料，而且与导师合作撰写并公开发表论文，这是对项目的积极贡献。在此一并表示感谢。

2015 年 10 月 25 日